EL ESPÍRITU SANTO

EL ESPÍRITU SANTO

Billy Graham

Traducción de
A. Edwin Sipowicz

CASA BAUTISTA DE PUBLICACIONES

CASA BAUTISTA DE PUBLICACIONES
7000 Alabama Street, El Paso, TX 79904, EE. UU. de A.
www.casabautista.org

Nuestra pasión: Comunicar el mensaje de Jesucristo y facilitar
la formación de discípulos por medios impresos y electrónicos.

Ediciones CBP-FLET: 2001, 2007, 2009
Clasificación Decimal Dewey: 231.3

Temas: 1. Espíritu Santo
2. Teología

ISBN: 978-0-311-09130-0
C.B.P. Art. No. 09130

750 7 09

Impreso en Colombia
Printed in Colombia

CONTENIDO

PREFACIO

Una antigua leyenda de los indios americanos relata de un indio que bajó de las montañas y vio el océano por primera vez en su vida. Pasmado ante la escena, pidió una jarra de un litro. Se metió en el agua y al llenar la jarra, le preguntaron para qué lo hacía. "Arriba en las montañas", contestó, "la gente de mi pueblo jamás ha visto el Gran Lago. Les llevaré esta jarra llena de agua para que vean cómo es".

Antes de morir el papa Juan, le preguntaron cuál de las doctrinas de la iglesia merecía mayor énfasis en el día de hoy. Contestó: "La doctrina del Espíritu Santo".

Algunos años atrás, mi esposa y yo tuvimos el privilegio de pasar unos días de vacaciones en Suiza como invitados del doctor Karl Barth, el afamado teólogo suizo. Durante el curso de nuestras conversaciones le pregunté cuál sería el próximo énfasis en materia de teología. Respondió sin vacilar: "El Espíritu Santo".

Tratar de escribir un libro sobre un tema tan vasto como es el Espíritu Santo, es como querer capturar el océano en una jarra de un litro. El tema es en extremo infinito, y nuestras mentes son extremadamente finitas.

Este libro comenzó realmente como parte de mi personal peregrinaje espiritual. A lo largo de mi ministerio como predicador evangélico he logrado una creciente comprensión del ministerio del Espíritu Santo. Algunos años atrás adquirí un renovado interés por el ministerio del Espíritu Santo en vista de la importancia que se le asignó a su obra en muchas partes del mundo. Claramente consciente de mi necesidad por entender más a fondo este asunto, inicié un sistemático estudio en todo cuanto la Biblia enseña sobre la persona y la obra del Espíritu Santo. En un comienzo no tuve la intención de escribir un libro, pero no bien profundicé en el tema me di cuenta de la ignorancia y de los falsos conceptos que reinan en algunos círculos cristianos respecto de la

Tercera Persona de la Trinidad.

En alguna medida he vacilado antes de escribir este libro. Pero el haberlo escrito me ha abierto un nuevo panorama respecto al ministerio del Espíritu Santo; también me ha permitido entender ciertos actos del Espíritu Santo en el mundo de nuestros días. Mi esperanza y oración es que este libro logre ser informativo y esclarecedor para muchos creyentes. También ruego que el libro contribuya a la unidad. El Espíritu Santo no vino a dividir a los cristianos sino que vino, entre otras razones, a unirnos.

Mi única preocupación ha sido ver qué es lo que la Biblia tiene que decirnos sobre el Espíritu Santo. La Biblia —que yo creo fue inspirada por el Espíritu Santo— es nuestra única fuente confiable, y cualquier serio y formal análisis de la persona y de la obra del Espíritu Santo tiene que basarse en la Biblia. Como nunca antes he comprendido que hay ciertas cosas que no podemos saber con absoluta certeza, y en algunos temas aun los cristianos más sinceros difieren en sus conceptos e interpretaciones. En las áreas que son objeto de honestas diferencias entre los cristianos, he procurado no ser dogmático.

Estoy profundamente agradecido por el hecho de que el Espíritu Santo está obrando en nuestra generación, tanto para el despertar de la iglesia como para la evangelización. Quiera Dios utilizar este libro para provocar un espíritu de avivamiento y renovación, y para que muchos creyentes recojan el guante en el desafío de la hora actual.

Soy deudor a numerosas personas que me ayudaron al escribir este libro. Estoy agradecido a mi colega Roy Gustafson quien fue el primero en sugerirme que escribiera sobre este tema. Son varios los que colaboraron muy especialmente leyendo los primeros manuscritos borradores, en parte o en su totalidad, brindándome constructivas sugerencias, entre otros el doctor Harold Lindsell (ex director de *Christianity Today*), el señor Paul Fromer (Wheaton College), Canon Houghton (ex presidente de British Keswick), el doctor Thomas Zimmerman (Superintendente General de las Asambleas de Dios), el doctor Merrill C. Tenney (Decano emérito del Wheaton Graduate School), y el doctor Donald Hoke (Secretario del Lausanne Comittee for World Evangelization). También expreso mi reconocimiento al señor Bill Mead y su señora esposa, cuya generosidad nos permitieron a mi esposa Ruth y a mí reunirnos con ellos en diversas sesiones de trabajo en la redacción de este libro. Jamás olvidaré los días en que nos sentábamos en círculo con Mead y con mis colegas de muchos años, Cliff Barrow, Fred Dienerts, Grady Wilson y sus respectivas esposas, analizando y cambiando ideas en varios capítulos del libro. También dejo constancia de mi gratitud a mi colega, el doctor John Akers, por sus sugerencias, al reverendo Ralph Williams de nuestra oficina de Minneapolis, por su ayuda, y a Sally Wilson en Montreat que sugirió agregar ilustraciones y citas de las Sagradas Escrituras a mis notas originales. Mi secretaria, Stephanie Wilis, mecanografió y volvió a mecanografiar los borradores de mis manuscritos.

INTRODUCCIÓN:
EL CLAMOR DEL HOMBRE,
EL DON DE DIOS

El hombre tiene dos grandes necesidades espirituales. Una es la necesidad de perdón; la otra es la necesidad de bondad. Consciente o inconscientemente su ser interior ansía los dos. Hay ocasiones en que el hombre clama por ambas cosas aun cuando en su inquietud, confusión, soledad, temor y presiones a las que esté sometido no sepa con precisión por qué cosas clama.

Dios escuchó ese primer grito en demanda de ayuda, ese clamor pidiendo perdón, y su respuesta fue el Calvario. Dios envió a este mundo a su único Hijo, para morir por nuestros pecados y lograr nuestro perdón. Y esto, para nosotros, es un don, el don divino de la salvación. Y este don es un legado permanente para todo aquel que admita, con sinceridad de corazón, haber errado el blanco y pecado. Es para todo aquel que recurre a Dios y acepta su don recibiendo a Jesucristo como su Señor y Salvador. Pablo lo llama el don "inefable" de Dios (2 Corintios 9:15).

Pero Dios también escuchó nuestro segundo clamor, el clamor que pide bondad, y su respuesta fue Pentecostés. Dios no quiere que nos alleguemos a Cristo por fe, y luego vivamos una vida de derrota, desaliento y disensiones. Todo lo contrario, quiere cumplir "todo propósito de *bondad* y toda obra de fe con su poder, para que el nombre de nuestro Señor Jesucristo sea glorificado en vosotros" (2 Tesalonicenses 1:11, 12). *Y al gran don de perdón Dios agrega también el gran don del Espíritu Santo.* Él es la fuente de poder que posibilita nuestra liberación de la miserable debilidad que nos tiene atrapados. Nos da el poder y la capacidad para ser verdaderamente buenos.

Si hemos de vivir una vida sana y limpia en nuestro mundo moderno, y si hemos de vivir como hombres y mujeres una vida victoriosa, hemos de necesitar este doble don que Dios nos ofrece: primero, la obra del Hijo de Dios por nosotros; segundo, la obra del Espíritu de Dios en nosotros. De esta manera Dios responde a los dos grandes clamores de la humanidad: el clamor por el perdón y el clamor por la bondad.

Un amigo lo expresó de la siguiente manera: "Necesito a Jesucristo para mi vida eterna y al Espíritu Santo de Dios para mi vida interna".

Si creemos en Jesucristo, contamos con un poder que puede cambiar nuestras vidas en áreas tan íntimas como nuestro matrimonio, nuestras relaciones familiares y todo otro tipo de relación. Además, Dios nos ofrece un poder que puede cambiar una iglesia cansada en un cuerpo vital en pleno crecimiento, un poder que puede revitalizar la cristiandad.

Desgraciadamente, este poder ha sido ignorado, mal interpretado y mal utilizado. Por nuestra ignorancia hemos anulado el poder del Espíritu Santo.

Se han escrito muchos libros cuyo tema es, justamente, este poder, y muchas oraciones se han elevado rogando adquirir dicho poder. Infinidad de cristianos quisieran poseerlo pero no están seguros de lo que es.

Cuando el mundo mira a los cristianos, se le forma un clisé mental en la pantalla de su imaginación: ve al creyente como un cuellierguido de gesto adusto, carente del sentido del humor; como un individuo que, incapaz de valerse por sí mismo, usa "a Dios como muleta"; como una persona que dejó su cerebro en el Jardín de Infantes.

Si esta fría imagen estereotipada se aplica a cualquiera de nosotros o a la iglesia, es entonces obligación ineludible saber algo sobre el emocionante y revolucionario poder asequible exclusivamente a los creyentes cristianos. Nadie lo puede comprar, ni reclamarlo, ni usarlo sin conocer previamente la fuente de la cual surge.

El Espíritu Santo fue prometido

Cuando Jesús enseñaba a sus discípulos, preparándolos para lo que él sabía era el final, su adolorido corazón se compadeció de ellos porque los vio tristes y confundidos. Se nos ocurre que fue de uno a otro, rodeándolos con sus brazos. A uno tras otro les explicó, de manera muy sencilla, como nosotros hacemos con nuestros hijos, las importantes verdades que anhelaba entendieran. En un determinado momento dijo: "Pero ahora voy al que me envió; y ninguno de vosotros me pregunta: ¿A dónde vas? Antes, porque os he dicho estas cosas, tristeza ha llenado vuestro corazón. Pero yo os digo la verdad: Os conviene que yo me vaya; porque si no me fuese, el Consolador no vendría a vosotros; mas si me fuere, os lo enviaré" (Juan 16:5-7).

¡Hubo una promesa! La venida del Espíritu se basa en la palabra del Señor Jesucristo. Y no le agregó condición alguna. Jesús no dijo que enviaría al Ayudador (o "Consolador") a unos creyentes y no a otros. Tampoco dijo nada de tener que pertenecer a una especial y determinada organización u ocupar más altas posiciones en la jerarquía espiritual que otros. Dijo simplemente: "Si me fuere, os lo enviaré".

Cuando Jesucristo formula una promesa, no la rompe ni se olvida de ella. Podemos dudar de las promesas de amigos o familiares; hasta podemos dudar de nuestras promesas hechas a los demás. Pero jamás hemos recibido una promesa de Jesús que no cuente con el sello de una absoluta certeza de cumplimiento.

Algunas personas definen a Jesucristo como un "gran maestro" o uno de los más destacados dirigentes religiosos de todos los tiempos. Sin embargo, cuando se trata de promesas, es interesante señalar el contraste entre sus palabras y las palabras de otros dirigentes religiosos y filosóficos. Por ejemplo, cuando el fundador del budismo se despedía de sus seguidores, les dijo: "Tendrán que ser sus propias luces". O cuando Sócrates estaba a punto de beber la copa fatal, uno de sus discípulos lloró porque los dejaba huérfanos. Los dirigentes religiosos y filosóficos de este mundo fueron incapaces de prometer que jamás abandonarían a sus seguidores.

En cambio, los seguidores de Jesucristo no quedaron solos. Él les dijo: "No os dejaré huérfanos; vendré a vosotros" (Juan 14:18). Resulta interesante señalar que el vocablo griego que el castellano traduce "huérfanos" es el mismo que utilizó el discípulo de Sócrates cuando se dio cuenta de que su maestro los dejaba solos.

La promesa cumplida

Jesús les dijo a sus discípulos que los dejaría por un tiempo, y así lo hizo. Durante las fatídicas horas de la crucifixión, muerte y entierro, una duda horrible hizo presa de la mente de quienes lo amaban. Aún no había

sido "glorificado", de modo que su promesa todavía no se había traducido en realidad.

Pero bien sabemos lo que ocurrió. Dios lo levantó de entre los muertos y le otorgó gloria. Dirigiéndose a los cristianos, las Sagradas
Escrituras dicen que Cristo vino "por amor de vosotros, y mediante el
cual creéis en Dios, quien le resucitó de los muertos y le ha dado gloria,
para que vuestra fe y esperanza sean en Dios" (1 Pedro 1:20, 21).

Dios dijo que esperasen la venida del Espíritu. Jesús resucitó y fue
visto por sus discípulos. Incapaces de entender lo que ocurría, no le
reconocieron al principio, y se asustaron creyendo estar en presencia de
un fantasma. Para confirmar su realidad física, Jesús les pidió que lo
tocaran y hasta pidió algo de comer. Un espíritu no tiene carne, ¿verdad?
Un fantasma no puede comer, ¿no es así?

De modo que éste era el propio Jesús, no el Espíritu que había
prometido. ¡Sin embargo, les dijo que esperasen! El tiempo aún no era
cumplido.

Cincuenta días después, el día de Pentecostés, se cumplió la promesa. ¡Qué día aquel! Nos resulta difícil imaginar, con nuestra mentalidad
práctica, científica y apegada a las cosas de esta tierra, los sorprendentes
sucesos de aquel día.

"Cuando llegó el día de Pentecostés, estaban todos unánimes juntos.
Y de repente vino del cielo un estruendo como de un viento recio que
soplaba, el cual llenó toda la casa donde estaban sentados; y se les
aparecieron lenguas repartidas, como de fuego, asentándose sobre cada
uno de ellos. Y fueron todos llenos del Espíritu Santo, y comenzaron a
hablar en otras lenguas, según el Espíritu les daba que hablasen" (Hechos
2:1-4).

Aquél por quien se les dijo que había que esperar, ¡había venido!

¡Qué diferente énfasis pone una palabra en la descripción de un suceso de trascendencia universal! Antes del día de Pentecostés el énfasis se
ponía en la palabra "pedir". "Pues si vosotros, siendo malos, sabéis dar
buenas dádivas a vuestros hijos, ¿cuánto más vuestro Padre celestial dará
el Espíritu Santo a los que se lo *pidan*?" (Lucas 11:13, cursivas indicadas
por el autor).

Después de Pentecostés el énfasis se puso en la palabra "recibir".
Aquel día, en su poderoso sermón, dijo Pedro: "Arrepentíos, y bautícese

cada uno de vosotros en el nombre de Jesucristo para perdón de pecados; y *recibiréis* el don del Espíritu Santo" (Hechos 2:38, cursivas indicadas por el autor).

Estas son las buenas nuevas: ya no esperamos al Espíritu Santo; el Espíritu Santo nos espera a nosotros. No vivimos más en la era de la promesa; vivimos en los días del cumplimiento.

Los miembros de la primitiva iglesia, los hombres, mujeres y niños que sabían de la realidad del poder del Espíritu Santo fueron totalmente transformados. El exaltado poder que experimentaron en el día de Pentecostés es característico de la era que nos dio el Nuevo Testamento. El Espíritu Santo había sido prometido, la promesa se cumplió, los discípulos fueron cambiados y lo glorioso de todo esto es que el Espíritu está presente hoy en día en cada verdadero creyente. De modo, pues, que también hoy tenemos acceso a ese poder.

¿Quién es esta Persona que Cristo prometió enviar a la tierra en su lugar?

¿Quién es esta Persona que Cristo utilizó para cambiar la naturaleza humana? ¿Quién es esta Persona que puede otorgarnos poderes sobrenaturales para enfrentar cualquier crisis? ¿Y cómo podemos experimentar su poder en nuestras vidas día tras día?

Eso es lo que habremos de averiguar.

1. ¿QUIÉN ES EL ESPÍRITU SANTO?

Algunos años atrás el maestro de un quinto grado preguntó a sus alumnos si uno de ellos era capaz de explicar la electricidad. Un muchacho levantó la mano. El maestro le preguntó:

—¿Cómo lo explicarías, Jaimito?

Jaimito se rascó la cabeza un momento y luego replicó:

—Anoche lo sabía, pero esta mañana se me olvidó.

El maestro movió la cabeza con tristeza y dirigiéndose a los demás alumnos comentó:

—¡Qué tragedia! ¡La única persona en el mundo entero que ha logrado saber qué es la electricidad, viene y se olvida!

La posición del maestro describe muy bien lo que ocurre cuando estudiamos la doctrina de la Trinidad. Aceptamos el hecho de que el Espíritu Santo es Dios, tan Dios como Dios el Padre y tan Dios como Dios el Hijo. Pero nos quedamos desconcertados cuando tratamos de explicarlo.

En estos últimos años la gente ha hablado y ha escrito más sobre el Espíritu Santo que sobre ningún otro tema religioso, con excepción del ocultismo. Y esto ha ocurrido en gran parte por la influencia del movimiento carismático, que ha sido denominado la "tercera fuerza" de la cristiandad, junto al catolicismo y al protestantismo. El movimiento carismático más reciente, que hunde sus raíces en el pentecostalismo histórico y hace hincapié en el Espíritu Santo, está ahora firmemente establecido en la mayoría de las más importantes denominaciones y en el catolicismo. Tenemos conciencia de que es un tema vastísimo del cual conocemos muy poco. Sin embargo, Dios en su Palabra nos ha revelado todo cuanto nos hace falta saber.

Muchas preguntas han de surgir en este libro, cuyas respuestas buscan con ahínco perplejos y poco avisados creyentes. El hecho es que hay millones de creyentes que ahora hacen estas preguntas. Buscan y merecen respuestas bíblicas. Por ejemplo: ¿Qué es el bautismo del Espíritu Santo?

¿Cuándo tiene lugar? ¿Es *posible* y necesario hoy en día hablar en lenguas? ¿Existe una experiencia a la que se ha denominado "segunda bendición"?

Para iniciar nuestro estudio, debemos formular, desde el comienzo, una pregunta fundamental: ¿Quién es el Espíritu Santo?

El Espíritu Santo es una persona

La Biblia nos enseña que el Espíritu Santo es una *persona*. Jesús nunca se refirió a "eso" cuando hablaba del Espíritu Santo. En Juan 14, 15 y 16, por ejemplo, habló del Espíritu Santo como "él" (Juan 14:26), porque no es una fuerza o un objeto sino una persona. Quienquiera que hable del Espíritu Santo como "eso" es porque no ha recibido una correcta instrucción o simplemente no sabe discernir.

Vemos, de la lectura de la Biblia, que el Espíritu Santo tiene intelecto, emociones y voluntad. Aparte de ello, la Biblia también le asigna actos propios de alguien que no se reduce a ser una fuerza, sino una persona real.

El Espíritu Santo *habla:* "El que tiene oído, oiga lo que el Espíritu dice a las iglesias: Al que venciere, le daré a comer del árbol de la vida, el cual está en medio del paraíso de Dios" (Apocalipsis 2:7).

"Ministrando éstos al Señor, y ayunando, dijo el Espíritu Santo: Apartadme a Bernabé y a Saulo para la obra a que los he llamado" (Hechos 13:2).

El Espíritu Santo *intercede:* "Y de igual manera el Espíritu nos ayuda en nuestra debilidad; pues qué hemos de pedir como conviene, no lo sabemos, pero el Espíritu mismo intercede por nosotros con gemidos indecibles" (Romanos 8:26).

El Espíritu Santo *testifica:* "Cuando venga el Consolador, a quien yo os enviaré del Padre, el Espíritu de verdad, el cual procede del Padre, él dará testimonio acerca de mí" (Juan 15:26).

El Espíritu Santo *dirige:* "Y el Espíritu dijo a Felipe: Acércate y júntate a ese carro" (Hechos 8:29).

"Porque todos los que son guiados por el Espíritu de Dios, éstos son hijos de Dios" (Romanos 8:14).

El Espíritu Santo *ordena:* "Y atravesando Frigia y la provincia de Galacia, les fue prohibido por el Espíritu Santo hablar la palabra en Asia;

y cuando llegaron a Misia, intentaron ir a Bitinia, pero el Espíritu no se lo permitió" (Hechos 16:6, 7).

El Espíritu Santo *guía:* "Pero cuando venga el Espíritu de verdad, él os guiará a toda la verdad; porque no hablará por su propia cuenta, sino que hablará todo lo que oyere, y os hará saber las cosas que habrán de venir" (Juan 16:13).

El Espíritu Santo *encomienda:* "Mirad por vosotros, y por todo el rebaño en que el Espíritu Santo os ha puesto por obispos, para apacentar la iglesia del Señor, la cual él ganó por su propia sangre" (Hechos 20:28).

Al Espíritu Santo *se le puede mentir:* "Y dijo Pedro: Ananías, ¿por qué llenó Satanás tu corazón para que mintieses al Espíritu Santo, y sustrajeses del precio de la heredad? Reteniéndola, ¿no se te quedaba a ti?, y vendida ¿no estaba en tu poder? ¿Por qué pusiste esto en tu corazón? No has mentido a los hombres, sino a Dios" (Hechos 5:3, 4).

El Espíritu Santo *puede ser afrentado:* "¿Cuánto mayor castigo pensáis que merecerá el que pisoteare al Hijo de Dios, y tuviere por inmunda la sangre del pacto en la cual fue santificado, e hiciere afrenta al Espíritu de gracia?" (Hebreos 10:29).

El Espíritu Santo *puede ser blasfemado:* "Por tanto os digo: Todo pecado y blasfemia será perdonado a los hombres; mas la blasfemia contra el Espíritu no les será perdonada. A cualquiera que dijere alguna palabra contra el Hijo del Hombre, le será perdonado; pero al que hable contra el Espíritu Santo, no le será perdonado, ni en este siglo ni en el venidero" (Mateo 12:31, 32).

El Espíritu Santo *puede ser contristado:* "Y no contristéis al Espíritu Santo de Dios con el cual fuisteis sellados para el día de la redención" (Efesios 4:30).

Cada una de las emociones y de los hechos que hemos señalado son propios de una persona. El Espíritu Santo no es una fuerza impersonal, como lo es la gravedad o el magnetismo. Es una Persona, con todos los atributos de la personalidad. Pero no es solamente una Persona; también es divino.

El Espíritu Santo es una persona divina: es Dios

A lo largo de las páginas de la Biblia surge con toda claridad que el Espíritu Santo es Dios mismo. Y esto lo vemos, entre otras cosas, por los atributos que las Sagradas Escrituras le asignan al Espíritu Santo. Sin excepción estos atributos son los del propio Dios.

El Espíritu Santo *es eterno:* Esto quiere decir que nunca hubo un momento en que no existió. "¿Cuánto más la sangre de Cristo, el cual mediante el Espíritu eterno se ofreció a sí mismo sin mancha a Dios, limpiará vuestras conciencias de obras muertas para que sirváis al Dios vivo?" (Hebreos 9:14).

El Espíritu Santo *es todopoderoso:* "Respondiendo el ángel, le dijo: El Espíritu Santo vendrá sobre ti, y el poder del Altísimo te cubrirá con su sombra; por lo cual también el Santo Ser que nacerá, será llamado Hijo de Dios" (Lucas 1:35).

El Espíritu Santo *está presente en todas partes* (es decir, es omnipresente) al mismo tiempo: "¿A dónde me iré de tu Espíritu? ¿Y a dónde huiré de tu presencia?" (Salmo 139:7).

El Espíritu Santo *todo lo sabe* (es omnisciente): "Pero Dios nos las reveló a nosotros por el Espíritu; porque el Espíritu todo lo escudriña, aun lo profundo de Dios. Porque ¿quién de los hombres sabe las cosas del hombre, sino el espíritu del hombre que está en él? Así tampoco nadie conoció las cosas de Dios, sino el Espíritu de Dios" (1 Corintios 2:10, 11).

El Espíritu Santo *es llamado Dios:* "Y dijo Pedro: Ananías, ¿por qué llenó Satanás tu corazón para que mintieses al Espíritu Santo, y sustrajeses del precio de la heredad? Reteniéndola, ¿no se te quedaba a ti? y vendida, ¿no estaba en tu poder? ¿Por qué pusiste esto en tu corazón? *No has mentido a los hombres, sino a Dios*" (Hechos 5:3, 4, cursivas indicadas por el autor).

"Por tanto, nosotros todos, mirando a cara descubierta como en un espejo la gloria del Señor, somos transformados de gloria en gloria en la misma imagen, como por el Espíritu del Señor" (2 Corintios 3:18).

El Espíritu Santo *es el creador:* La primera referencia bíblica al Espíritu Santo la encontramos en Génesis 1:2, donde se nos dice que "el Espíritu de Dios se movía sobre la faz de las aguas". Pero en Génesis 1:1 dice: "En el principio creó Dios los cielos y la tierra". Y en el primer capítulo de Colosenses, donde Pablo escribe a la iglesia de Colosas sobre el Señor Jesucristo, entre otras tremendas verdades nos dice: "Porque en él fueron creadas todas las cosas, las que hay en los cielos y las que hay en la tierra, visibles e invisibles; sean tronos, sean dominios, sean principados, sean potestades; todo fue creado por medio de él y para él" (Colosenses 1:16, 17).

Así, pues, Dios el Padre, Dios el Hijo y Dios el Espíritu Santo estaban juntos creando el mundo. El entender y aceptar estos hechos reviste la mayor importancia para todo cristiano, teológica y prácticamente.

Un día que hice estas afirmaciones sobre el Espíritu Santo a unos seminaristas, uno de ellos preguntó: "¿Implica inferioridad el hecho de que habitualmente figura en último término?" Pero en Romanos 15:30 no figura en último término: "Pero os ruego, hermanos, por nuestro Señor Jesucristo y por el amor del Espíritu, que me ayudéis orando por mí a Dios". Y en Efesios 4:4 dice Pablo: "Un cuerpo, y un Espíritu, como fuisteis también llamados en una misma esperanza de vuestra vocación".

Pero más importante que lo anterior es el hecho de que el lugar que ocupan las tres personas de la Trinidad en el Nuevo Testamento tiene que ver con su orden y función. Así, decimos que oramos al Padre invocando el nombre del Hijo y en el poder del Espíritu Santo. Más aún, ya hemos demostrado que *funcionalmente* primero figura el Padre, luego el Hijo se encarnó, murió y resucitó. Ahora el Espíritu ejecuta su función en esta era del Espíritu. El orden de colocación nada tiene que ver con la igualdad, sino solamente con la función y la cronología.

La Trinidad

Cuando años atrás inicié el estudio de las Sagradas Escrituras, la doctrina de la Trinidad fue uno de los más complejos problemas que tuve que encarar. Nunca lo he resuelto del todo pues contiene algunos ingredientes de misterio. Y a pesar de no entenderlo totalmente hasta el día de hoy, lo acepto como una revelación de Dios.

La Biblia nos enseña que el Espíritu Santo es un ser viviente. Es una de las tres personas de la Santa Trinidad. Explicar e ilustrar la Trinidad es una de las más arduas tareas que le toca desempeñar a un cristiano. El doctor David McKenna me contó una vez que su hijito Doug le formuló una pregunta:

—¿Dios el Padre, es Dios?

Respondió: —Sí.

—¿Jesucristo, es Dios?

—Sí.

—¿El Espíritu Santo es Dios?

—Sí.

—Entonces, ¿cómo puede Jesús ser su propio Padre?

David pensó rápidamente. Estaban sentados en su viejo Chevrolet modelo 1958 en aquel momento.

—Escucha, hijo —contestó—. Bajo la capota del motor hay una batería. Puedo usarla para encender las luces, hacer sonar la bocina y hacer arrancar el motor —y agregó—, cómo ocurre esto es un misterio, ¡pero ocurre!

La Biblia nos habla de la realidad de la Trinidad, tanto en el Antiguo Testamento como en el Nuevo. Veamos algunos de los principales pasajes.

Dios despliega ante nosotros la revelación de sí mismo, en la Biblia, de manera progresiva. Pero hay indicaciones, desde el comienzo del libro del Génesis, de que Dios subsiste en tres personas —el Padre, el Hijo y el Espíritu Santo— y que estas tres personas constituyen un solo Dios. El cristianismo es trinitario, no unitario. Hay un solo Dios, no tres, de modo que queda claramente sentado que la fe cristiana no es politeísta.

La Biblia comienza con una majestuosa afirmación: "En el principio creó Dios los cielos y la tierra" (Génesis 1:1).

Eruditos hebreos nos informan que en el idioma hebreo hay tres números: singular, uno; dual, dos; plural, más de dos. La palabra que traduce "Dios" en Génesis 1:1 es plural, indicando con ello más de dos. El vocablo hebreo que se usa en este primer versículo de la Biblia es *Elohim*. Matthew Henry dice que significa "la pluralidad de personas en la Deidad, Padre, Hijo y Espíritu Santo. Este nombre plural de Dios... (confirma) nuestra fe en la doctrina de la Trinidad, algo oscuramente insinuado en el Antiguo Testamento, pero claramente revelado en el Nuevo".[1]

Como ya vimos respecto a la creación, desde el comienzo Dios nos permite atisbos del hecho de que la Deidad consiste de más de una persona. Ponemos en cursiva algunas de las palabras clave. En Génesis 1:26 Dios dijo: "*Hagamos* al hombre a *nuestra* imagen, conforme a *nuestra* semejanza; y señoree en los peces del mar, en las aves de los cielos, en las bestias, en toda la tierra, y en todo animal que se arrastra sobre la tierra". Más adelante, en Génesis 3:22, Jehová dijo: "He aquí el hombre es como uno de *nosotros* sabiendo el bien y el mal". Y en Génesis 11:6, 7, el Señor dijo: "He aquí el pueblo es uno, y todos éstos tiene un solo lenguaje; y han comenzado la obra, y nada les hará desistir ahora de lo que han pensado hacer. Ahora, pues, *descendamos,* y *confundamos* allí su lengua, para que ninguno entienda el habla de su compañero". Cuando Isaías oyó la voz del Señor que decía: "¿A quién enviaré, y quién irá por *nosotros?*" respondió "Heme aquí, envíame a mí" (Isaías 6:9).

La doctrina neotestamentaria de la Trinidad aparece más plenamente desarrollada que en el Antiguo Testamento. Ya que la revelación es progresiva, más luz está arrojada sobre este tema cuando Dios se reveló más cabalmente a sí mismo en el tiempo de Cristo y los apóstoles.

La última orden de Jesús, antes de su ascensión, figura en Mateo 28:18-20. En ella ordenó a sus seguidores que hicieran "discípulos a todas las naciones" bautizando a los convertidos "en el nombre del Padre, y del Hijo, y del Espíritu Santo, enseñándoles que guarden todas las cosas que os he mandado; y he aquí yo estoy con vosotros todos los días, hasta el fin del mundo". Jesús les dijo que luego de su partida desde esta tierra, sus seguidores habrían de llevar su mensaje del evangelio a todas las naciones. El Espíritu Santo los utilizaría para formar un pueblo para su nombre. Esta comisión trinitaria a bautizar mancomuna el Espíritu Santo con Dios el Padre y Dios el Hijo como su igual. El es Dios el Espíritu Santo.

Es apasionante observar que Jesús dijo que los creyentes no serían dejados solos. Por medio del Espíritu Santo que él y su Padre enviaron, jamás nos desamparará ni nos dejará (Hebreos 13:5). Permanecerá con todos y cada uno de los creyentes hasta el final. Este pensamiento nos ha estimulado mil veces en estos tenebrosos días cuando las fuerzas satánicas están desatadas en tantas partes del mundo.

En esta misma línea de pensamiento el apóstol Pablo dijo: "La gracia del Señor Jesucristo, el amor de Dios, y la comunión del Espíritu Santo sean con todos vosotros" (2 Corintios 13:14). Esta bendición indica claramente que el Espíritu Santo es uno con el Padre y uno con el Hijo, en la Deidad. *No es uno más uno más uno igual a tres. Es uno por uno por uno igual a uno.* El Espíritu Santo es uno con el Padre y con el Hijo. Si el Padre es Dios, y Jesús es Dios, luego el Espíritu Santo también es Dios.

El principal problema relacionado con la doctrina de la Trinidad se refiere a la pretensión del cristianismo de ser monoteísta. Rechaza el politeísmo, es decir, la creencia en más de un Dios. La respuesta es que el trinitarismo preserva la unidad de la Deidad, y al mismo tiempo reconoce que hay tres personas en esa Deidad que sigue siendo esencialmente una. Dios es uno, pero esa unicidad no es simple sino compleja.

Es un tema dificilísimo que escapa a nuestras posibilidades mentales. No obstante ello, es de importancia capital declarar lo que la Biblia sostiene, y callar donde la Biblia calla. Dios el Padre es plenamente Dios. Dios el Hijo es plenamente Dios. Dios el Espíritu Santo es plenamente Dios. La Biblia afirma lo anterior como un hecho. No lo explica. Sin embargo, se han intentado muchas explicaciones, algunas de las cuales con grandes visos de realidad, pero que no se ajustan a la verdad de la enseñanza bíblica.

Una de las herejías cristianas en la iglesia primitiva fue el "modalismo". Enseñaba que Dios aparecía en distintos momentos en tres diferentes formas, como Padre, luego como Hijo y finalmente como Espíritu Santo. Quienes sostenían este punto de vista pensaban que preservaba la unidad del monoteísmo. Pero también significaba que cuando Jesús oraba, hablaba consigo mismo. Más aún, decir, como dice Hechos 2, que el Padre y el Hijo enviaron al Espíritu Santo, poco habla en favor del modalismo. Y en última instancia, violaba la más clara presentación de la Trinidad en unidad, tal cual lo expresa la afirmación de Jesús, registrada en Mateo, sobre la gran comisión. Fue Jesús quien dijo que sus discípulos tenían que bautizar a sus convertidos "en el nombre del Padre, y del Hijo, y del Espíritu Santo". La construcción gramatical en griego no deja lugar a dudas de que Jesús se refería a tres personas distintas. Claramente enseñó la doctrina de la Trinidad.

Hemos visto que el Espíritu Santo es una persona, y es Dios, y es un miembro de la Trinidad. Las personas que no reconozcan este hecho pierden toda su alegría y su poder. Claro está que una opinión errónea respecto a cualquiera de los tres miembros de la Trinidad dará los mismos resultados porque Dios reviste la máxima importancia. Pero resulta especialmente cierto respecto al Espíritu Santo, porque si bien el Padre es la fuente de toda bendición, y el Hijo es el medio por el cual se canalizan todas las bendiciones, es mediante la obra del Espíritu Santo, actuando en nosotros, que toda verdad se torna viva y eficaz en nuestras vidas.

Lo más destacado que podemos decir como resumen es lo siguiente: nada hay de lo que Dios es que no lo sea el Espíritu Santo. Todos los aspectos esenciales de la Deidad pertenecen al Espíritu Santo. Podemos decir de él exactamente lo que se dijo de Jesucristo en el antiguo Credo Niceno: "¡Verdadero Dios de verdadero Dios!" De modo que nos inclinamos ante él, lo adoramos, le acordamos toda respuesta que la Sagrada Escritura requiere de nuestra relación con el omnipotente Dios.

¿Quién es el Espíritu Santo? ¡El Espíritu Santo es Dios!

2. CUANDO EL ESPÍRITU SANTO HA VENIDO

Cuando escribía este capítulo, mi esposa y yo estábamos sentados en el porche de la casa gozando de un cálido sol primaveral, y comentábamos cómo refresca el viento cuando se aproxima la noche. Particularmente hablamos del poder y del misterio del viento.

Resulta interesante que en las Sagradas Escrituras, tanto en el original hebreo como en el griego, la palabra utilizada para referirse al Espíritu es una palabra que también puede traducirse "viento". De igual forma el Espíritu Santo obra de distintas maneras en nuestras vidas, y en distintos momentos de la historia.

Cuando era muchacho vi tornados en Texas y Oklahoma, y aun en mi terruño, en el Estado de Carolina del Norte. Sí, he visto el poder del viento. He visto cómo los frenos de aire que usan justamente viento, o aire, frenan los gigantescos camiones en bajada. La misma fuerza puede elevar inmensos aviones.

El gerente de una cantera de granito en Carolina del Norte dijo una vez: "Proveemos de granito para el edificio de la Municipalidad de la ciudad de Nueva York. Podemos elevar casi media hectárea de sólido granito de tres metros de espesor, prácticamente a cualquier altura que queramos para trasladarla de un lado a otro. Lo hacemos con aire. Y lo podemos hacer con tanta facilidad como levantar una hoja de papel".

¡Aire! Aire, esta invisible cubierta en la cual vivimos y nos movemos; esta substancia tan inmaterial que podemos atravesarla con nuestras manos como si careciera de realidad. ¡Pero qué fuerza posee! ¡Qué inmensa y terrible![1]

Hemos visto en las páginas anteriores algo de la naturaleza y de la personalidad del Espíritu Santo. Ahora echemos una mirada a su particularísima obra en cada una de las grandes etapas de todos los tiempos. Pero antes que nada, para colocar el problema en su justa perspectiva, hemos de ver cómo actúa el trino Dios en cada edad.

A la mente humana le resulta difícil captar y entender plenamente el elemento de misterio en este aspecto. Simultáneamente el Padre, el Hijo y el Espíritu Santo deben desempeñar diferentes funciones privativas de cada uno. Por ejemplo, no fueron ni el Padre ni el Espíritu Santo los que murieron en la cruz del Calvario. Fue Dios el Hijo. Tenemos que entender estos hechos, especialmente cuando pensamos en esta era actual y la obra de Dios en ella.

Cuando estudiamos la Biblia observamos inmediatamente el énfasis que pone el Antiguo Testamento en la obra de Dios el Padre. Los Evangelios ponen su énfasis en la obra de Dios el Hijo. Pero desde el día de Pentecostés a la fecha el énfasis está puesto en la obra de Dios el Espíritu Santo. Y, sin embargo, la Biblia también nos dice que Dios el Espíritu Santo ha obrado a lo largo de la historia, desde el comienzo del mundo. Por lo tanto, comenzaremos nuestro estudio sobre la obra del Espíritu Santo, examinando brevemente sus actividades en las eras previas a Pentecostés, antes de concentrar nuestra atención en su ministerio, único en su género, desde entonces hasta ahora.

La obra del Espíritu desde la creación hasta Belén

Ya vimos en el capítulo anterior que el Espíritu Santo se mostró activo en la creación. Según Génesis 1:2: "La tierra estaba desordenada y vacía, y las tinieblas estaban sobre la faz del abismo". Pero de inmediato nos dice que "el Espíritu de Dios se movía sobre la faz de las aguas". El vocablo hebreo que traduce "movía" significa "aletear" o "revolotear". De la misma manera que la gallina cobija bajo sus alas los huevos para empollarlos dándoles vida, así también el Espíritu Santo revoloteaba sobre la creación original de Dios, con el propósito de llenar su vacío con diversas formas de vida. De ello resultó la creación relatada en los capítulos 1 y 2 del Génesis. Así, pues, desde el comienzo, el Espíritu Santo se mostró activo en la creación juntamente con el Padre y con el Hijo.

Cuando Dios "formó al hombre del polvo de la tierra" (Génesis 2:7), el Espíritu Santo intervino en ello. Indirectamente lo sabemos por la afirmación que figura en Job 33:4: "El Espíritu de Dios me hizo, y el soplo del Omnipotente me dio vida". Un juego de palabras nos muestra cuán íntimamente se relaciona el Espíritu Santo y nuestro soplo o hálito: tanto "Espíritu" como "soplo" derivan de la misma palabra hebrea.

Génesis 2:7 también dice que Jehová Dios "sopló en su nariz aliento de vida, y fue el hombre un ser viviente". Si bien el vocablo hebreo traducido aquí por "soplo" no es el mismo que también significa espíritu, va sin decir que el hombre debe su vida a Dios, según este pasaje. Y el soplo de Dios que inició al hombre en su transitar terrenal fue, en realidad, el Espíritu Santo, tal como nos lo dice Job 33:4.

El Salmo 104:30 avanza un paso más haciéndonos comprender el papel desempeñado por el Espíritu en la creación. El Espíritu Santo no sólo actuó en la formación de la tierra y del primer hombre, sino que es siempre el creador de la vida. "Envías (Dios) tu Espíritu, son creados, y renuevas la faz de la tierra". ¿Quiénes son los "creados" por el Espíritu? El Salmo 104 lo dice bien claro en todo su contexto, pero en los versículos 18-26 nos enteramos que están incluidas las cabras monteses y las madrigueras para los conejos (v.18), bestias de las selvas tales como los leoncillos (vv. 20, 21), el hombre (v. 23) y cuanto vive en la tierra o en el mar (vv. 24, 25).

Entendiendo que el Espíritu es el dador de la vida, una mujer casada, en el Antiguo Testamento, imposibilitada de concebir y dar a luz un hijo, se dirigía al tabernáculo o al templo. Allí elevaba sus oraciones o el sacerdote suplicaba a Dios para que abriera su matriz. Esa mujer conocía, al igual que nosotros, los hechos básicos de la concepción, si bien no poseía tantos detalles científicos como los que poseemos ahora, sobre el proceso del nacimiento. Pero aun para nosotros, hoy en día, sigue siendo un misterio de la naturaleza y uno de los milagros de la naturaleza, el que un espermatozoide penetre en un óvulo y se inicie una nueva vida. Y esto no es otra cosa que una manera médica o biológica de describir el toque de la mano de Dios al crear la vida.

Ana constituye una clásica ilustración de lo que acabamos de decir. Se dirigió al tabernáculo para orar pidiendo un hijo. Elí, el sumo sacerdote, pensó al principio que estaba borracha, pero ella le informó que era una mujer atribulada que derramaba su alma delante del Señor. Elí respondió: "Vé en paz, y el Dios de Israel te otorgue la petición que has hecho" (1 Samuel 1:17). Tiempo más tarde concibió y nació el profeta Samuel. Y si bien es cierto que en el relato no se menciona el Espíritu de Dios, nuestro conocimiento del papel que desempeña, según el Salmo 104:30 (y Job 33:4) nos dice bien a las claras que la función dadora de vida corresponde particularmente al Espíritu de Dios.

Pero el Salmo 104:30 nos dice algo más aparte de deberle nuestra creación al Espíritu. También renueva la faz de la tierra. Dios alimenta lo que crea.

Así, pues, los creyentes de los días veterotestamentarios estaban totalmente convencidos de que Dios tenía algo que ver con el crecimiento y maduración de los cereales. Una buena cosecha se la atribuían a Dios: "Él hace producir el heno para las bestias, y la hierba para el servicio del hombre, sacando el pan de la tierra" (Salmo 104:14). En el capítulo 28 de Deuteronomio se enunciaron las condiciones a darse para bendiciones y maldiciones una vez llegados a la Tierra Prometida. Si Israel obedecía a Dios, contaba con la promesa de que sería "bendito el fruto de tu vientre, el fruto de tu tierra" y "te hará Jehová sobreabundar... en el fruto de la tierra" (Deuteronomio 28:4, 11). La fiesta de las Primicias, en Israel, reconocía formalmente a Dios como responsable y causante de la abundancia. Y hoy en día, cuando inclinamos nuestras cabezas al sentarnos a la mesa para agradecerle la comida que habremos de ingerir, reconocemos en Dios a nuestro sustentador.

Recordemos que Dios bendice y maldice, libera y castiga. El Antiguo Testamento a menudo atribuye la salvación de Israel al Espíritu de Dios. Contendió con la gente antes del diluvio (Génesis 6:3). Creemos que contiende con la gente en la actualidad exactamente como lo hizo antes del diluvio. Jesús dijo: "Como fue en los días de Noé, así también será en los días del Hijo del Hombre" (Lucas 17:26). Prevalecen hoy en día las mismas enfermizas perversiones, la decadencia moral y la relajación. El Espíritu Santo lucha denodadamente, pero la inmensa mayoría de la raza humana hace oídos sordos a su llamamiento.

De tiempo en tiempo el Espíritu Santo tomaba posesión de ciertas personas para liberar al pueblo de Dios. Por ejemplo, en el libro de los Jueces solamente, vino sobre Otoniel (3:10), Gedeón (6:34), Jefté (11:29) y Sansón (13:25).

Las siguientes son las tres principales expresiones que se usan en el Antiguo Testamento para designar la obra del Espíritu Santo sobre los seres humanos: (1) *Vino* sobre los hombres: "Entonces el Espíritu de Dios vino sobre Zacarías" (2 Crónicas 24:20). (2) Se *posó* sobre los hombres: "....posó sobre ellos el espíritu" (Números 11:25). (3) *Llenó* hombres: "Lo he llenado del Espíritu de Dios" (Éxodo 31:3).

El Espíritu utilizó no solamente a jueces y a profetas para liberar a

Israel, sino también a reyes. Eran ungidos con aceite, símbolo de que eran dinamizados con el Espíritu Santo. De modo que cuando Samuel ungió a David en 1 Samuel 16:13, "desde aquel día en adelante el Espíritu de Jehová vino sobre David".

Y en el versículo siguiente se deja escuchar una nota de gran solemnidad. Mientras en el libro de Jueces el Espíritu muchas veces se apartaba una vez concluida la tarea encomendada al escogido, también puede apartarse cuando sus propios elegidos desobedecen. Esto le ocurrió a Saúl en 1 Samuel 16:14, y también a Sansón, como vemos al comparar Jueces 14:19 con 16:20. La preocupación de David de que el Espíritu pudiera abandonarlo le hizo elevar la siguiente oración: "No quites de mí tu santo Espíritu" (Salmo 5 1:11).

La gran liberación de Dios, por supuesto, no vino por medio de un rey ungido por hombres, sino con el Mesías, título que significa, justamente, "Ungido". Isaías anunció proféticamente que el Mesías habría de decir: "El Espíritu de Jehová el Señor está sobre mí, porque me ungió Jehová" (Isaías 61:1). Y Jesús, leyendo esas palabras ochocientos años después, dijo: "Hoy se ha cumplido esta Escritura delante de vosotros" (Lucas 4:21).

No siempre resulta fácil separar los papeles del Padre, del Hijo y del Espíritu Santo, en el Antiguo Testamento. Pero sabemos que Jesús se apareció de tiempo en tiempo en "teofanías", que son simples apariciones de nuestro Señor antes de su encarnación. También sabemos que el uso del nombre de Dios en el Antiguo Testamento puede referirse a los tres distintos miembros que componen la Trinidad.

En resumen, hemos visto que el Espíritu Santo obraba antes de la fundación del mundo. Luego renovó y alimentó a su creación. Se mostró activo en todo el período veterotestamentario, tanto en el mundo natural como entre su pueblo, guiándolo y liberándolo por medio de jueces, profetas, reyes y otros. Y anunció el día del futuro en que habría de venir el Ungido.

La obra del Espíritu desde Belén hasta Pentecostés

Durante el período cubierto por los cuatro Evangelios, la obra del Espíritu Santo se concentró alrededor de la persona de Jesucristo. El Dios-hombre fue concebido por el Espíritu (Lucas 1:35), bautizado por el Espíritu (Juan 1:32, 33), guiado por el Espíritu (Lucas 4:1), ungido por el

Espíritu (Lucas 4:18; Hechos 10:38) y dinamizado por el Espíritu (Mateo 12:27, 28). Por el Espíritu se ofreció a sí mismo como expiación por los pecados (Hebreos 9:14), por el Espíritu fue resucitado (Romanos 8:11) y por el Espíritu dio mandamientos (Hechos 1:2).

Sin duda alguna uno de los pasajes de mayor inspiración y grandeza que podemos leer en las Sagradas Escrituras es el relato de lo que el ángel le dijo a María: "El Espíritu Santo vendrá sobre ti, y el poder del Altísimo te cubrirá con su sombra; por lo cual también el Santo Ser que nacerá, será llamado Hijo de Dios" (Lucas 1:35). Personas excesivamente escépticas y otras excesivamente limitadas en su concepción sobre la ciencia, pueden mofarse en total descreimiento, pero el ángel descartó toda duda cuando dijo: "Porque nada hay imposible para Dios" (Lucas 1:37).

Para los cristianos, toda insinuación o sugerencia de que Dios el Espíritu Santo haya sido incapaz de producir un nacimiento virginal es pura tontería. Si creemos que Dios es Dios y que reina supremo en el universo, nada es demasiado grande para su ilimitado poder. En todo tiempo y lugar Dios hace cualquier cosa que se le ocurra hacer. Cuando planeó el nacimiento del Mesías, ejecutó un milagro. Pasó por alto uno de los eslabones en la normal cadena fisiológica del nacimiento: ningún varón participó en la concepción. La vida que se formó en la matriz de la virgen fue nada menos que la encarnada vida de Dios el Hijo en carne humana. El nacimiento virginal fue un signo tan extraordinario que obviamente fue Dios y no el hombre el que actuó en la encarnación. Hay ciertos teólogos, así denominados, en el día de hoy, que niegan la encarnación, y rechazan la deidad de Jesucristo. ¡Al hacerlo así se aproximan muchísimo a la blasfemia contra el Espíritu Santo!

También se mostró activo el Espíritu Santo entre los discípulos, antes de Pentecostés. Y esto lo sabemos porque Jesús les dijo: "El Espíritu de verdad… mora con vosotros" (Juan 14:17). Además, Jesús le dijo a Nicodemo: "El que no naciere de agua y del Espíritu, no puede entrar en el reino de Dios" (Juan 3:5). Y momentos después le dijo: "Os es necesario nacer de nuevo" (Juan 3:7).

Sin embargo, el accionar del Espíritu entre los hombres, en los días de Jesús, difería de su accionar en la actualidad. En Juan 7:39 nos dice el apóstol Juan, en lo que atañe a la palabra de Jesús: "Esto dijo (Jesús) del Espíritu que habían de recibir los que creyesen en él; pues aún no había venido el Espíritu Santo, porque Jesús no había sido aún glorificado".

La Biblia no nos revela en detalle cuál era, exactamente, la diferencia. No obstante ello, sabemos que la venida del Espíritu en Pentecostés fue de una magnitud muy superior a lo que jamás experimentaron. De cualquier manera que sea, hemos visto que el Espíritu Santo se mostró activo de diversas maneras en el nacimiento y en la vida de nuestro Señor Jesucristo y en las vidas y ministerios de sus discípulos.

La obra del Espíritu desde Pentecostés hasta la fecha

En el libro de Los Hechos de los Apóstoles, Lucas registra la ascensión de Jesús al cielo (Hechos 1:9-11). En el capítulo 2 describe la venida del Espíritu Santo a la tierra (Hechos 2:1-4). Jesús había dicho: "Si no me fuese, el Consolador (Espíritu Santo) no vendría a vosotros; mas si me fuere, os lo enviaré" (Juan 16:7). Fue en cumplimiento de esta promesa que Pedro, hablando del Cristo glorificado, dijo: "Así que, exaltado por la diestra de Dios, y habiendo recibido del Padre la promesa del Espíritu Santo, ha derramado esto que vosotros veis y oís" Hechos 2:33).

Muchos años atrás un gran explorador del Ártico partió a una expedición al Polo Norte. Luego de dos largos años en las solitarias regiones norteñas, escribió un breve mensaje, lo fijó a una de las patas de una paloma mensajera, y se dispuso a soltarla para que hiciera el viaje de 3.200 kilómetros hasta Noruega. El explorador echó una mirada a la desolación que lo rodeaba. No se veía un solo ser viviente. No había otra cosa que hielo, nieve y el eterno y penetrante frío. Mantuvo un momento en su mano al ave que temblaba y luego la soltó en la atmósfera helada. La paloma circuló tres veces, e inició su vuelo al sur a lo largo de miles de kilómetros sobrevolando el hielo y las escarchadas extensiones oceánicas hasta que finalmente se posó en la falda de la esposa del explorador. Con la llegada del ave, su esposa supo que todo estaba bien con su esposo en la oscura noche del Ártico.

De la misma manera, la venida del Espíritu Santo, la Paloma Celestial, demostró a sus discípulos que Cristo había penetrado en el santuario celestial. Estaba sentado a la diestra de Dios el Padre, pues su obra expiatoria había concluido. La venida del Espíritu Santo cumplió la promesa de Cristo; y también certificaba que la justicia de Dios había sido reivindicada. La era del Espíritu Santo, que no pudo comenzar antes de que Jesús fuera glorificado, se había iniciado.

Incuestionablemente, la venida del Espíritu Santo en el día de Pentecostés marcó un hito crucial en la historia del comportamiento de Dios con la raza humana. Es uno de los cinco acontecimientos pasados, todos los cuales son componentes esenciales del evangelio cristiano: la encarnación, la expiación, la resurrección, la ascensión y Pentecostés. Un sexto componente aún pertenece al futuro: la segunda venida de Jesús.

La encarnación, como primer acontecimiento, señaló la entrada redentora de Dios en la vida humana como verdadero hombre. El segundo acontecimiento de la serie fue la expiación, es decir, el medio por el cual Dios pudo mantener su cualidad de justo y al mismo tiempo justificar a los culpables. El tercero, la resurrección, demostró que los tres grandes enemigos del hombre —la muerte, Satanás y el infierno— habían recibido un golpe mortal. El cuarto, la ascensión, probó que el Padre había aceptado la obra expiatoria del Hijo y habían sido satisfechas sus justas demandas. Pentecostés, el quinto, ¡nos asegura que el Espíritu de Dios ha venido para poner en ejecución sus planes en el mundo, en la iglesia y en el creyente individual!

El calendario religioso judío giraba alrededor de un cierto número de fiestas anuales. Pero las tres más importantes fueron las que exigían que todo varón se presentase ante el Señor (Deuteronomio 16:16). Eran las fiestas de la Pascua, de los Tabernáculos y de Pentecostés.

"La fiesta de la Pascua" conmemoraba la ocasión en que los israelitas fueron milagrosamente liberados de un largo período de cautiverio en Egipto. Luego de matar "el animal... sin defecto" (Éxodo 12:5), los israelitas pintaron con la sangre los dinteles de las puertas de todo hogar hebreo y luego asaron y comieron el cordero. La sangre del cordero los libró del juicio de Dios. La Pascua veterotestamentaria tuvo su cumplimiento final en la muerte de Cristo en el Calvario. "Porque nuestra pascua, que es Cristo, ya fue sacrificada por nosotros" (1 Corintios 5:7). La Carta a los Hebreos nos dice que ha cesado la necesidad de ofrendar la sangre de toros y machos cabríos. Jesucristo, de una vez y para siempre, se ofreció, derramando su sangre para la salvación de los hombres.

"La fiesta de los tabernáculos" (en la actualidad tabernáculo se traduce por "tiendas") le recordaba a Israel de los días del éxodo de Egipto cuando la gente vivía no en casas sino en enramadas. La celebración se hacía una vez terminada la siega, por lo cual en Éxodo 23:16 se la denomina "fiesta de la siega". Tal vez la celebración de la liberación de Egipto se vio cumplida en la gran liberación y bendiciones que acompañaron a la redención en Cristo. Juan 7:38 puede sugerir que la venida del Espíritu Santo apaga la sed como no pudiera hacerlo el agua del desierto ni la lluvia necesaria para la agricultura.

Pentecostés era conocido como la "fiesta de las semanas" porque se celebraba un día después de transcurridos siete días de reposo —una semana de semanas— desde la Pascua. Y debido a que caía en el quincuagésimo día, tomó del idioma griego el nombre de "Pentecostés". La fiesta de Pentecostés celebraba el comienzo de la cosecha; en Números 28:26 se la llama "día de las primicias". En un real sentido, el día de Pentecostés en el Nuevo Testamento, en el cual vino el Espíritu Santo, fue un "día de las primicias", el comienzo de la cosecha de Dios en este mundo, a ser completada cuando Cristo venga otra vez. En el Nuevo Testamento Pentecostés marcó el comienzo de la actual época del Espíritu Santo. Los creyentes están bajo su dirección, al igual que los discípulos de Jesús estuvieron bajo él. Desde el cielo Jesús todavía ejerce su señorío sobre nosotros, pero al no estar físicamente con nosotros, transmite sus directivas por intermedio del Espíritu Santo que hace que en nosotros Cristo sea una realidad. Desde el día de Pentecostés, el Espíritu Santo es el vínculo existente entre el primer y el segundo advenimiento de Jesús. Dirige la obra de Jesucristo a los hombres en esta era, como veremos en las páginas que siguen.

Cuando comencé el estudio sobre el Espíritu Santo, poco después de convertirme a Cristo, una de las primeras preguntas que me formulé fue la siguiente: "¿Por qué tuvo que venir el Espíritu Santo?" Pronto hallé la respuesta al estudiar la Biblia. Vino porque tenía una tarea para cumplir en el *mundo,* en la *iglesia* y en los *cristianos* individualmente, como veremos pronto.

La tarea actual del Espíritu Santo en el mundo

En relación con el mundo, el Espíritu tiene una doble tarea que cumplir. *En primer lugar,* vino para convencer al mundo de pecado, de justicia y de juicio (Juan 16:7-11). La Biblia nos enseña, y además lo sabemos por propia experiencia, que todos hemos pecado y estamos destituidos de la gloria de Dios (Romanos 3:23). El hombre pecador no puede heredar la vida eterna. Toda persona nacida en este mundo repite el error de Adán. Todos nacemos con la simiente del pecado en nuestro interior, la cual, a la edad de la responsabilidad moral, resultará en una multitud de pecados. Hay una clara diferencia entre pecado y pecados. Pecado es la raíz, pecados son los frutos.

Sin embargo, uno puede no tener conciencia de que su más hondo problema es el pecado, o de que el pecado lo ha separado de su comunión con Dios. De ahí es la tarea del Espíritu Santo de inquietarlo y de convencerlo de culpa en su pecado. Hasta que esto no ocurra, no puede experimentar la salvación. En las reuniones de nuestras cruzadas hemos visto a gente retirarse del lugar con sus puños en alto sacudiéndolos en nuestra dirección mientras predicábamos. No era una actitud estrictamente hostil contra el predicador, lo sabemos, pero el Espíritu Santo los había convencido de pecado. En muchos casos ese tipo de gente finalmente retorna para encontrar a Cristo. Pero el Espíritu Santo no sólo persuade de pecado, sino que convence a los hombres de que Jesús es la justicia de Dios. Les demuestra a los pecadores que Jesús es el camino, la verdad y la vida, y que nadie viene al Padre sino por él.

Además, el Espíritu Santo también convence al pueblo del juicio venidero, porque el príncipe de este mundo es juzgado, como así también todos los hombres lo serán, si rechazan el ofrecimiento de vida eterna que formula Dios. Cuando el apóstol Pablo testificó ante Agripa, le dijo que en el camino a Damasco, en ocasión de su conversión, Dios le confió la naturaleza que habría de tener su ministerio. Sería en relación con los gentiles, "para que abras sus ojos, para que se conviertan de las tinieblas a la luz, y de la potestad de Satanás a Dios; para que reciban por la fe que es en mí, perdón de pecados..." (Hechos 26:18).

En el preciso instante en que Jesucristo murió en la cruz, Satanás sufrió una catastrófica derrota. Tal vez no creamos mucho en esa derrota al leer los periódicos y observar la pantalla de televisión, pero la realidad es que Satanás es un enemigo derrotado en principio. Aún sigue empeñado en su perversa lucha, y su destrucción total y remoción de esta tierra no tardará en llegar. Pero hasta que eso no ocurra, intensifica sus actividades. A los cristianos en todo el mundo no les cabe ninguna duda de que andan sueltos nuevos demonios. Las perversiones, la permisibilidad, la violencia y cien otras siniestras inclinaciones, se exhiben desenfrenadamente a una escala mundial desconocida desde los tiempos de Noé. El Espíritu Santo ha venido para hacernos ver estas cosas, pues está profundamente involucrado en la profecía bíblica, como veremos más adelante.

Pero la obra del Espíritu Santo en el mundo no se reduce solamente a convencer de pecado, de justicia y de juicio. Su *segunda tarea* en el mundo es la de detener el crecimiento de la iniquidad, es decir, ocuparse del ministerio de la preservación. El apóstol Pablo dijo: "Ya está en acción el misterio de la iniquidad; sólo que hay quien al presente lo detiene, hasta que él a su vez sea quitado de en medio" (2 Tesalonicenses 2:7).

Las Sagradas Escrituras sostienen, con toda claridad, que este planeta ya sería un verdadero infierno en la tierra si no fuera por la presencia del Espíritu Santo en el mundo. El mundo incrédulo poco sabe de cuánto le debe al poder moderador del Espíritu Santo.

Varios teólogos con quienes hablé recientemente, tanto en Europa como en América, sostienen el punto de vista de que el Espíritu Santo es gradualmente retirado del mundo al entrar en lo que puede ser el momento culminante del fin de la era actual. Cuando sea totalmente quitado, "se desatará el infierno". El mundo soportará guerras, violencia, erupciones, perversiones, odio, temor, de cuyas cosas hoy no tenemos más que atisbos. La raza humana vivirá en un infierno de su propia hechura. Libre de las restricciones del Espíritu Santo, el anticristo reinará supremo por un corto período ¡hasta que sea aplastado por la venida del Señor Jesucristo y sus ejércitos celestiales!

El Espíritu Santo también *actúa a través* de los creyentes, de quienes Jesús dijo, en su Sermón del monte, que son la sal de la tierra y la luz del mundo (Mateo 5:13, 14). Ambas metáforas son muy apropiadas porque justamente la sal y la luz son fuerzas que actúan silenciosa y recatadamente pero con gran efecto. La sal y la luz hablan de la influencia que los cristianos pueden ejercer para bien de la sociedad. A nosotros, los creyentes, a veces nos resulta difícil entender que podamos ejercer influencia alguna dado que somos un grupo tan minoritario, que muchas veces estamos divididos y que de vez en cuando somos desobedientes. Sin embargo, por el poder del Espíritu, ¡podemos reprimir la maldad y hacer el bien!

Elaborando aún más las metáforas, digamos que la sal y la luz son elementos esenciales en nuestros hogares: la luz disipa las tinieblas y la sal previene la podredumbre. La Biblia nos dice que el estado del mundo se tornará cada vez más tenebroso a medida que nos aproximemos al final de la era. El mundo carece de luz propia, y está señalado por un proceso de acelerada decadencia y corrupción. No obstante ello, Jesús enseñó que nosotros, sus seguidores, si bien débiles y de escaso número, actuamos como sal que obstaculiza el proceso de decadencia. Los cristianos trabajando en este mundo constituyen la única y verdadera luz espiritual en medio de una tenebrosa oscuridad espiritual. Al estudiar los profetas del Antiguo Testamento, descubrimos que parte del juicio a los malvados es por causa de la destrucción de los justos.

Esto coloca sobre los hombros de todos nosotros una tremenda responsabilidad. Solamente si el mundo ve nuestras buenas obras sabrá que brilla una luz. Solamente si el mundo percibe nuestra presencia moral tomará conciencia de la sal. Es por eso que Cristo nos advirtió del peligro de que la sal perdiera su sabor y de que la luz viera menguada su luminosidad. Jesús dijo: "Alumbre vuestra luz" (Mateo 5:16). Si todos los creyentes llenaran fielmente y a conciencia este papel, se produciría una dramática pero pacífica revolución en el mundo, casi de la noche a la mañana. Los cristianos no estamos desprovistos de poder. Contamos con el inmenso y eficaz poder de Dios que es asequible por medio del Espíritu Santo, aun en este mundo.

La obra del Espíritu Santo en la iglesia

El Espíritu Santo se muestra activo no solamente en el mundo, sino también en la iglesia. Al hablar de la iglesia no nos referimos a las iglesias presbiterianas, bautistas, metodistas, anglicanas, luteranas, pentecostales o católicas, sino a todo el cuerpo de creyentes. La palabra "iglesia" deriva de un vocablo griego que significa los "convocados".

Si bien la iglesia aparecía envuelta en el misterio en el Antiguo Testamento, no obstante ello, Isaías proclamó: "Por tanto, Jehová el Señor dice así: He aquí que yo he puesto en Sion por fundamento, una piedra, piedra probada, angular, preciosa, de cimiento estable" (Isaías 28:16). El Nuevo Testamento habla de Cristo como ese "cimiento estable" de su iglesia, y todos los creyentes son pequeñas piedras probadas edificadas en un santo templo en el Señor (1 Pedro 2:5). Cristo es, además, cabeza de su cuerpo, la iglesia universal. Y es cabeza de toda congregación local de creyentes. Toda persona que se arrepiente de sus pecados y recibe a Jesucristo como su Salvador y Señor, es miembro de este cuerpo denominado iglesia. De modo, pues, que la iglesia es más que una simple organización religiosa. Es un organismo que tiene a Cristo como su cabeza viviente. Es un organismo vivo, y la vida de Cristo vive en cada uno de sus miembros.

¿Qué parte juega el Espíritu Santo en todo esto? *En primer lugar,* la Biblia nos dice de una preciosa manera que la iglesia llegó a ser por él: "Porque por un solo Espíritu fuimos todos bautizados en un cuerpo, sean judíos o griegos, sean esclavos o libres; y a todos se nos dio a beber de un mismo Espíritu. Además, el cuerpo no es un solo miembro, sino muchos" (1 Corintios 12:13, 14).

En *segundo lugar,* Dios vive en la iglesia por medio del Espíritu: "En quien (Jesucristo) vosotros también sois juntamente edificados para morada de Dios en el Espíritu" (Efesios 2:22). Dios no habita hoy en templos hechos de manos. Pero si reconocemos que cuando nos reunimos en nuestras iglesias Dios está personalmente en medio de nosotros, ese hecho hará más profunda nuestra adoración.

Es necesario dejar aclarado un punto respecto a la relación entre el Espíritu Santo y Jesucristo. Las Sagradas Escrituras hablan de que "Cristo está en vosotros" y algunos cristianos no comprenden plenamente qué significa. Como Dios-hombre Jesús está en un cuerpo glorificado. Y dondequiera esté Jesús, ahí está su cuerpo. En ese sentido, en su tarea como segunda persona de la Trinidad, Jesús está ahora a la diestra del Padre en el cielo.

Por ejemplo, consideremos Romanos 8:10, que dice: "Si Cristo está en vosotros, el cuerpo en verdad está muerto a causa del pecado". También consideremos Gálatas 2:20: "Vive Cristo en mí". Con toda claridad se desprende de estos versículos que si el Espíritu está en nosotros, entonces Cristo está en nosotros. Cristo habita por fe en nuestros corazones. Pero es el Espíritu Santo la persona de la Trinidad que efectivamente mora en nosotros, habiendo sido enviado por el Hijo que partió pero que vendrá otra vez en persona y literalmente le veremos.

Los creyentes son la morada del Espíritu. Pero desgraciadamente muchas veces muestran un marcado déficit de fruto del Espíritu. Necesitan que se los estimule y se les dé nueva vida. El obispo Festo

Kivengere me hizo entender esto con la fuerza de un martillazo. En un artículo sobre los extraordinarios avivamientos que barrieron África Occidental, dijo: "Quiero compartir con ustedes... la gloriosa obra del Espíritu Santo al infundir nueva vida a una iglesia muerta... Pueden llamarlo renovación, volver a la vida o lo que quieran... El Señor Jesucristo en su poder de resucitado y en la potencia del Espíritu Santo comenzó a visitar una iglesia que estaba esparcida como huesos... Podrá sorprender a más de uno... que podemos ser evangélicos y al mismo tiempo secos, pero es posible. Y entonces vino Cristo... La atracción, el poder creciente llegó por medio de una simple presentación del Nuevo Testamento, y el Espíritu Santo tomó a hombres y mujeres, incluso yo, de nuestro aislamiento y nos atrajo al centro, a la Cruz. Fue la Cruz, justamente, el tema del avivamiento en África Occidental, y lo necesitábamos... El Espíritu Santo sacó a los hombres y mujeres de su aislamiento, y nos cambió; los pecados eran pecados bajo la mirada escudriñadora del amor de Dios, y nuestros corazones se derritieron".[2]

Por ejemplo, hay un pastor amigo mío que vive en Florida. Sus diversos grados académicos los obtuvo en las más prestigiosas universidades del Este de los Estados Unidos de América. Fue pastor de una iglesia en Nueva Inglaterra. Debido a sus muchos estudios llegó a ser casi un "agnóstico" si bien en lo más hondo de su corazón aún creía. Afirma que vio cómo su iglesia, en Nueva Inglaterra, mermaba. No había ni autoridad ni poder en su ministerio. Luego, por una serie de acontecimientos, aceptó la Biblia como la infalible Palabra de Dios. Comenzó a vivir y a predicar con poder. El fruto del Espíritu se hizo evidente en su vida y el poder espiritual fue evidente en su ministerio. Vio a su iglesia florecer como un rosal. La gente venía de todas partes para oírlo predicar.

En *tercer lugar,* el Espíritu Santo otorga dones a los miembros específicos de la iglesia, "a fin de perfeccionar a los santos para la obra del ministerio, para la edificación del cuerpo de Cristo" (Efesios 4:12). Como hemos de examinar estos dones más detalladamente en próximos capítulos, digamos por ahora nada más que el Espíritu Santo otorga a cada cristiano algún don en el instante de recibir a Cristo. Ningún cristiano puede decir que no cuenta con ningún don. Todo cristiano cuenta por lo menos con un don brindado por el Espíritu Santo. Una de las debilidades que afectan a nuestras iglesias hoy en día es la de no reconocer, no cultivar y no utilizar plenamente los dones que Dios entrega a las personas que se sientan en los bancos de un templo.

Hay un pastor amigo mío en la costa occidental de los Estados Unidos de América. Cierto domingo repartió hojas de papel en blanco a su congregación. Les dijo: "Quiero que durante toda la semana estudien, piensen y oren sobre qué don les ha otorgado el Espíritu Santo. Luego escríbanlo en la hoja de papel y el próximo domingo a la mañana recogeré las hojas". Al domingo siguiente la congregación entregó más de cuatrocientas hojas de papel. Algunos habían anotado un don, otros dos o tres; y algunos dijeron no estar seguros sobre su don. Como resultado de la encuesta, la congregación entera se movilizó. Se comenzaron a utilizar todos los dones. La iglesia se transformó en una iglesia en crecimiento con una membresía espiritualmente revitalizada. Hasta aquel momento los miembros de la iglesia esperaban que el pastor tuviera todos los dones e hiciera todo el trabajo. Ellos eran simplemente espectadores. Ahora comprendieron que les cabía una gran responsabilidad para usar sus dones como el pastor usaba los suyos.

La obra del Espíritu Santo en la vida del creyente

Habiendo considerado la obra del Espíritu Santo en el mundo y en la iglesia, nos toca considerar ahora a cada creyente. En *primer lugar,* el Espíritu Santo ilumina (esclarece) la mente del cristiano: "Dios nos la reveló a nosotros por el Espíritu; porque el Espíritu todo lo escudriña, aun lo profundo de Dios" (1 Corintios 2:10); "No os conforméis a este siglo, sino transformaos por medio de la renovación de vuestro entendimiento" (Romanos 12:2); "Y renovaos en el espíritu de vuestra mente" (Efesios 4:23).

En un pequeño libro que subraya y pone de relieve la importancia de permitirle a Dios que desarrolle y utilice nuestras mentes convertidas, John R. W. Stott dice: "Nadie quiere un cristianismo frío, triste e intelectual. ¿Quiere decir esto que hemos de evitar a toda costa el "intelectualismo"?...¡No permita el cielo que el conocimiento sin celo reemplace al celo sin conocimiento! Dios quiere las dos cosas: celo dirigido por el conocimiento y conocimiento activado por el celo. Una vez oí decir al doctor Juan Mackay, cuando era presidente del Seminario de Princeton, que la entrega sin reflexión es fanatismo, pero que la reflexión sin entrega es la parálisis de toda acción".[3]

El doctor Stott comenta cuán errados están quienes afirman que lo que interesa, en última instancia, "no es la doctrina sino la experiencia". Al efectuar esa afirmación dice: "Esto equivale a poner nuestra experiencia subjetiva por encima de la verdad revelada de Dios".[4] Una de las misiones del Espíritu Santo es quitarnos el velo con que Satanás cubre nuestras mentes e iluminarnos para entender las cosas de Dios. Y esto lo hace especialmente cuando leemos y estudiamos la Palabra de Dios, que el Espíritu Santo inspiró.

En *segundo lugar,* el Espíritu Santo no sólo ilumina las mentes de los cristianos, sino que mora en sus cuerpos."¿Ignoráis que vuestro cuerpo es templo del Espíritu Santo, el cual está en vosotros, el cual tenéis de Dios, y que no sois vuestros?" (1 Corintios 6:19).

Si nosotros los cristianos fuéramos claramente conscientes de que Dios mismo, en la persona del Espíritu Santo, habita realmente en nuestros cuerpos, seríamos más cuidadosos en lo que comemos, bebemos, miramos o leemos. No en balde decía Pablo: "Golpeo mi cuerpo, y lo pongo en servidumbre, no sea que habiendo sido heraldo para otros, yo mismo venga a ser eliminado" (1 Corintios 9:27). Pablo disciplinaba su cuerpo por temor a ser desaprobado por Dios. Esto debiera hacernos poner de rodillas en espíritu de confesión.

En otros aspectos no es preciso que nos extendamos demasiado sobre la forma en que el Espíritu Santo actúa en la vida de los creyentes. Por ejemplo, los alienta (Hechos 9:31); los guía (Juan 16:13); los santifica (Romanos 15:16); instruye a sus siervos sobre cómo predicar (1 Corintios 2:13); indica a los misioneros dónde ir (Hechos 13:2); los ayuda en sus debilidades (Romanos 8:26); y hasta les dice a los creyentes dónde no deben ir (Hechos 16:6, 7).

En suma, y hablando en términos muy generales, el accionar del Espíritu Santo entre los hombres, en los tres períodos de la historia humana puede definirse en tres palabras: "sobre", "con", "en". En el Antiguo Testamento se posó *sobre* personas seleccionadas y permaneció con ellas por un determinado período (Jueces 14:19). En los Evangelios se lo representa como que mora *con* los discípulos en la persona de Cristo (Juan 14:17). Desde el segundo capítulo de Hechos en adelante, se habla de él como que está *en* los creyentes que forman el pueblo de Dios (1 Corintios 6:19).

3. EL ESPÍRITU SANTO Y LA BIBLIA

"Tiempo atrás un hombre llevó su gastado Nuevo Testamento a un encuadernador para que lo encuadernara con un fino cuero marroquí como tapa y le imprimiera la leyenda El Nuevo Testamento sobre el lomo en letras doradas.

"El día prometido volvió al taller y vio su Nuevo Testamento hermosamente encuadernado, pero el encuadernador le presentó sus excusas: 'Carezco de tipos de imprenta suficientemente pequeños para imprimir toda la leyenda en el lomo del libro, de modo que me vi obligado a abreviarla'. Observando el lomo del libro el hombre vio estas tres letras: T.N.T. (*Nota del traductor:* T.N.T. son las iniciales que en inglés corresponden a The New Testament, es decir El Nuevo Testamento; de ahí el juego de palabras de T.N.T. que también significan el explosivo *Tri*nitro *t*olueno.)

"¡Perfecto! ¡Es la dinamita de Dios!"[1]

En el Nuevo Testamento Pablo declara que todas las Sagradas Escrituras provienen de Dios. Tanto es así que expresa: "Toda la Escritura es inspirada por Dios, y útil para enseñar, para redargüir, para corregir, para instruir en justicia" (2 Timoteo 3:16). La palabra "inspirada" traduce un vocablo griego que significa "sopló Dios". Algo así como Dios sopló vida en el hombre y lo hizo un ser viviente, de la misma manera sopló vida y sabiduría en la Palabra escrita de Dios. Esto hace de la Biblia el libro más importante del mundo, especialmente para todos los creyentes en Cristo. La Biblia es la constante fuente para la fe, la conducta y la inspiración de la cual bebemos todos los días.

El Espíritu Santo fue el inspirador de las Sagradas Escrituras

Varios pasajes indican —directa o indirectamente— que Dios el Espíritu Santo inspiró a los hombres que escribieron la Biblia. No sabemos exactamente cómo grabó su mensaje en el ánimo y en la mente de quienes escogió para escribir su palabra, pero sí sabemos que Dios los dirigió para que escribieran lo que él deseaba. "Porque nunca la profecía fue traída por voluntad humana, sino que los santos hombres de Dios hablaron siendo inspirados por el Espíritu Santo" (2 Pedro 1:21).

Pareciera que cada uno de los libros de la Biblia vio la luz debido a una especial necesidad del momento en que se escribió. Pero al par que Dios se ocupaba de una necesidad en particular, también dirigía su vista a un lejano futuro. Proyectó la Biblia para satisfacer las necesidades de todas las personas en todos los tiempos. Esto explica que a veces los escritores bíblicos escribieron sobre acontecimientos futuros que no entendían plenamente sino que veían en forma borrosa. Isaías puede no haber entendido a satisfacción el capítulo cincuenta y tres de su libro, al relatar detalladamente los sufrimientos de Jesucristo más de setecientos años antes de que ocurrieran. "Los profetas que profetizaron de la gracia destinada a vosotros, inquirieron y diligentemente indagaron acerca de esta salvación, escudriñando qué persona y qué tiempo indicaba el Espíritu de Cristo que estaba en ellos, el cual anunciaba de antemano los sufrimientos de Cristo, y las glorias que vendrían tras ellos" (1 Pedro 1:10, 11).

A lo largo de toda la Biblia, tanto en el Antiguo como en el Nuevo Testamentos, hallamos repetidas referencias de que fue el Espíritu de Dios el que inspiró a los hombres de Dios que habrían de escribir las Sagradas Escrituras. Por ejemplo, la Biblia nos enseña que el Espíritu habló por boca de David, que escribió muchos de los Salmos: "El Espíritu de Jehová ha hablado por mí, y su palabra ha estado en mi lengua" (2 Samuel 23:2).

También habló por boca del gran profeta Jeremías: "Daré mi ley en su mente, y la escribiré en su corazón; y yo seré a ellos por Dios, y ellos me serán por pueblo. Y no enseñará más ninguno a su prójimo, ni ninguno a su hermano, diciendo: Conoce a Jehová; porque todos me conocerán, desde el más pequeño de ellos hasta el más grande, dice Jehová; porque perdonaré la maldad de ellos, y no me acordaré más de su pecado" (Jeremías 31:33, 34).

Ezequiel dijo: "Entonces entró el Espíritu en mí y me afirmó sobre mis pies, y me habló, y me dijo: Entra, y enciérrate dentro de tu casa" (Ezequiel 3:24).

El apóstol Pedro habló "de todas las cosas, de que habló Dios por boca de sus santos profetas que han sido desde tiempo antiguo" (Hechos 3:21).

La epístola a los Hebreos cita la ley (Hebreos 9:6-8), los profetas (Hebreos 10:15-17) y los Salmos (Hebreos 3:7-10), y en todos esos casos le atribuye al Espíritu Santo la paternidad literaria.

Jesús les aseguró anticipadamente a sus discípulos que el Espíritu Santo habría de inspirar a los escritores del Nuevo Testamento: "El Espíritu Santo... os enseñará todas las cosas y os recordará todo lo que yo os he dicho" (Juan 14:26). Y esto abarca los cuatro Evangelios, desde Mateo a Juan. La afirmación de Jesús de que "él os guiará a toda la verdad" (Juan 16:13), abarca los libros desde Hechos de los Apóstoles hasta la epístola de Judas. "Os hará saber las cosas que habrán de venir" (Juan 16:13) cubre el libro del Apocalipsis así como también muchos otros pasajes a lo largo del Nuevo Testamento. De esta manera, como lo dijo alguien, la Escritura es literatura inducida por el Espíritu de Dios.

De la misma manera en que Dios el Espíritu Santo inspiró los escritos de las Sagradas Escrituras también fue instrumento en la selección de los sesenta y seis libros que componen el canon de la Biblia. Contrariamente a una opinión muy difundida, el problema de cuáles libros fueron incluidos en la Biblia no se decidió por humana elección o concilio eclesiástico. Fue el Espíritu Santo, obrando en creyentes llenos del Espíritu, el que seleccionó los sesenta y seis libros que tenemos en nuestras Biblias. Y finalmente, luego de años, y aun de siglos de discusiones, oración y prolijo escudriñar, se cerró el canon de las Escrituras. El Espíritu Santo, en su tarea, no pasó por alto los procesos humanos sino que, por el contrario, obró por medio de ellos.

Alcance de la expresión "Inspiración por el Espíritu"

Al tratar de la inspiración de la Biblia, tocamos de inmediato uno de los problemas más controvertidos de todos los tiempos. Desde el momento aquel en que Satanás planteó a Eva la pregunta en el huerto del Edén, "¿Conque Dios os ha dicho...?", los hombres han atacado la Palabra de Dios. Pero cada vez que en la historia se la ha puesto en duda, han ocurrido dramáticas consecuencias, ya sea en las vidas de las personas, en las naciones (antigua Israel), o en la iglesia. Sin excepción, éstas han entrado en un período de decadencia espiritual. Y a menudo esto ha resultado en idolatría e inmoralidad.

Destacados eruditos coinciden en que el Espíritu Santo no se limitó a usar a los escritores bíblicos como secretarios a quienes él les dictaba las Escrituras, si bien algunos sinceros cristianos así lo creen. La propia Biblia no establece detalladamente *de qué manera* el Espíritu Santo llevó a cabo su propósito de lograr la Biblia escrita. Pero lo que sí sabemos es que el Espíritu Santo utilizó mentes humanas y guió sus pensamientos para lograr sus divinos propósitos. Más aún, siempre me ha resultado transparentemente claro que no podemos tener ideas inspiradas sin contar con palabras inspiradas.

Consideramos útil definir las palabras importantes relacionadas con el soplo de Dios en la formulación de las Sagradas Escrituras. La primera de ellas es *inspiración*.

Cuando hablamos de la *total* (o *plenaria*) *inspiración* de la Biblia, significamos que toda la Biblia, y no solamente una parte de ella, es inspirada. El doctor B. H. Carroll, fundador del mayor seminario teológico del mundo (Southwestern Baptist Theological Seminary —Seminario Teológico Bautista del Sudoeste— de Fort Worth, Texas, EE. UU. de A.), habló y escribió *in extenso sobre* este tema:

> ...a la Biblia se la llama santa porque es el infalible, *theopneustos* (divinamente soplado) producto del Espíritu Santo...
>
> Mucha gente suele decir: "Creo que la palabra de Dios está en la Biblia, pero no creo que toda la Biblia sea la palabra de Dios; contiene la palabra de Dios, pero no es la palabra de Dios".
>
> Mi objeción a lo anterior es que exigiría inspiración para decir qué partes de la Biblia son inspiradas. Sería necesaria una inspiración más difícil que la inspiración de la cual hablamos, para poder dar vueltas a las páginas de la Biblia y descubrir cuáles son las partes que pueden ser consideradas palabra de Dios..
>
> En otras palabras, con referencia a las Escrituras, la inspiración es plenaria, lo cual significa total y completa, y de ahí mi pregunta:
>
> "¿Cree usted en la plenaria inspiración de la Biblia?" Si la inspiración es completa, tiene necesariamente que ser plenaria.
>
> Mi próxima pregunta es: "¿Cree usted en la plenaria inspiración verbal?"
>
> Mi respuesta es positiva, por la sencilla razón de que las palabras no son otra cosa que signos representativos de las ideas, y no hay manera de imaginar una idea sino a través de palabras. Si las palabras nada me dicen, ¿cómo podré saber? A veces la palabra es muy reducida, tal vez una sola letra o un

mero elemento. La palabra formada por una letra —la más pequeña de las letras— muestra la inspiración del Antiguo Testamento. El hombre que la escribió estaba inspirado. Tomemos las palabras de Jesús: "Ni una jota ni una tilde pasará de la ley".

La "jota" es la letra más pequeña del alfabeto hebreo y la "tilde" es una virgulilla o una proyectura de una letra hebrea. Afirma que podrán pasar los cielos y la tierra, pero que jamás pasará ni una jota ni una tilde de esa ley. Luego añade que las Escrituras no pueden ser quebrantadas.

¿Qué es lo que no puede ser quebrantado? Nada de lo escrito puede ser quebrantado si es *theopneustos*. Pero la palabra no es inspirada si no es *theopneustos* que significa exhalado por Dios o inspirado por Dios.[2]

Podríamos extendernos sobre la total confiabilidad de la Biblia. Por vía de ilustración, centenares de veces la Biblia utiliza expresiones tales como "Dios dijo" o "Vino a mí palabra de Jehová, diciendo". Es interesante constatar que Jesús ni una sola vez nos dijo que pusiéramos en duda algún pasaje difícil del Antiguo Testamento. Así, por ejemplo, aceptaba como hechos y no como ficciones los relatos de Jonás y el pez, de Noé y el arca, y la creación de Adán y Eva. Si estas historias no hubieran sido literalmente ciertas, seguramente él nos lo hubiera dicho. Pero una y otra vez Jesús (y los escritores del Nuevo Testamento) citaron las Escrituras como plenas de autoridad y como la auténtica Palabra de Dios.

Claro está que al hablar de inspiración por el Espíritu Santo no nos referimos a las numerosas traducciones a muchísimos idiomas, sino al lenguaje original. Ningún idioma moderno, sea inglés, francés o castellano, cuenta con los exactos equivalentes para todas y cada una de las palabras griegas o hebreas. No obstante ello, numerosos eruditos coinciden en que la mayoría de las traducciones, aun con sus variantes, no alteran ni tergiversan las enseñanzas teológicas básicas de las Sagradas Escrituras, especialmente las que tratan de la salvación y de la vida de los creyentes.

Mi esposa tiene a mano, permanentemente, más de veinte traducciones. Una vez comparados los diversos vocablos utilizados por esas traducciones, se halla razonablemente segura de lo que el Espíritu Santo quiso insinuar en cualquier pasaje de las Escrituras.

También resulta interesante constatar que ciertas palabras no pueden ser traducidas a otros idiomas de modo que se hizo necesario tomarlas del idioma original. La palabra griega que traducimos "bautismo" no tenía equivalente inglés, por lo cual llegó a ser el vocablo traspasado al inglés como a otros idiomas. El Espíritu Santo se encargó de hacer que la Biblia no fuera un libro muerto sino un vehículo que él pueda usar a voluntad.

Hay otra palabra que debiera merecer nuestra atención cuando hablamos de la Biblia. La Biblia no es solamente un libro inspirado, sino que además, es *autoritario.* Y cuando decimos que la Biblia es un libro *autoritario,* queremos significar que es una revelación de Dios que nos constriñe. Nos sometemos a ella porque proviene de Dios. Supongamos que preguntemos: ¿Cuál es la fuente de nuestro conocimiento religioso? La respuesta no puede ser otra que: es la Biblia, y ella ejerce su autoridad sobre nosotros. El doctor John R. W. Stott escribió al respecto: "Rechazar la autoridad del Antiguo Testamento o del Nuevo Testamento es rechazar la autoridad de Cristo. Justamente, porque estamos decididos a someternos a la autoridad de Jesucristo como Señor, es que nos sometemos a la autoridad de la Escritura.., la sumisión a la Escritura es fundamental para la vida diaria de todo cristiano en la tierra, porque sin el discipulado cristiano, sin la integridad cristiana, sin la libertad cristiana y sin el testimonio cristiano, nos veremos seriamente perjudicados si no totalmente destruidos".[3]

Efectivamente, todas las áreas de nuestras vidas deben estar bajo el señorío de Jesucristo. Y ello significa que los reflectores de la Palabra de Dios deben iluminar cada uno de los escondidos rincones de nuestras vidas. No contamos con la libertad de escoger las porciones de la Biblia en las cuales queremos creer u obedecer. Dios nos ha entregado toda la Biblia y debemos obedecerla en todas sus partes.

Habiendo afirmado lo que creemos sobre la autoridad, la inspiración y la infalibilidad de la Biblia, todavía nos resta contestar una pregunta más. ¿Basados en qué argumentos hemos llegado a creer todas estas cosas sobre la Biblia? Hay varias razones por las cuales podemos confiar en que la Biblia es la Palabra de Dios, pero es en este punto donde se pone claramente de manifiesto la obra del Espíritu Santo. La verdad del asunto es que el mismo Espíritu que fue el autor de las Sagradas Escrituras, valiéndose para ello de personajes humanos, obra en cada uno de nosotros para convencernos de que la Biblia es la Palabra de Dios y que puede ser confiada en todas sus partes.

En su *Institutes of the Christian Religion* (Institución de la Religión

Cristiana), Juan Calvino dice algo sobre el testimonio del Espíritu Santo, que nos encanta:

> El mismo Espíritu, por lo tanto, que habló por boca de los profetas debe penetrar en nuestros corazones para persuadirnos que proclamaron con toda fidelidad lo que divinamente se les ordenó... ¡Hasta que ilumina sus mentes, fluctúan entre muchas dudas! ... Pongamos de relieve lo siguiente: que los que han sido instruidos por el Espíritu Santo depositan su confianza en las Sagradas Escrituras y que las Escrituras son por cierto autoautenticadas; por ende no corresponde someterlas a pruebas y a razonamientos. Y la certeza que nos merece la obtenemos por el testimonio del Espíritu. Porque aun cuando logre ser reverenciada por su propia majestuosidad, nos afecta solamente en la medida en que sea sellada en nuestros corazones por el Espíritu... Por lo tanto, iluminados por su poder, creemos, no por nuestro propio raciocinio ni por el raciocinio de terceros, que las Sagradas Escrituras provienen de Dios; pero por encima de todo raciocinio humano afirmamos, con entera certeza (como si estuviéramos contemplando la sublime majestad del propio Dios) que las Escrituras han llegado a nosotros de la propia boca de Dios por el ministerio de hombres. No buscamos pruebas ni señales de autenticidad sobre la cual basar nuestro juicio; pero sometemos a ellas nuestro juicio y nuestro ingenio como a algo ¡mucho más allá que mera conjetura! Y esto lo hacemos, no como personas acostumbradas a aferrarnos a cosas desconocidas que, bajo más prolijo escrutinio, les desagrada, ¡sino plenamente conscientes de que nos asimos a la inexpugnable verdad![4]

La iluminación del Espíritu

Una faceta de la verdad es que los escritores del Antiguo y Nuevo Testamentos fueron inspirados por el Espíritu Santo. Aparte de ello, el Espíritu ilumina las mentes y abre los corazones de sus lectores. Descritas en veintenas de maneras hallamos la respuesta espiritual a la Palabra de Dios. Jeremías dijo: "Fueron halladas tus palabras, y yo las comí; y tu palabra me fue por gozo y por alegría de mi corazón; porque tu nombre se invocó sobre mí, oh Jehová Dios de los ejércitos" (Jeremías 15:16). Veamos lo que dijo Isaías: "Sécase la hierba, marchítase la flor; mas la palabra del Dios nuestro permanece para siempre" (Isaías 40:8).

Jesús advirtió a los saduceos de su época que enseñaban doctrinas erróneas porque ignoraban las Escrituras y el poder de Dios (Mateo 22:29). Y esto vincula las Escrituras con el poder del Espíritu Santo, que logra cambios por medio de la Biblia. Más aún, Juan registra las palabras de Jesús de que "la Escritura no puede ser quebrantada" (Juan 10:35). También dijo Jesús: "Ya vosotros estáis limpios por la palabra que os he hablado" (Juan 15:3).

De modo que a lo largo de la Biblia el Espíritu Santo no sólo nos brinda verdades doctrinarias e históricas; la utiliza como vehículo para hablar a nuestros corazones. Es por ello que constantemente instamos a las personas a que estudien las Escrituras, entiendan o no plenamente lo que leen. La simple lectura de las Sagradas Escrituras posibilita la tarea iluminadora del Espíritu Santo y su obra en nosotros. Cuando leemos la Palabra, su mensaje satura nuestros corazones, seamos o no conscientes de ello. La Palabra, con todo su misterioso poder, toca nuestras vidas y nos brinda su potencia.

Esto se constata, por ejemplo, en una de las afirmaciones de Pablo: "Cosas que ojo no vio, ni oído oyó, ni han subido en corazón de hombre, son las que Dios ha preparado para los que le aman. Pero Dios nos las reveló a nosotros por el Espíritu..." (1 Corintios 2:9, 10).

Observemos que Pablo no dice que Dios revela estas cosas maravillosas por su *palabra* (si bien es cierto que es allí donde las encontramos), sino que lo hizo por su *Espíritu* por medio de su palabra. "Nosotros no hemos recibido el espíritu del mundo, sino el Espíritu que proviene de Dios, para que sepamos lo que Dios nos ha concedido" (1 Corintios 2:12).

Como lo dijo el reverendo Gottfried Osei-Mensah, de Kenya, en el Congreso de Evangelización en Lausana en el año 1974: "Es tarea del Espíritu Santo revelar verdades previamente escondidas de la búsqueda y comprensión humanas, e iluminar las mentes de los hombres para conocerlas y comprenderlas (1 Corintios 2:9, 10)..."Si el papel del Espíritu Santo es el de enseñar, el nuestro es el de ser diligentes estudiosos de la Palabra".[5]

Esta ha sido nuestra experiencia personal al estudiar las Escrituras. Cosas que hemos conocido intelectualmente durante años han tomado vida casi milagrosamente en su plena significación espiritual. Al estudiar las Escrituras aprendemos que el Espíritu siempre permite que nuevas luces surjan de su Palabra. Casi siempre al leer un pasaje que conocemos de antiguo y nos resulta familiar, vemos algo nuevo. Y esto ocurre porque la palabra escrita de Dios es una palabra viva. Siempre que nos allegamos a la Escritura lo hacemos con la oración del salmista: "Abre mis ojos, y miraré las maravillas de tu ley" (Salmo 119:18).

La unidad del Espíritu y de la Palabra

Existe una gloriosa unidad entre el Espíritu Santo y la Palabra de Dios. El día de Pentecostés Pedro ilustró la anterior afirmación citando del Antiguo Testamento: "Esto es lo dicho por el profeta Joel" (Hechos 2:16). "Esto" se refiere al Espíritu prometido. "Es lo" se refiere a la palabra escrita. "Esto es lo" indica la maravillosa unidad que existe entre el Espíritu y la Palabra.

"La palabra del rey es con potestad" (Eclesiastés 8:4), y "donde está el Espíritu del Señor, allí hay libertad" (2 Corintios 3:17). Estas dos cosas —poder y libertad— caracterizan las declaraciones del hombre que, lleno con el Espíritu, proclama la Palabra de Dios. James Hervey describe el cambio que se produjo en Wesley cuando fue controlado por el Espíritu. "La predicación de Wesley", afirma, "fue antes como el disparo de una flecha, en que la velocidad y la potencia dependían de las fuerzas de su brazo al combar el arco; ahora es como el disparo de un rifle al que sólo hacía falta el toque del dedo sobre el gatillo para descargar toda la fuerza de su potencia".

Sostenemos que una predicación eficaz debe ser una predicación bíblica, ya sea la exposición de una sola palabra, o de un versículo o de un capítulo de la Biblia. El Espíritu utilizó la Palabra de Dios. De modo que el elemento importante es que la Palabra de Dios sea proclamada. Miles de pastores, de maestros de escuelas dominicales y de obreros cristianos son ineficaces en su tarea porque no hacen de la Palabra la fuente de sus predicaciones o enseñanzas. Cuando predicamos o enseñamos las Escrituras, abrimos la puerta al Espíritu Santo para que haga su tarea. Dios no ha prometido bendecir la oratoria o las habilidosas predicaciones. Ha prometido bendecir su Palabra. Sostuvo que no volvería a él "vacía" (Isaías 55:11).

También es la Palabra de Dios la que cambia nuestras vidas. Recordemos que Dios nos ha dado su Palabra "para enseñar, para redargüir, para corregir, para instruir en justicia, a fin de que el hombre de Dios sea perfecto, enteramente preparado para toda buena obra" (2 Timoteo 3:16,

17). ¿Ocurren estas cosas en nuestras vidas? ¿Estamos aprendiendo las verdades de Dios? Jesús dijo: "Tu palabra es verdad" (Juan 17:17). ¿Tenemos plena conciencia de los pecados en nuestras vidas, y de la necesidad de ser corregidos por Dios y convencidos de su justicia, al leer la Palabra de Dios? La Biblia dice: "Porque la palabra de Dios es viva y eficaz, y más cortante que toda espada de dos filos; y penetra hasta partir el alma y el espíritu, las coyunturas y los tuétanos, y discierne los pensamientos y las intenciones del corazón. Y no hay cosa creada que no sea manifiesta en su presencia; antes bien todas las cosas están desnudas y abiertas a los ojos de aquel a quien tenemos que dar cuenta" (Hebreos 4:12, 13). El estudio de la Biblia debe ocupar un lugar central de nuestras vidas, no solamente para conocerla sino para obedecerla. Hagamos nuestra la afirmación de Job: "Del mandamiento de sus labios nunca me separé; guardé las palabras de su boca más que mi comida" (Job 23:12).

George Muller (el gran fundador del Orfanato de Bristol en el siglo XIX), dijo en cierta ocasión: "El vigor de nuestra vida espiritual estará en relación directa al lugar que ocupa la Biblia en nuestras vidas y en nuestros pensamientos… He leído la Biblia de tapa a tapa cien veces y siempre con aumentado deleite. Cada vez que la leo me parece un libro nuevo que leo por primera vez. Grandes han sido las bendiciones recibidas por el consecutivo, diligente y diario estudio de la misma. Lo considero un día perdido cuando no he pasado un tiempo agradable leyendo la Palabra de Dios".[6]

El Espíritu utiliza hoy en día la Palabra

El Espíritu cuenta con el poder, hoy en día, para transformar e inspirar vidas por medio de la Biblia. He aquí algunas ocasiones recientes de haber tocado a diversas personas:

Un ex Cirujano General de Portugal caminaba por la calle cierto lluvioso día. Al retornar a su hogar observó un trozo de papel pegado a su zapato. Cuando lo despegó, descubrió que se trataba de un folleto que exponía el evangelio utilizando para ello las Sagradas Escrituras. Al leerlo se convirtió verdaderamente a Jesucristo.

El doctor J. B. Phillips escribe en el prefacio de sus *Letters to Young Churches* (Cartas a iglesias jóvenes): "Nunca dejó de llamarme profun-

damente la atención la calidad viviente del material" sobre el cual traba-
jaba; a menudo se sentía algo así como un electricista cambiando los
cables de una casa antigua sin haber cortado la conexión central.[7]

Muchos prisioneros en el "Hanoi Hilton" durante la guerra de
Vietnam fueron gloriosamente sostenidos por el Espíritu por medio de la
Palabra de Dios. Esos hombres testificaron de la fuerza que recibieron de
la Biblia. Howard Rutledge, en su libro *In the Presence of Mine Enemies*
(En presencia de mis angustiadores), relata que los prisioneros desarro-
llaron un sistema en código que el enemigo nunca pudo descubrir. Por
medio de ese código se comunicaban unos con otros, compartían nombres
y números de serie de cada prisionero. También se transmitían mensajes,
incluso versículos de las Sagradas Escrituras que ellos conocían.

Geoffrey Bull, misionero en la frontera con el Tibet, dijo en su libro
When Iron Gates Yield (Cuando las puertas de hierro ceden), que durante
sus tres años de prisión le fueron aplicados despiadados lavados de cerebro y habría sucumbido a los mismos de no haber sido por los pasajes de
las Escrituras que recordaba de memoria. Los repetía una y mil veces
cuando estaba en solitario confinamiento. Por medio de esos pasajes Dios
lo vigorizó para hacer frente a la tortura con la cual procuraban destruir
su voluntad.

Hemos mencionado principalmente los casos de personas que
sufrieron prisiones u otras desesperadas circunstancias. Pero mucho es lo
que puede decirse del alimento y vigorización de nuestra fe que recibimos
por estudiar la Palabra de Dios, y la sabiduría que nos brinda para nuestro
diario vivir. Nos trae a la memoria Hebreos 11:32: "¿Y qué más digo?
Pues el tiempo me faltaría contando de Gedeón, de Barac, de Sansón, de
Jefté..." Decenas de miles de los santos y sufrientes de Dios a lo largo de
los siglos hallaron sus tenebrosas noches iluminadas y sus torturadas
almas fortalecidas porque recibieron ayuda del Espíritu en la Palabra de
Dios.

Al aproximarnos al final de los tiempos, la persecución se intensifi-
cará. De ello vemos las primeras evidencias en muchas partes del mundo.
Los pasajes de las Escrituras que ahora memoricemos y las enseñanzas de
la Palabra de Dios que ahora aprendamos, ¡nos sostendrán en esa hora si
somos llamados a sufrir física y mentalmente por el nombre de Cristo!

4. EL ESPÍRITU SANTO Y LA SALVACIÓN

En el curso de una de nuestras cruzadas en Londres, un noble ruso acudió una noche. No hablaba una palabra de inglés. Sin embargo, cuando se hizo la invitación pública a recibir a Cristo, respondió con los demás que pasaron al frente. El consejero en idioma ruso con que contaba la cruzada le preguntó cómo era que no sabiendo el inglés, había tomado una decisión tan inteligente. "Cuando entré a este lugar", replicó el noble, "me sentí abrumado de una tremenda ansia por Dios. Dígame, ¿cómo puedo hallarlo?"

Esta no es más que una de centenares de historias similares que han llegado a mi conocimiento durante mis años de ministerio. En las cruzadas contamos con consejeros para diversos idiomas. Por ejemplo, en nuestra reciente cruzada en Toronto, se lograron consejeros que ayudaran en veintiocho idiomas. Es asombroso que en casi todos los cultos hubo gente que respondió a la "invitación" que no entendía inglés o lo entendía muy escasamente. No hay duda que es obra del Espíritu Santo que lleva la gente al Salvador a pesar de la barrera del idioma.

Cuando una persona se allega a Cristo, la Biblia nos dice que el Espíritu Santo ha obrado de diversas maneras. Algunas de esas maneras escapan a nuestro entendimiento, pero ello no altera el hecho de que el Espíritu Santo interviene directamente en el proceso de nuestra salvación. En este capítulo veremos algunas de las maneras en que el Espíritu obra para llevarnos a Cristo.

La necesidad de un renacer espiritual

Vivimos en un mundo revolucionario, un mundo de cambio. Los principios morales del hombre han quedado rezagados con respecto a sus logros y capacidades tecnológicas. Y esto puede redundar en un desastre para la raza humana. A la luz de lo que ocurre, la más apremiante necesidad del mundo es lograr una transformación de la naturaleza humana. Muchos de nuestros técnicos nos dicen que hay urgencia por una nueva estirpe de hombres. Hasta los políticos radicales y los humanistas hablan del "nuevo hombre". Queda claro, de lo antedicho, que reconocen que el hombre, tal como es, no es suficientemente bueno. También ellos esperan el arribo del nuevo hombre que, según dicen, se hará presente cuando cambie la sociedad y surja como producto de un nuevo ambiente.

También están los tecnócratas que piensan que la tecnología avanza tan velozmente que no pasará mucho tiempo antes de poder crearse una raza humana totalmente nueva. Los especialistas en genética sostienen que para el final de este siglo podrán crear el tipo de persona que quieran.

Pero hay una sola respuesta final a la necesidad de cambio del hombre. La ciencia y la tecnología no pueden cambiar la naturaleza básica del hombre. La reestructuración económica no puede cambiar la naturaleza básica del hombre. Ninguna dosis de automejoramiento o ávida imaginación puede cambiar la naturaleza básica del hombre. Solamente Dios —el Dios que nos creó— puede volver a crearnos. Y eso es precisamente lo que hace cuando nos entregamos a Jesucristo. La Biblia dice: "De modo que si alguno está en Cristo, nueva criatura es; las cosas viejas pasaron; he aquí todas son hechas nuevas" (2 Corintios 5:17). ¡Qué tremenda afirmación!

La Biblia menciona este cambio de diversas maneras. Una de las más vívidas y gráficas es el término "nacer de nuevo". De la misma manera que un día nacimos físicamente, así podemos nacer de nuevo, espiritualmente. "Siendo renacidos, no de simiente corruptible, sino de incorruptible, por la palabra de Dios que vive y permanece para siempre" (1 Pedro 1:23).

No hay duda que pocos son los pasajes que hablan tan directamente del rol que juega el Espíritu Santo en nuestra salvación, como el tercer capítulo de Juan. En ese capítulo Juan nos relata la entrevista que Jesús concedió a un influyente personaje religioso llamado Nicodemo. Nicodemo era un hombre de sólida posición económica y miembro del Sanedrín, grupo gobernante de la nación judía. Probablemente ayunaba varias veces a la semana y pasaba tiempo todos los días en el templo orando. Daba la décima parte de sus ganancias a la sinagoga y al parecer era un destacado maestro religioso. En algunos círculos de hoy en día sería considerado un cristiano modelo. Pero Jesús le informó que todos sus méritos eran insuficientes, y por ello le dijo: "Os es necesario nacer de nuevo" (Juan 3:7).

A continuación Jesús explicó que este nuevo nacimiento —esta regeneración espiritual— lo efectúa el Espíritu Santo. "El viento sopla de donde quiere, y oyes su sonido; mas ni sabes de dónde viene, ni a dónde va; así es todo aquel que es nacido del Espíritu" (Juan 3:8). Hay una dosis de misterio en todo esto; no podemos entender plenamente cómo nos viene este nuevo nacimiento. Nos llega desde arriba, no de esta tierra o de la interioridad de nuestra naturaleza humana. Nos viene por el amor y la gracia de Dios. Nos viene por la muerte y resurrección de Jesucristo. Nos viene por la acción del Espíritu Santo.

En sus comentarios a Juan 3, la *Open Bible* (Biblia abierta) describe el encuentro de Jesús y Nicodemo de la siguiente manera: "¡Qué sorpresa tiene que haber sido (para Nicodemo) descubrir que su religión no era suficiente! Nunca lo es. Se aproximó a Jesús dirigiéndose a él como 'maestro venido de Dios'. Jesús conocía a Nicodemo, como conoce a todos los hombres (Juan 2:24, 25), y Jesús sabía que necesitaba más que un maestro, que necesitaba un Salvador. Necesitaba más que una religión; necesitaba regeneración. Necesitaba más que leyes; necesitaba vida. Jesús se metió directamente en el meollo del problema, cuando le dijo que tenía que nacer de nuevo. Nicodemo le preguntó: '¿Cómo puede un hombre nacer siendo viejo?' (Era muy natural que Nicodemo formulara esa pregunta.) Luego Jesús le señaló la diferencia entre los dos nacimientos: 'Lo que es nacido de la carne, carne es' (la carne nunca cambiará); y 'lo que es nacido del Espíritu, espíritu es' (el Espíritu jamás cambiará) (Juan 3 :6)".[1]

Jesús bien sabía lo que yace en el corazón de todos los hombres: la fatal enfermedad que provoca la mentira, el engaño, el odio, el prejuicio, la codicia y las concupiscencias. El dijo: "Del corazón salen los malos pensamientos, los homicidios, los adulterios, las fornicaciones, los hurtos, los falsos testimonios, las blasfemias. Estas cosas son las que contaminan al hombre" (Mateo 15:19, 20). Los sicólogos comprenden que algo muy malo ocurre con la raza humana, pero disienten en cuanto al problema. La Biblia sostiene que el problema del hombre es el resultado directo de su decisión como ser inteligente, moral y responsable de rebelarse contra la voluntad de su Hacedor. La enfermedad del hombre se llama P-E-C-A-D-O en la Biblia.

El pecado es una transgresión de la ley (1 Juan 3:4). Es no cumplir con el deber, y no hacer lo que uno sabe que debiera hacer, a los ojos de Dios. El pecado es una iniquidad, es salirse del buen camino. Isaías dijo: "Todos nosotros nos descarriamos como ovejas, cada cual se apartó por su camino" (Isaías 53:6). La Biblia enseña que el pecador está "muerto" ante los ojos de Dios cuando dice que "el pecado entró en el mundo por un hombre, y por el pecado la muerte, así la muerte pasó a todos los hombres, por cuanto todos pecaron" (Romanos 5:12). Es por ello que se hace imprescindible un cambio radical en la interioridad de todo hombre. Y es un cambio que el hombre no puede merecer ni efectuar por él mismo. Es un cambio que la ciencia no puede lograr por el hombre; es algo que solamente Dios puede y debe hacer.

El Espíritu Santo nos hace tomar conciencia de pecado y nos llama

Uno de los más devastadores efectos del pecado es que ciega al hombre a sus propios pecados. "El dios de este siglo cegó el entendimiento de los incrédulos, para que no les resplandezca la luz del evangelio de la gloria de Cristo, el cual es la imagen de Dios" (2 Corintios 4:4). Solamente el Espíritu Santo puede abrir nuestros ojos. Solamente él puede hacernos tomar conciencia de la magnitud de nuestros pecados, y solamente él puede convencernos de la verdad del evangelio. Esta es una de las razones por las cuales en Juan 14:17 al Espíritu Santo se lo denomina "el Espíritu de verdad". Hablando del Espíritu Santo, Jesús dijo: "Y cuando él venga, convencerá al mundo de pecado, de justicia y de juicio. De pecado, por cuanto no creen en mí; de justicia, por cuanto voy al Padre, y no me veréis más; y de juicio, por cuanto el príncipe de este mundo ha sido ya juzgado" (Juan 16:8-11).

J. Gresham Machen escribió: "En el nuevo nacimiento tiene que intervenir la misteriosa obra del Espíritu Santo. Sin ello, todos nuestros argumentos son totalmente inútiles... La obra del Espíritu Santo en el nuevo nacimiento no hace cristiano a un hombre prescindiendo de la evidencia, sino, todo lo contrario, despeja las brumas de sus ojos y lo capacita para prestar atención a la evidencia".[2]

También debemos recordar que es la verdad de la Palabra de Dios la que utiliza el Espíritu Santo para traer convencimiento a nuestros corazones. La Biblia nos dice: "La fe es por el oir, y el oir, por la palabra de Dios" (Romanos 10:17). Además, leemos que "la palabra de Dios es viva y eficaz, y más cortante que toda espada de dos filos; y penetra hasta partir el alma y el espíritu, las coyunturas y los tuétanos, y discierne los pensamientos y las intenciones del corazón" (Hebreos 4:12). Dios el Espíritu Santo puede tomar la más humilde de las predicaciones o las más endebles palabras de nuestro testimonio por Cristo, y transformarlas por su poder en convincentes palabras en las vidas de los demás.

A no ser por el ministerio del Espíritu Santo jamás podríamos percibir claramente la verdad de Dios respecto a nuestro pecado, o la verdad de Dios respecto de nuestro Salvador. Creemos que a esto se refería Jesús en Juan 6:44: "Ninguno puede venir a mí, si el Padre que me envió no le trajere; y yo le resucitaré en el día postrero".

Pero la Biblia también os hace una solemne advertencia relativa a la resistencia que pueda oponerse al llamado del Espíritu Santo. En Génesis 6:3, leemos: "No contenderá mi espíritu con el hombre para siempre". Sin la obra del Espíritu, sería imposible que las personas pudieran allegarse a Cristo. Y existe el peligro de que superemos la marca del no retorno, es decir, el punto más allá del cual no podemos volver, en que nuestros corazones estén tan encallecidos y endurecidos por el pecado que no podamos oír más la voz del Espíritu.

Por otra parte, hay muchas cosas que no entendemos plenamente respecto a esto, y no nos corresponde a nosotros decir cuándo se ha alcanzado ese punto en la vida de otras personas. Es difícil imaginar a alguien más endurecido que el rey Manasés, en el Antiguo Testamento, y sin embargo, más tarde se arrepintió de sus pecados y Dios lo perdonó en su gracia (2 Crónicas 33). Pero no debemos echar en saco roto la advertencia de la Biblia que nos dice: "He aquí ahora el tiempo aceptable; he aquí ahora el día de salvación" (2 Corintios 6:2). El escritor de Proverbios dijo: "El hombre que reprendido endurece la cerviz, de repente será quebrantado y no habrá para él medicina" (Proverbios 29:1).

El Espíritu Santo nos regenera

Juntamente con el arrepentimiento y la fe, la regeneración es una de las obras del Espíritu de Dios en el corazón del hombre. "Regeneración" es otro término con que se designa la renovación o el renacer. "Nos salvó, no por obras de justicia que nosotros hubiéramos hecho, sino por su misericordia, por el lavamiento de la regeneración y por la renovación en el Espíritu Santo" (Tito 3:5). En efecto, la palabra griega que aquí se traduce como "regeneración" está compuesta por dos vocablos griegos y literalmente significa "nacer nuevamente" o sea nuevo nacimiento.

Se trata de un cambio de una vez y para siempre, si bien sus efectos se renuevan permanentemente. En Juan 3:7 se habla de "nacer de nuevo", y algunas versiones castellanas como la Biblia de Jerusalén y Monseñor Straubinger traducen "nacer de lo alto" para clarificar el significado. El pecador, en su estado natural, está espiritualmente muerto en sus delitos y pecados. En la regeneración lo que era muerto recobra vida. Dios justifica al pecador del delito de haber quebrantado la ley y le perdona todos sus pecados. Más aún, por el nuevo nacimiento, el pecador justificado se transforma en una nueva creación, ocurre en forma inmediata y constituye una obra de un solo acto del Espíritu Santo, si bien la persona que ha "nacido de nuevo" puede o no ser consciente del momento exacto en que ello sucedió. Los teólogos han discutido de mucho tiempo atrás respecto al momento exacto en que la regeneración ocurre en la vida de una persona. A pesar de algunos desacuerdos, el hecho central y básico no ofrece problemas: es el Espíritu Santo el que nos regenera en nuestra interioridad.

El don de la nueva o divina vida que recibe la persona regenerada llega al alma como dádiva de Cristo por medio del Espíritu Santo. Jesús dijo que el nuevo nacimiento era un misterio. Usa la ilustración del viento que sopla: sentimos sus efectos pero no podemos ver de dónde viene ni a dónde va. De la misma manera la regeneración es una escondida operación en el sentido de que es algo que ocurre en el interior del corazón del hombre y puede o no ser reconocido por el destinatario, y con frecuencia no es inmediatamente visible para las personas que lo rodean. Los resultados que surgen del nuevo nacimiento son tan incalculablemente significativos que merecen el apelativo de "un milagro", ¡el mayor de todos los milagros! Así como los incrédulos no conocieron a Jesús en la tierra y no comprendieron que Dios encarnado estaba entre ellos, así es posible que "el nuevo hombre" en Cristo pase inadvertido como tal, a los ojos de los demás, al menos por un tiempo. No obstante ello, reconocido o no reconocido por el mundo, el nuevo hombre existe en su interioridad. Tarde o temprano el nuevo nacimiento se manifestará en un piadoso vivir. La vida divina, que permanecerá para siempre, está allí, y también está allí el "nuevo hombre" que posee el reino de Dios (2 Corintios 5:17), una nueva criatura.

Y esto no es para negar la importancia de la fe y de las decisiones personales. No nos dejamos estar pasivamente y esperar a que el Espíritu ejecute su obra antes de que vengamos a Cristo. Todo lo contrario, se nos ordena lo siguiente: "Pedid, y se os dará; buscad, y hallaréis; llamad, y se os abrirá" (Mateo 7:7). Contamos con la presencia de Dios: "Me buscaréis y me hallaréis, porque me buscaréis de todo vuestro corazón" (Jeremías 29:13). Además, la Escritura nos dice que aun la fe es un don de la gracia de Dios. "Porque por gracia sois salvos por medio de la fe; y esto no de vosotros, pues es don de Dios" (Efesios 2:8). Por lo tanto contamos con todo cuanto necesitamos para decidir por Cristo, pero nos queda la responsabilidad de responder al llamado y a la persuasión del Espíritu Santo.

Cuando una persona nace de nuevo, el proceso, desde la perspectiva divina, no es complejo. El Espíritu de Dios toma la Palabra de Dios y hace la criatura de Dios. Nacemos de nuevo por la operación del Espíritu Santo quien, a su vez, utiliza la inspirada Palabra de Dios. El Espíritu de Dios otorga vida a los hombres. Y llegado a este punto, el Espíritu Santo hace su residencia en la persona, por toda la vida. La persona recibe vida *eterna*.

Como predicador evangélico por más de treinta y cinco años, he observado a cientos de miles de personas adelantarse por los pasillos en auditorios, estadios deportivos, templos, carpas, enramadas, para tomar lo que a menudo se ha dado en llamar una "decisión" por Cristo. Años atrás, traté de modificar el término prefiriendo el de "indagantes". Adelantarse al frente durante una campaña evangelística no significa necesariamente que la persona ha sido o será regenerada. El adelantarse para expresar un cierto tipo público de entrega a Cristo es un hecho solamente visible, aunque importante. Puede o no reflejar qué está por ocurrir o ya ha ocurrido en el corazón humano. La regeneración *no es* obra del predicador; es la obra del Espíritu de Dios. El arrepentimiento y la fe son condiciones indispensables en el nuevo nacimiento, pero el arrepentimiento y la fe, por sí mismos, no salvan. La fe genuina es un don de Dios otorgado a las personas, como ya lo hemos dicho, aun para ayudarles a arrepentirse. Cuando las personas despliegan ese tipo de arrepentimiento y de fe, podemos tener la absoluta certeza de que Dios el Espíritu Santo acompaña a dicha regeneración. En esto vemos el amor y la gracia de Dios brindados por medio de Jesucristo a pecadores sujetos a juicio.

Así, pues, nacer de nuevo significa que "como el Padre levanta a los muertos, y les da vida, así también el Hijo a los que quiere da vida" (Juan 5:21). En Hechos Pedro habló de "arrepentirse" o "convertirse". En Romanos 6:13 Pablo habló de ello como "vivos de entre los muertos". A los colosenses Pablo les dijo: " …habiéndoos despojado del viejo hombre con sus hechos, y revestido del nuevo, el cual conforme a la imagen del que lo creó se va renovando hasta el conocimiento pleno" (Colosenses 3:9, 10).

Ninguno de nosotros puede heredar la regeneración: antes bien "a todos los que le recibieron (a Jesús), a los que creen en su nombre, les dio potestad de ser hechos hijos de Dios" (Juan 1:12). Una persona puede haber sido bautizada, como lo estaban Hitler y Stalin, pero ello no es garantía alguna de que ha sido regenerada. Simón el mago fue bautizado por Felipe luego de que "creyó" en algún confuso sentido intelectual, pero más tarde Pedro le dijo: "Tu corazón no es recto delante de Dios" (Hechos 8:21).

Una persona puede haber sido confirmada en la más litúrgica de las iglesias, pero ello no significa necesariamente, que ha sido regenerada. En el libro de Los Hechos, leemos: "El Señor añadía cada día a la iglesia a los que habían de ser salvos" (Hechos 2:47). La única condición indispensable para ser admitido como miembro de la iglesia primitiva era que la persona ya fuera regenerada.

Tampoco es posible la regeneración por medio de las buenas obras: "Nos salvó, no por obras de justicia que nosotros hubiéramos hecho, sino por su misericordia, por el lavamiento de la regeneración y por la renovación en el Espíritu Santo" (Tito 3:5). Un hombre puede pertenecer a cuanta organización buena haya en la comunidad donde vive, y participar en cuanta obra de caridad se le solicite, y ser una persona "buena" y "moral" toda su vida, y a pesar de todo ello no tener idea de lo que significa ser regenerado.

Otros procuran regenerarse reformándose. Se afanan en reformarse haciendo nuevas resoluciones. Pero la Biblia dice: "Todas nuestras justicias (son) como trapo de inmundicia" (Isaías 64:6).

Algunas personas bien intencionadas llegan al extremo de buscar la salvación imitando a Cristo en sus vidas. Pero esto no es aceptable a los ojos de Dios porque nadie puede realmente imitar a Cristo. Cristo fue puro. Los hombres son pecadores, muertos en pecado. Lo que necesitan es vida, y la vida la puede otorgar solamente el Espíritu Santo por medio de la regeneración.

¿Hemos sido regenerados por el poder del Espíritu de Dios? Nada menos que eso puede hacernos renacer a una verdadera vida espiritual. Recordemos que Dios envió a su Hijo al mundo para darnos una nueva vida. Dios nos ha dado su Palabra, y el poder del Espíritu Santo puede tomarla y brindarnos la regeneración, un verdadero renacer espiritual.

El nuevo nacimiento trae aparejado un cambio en nuestras relaciones con Dios, un cambio en las relaciones con nuestras familias, un cambio en las relaciones con nosotros mismos, un cambio en las relaciones con nuestros vecinos. Gradualmente, si somos creyentes obedientes, se producirá un cambio en disposiciones, afectos, metas, principios y dimensiones.

El Espíritu Santo nos otorga certeza

Después de recibir a Cristo como Salvador, a veces nos sentimos confundidos porque muchas de las viejas tentaciones aún nos persiguen. Todavía pecamos. En ocasiones perdemos la paciencia. En otras reviven de tanto en tanto el orgullo y los celos. Y esto no solamente es perturbador sino también tan desalentador que suele generar una verdadera depresión espiritual. Hasta podemos tener algún particular "pecado que nos asedia" y que al parecer no podemos dominar.

Pero en el momento en que recibimos a Cristo y somos regenerados por el Espíritu Santo, recibimos una nueva naturaleza. De esta manera, los que nacemos de nuevo tenemos dos naturalezas. La vieja naturaleza proviene de nuestro primer nacimiento; la nueva naturaleza proviene de nuestro nuevo nacimiento. Por el viejo nacimiento somos hijos de la carne; por el nuevo nacimiento somos hijos de Dios. Por eso Jesús le dijo a Nicodemo: "Os es necesario nacer de nuevo".

Cualesquiera sea el problema, y cuando quiera que la vieja naturaleza se haga sentir en nosotros, los nuevos creyentes pueden llegar a preguntarse si realmente han nacido de nuevo. Satanás quisiera que dudáramos de la realidad de nuestra salvación, que en realidad es dudar de la Palabra de Dios. Más adelante escribiremos con más detalle respecto a la seguridad de nuestra salvación, pero por ahora quisiéramos recordar el hecho de que el Espíritu Santo nos brinda la seguridad de haber nacido de nuevo y haber entrado a formar parte de la familia de Dios. "Nos atestigua lo mismo el Espíritu Santo" (Hebreos 10:15). Por la palabra escrita de Dios, y por la silenciosa obra del Espíritu Santo en nuestros corazones, sabemos que hemos nacido de nuevo, a pesar de las acusaciones de Satanás. "El Espíritu mismo da testimonio a nuestro espíritu, de que somos hijos de Dios" (Romanos 8:16).

Cómo nacer de nuevo

En primer lugar, reconozcamos que somos pecadores a los ojos de Dios. Es posible que no nos consideremos malas personas porque tenemos conciencia de haber vivido vidas relativamente decentes. Por otra parte, se da el caso de que andamos conscientes de soportar el peso de la culpa por ciertos pecados cometidos en el pasado. Cualesquiera sean nuestros antecedentes o el trasfondo cultural de nuestras vidas, la Biblia nos dice que "no hay justo, ni aun uno" (Romanos 3:10). Todos, sin excepción, hemos quebrantado la ley de Dios, y no merecemos otra cosa que no sea el juicio y la ira de Dios.

En segundo lugar, debemos comprender que Dios nos ama y envió a su Hijo para morir por nosotros. Merecemos morir a causa de nuestros pecados, pero Cristo murió en lugar nuestro. "Porque también Cristo padeció una sola vez por los pecados, el justo por los injustos, para llevarnos a Dios" (1 Pedro 3:18). Lo maravilloso del evangelio es justamente eso: ¡Que Dios nos ama! Nos ama, a pesar del hecho de que somos pecadores.

En tercer lugar, debemos arrepentirnos de nuestros pecados. La palabra arrepentimiento deriva de un vocablo griego que significa "un cambio de mente". Quiere decir que admitimos que somos pecadores, que nos entristecemos por el hecho de haber pecado. Pero el arrepentimiento también significa que volvemos nuestras espaldas al pecado, que lo rechazamos y que por la gracia de Dios nos hacemos el firme propósito de vivir como él quiere que vivamos. Jesús dijo: "Si no os arrepentís, todos pereceréis igualmente" (Lucas 13:3). El arrepentimiento supone una disposición a dejar atrás al pecado, y entregar nuestras vidas a Jesucristo como Señor de nuestra existencia. Nos vemos como nos ve Dios, y exclamamos: "¡Dios, sé propicio a mí, pecador!" (Lucas 18:13).

En cuarto lugar, debemos allegarnos a Cristo en fe y en confianza. La salvación, nos dice la Biblia, es un don gratuito. Dios ha hecho todo lo posible para darnos acceso a la salvación, pero por nuestra parte debemos responder y apropiarnos de ese don. "Porque la paga del pecado es la muerte, mas la dádiva de Dios es vida eterna en Cristo Jesús Señor nuestro" (Romanos 6:23).

¿Y cómo aceptar esta dádiva? Por un simple acto de fe por el cual le dices "sí" a Cristo. Si hasta ahora no has aceptado a Cristo, incorporándolo a tu vida, te invito a que lo hagas en este preciso instante, sin esperar un minuto más. Para ello debes decirle a Dios que te sientes pecador y que te arrepientes de tus pecados. Decirle a Dios que crees que Jesús murió por tus pecados, y quieres entregarle tu vida ahora mismo, para seguirle como Señor por el resto de tu vida. "Porque de tal manera amó Dios al mundo, que ha dado a su Hijo unigénito, para que todo aquel que en él cree, no se pierda, mas tenga vida eterna" (Juan 3:16).

Si lo has hecho así, Dios te ha perdonado todos tus pecados. Qué cosa más maravillosa es saber que cuantos pecados hayamos cometido —aun los actos que ni siquiera pensamos que eran pecaminosos— han sido lavados por la sangre de Cristo, "en quien tenemos redención por su sangre, el perdón de pecados" (Colosenses 1:14). Y además, puedes aceptar por fe ahora el hecho de ser una nueva creación en Cristo.

En el curso de su conversación con Nicodemo, Jesús trajo a colación un incidente ocurrido a los israelitas durante su travesía por el desierto. Dios juzgó y castigó a su pueblo pecador enviando serpientes venenosas cuya mordedura era fatal. Muchos israelitas sufrían y morían. Entonces Dios le ordenó a Moisés que hiciera una serpiente de bronce y la colocara sobre un asta. Todos los que miraban a la serpiente con fe, después de haber sido mordidos por las mismas, se salvaban. Era algo así como un insulto a sus inteligencias. El bronce carecía de propiedades curativas. Sabían, además, que no se curarían frotando algún medicamento sobre las mordeduras. Inútil era luchar contra las serpientes. Para nada ayudaría ofrendarle algo a la serpiente levantada sobre el asta. Tampoco los salvaría de la muerte elevar oraciones a la serpiente de metal. Ni siquiera Moisés, el profeta de Dios, podía ayudarlos.

Lo único que tenían que hacer era mirar a la serpiente de bronce con una fe propia de niño de que Dios los salvaría exclusivamente por su gracia. Cuando miraban a la serpiente de bronce, en realidad miraban más allá de la serpiente, al propio rostro de Dios. Es como si Jesús dijera: "Voy a ser levantado en alto; mírenme a mí y serán salvos". Claro está que su "levantar en alto" habría de ocurrir en su venidera muerte en la cruz. Nadie puede allegarse a Cristo a menos que el Espíritu Santo lo acerque a la cruz, donde Jesús, con su sangre, borra los pecados de todo aquel que deposita su fe en él.

Al igual que con los israelitas en el desierto, Dios no tiene intención alguna de ofender nuestra inteligencia. Pero si no creemos en Cristo, nuestra mente ha sido cegada espiritualmente por el diablo y afectada por el pecado. Por eso dijo el Apóstol esas conocidas palabras: "Pues ya que en la sabiduría de Dios, el mundo no conoció a Dios mediante la sabiduría, agradó a Dios salvar a los creyentes por la locura de la predicación" (1 Corintios 1:21).

A primera vista pareciera algo tonto creer que Jesucristo, que murió en una cruz y resucitó dos mil años atrás, puede transformar radicalmente nuestras vidas, hoy en día, por la acción del Espíritu Santo. Sin embargo, millones de cristianos en los cinco continentes podrían testificar en este momento que Dios ha transformado sus vidas. Personalmente me ocurrió a mí hace muchísimos años. Y puede ocurrirte a ti, ¡hoy!

5. EL BAUTISMO CON EL ESPÍRITU

Muchos años atrás cuando concurría a un pequeño instituto bíblico en Florida, visité lo que se daba en llamar "campaña de avivamiento bajo una enramada". El orador era un anticuado predicador sureño. El lugar tenía capacidad para unas doscientas personas y estaba colmado de gente. El predicador compensaba con su vozarrón su falta de lógica, y a la gente le encantaba.

—¿Han sido bautizados con el Espíritu Santo? —preguntó al auditorio durante su sermón.

Al parecer conocía a muchos de los asistentes porque señalaba a uno y le preguntaba:

—Hermano, ¿ha sido usted bautizado con el Espíritu?

Y el hombre contestaba:

—Sí, ¡bendito sea Dios!

—Joven —preguntó, señalándome con el dedo—, ¿has sido bautizado con el Espíritu Santo?

—Sí señor —repliqué.

—¿Cuándo fuiste bautizado con el Espíritu Santo? —preguntó.

Esa pregunta no se la había formulado a los otros.

—En el preciso instante en que recibí a Jesucristo como mi salvador —contesté.

Me miró asombrado, y antes de repetir la pregunta a otra persona, comentó:

—Eso no puede ser.

¡Pero sí, podía ser! ¡Y lo era!

No dudamos por un instante en la sinceridad del predicador. Sin embargo, al estudiar las Sagradas Escrituras a lo largo de los años, nos hemos convencido plenamente de que hay un solo bautismo con el Espíritu Santo en la vida de todo creyente, y eso ocurre en el momento de la conversión. Este bautismo con el Espíritu Santo se inició en Pentecostés, y todos cuantos llegan a conocer a Jesucristo como Salvador comparten esa experiencia y son bautizados con el Espíritu en el instante de ser regenerados. Y aparte de eso, pueden ser llenados con el Espíritu Santo; de no ser así, necesitan serlo.

El uso bíblico de la palabra *bautismo* demuestra que es algo iniciativo tanto en el bautismo por agua como por el Espíritu, y que *no se repite*. No hallamos datos bíblicos que justifiquen la idea de que el bautismo con el Espíritu habría de repetirse.

"Porque por un solo Espíritu fuimos todos bautizados en un cuerpo" (1 Corintios 12:13). El original griego no deja lugar a dudas de que el bautismo del Espíritu es una acción que pertenece al pasado. (La versión de Torres Amat traduce incorrectamente en tiempo presente y no pasado: "Todos nosotros *somos* bautizados en un mismo Espíritu.)

Dos cosas se ponen de relieve en este versículo: en primer lugar, el bautismo con el Espíritu es una acción colectiva del Espíritu de Dios; en segundo lugar, incluye a todos los creyentes. En una oportunidad el doctor W. Graham Scroggie dijo en Keswick: "Observad cuidadosamente a quiénes escribe el Apóstol y de quién está hablando". El Apóstol usa la palabra *todos*. "No escribe a los fieles tesalonicenses, ni a los generosos filipenses, ni a los espirituales efesios, sino a los carnales corintios (1 Corintios 3:1)", prosigue Scroggie. La clara indicación es que el bautismo con el Espíritu está relacionado con nuestra *postura* delante de Dios, no con nuestro corriente *estado* subjetivo; con nuestra *posición* y no con nuestra *experiencia*.

Esto se torna más claro aún si examinamos las experiencias de los israelitas descritas en 1 Corintios 10:1-5. En estos versículos se repite cinco veces la palabra *todos*. "Todos bajo la nube", "todos pasaron el mar", "todos fueron bautizados", "todos comieron", "todos bebieron". Las diferencias apenas llegaron después de ocurridas todas estas cosas a toda esa gente: "Pero de los más de ellos no se agradó Dios" (1 Corintios 10:5).

En otras palabras, todos ellos formaban parte del pueblo de Dios. Pero esto no quiere decir que todos ellos vivían a la altura de lo que se esperaba como miembros del santo pueblo de Dios. De la misma manera, todos los creyentes son bautizados con el Espíritu. Esto no significa que todos están llenos o controlados por el Espíritu. Lo importante en todo esto es dejar claramente sentada la verdad fundamental de que cuando venimos a Cristo, Dios nos da su Espíritu.

Diferencias que nos dividen

Somos agudamente conscientes de que el tema del bautismo con el Espíritu Santo ha sido entendido de distintas maneras por algunos de nuestros hermanos creyentes. No debemos eludir la responsabilidad de dejar claramente sentadas las diferencias específicas de opinión. Pero al mismo tiempo tenemos que hacer todo lo posible para un mutuo entendimiento, orar los unos por los otros, y estar dispuestos a aprender de los demás mientras escudriñamos para saber lo que nos enseña la Biblia. Las diferencias de opinión en este tema son algo similares a las diferencias de opinión que existen en cuanto al bautismo por agua y al gobierno de la iglesia. Algunos bautizan a los párvulos; otros no. Unos bautizan por aspersión o rociamiento; otros únicamente por inmersión. Algunos gobiernan sus iglesias con una política congregacional; otros se rigen por una democracia representativa o sea, presbiteriana; y otros más por la forma episcopal. Estas diferencias de ninguna manera debieran ser divisivas. Podemos sostener una maravillosa comunión cristiana, especialmente en el área de evangelismo, con quienes mantienen distintos puntos de vista.

Pero por otro lado, y a nuestro juicio, la cuestión relativa al bautismo con el Espíritu Santo, a menudo reviste mayor importancia que estos otros temas, especialmente cuando se distorsiona la doctrina del bautismo con el Espíritu. Así, por ejemplo, ciertos cristianos sostienen que el bautismo del Espíritu ocurre solamente en algún momento subsiguiente a la conversión. Otros afirman que este último tipo de bautismo con el Espíritu es necesario antes que una persona pueda ser plenamente utilizada por Dios. Y otros más aseguran que el bautismo con el Espíritu se acompaña, en todos los casos, con la señal exterior de un don en particular, y que a menos que esté presente esta señal la persona no ha sido bautizada con el Espíritu.

En lo personal admito que a veces he deseado creer en esta enseñanza distintiva. He querido disfrutar de esta "experiencia". Pero queremos que toda experiencia cuente con bases bíblicas. La verdad bíblica, nos parece a nosotros, es de que en el momento de la conversión somos bautizados por el Espíritu e incorporados al cuerpo de Cristo. Este es el único bautismo en el Espíritu. En este momento podemos y debiéramos ser llenados con el Espíritu Santo, y luego vueltos a llenar, y aun llenados a plenitud. Tal como se ha dicho a menudo: "Un bautismo pero muchos henchimientos". No vemos, a través de las Escrituras, que este llenado o henchimiento constituye un segundo bautismo, ni tampoco vemos que el hablar en lenguas acompañe necesariamente al hecho de ser llenados con el Espíritu.

A veces estas diferencias de opiniones no son otra cosa que diferencias semánticas. Tal como veremos en el próximo capítulo, lo que algunos denominan bautismo del Espíritu realmente es lo que la Escritura define como llenado del Espíritu, que puede ocurrir muchas veces en nuestras vidas luego de la conversión.

Digamos, de paso, que hay solamente siete pasajes en el Nuevo Testamento que hablan directamente del bautismo con el Espíritu. Cinco de estos siete pasajes se refieren al bautismo con el Espíritu como un acontecimiento futuro; cuatro fueron mencionados por Juan el Bautista (Mateo 3:11; Marcos 1:7, 8; Lucas 3:16 y Juan 1:33) y una vez fue mencionado por Jesús después de su resurrección (Hechos 1:4, 5). Un sexto pasaje mira hacia atrás a los sucesos experimentados en el día de Pentecostés (Hechos 11:15-17) como cumplimiento de las promesas anunciadas por Juan el Bautista y por Jesús. Solamente un pasaje —1 Corintios 12:13— habla de una ampliada experiencia para todos los creyentes.

A lo largo de nuestro ministerio hemos conocido muchos cristianos que agonizaron, porfiaron, lucharon y oraron para "obtener el Espíritu". Solíamos preguntarnos si no estábamos en un error al pensar que cuando nos convertimos éramos bautizados por el Espíritu e incorporados al cuerpo de Cristo y por lo tanto no necesitábamos de otro bautismo. Pero mientras más estudiamos las Escrituras más nos persuadimos de que estamos en lo cierto. Veamos lo que hizo Dios durante la semana de la pasión de Cristo, y cincuenta días más tarde en Pentecostés, para comprobar que no necesitamos buscar lo que Dios ya dio a todo creyente.

El Calvario y Pentecostés

Cuando Jesús murió en la cruz, cargó sobre sus hombros nuestros pecados: "Dios, enviando a su Hijo en semejanza de carne de pecado y a causa del pecado, condenó al pecado en la carne" (Romanos 8:3).

Isaías profetizó: "Jehová cargó en él el pecado de todos nosotros" (Isaías 53:6). Pablo dijo: "Al que no conoció pecado, por nosotros lo hizo pecado" (2 Corintios 5:21). Esto hizo que el santo Jesús representara el pecado para toda la humanidad.

Resulta nítidamente claro que Jesús no dijo que su muerte en la cruz significaría la cesación de su ministerio. La noche previa a su muerte Jesús repetidamente anunció a sus discípulos que enviaría al Espíritu Santo.

Esa noche anterior al día de su muerte, dijo a sus discípulos: "Os conviene que yo me vaya; porque si no me fuere, el Consolador no vendría a vosotros; mas si me fuere, os lo enviaré" (Juan 16:7). Antes de poder enviar al Espíritu Santo, que es el Consolador, Jesús tenía que dirigirse: primero, a la muerte en la cruz; después a la resurrección; luego, a su ascensión al cielo. Sólo entonces podía enviar al Espíritu Santo el día de Pentecostés. Con posterioridad a su muerte y resurrección les ordenó que permanecieran en Jerusalén y esperaran el don del Espíritu: "Quedaos vosotros en la ciudad de Jerusalén, hasta que seáis investidos de poder desde lo alto" (Lucas 24:49). Y antes de ascender al cielo les dijo que se quedaran en Jerusalén hasta que fueran "bautizados con el Espíritu Santo dentro de no muchos días" (Hechos 1:5).

Esto explica la doble misión de Cristo que Juan el Bautista proclamó: primero, proclamó el ministerio de Cristo como "el Cordero de Dios, que quita el pecado del mundo" (Juan 1:29); segundo, predijo que el ministerio de Cristo en el Calvario sería seguido por su ministerio por medio de bautismo con el Espíritu Santo (Juan 1:33).

Cuando Cristo resucitó de entre los muertos, este bautismo con el Espíritu significaría una nueva era que todavía pertenecía al futuro; pero habría de ocurrir cincuenta días después de la resurrección.

Diez días después de la ascensión, ocurrió Pentecostés. Se había cumplido la promesa. El Espíritu Santo vino sobre ciento veinte discípulos. Poco después, cuando Pedro explicaba este hecho a una muchedumbre, se refirió al don como "el don del Espíritu Santo". Instó a la concurrencia al arrepentimiento, diciéndoles: "Arrepentíos, y bautícese cada uno de vosotros... y recibiréis el don del Espíritu Santo" (Hechos 2:38).

John Stott nos recuerda lo siguiente: "Los tres mil parecieran no haber experimentado el mismo milagroso fenómeno (el viento recio que soplaba, las lenguas de fuego, o el hablar en otras lenguas). Al menos no se dice que ocurriera. No obstante, y en razón de las seguridades otorgadas por Dios por intermedio de Pedro, tienen que haber heredado la misma promesa y recibido el mismo don (Hechos 2:33, 39). Sin embargo, hubo esta diferencia entre ellos; los ciento veinte ya eran regenerados, y recibieron el bautismo del Espíritu luego de esperar en Dios durante diez días. Los tres mil, a diferencia de los ciento veinte, eran incrédulos, y recibieron el perdón de sus pecados y el don del Espíritu en forma simultánea, y ello ocurrió inmediatamente después de haberse arrepentido y creído, sin ningún compás de espera.

"Señalar la distinción entre ambos grupos, los ciento veinte y los tres mil, reviste la máxima importancia, porque la *norma,* hoy en día, seguramente tiene que ser el segundo grupo, es decir, los tres mil y no (como a menudo se supone) el primer grupo. El hecho de que la experiencia de los ciento veinte ocurrió en dos etapas distintas se debió simplemente a circunstancias históricas. No pudieron haber recibido el don pentecostal antes de Pentecostés. Pero esas circunstancias históricas no se han repetido desde hace casi dos mil años. Vivimos después del acontecimiento de Pentecostés, al igual que los tres mil. Nosotros, por lo tanto, al igual que ellos, recibimos al mismo tiempo el perdón de los pecados y el 'don' o 'bautismo' del Espíritu".[1]

De aquel día en más, el Espíritu Santo ha morado en el corazón de todos los verdaderos creyentes, comenzando con los ciento veinte discípulos que lo recibieron en Pentecostés. Cuando recibieron el Espíritu Santo, los unió, por la simple acción de su presencia, en un solo cuerpo, el cuerpo místico de Cristo, que es la iglesia. Es por ello que cuando escuchamos términos tales como "ecumenismo" o "movimiento ecuménico", nos decimos a nosotros mismos: el ecumenismo ya existe si hemos nacido de nuevo. El Espíritu Santo, que mora en nuestros corazones, nos ha unido a todos, seamos presbiterianos, metodistas, bautistas, pentecostales, católicos, luteranos o anglicanos.

Cierto es que hubo otras ocasiones, registradas en el libro de los Hechos, similares a Pentecostés, tal como el denominado "Pentecostés Samaritano" (Hechos 8:14-17) y la conversión de Cornelio (Hechos 10:44-48). Pero cada una de éstas marcó una nueva etapa en la expansión de la iglesia. Los samaritanos componían una raza mezclada, despreciada por muchos como indignos o desmerecedores del amor de Dios. Su bautismo por el Espíritu fue una clara señal de que también ellos podían formar parte del pueblo de Dios por fe en Jesucristo. Cornelio era un gentil, y su conversión marcó un paso más en la expansión del evangelio. El bautismo del Espíritu que se produjo en él y en su casa demostró, de manera concluyente, que el amor de Dios también se hacía extensivo a los gentiles.

En vista de todo esto, ningún cristiano debe sentirse obligado a esforzarse, a esperar u orar para obtener el Espíritu. Ya lo ha recibido, no como resultado de luchas o afanes, agonía y oración sino como un inmerecido y no ganado don de gracia.

W. Graham Scroggie dijo algo parecido en Keswick, en una ocasión: "En el día de Pentecostés los creyentes, por el bautismo del Espíritu, se constituyeron en el cuerpo de Cristo, y desde entonces todo creyente, en forma individual, y toda alma que acepta a Cristo en simple y sencilla fe, es hecho en ese momento y en ese acto, participante de la bendición del bautismo. No es, por lo tanto, una bendición que el creyente ha de buscar y recibir en fecha subsiguiente a la hora de su conversión".

Tres posibles excepciones explicadas

Acabamos de manifestar que todos los creyentes cuentan con el Espíritu Santo, que viene a morar en ellos en el instante de su regeneración o conversión. Sin embargo, algunos sostienen que el libro de Los Hechos de los Apóstoles nos da varios ejemplos de personas que no recibieron el Espíritu Santo en el momento de creer. Por el contrario, afirman las mismas personas, estos incidentes indican que ocurre un bautismo con el Espíritu subsiguientemente a la incorporación de los creyentes al cuerpo de Cristo. Al respecto interesan particularmente tres pasajes. Personalmente nos resultó difícil entender estos pasajes en nuestra juventud (y en cierta manera aún lo es) y conocemos mucha gente que ha experimentado la misma dificultad. No pretendemos responder a todos los interrogantes que se plantean sobre dichos pasajes, pero nuestros estudios nos han permitido sacar algunas conclusiones que consideramos serán de utilidad compartir con nuestros lectores.

El primero de esos pasajes lo hallamos en Hechos 8, capítulo que relata el viaje de Felipe a Samaria. Allí les predicó a Cristo a los habitantes y realizó algunos milagros. Los samaritanos se sintieron emocionalmente conmovidos. Muchos de ellos hicieron profesión de fe y fueron bautizados. Los apóstoles en Jerusalén se preocuparon a tal grado por lo que ocurría en Samaria que enviaron a dos de sus dirigentes, Pedro y Juan, para investigar el asunto. Hallaron un gran revuelo y una notoria disposición para recibir el Espíritu Santo. "Entonces les imponían las manos, y recibían el Espíritu Santo" (Hechos 8:17).

Comparando Escritura con Escritura descubrimos de inmediato un hecho extraordinario en este pasaje: cuando Felipe predicó en Samaria, fue la primera vez que el evangelio se predicaba fuera de Jerusalén, sin duda alguna porque los samaritanos y los judíos desde antiguo eran enconados enemigos. Esto nos da la clave para entender por qué el Espíritu fue retenido hasta la llegada de Pedro y de Juan: fue para que vieran, con sus propios ojos, que Dios recibía aun a los odiados samaritanos que creyeran en Cristo. No habría ahora duda alguna al respecto.

Veamos ahora lo que ocurrió cuando el Espíritu del Señor se apersonó a Felipe ordenándole dirigirse a Gaza, donde testificó al eunuco etíope. Cuando el etíope creyó y recibió a Cristo, fue bautizado con agua. Pero en ningún momento Felipe le impuso las manos u oró para que recibiera el Espíritu Santo, ni nada se dijo respecto a un segundo bautismo. Por lo tanto, la situación en Samaria, registrada en el capítulo 8 de Hechos, es única en su género, y no encaja con otros pasajes de la Escritura si comparamos Escritura por Escritura.

Un segundo pasaje que a ciertas personas les resulta difícil entender, es el que trata de la conversión de Saulo en el camino a Damasco tal como lo relata el capítulo 9 de Hechos. Sostienen algunos que más tarde, al ser llenado con el Espíritu Santo en presencia de Ananías (v. 17), experimentó un segundo bautismo en el Espíritu.

Nuevamente aquí la situación es particularísima y única en su género. Dios había escogido a este perseguidor de los cristianos "para llevar mi nombre en presencia de los gentiles, y de reyes, y de los hijos de Israel" (v. 15). Cuando Saulo se dirigió a Jesús con el título de "Señor" (Hechos 9:5) usó un término que podría significar algo así como "mi dueño y señor", que hubiera significado su conversión, o simplemente "señor" como un título de respeto más bien que una confesión de fe. Sabemos que más tarde Ananías llamó a Pablo "hermano", como lo traducen la mayoría de las versiones en castellano (v. 17). Pero ocurre que la mayoría de los judíos en aquellos días se dirigían unos a otros como "hermanos". Pueda haberse dirigido a Saulo como hermano, en el mismo sentido en que los negros americanos se llaman "hermanos" entre ellos.

En otras palabras, ¿en qué momento se produjo la regeneración de Saulo? ¿Ocurrió en el camino a Damasco, o pudo haber sido luego de un período de tres días de testimonio por parte de Ananías (que cubriría el período de la ceguera de Saulo)? Estamos plenamente convencidos de que a menudo el nuevo nacimiento es similar al nacimiento natural: el instante de la concepción, nueve meses de gestación y luego el nacimiento. A veces al Espíritu Santo le toma semanas convencer a una persona. Hemos visto personas durante nuestras cruzadas adelantarse más de una vez, y no experimentar la certeza de la salvación hasta la tercera o cuarta vez. ¿En qué momento creyeron y fueron regenerados? Solamente Dios el Espíritu Santo lo sabe; podría haber sido en el momento del bautismo, o de la confirmación, y se adelantaron solamente para certificar su fe. Y bien pueda ser que algunos se adelanten (como lo hemos dicho a veces) para "reconfirmar su confirmación".

Además, Hechos 9:17 afirma que Pablo habría de ser llenado con el Espíritu Santo. El versículo no utiliza para nada la palabra bautismo, y cuando fue llenado no dice que habló en otras lenguas. Nuestro argumento es que aun en el caso de que Pablo hubiera sido regenerado en el camino a Damasco, su posterior llenado no es expuesto como un segundo bautismo. Y posiblemente su regeneración no ocurrió hasta que se reunió con Ananías. De modo que el pasaje no enseña ni establece que Pablo hubiera sido bautizado dos veces con el Espíritu.

Un tercer pasaje que ha provocado cierta controversia es el pasaje que tenemos en Hechos 19:1-7. Pablo visitó Efeso y halló doce discípulos profesantes que no habían recibido el Espíritu Santo. Al leer este pasaje se plantea de inmediato un interrogante: ¿Eran verdaderas cristianas estas doce personas antes de encontrarse con Pablo? Parecían vivir en ignorancia de la existencia del Espíritu Santo y de Jesús. Además, hablaban del bautismo de Juan. Por cierto que Pablo no reconoció su anterior bautismo como base suficiente para llamarlos creyentes. Les exigió el bautismo por agua en el nombre de Cristo.

Probablemente, miles de personas oyeron de Juan y de Jesús en los años previos a este momento histórico. El bautismo de Juan les había dejado una profunda impresión, pero en el lapso comprendido entre entonces y su conversación con Pablo habían perdido todo contacto con las enseñanzas de Juan y de Jesús. Nuevamente aquí tenemos una situación particular y única en su género. El simple hecho de que el Apóstol los interrogara tan minuciosamente indica que dudaba de la autenticidad de su conversión.

Pero todavía hay que tratar con Hechos 19:6: "Y habiéndoles impuesto Pablo las manos, vino sobre ellos el Espíritu Santo; y hablaban en lenguas y profetizaban". El doctor Merrill Tenney los denomina "creyentes tardíos". Lo interesante del caso es que todos estos sucesos ocurrieron simultáneamente. No se nos dice, en esta ocasión, si las lenguas a que aquí se hace referencia fueron las lenguas a las cuales se refiere Pablo en 1 Corintios 14, o a las que Lucas menciona en su relato del día de Pentecostés. Y la palabra "profetizaban" tiene aquí la connotación de testimonio o proclamación. Aparentemente contaban a sus amigos cómo llegaron a creer en Jesucristo. En nuestra opinión, esto no sugiere un segundo bautismo con el Espíritu, subsiguiente al bautismo con el Espíritu en el momento de la regeneración. Todo lo contrario, parecieran haber sido regenerados y bautizados con el Espíritu a un mismo tiempo.

A manera de resumen, nuestra opinión es que Pentecostés instituyó a la iglesia. Todo lo que restaba hacer era que los samaritanos, los gentiles y los "creyentes tardíos" fueran incorporados representativamente a la iglesia. Esto ocurrió en Hechos 8 para los samaritanos; en Hechos 10 para los gentiles (según Hechos 11:15), y en Hechos 19 para los creyentes tardíos provenientes del bautismo de Juan. Una vez realizado este bautismo representativo con el Espíritu, se aplicaban las normas corrientes, es decir, el bautismo con el Espíritu en el instante en que cada persona (de cualquier grupo al que perteneciera) creía en Jesucristo.

Nuestra participación en Pentecostés

Pentecostés, entonces, fue un acontecimiento que incluyó no solamente a quienes participaron en esos momentos, sino también a los que habrían de participar en los siglos posteriores al mismo. Tal vez aquí podamos usar la expiación a modo de analogía. Cristo murió de una vez por todas; murió por miembros de su cuerpo que ni siquiera habían nacido, por lo tanto, no podían haber sido regenerados. De esta manera, nos hemos incorporado como miembros de su cuerpo por regeneración, por su sangre derramada una sola vez. De manera similar, todos los creyentes participamos de la nueva realidad que es la iglesia. Por nuestra parte, nos incorporamos a lo que se formó por el bautismo con el Espíritu en Pentecostés, cuando "se nos dio a beber de un mismo Espíritu" (1 Corintios 12:13) de modo que todo creyente se beneficia con ello en el instante de su regeneración de la misma manera, y al mismo tiempo, en que se beneficia con la justificación por la sangre derramada de Jesús. De modo que el Señor añade a la iglesia los que han de ser salvos (Hechos 2:47).

Pueda parecer extraño hablar de la participación actual de creyentes en un acontecimiento que ocurrió dos mil años atrás. No obstante, la Biblia ofrece muchos ejemplos semejantes a aquellos de la expiación y del bautismo con el Espíritu. En Amós 2:10, Dios dijo a su pueblo errante: "Y a *vosotros* os hice subir de la tierra de Egipto, y os conduje por el desierto cuarenta años" (cursivas indicadas por el autor), aunque el pueblo a quien el profeta se dirigió vivía centenares de años después del Exodo. El hecho es que la nación fue considerada como una y continua; y así es con la iglesia.

Un bautismo y regeneración

Y puesto que el bautismo con el Espíritu ocurre al mismo tiempo que la regeneración, la Escritura nunca insta a los cristianos a buscarlo. Estamos plenamente convencidos de que muchas de las cosas que algunos maestros atribuyen al bautismo con el Espíritu Santo pertenecen en realidad a la plenitud del Espíritu. En consecuencia, el propósito del bautismo con el Espíritu Santo es incorporar al cuerpo de Cristo al nuevo creyente. No hay ningún intervalo entre el momento de la regeneración y el bautismo con el Espíritu. En el preciso instante en que recibimos a Jesucristo como Señor y Salvador recibimos al Espíritu Santo. Vino a morar en nuestros corazones. "Si alguno no tiene el Espíritu de Cristo, no es de él", dijo Pablo en Romanos 8:9. No hay una segunda, una tercera o una cuarta bendición. Hay, habrá y debiera haber *nuevos llenados,* pero no *nuevos bautismos.*

En ninguna parte del Nuevo Testamento existe la orden de ser bautizados con el Espíritu Santo. Con toda seguridad que si el bautismo con el Espíritu fuera un paso necesario para nuestras vidas cristianas, el Nuevo Testamento estaría lleno de ello. El propio Señor Jesucristo lo hubiera ordenado. Pero no se nos ordena como cristianos que busquemos algo que ya ha ocurrido. En consecuencia, cuando siendo un joven estudiante de la Biblia en Florida me preguntaron si había recibido el bautismo del Espíritu, fue de todo punto correcta mi respuesta cuando afirmé que lo había recibido en el momento de mi conversión.

La unidad del Espíritu

En 1 Corintios 12:13 el apóstol Pablo escribe: "Porque por un solo Espíritu fuimos todos bautizados en un cuerpo, sean judíos o griegos, sean esclavos o libres; y a todos se nos dio a beber de un mismo Espíritu". Pablo había comentado sobre la necesidad de establecer la *unidad* en la desobediente y carnal iglesia de Corinto. Dice David Howard: "Obsérvese el énfasis en estas frases: 'el mismo Espíritu' (vv. 4, 8, 9, 13); 'un solo Espíritu' (v. 13); 'uno y el mismo Espíritu' (v. 11); 'el Señor es el mismo' (v. 5); 'el cuerpo es uno' (v. 12); 'un solo cuerpo' (v. 12); 'un cuerpo' (v. 13); 'muchos los miembros, pero el cuerpo es uno solo' (v. 20); 'que no haya desavenencia en el cuerpo' (v. 25)".[2]

Howard dice a continuación: "En este contexto de unidad dice Pablo que 'por un solo Espíritu fuimos todos bautizados en un cuerpo, sean judíos o griegos, sean esclavos o libres; y a todos se nos dio a beber de un mismo Espíritu'. John R. W. Stott (*El bautismo y la plenitud del Espíritu Santo,* San José, Costa Rica: Editorial Caribe, pág. 14) señala en relación con esto: 'Así pues, el bautismo del Espíritu en este versículo, lejos de ser un factor de división ... es el gran factor de unidad' ".[3]

A modo de conclusión

En esto coinciden todos los cristianos: Todo verdadero creyente es bautizado por el Espíritu incorporándose de esta manera al cuerpo de Cristo. Más allá de ello las opiniones difieren significativamente. Pero aun aquí no debemos olvidar jamás una crucial área de coincidencia.

Para verla debemos traer a colación el hecho de que todos creemos que la salvación es pasada, presente y futura: *Hemos sido salvados* (justificación), *estamos siendo salvados* (santificación), y *seremos salvados* (glorificación). En el lapso que corre entre la justificación y el momento en que habremos de ser glorificados, transcurre ese período de nuestra peregrinación que denominamos santificación.

Y esto tiene que ver con la santidad. Y la santidad procede de la obra del Espíritu en nuestros corazones. Cualesquiera sean nuestras diferencias respecto a un segundo bautismo del Espíritu, a lenguas y al llenado del Espíritu, todos los cristianos coincidimos en el hecho fundamental de que debemos buscar la *santidad,* sin la cual ninguno verá al Señor. Por lo tanto, busquemos ardientemente la clase de vida que refleja la belleza de Jesús y nos señala cómo debieran ser los santos, en el mejor sentido de la palabra.

¿Cómo adquirir esta clase de vida? La adquirimos cuando somos llenados con el Espíritu Santo, al obrar él en nosotros y por medio nuestro al someternos a Dios y a su voluntad. Y este tema del llenado del Espíritu será el tema que veremos en las páginas del próximo capítulo.

6. EL SELLO, LAS ARRAS Y EL TESTIMONIO DEL ESPÍRITU

Un misionero inglés murió en la India a comienzos de siglo. Inmediatamente después de su muerte los vecinos penetraron en la casa y comenzaron a desvalijarla. Se notificó del hecho al cónsul británico, y al no existir una cerradura en la puerta de la casa del misionero, cruzó la puerta con una banda de papel sobre la cual había estampado el sello del Imperio Británico. Los saqueadores no se atrevieron a romper el sello pues tras la faja de papel estaba la presencia de la nación más poderosa de la tierra.

El sellado del Espíritu Santo es uno de una serie de acontecimientos que ocurren simultáneamente, de los cuales podemos no ser conscientes, y que suceden al momento de arrepentirnos de nuestros pecados y de recibir a Cristo como Salvador. En primer lugar, por supuesto, Dios nos regenera y nos justifica. En segundo lugar, el Espíritu Santo nos bautiza incorporándonos al cuerpo de Cristo. En tercer lugar, el Espíritu Santo sienta sus reales de inmediato en nuestros corazones. Varios otros sucesos que acompañan a nuestra salvación, junto con su permanente obrar en nosotros, es el tema que trataremos en este y en los próximos capítulos.

El sello

El cuarto acontecimiento es lo que la Biblia denomina "el sello". Traduce un vocablo griego que significa confirmar o estampar. El vocablo figura tres veces en el Nuevo Testamento en conexión con los creyentes. También se lo menciona en la vida de Jesús. Dice Juan en su Evangelio: "…porque a éste (Jesús) es a quien el Padre Dios ha marcado con su sello" (Juan 6:27, Biblia de Jerusalén).

Al momento de la conversión los creyentes son sellados con el Espíritu para el día de la redención: "Habiendo creído en él, fuisteis sellados con el Espíritu Santo de la promesa" (Efesios 1:13; cf. 4:30).

Se nos ocurre que Pablo tenía en mente dos pensamientos respecto a nuestro sellado por el Espíritu Santo. Uno de ellos se refiere a la seguridad y el otro a la pertenencia. El sellado, con el sentido de seguridad, lo vemos ilustrado en el Antiguo Testamento cuando el rey selló la entrada al foso de los leones para que Daniel no pudiera escapar. En la antigüedad, tal cual leemos en el libro de Ester 8:8, el rey a menudo utilizaba su propio anillo para estampar su marca o sello en cartas y documentos escritos en su nombre. Una vez hecho eso, nadie podía revocar o invalidar lo que se había escrito.

De manera similar actuó Pilato cuando dispuso que los soldados tomaran medidas de seguridad frente a la tumba de Jesús. Dijo: "Ahí tenéis una guardia; id, aseguradlo como sabéis. Entonces ellos fueron y aseguraron el sepulcro, sellando la piedra y poniendo la guardia" (Mateo 27:65, 66). "Sello", en este pasaje, es el mismo vocablo griego utilizado en pasajes que hablan del sellado del Espíritu Santo. A. T. Robertson dice que el sellado de la piedra se hacía "probablemente con una cuerda estirada que cruzaba la piedra y era sellada en cada extremo, como en Daniel 6:17. El sellado se hizo en presencia de la guardia romana que montó guardia para proteger este estampado de la autoridad y del poder romanos".[1] De una manera más significativa aún, cuando el Espíritu Santo nos sella o estampa su marca en nosotros, estamos seguros en Cristo.

Uno de los pensamientos más emocionantes que puede cruzar nuestras mentes es el de que el Espíritu Santo nos ha sellado. Nos ha sellado a todos los que somos verdaderamente creyentes.

Nada nos puede tocar. "Por lo cual estoy seguro de que ni la muerte, ni la vida, ni ángeles, ni principados, ni potestades, ni lo presente, ni lo por venir, ni lo alto, ni lo profundo, ni ninguna otra cosa creada nos podrá separar del amor de Dios, que es en Cristo Jesús Señor nuestro" (Romanos 8:38, 39).

Pero este sellado con el Espíritu Santo significa más que seguridad. También significa pertenencia. En el Antiguo Testamento leemos que Jeremías compró una propiedad, pagó su precio en presencia de testigos, y selló la transacción de acuerdo con la ley y con las costumbres (Jeremías 32:10). Era ahora el dueño absoluto de la propiedad.

La alusión a un sello como prueba de una compra habría sido especialmente significativa para los efesios. La ciudad de Efeso era un puerto marítimo, y las empresas navieras de puertos vecinos realizaban un activo tráfico comercial en madera. La forma de mercar era la siguiente: el mercader, luego de escogida la madera, la sellaba con su propio sello, y de esa manera reconocía y certificaba su pertenencia. A su debido tiempo, el mercader enviaba un agente de su confianza llevando el sello; el agente localizaba la madera con el grabado que correspondía al sello en cuestión, y reclamaba la madera. Matthew Henry lo resumió de la siguiente manera: "Los creyentes son sellados por él (el Espíritu Santo); es decir, separados y puestos aparte para Dios, diferenciados y marcados como de su pertenencia".[2] ¡Somos propiedad de Dios para siempre!

Las arras

Al confiar en Cristo, Dios nos entrega su Espíritu no sólo como un sello. Es también nuestras arras o, como la traducen algunas versiones, "garantía" o "prenda", según pasajes tales como 2 Corintios 1:22 y Efesios 1:14.

"Y el que nos confirma con vosotros en Cristo, y el que nos ungió, es Dios, el cual también nos ha sellado, y nos ha dado las arras del Espíritu en nuestros corazones" (2 Corintios 1:21, 22).

En los días del apóstol Pablo, los comerciantes consideraban que la prenda significaba tres cosas: era un pago al contado que sellaba una transacción comercial, representaba una obligación a comprar, y era una muestra de lo que habría de venir.

Supongamos que compramos un automóvil. La prenda o garantía sería un pago inicial que sella la transacción. También representa una obligación de comprar el automóvil. Y finalmente una muestra de lo que habría de venir, es decir el resto del precio a pagar.

De la misma manera, el Espíritu Santo sella la compra que Dios hizo de nosotros. Y su presencia pone de manifiesto la obligación a la cual se comprometió Dios de redimirnos por completo. Y lo mejor de todo es que la presencia del Espíritu Santo, que vive en estrecha comunión con nosotros, nos provee de un goce anticipado, de una muestra de nuestra vida futura y de nuestra herencia en la presencia de Dios.

En Números 13 se nos dice que cuando los espías de Israel partieron para reconocer el territorio de Canaán, llegaron cuando maduraban las primeras uvas. "Llegaron hasta el arroyo de Escol, y de allí cortaron un sarmiento con un racimo de uvas" (Números 13:23). Llevaron de vuelta el mencionado racimo para que lo viera el pueblo de Israel. El racimo de uvas eran las arras de su herencia. Era gustar anticipadamente lo que les esperaba en la Tierra Prometida. La garantía de Dios es que al adelantarse en fe recibirían en plenitud lo que ahora sólo tenían en parte. Tiempo atrás una de las principales tiendas de comestibles de Nueva York exhibió a la vista del público una canasta de escogidas y apetitosas uvas, y un cartel que anunciaba: "Pocos días más y llegará un camión lleno de uvas como las que están en la canasta". Las uvas eran una "garantía" exhibida de lo que vendría. Y las primicias no pasan de ser un puñado comparado con toda la cosecha; de modo que razonando de lo conocido a lo desconocido, preguntamos con el escritor del himno:

¿Cuál tu presencia será,
Si tal vida de gozo corona
Nuestro andar en la tierra contigo?

El Nuevo Testamento se refiere tres veces a las arras del Espíritu:

1. "El cual (Dios) también nos ha sellado, y nos ha dado las arras del Espíritu en nuestros corazones" (2 Corintios 1:22). Aquí la presencia del Espíritu en nuestras vidas es la garantía de Dios de que cumplirá sus promesas.

2. "Mas el que nos hizo para esto mismo es Dios, quien nos ha dado las arras del Espíritu" (2 Corintios 5:5). El contexto sugiere que el Espíritu en nuestras vidas es la garantía de Dios de que recibiremos cuerpos celestiales a la venida de Cristo.

3. Es (el Espíritu Santo) las arras de nuestra herencia hasta la redención de la posesión adquirida, para alabanza de su gloria" (Efesios 1:14). Aquí el Espíritu es la prenda de Dios que nos garantiza nuestra herencia hasta que el futuro traiga la total redención de todos aquellos que pertenecen a Dios.

En resumen podemos decir que cuando somos bautizados e incorporados al cuerpo de Cristo, el Espíritu penetra en nuestras vidas y nos sella con su presencia. Es las arras de Dios que nos garantiza nuestra futura herencia.

La conclusión de todo este asunto ha sido gráficamente expresada por Matthew Henry: "Las arras (que la versión de Nácar-Colunga traduce "prenda" en Efesios 1:14) es parte del pago, y asegura el pago total: tal es el don del Espíritu Santo; toda su influencia y su actuar, como santificador y consolador, comienzan en el cielo y se esparcen en la tierra como brotes de gloria. La iluminación del Espíritu es una prenda (las arras) de luz eterna; la santificación es prenda de perfecta santidad; sus consuelos son garantía de eterno gozo. Se dice de él que es la prenda, *hasta la redención de la posesión adquirida.* Puede ser llamada aquí la posesión, porque esta prenda les brinda certeza a los herederos como si ya hubieran entrado en posesión de ella; y se la adquiere por la sangre de Cristo. Se menciona la redención, porque fue hipotecada y confiscada por el pecado; Cristo nos devuelve la posesión y por eso se dice que la redime, aludiendo a la ley de la redención".[3]

El testimonio del Espíritu

El Espíritu Santo no solamente es nuestro sello y nuestras arras, sino que también es nuestra atestación interior, asegurándonos de la realidad de nuestra salvación en Jesucristo.

Jesús habló personalmente con sus discípulos y les brindó todo tipo de seguridades cuando estuvo con ellos. De la misma manera el Espíritu Santo da testimonio al corazón de todos los verdaderos creyentes. Varios pasajes del Nuevo Testamento se refieren a este tema.

En primer lugar, las Sagradas Escrituras nos enseñan que el Espíritu Santo nos da testimonio sobre lo terminante y suficiente que es para nosotros la obra expiatoria de Jesucristo. Esto lo hallamos en Hebreos 10:15-17, donde el escritor señala el contraste entre la ineficacia de los sacrificios levíticos que se repetían y la eficacia del sacrificio de Cristo que fue ofrecido uno por todos y de una vez por todas. Nuestras conciencias jamás podrían ser totalmente aligeradas de la carga de sus pecados por los continuados sacrificios de animales. En cambio, "con una sola ofrenda (Jesucristo) hizo perfectos para siempre a los santificados. Y nos atestigua lo mismo el Espíritu Santo" (Hebreos 10:14, 15). Es un testimonio vinculado con Jeremías 31: "Perdonaré la maldad de ellos, y no me acordaré más de su pecado" (v. 34). Y como quiera que este testimonio está impreso en la escrita Palabra de Dios que jamás varía, su consuelo anula nuestros temores en todas las cambiantes circunstancias de la vida y del tiempo.

En segundo lugar, la Escritura también nos enseña que el Espíritu Santo atestigua que por fe en Jesucristo y en su obra expiatoria en la cruz, hemos sido hechos hijos de Dios. "El Espíritu mismo da testimonio a nuestro espíritu, de que somos hijos de Dios" (Romanos 8:16). No solamente hemos sido salvados e incorporados por el bautismo al cuerpo de Cristo, sino que, además, hemos entrado por la adopción a formar parte de la familia de Dios. "Y por cuanto sois hijos, Dios envió a vuestros corazones el Espíritu de su Hijo, el cual clama: ¡Abba, Padre! Así que ya no eres esclavo, sino hijo; y si hijo, también heredero de Dios por medio de Cristo" (Gálatas 4:6, 7). Al haber sido declarados hijos de Dios por el testimonio del Espíritu Santo, podemos exclamar desde el fondo de nuestros corazones "¡Abba, Padre!" Esta es la Carta Magna de la liberación de los cristianos del poder del pecado al privilegio de las riquezas de Cristo. La Escritura declara repetidamente nuestra calidad de hijos. Todos los días deberíamos cantar: "Hijos somos del Rey".

C. S. Lewis escribió lo siguiente sobre la relación personal de los cristianos con Dios: "Ponernos a un nivel de relación personal con Dios podría, en sí mismo y sin documento justificativo alguno, no ser otra cosa que presunción y mera ilusión. Pero hemos sido enseñados que no es así; que es el propio Dios quien nos da las bases necesarias para permitirnos ese nivel de relación. Es por el Espíritu Santo por quien podemos exclamar 'Padre'. Descubriéndonos, confesando nuestros pecados y 'haciendo conocer' nuestros requerimientos, asumimos la elevada jerarquía de personas ante él. Y él, descendiendo, se torna una Persona para nosotros".[4]

De esa manera, por obra del Espíritu Santo, los cristianos cuentan con un testimonio dentro de sí mismos. "El que cree en el Hijo de Dios, tiene el testimonio en sí mismo" (1 Juan 5:10). No se nos computan más nuestros pecados e iniquidades. Hemos sido incorporados a la familia celestial. El Espíritu atestigua que, como creyentes en el Señor Jesucristo, tenemos vida eterna.

En tercer lugar, y finalmente, el Espíritu Santo certifica la verdad de todas las promesas que Dios nos ha hecho en su Palabra. El Espíritu, que inspiró la Palabra escrita de Dios, también obra en nuestros corazones para asegurarnos de que sus promesas son verdaderas, y de que son para nosotros. Sabemos que Cristo es nuestro Salvador porque la Biblia nos lo dice y el Espíritu nos asegura que es así. Sabemos que hemos llegado a ser hijos de Dios porque la Biblia nos lo dice y nuevamente aquí el Espíritu Santo lo certifica. "Pero cuando venga el Espíritu de verdad, él os guiará a toda la verdad" (Juan 16:13). "Tu palabra es verdad" (Juan 17:17). A veces hablamos con personas que nos dicen que carecen de la certeza de su salvación. Al investigar un poco descubrimos que han descuidado la Palabra de Dios. "Y este es el testimonio: que Dios nos ha dado vida eterna; y esta vida está en su Hijo. El que tiene al Hijo, tiene la vida; el que no tiene al Hijo de Dios no tiene la vida. Estas cosas os he escrito a vosotros que creéis en el nombre del Hijo de Dios, para *que sepáis que tenéis vida eterna*" (1 Juan 5:11-13; cursivas indicadas por el autor).

El Espíritu testifica en nuestros corazones, convenciéndonos de la verdad de la presencia y de la certeza de Dios. Muchas veces nos resulta difícil explicar esto a los incrédulos, pero incontables creyentes saben de la certeza del Espíritu en sus corazones.

En cierta ocasión Juan Wesley, el fundador de la iglesia metodista, hizo la siguiente observación: "Es difícil encontrar palabras en el idioma humano para explicar las profundas cosas de Dios. En realidad de verdad, no hay idioma alguno que exprese adecuadamente lo que el Espíritu de Dios obra en sus hijos. Pero... por el testimonio del Espíritu quiero significar una impresión interior del alma, por la cual el Espíritu de Dios en forma inmediata y directa atestigua a mi espíritu de que soy un hijo de Dios; que Jesucristo me amó y se dio a sí mismo por mí; que todos mis pecados fueron borrados y que yo, nada menos que yo, estoy reconciliado con Dios".[5]

Dios estampa un *sello* sobre nosotros cuando recibimos a Cristo. Y ese sello es una persona, el Espíritu Santo. Por la presencia del Espíritu Dios nos otorga seguridad y establece sobre nosotros su señorío.

Además, el Espíritu es las *arras* de Dios. No solamente sella su convenio, sino que también representa la voluntaria obligación que Dios se impuso de velar por nosotros hasta el fin. Y la comunión con el Espíritu es una muestra de lo que podemos esperar cuando lleguemos a disfrutar de nuestra herencia en el cielo.

Finalmente, el Espíritu nos *declara* por su Palabra y nos convence en nuestros corazones que Cristo murió por nosotros y por fe en él venimos a ser hijos de Dios. ¡Qué maravilloso es saber que el Espíritu Santo nos ha sido dado como un sello —una garantía— y un testimonio! Que esto nos brinde una nueva certeza del amor de Dios para con nosotros, y nos dé confianza al procurar vivir para Cristo. Que digamos con el apóstol Pablo: "¡Gracias a Dios por su don inefable!" (2 Corintios 9:15).

7. LA LUCHA INTERIOR DEL CRISTIANO

Un pescador esquimal bajaba al poblado todos los sábados por la tarde. Siempre traía con él sus dos perros. Uno era blanco y el otro negro. Les había enseñado a pelear cuando les ordenaba hacerlo. Todos los sábados por la tarde en la plaza del pueblo se juntaba la gente para ver pelear a los perros, y los pescadores hacían sus apuestas. Un sábado ganaba el perro negro; otro sábado ganaba el perro de color blanco, ¡pero el pescador esquimal ganaba siempre! Sus amigos empezaron a preguntarle cómo lo hacía. Les dijo: —Dejo hambrear a uno y alimento al otro. El que alimento siempre gana porque se siente más fuerte.

¿Una o dos naturalezas?

La historia de los dos perros es pertinente porque nos dice algo sobre la lucha interior que se desencadena en la vida de la persona que nace de nuevo.

Tenemos, en nuestro interior, dos naturalezas que luchan por lograr el predominio. ¿Cuál de las dos dominará? Depende de cuál de las dos alimentemos. Si alimentamos nuestras vidas espirituales y le permitimos al Espíritu Santo que nos fortalezca, el Espíritu Santo reinará sobre nosotros. Si hacemos hambrear nuestra naturaleza espiritual y alimentamos la naturaleza pecaminosa, dominará la carne.

No hay cristiano que no pueda identificarse con el apóstol Pablo cuando dijo: "Porque lo que hago, no lo entiendo: pues no hago lo que quiero, sino lo que aborrezco, eso hago... Así que... hallo esta ley: que el mal está en mí... pero veo otra ley en mis miembros, que se rebela contra la ley de mi mente, y que me lleva cautivo a la ley del pecado que está en mis miembros" (Romanos 7:15, 21, 23).

Muchos jóvenes cristianos nos han dicho, de tanto en tanto, cosas como las siguientes: "Desde el momento que pasé a ser cristiano, he debido soportar luchas en mi interior, contrariamente a lo que ocurría antes. ¡No me había dado cuenta de cuán pecador era! Nunca antes quise pecar tanto como ahora. ¡Yo pensaba que Dios me había salvado de mis pecados!"

En realidad de verdad, y por raro que parezca, esta condición es algo por la cual debemos estar agradecidos. Es clara evidencia de que el Espíritu Santo ha penetrado en nuestras vidas, iluminando la oscuridad del pecado, sensibilizando nuestras conciencias frente al pecado, despertando en nosotros un renovado anhelo de ser limpios y desprovistos de pecado delante de Dios. Esos viejos pecados estaban presentes antes. Esas antiguas tentaciones se manifestaban antes en todo su vigor, pero no nos parecían tan graves. Pero ahora el Espíritu Santo ha entrado en nuestras vidas. Somos personas regeneradas por este mismo Espíritu, y ahora todo parece distinto.

La lucha interior

A esta altura somos claramente conscientes del problema básico en la vida de un cristiano, la lucha contra el pecado. En el Nuevo Testamento el apóstol Pablo afirma que todo cristiano se halla trabado en una intensa batalla espiritual: "Porque no tenemos lucha contra sangre y carne, sino contra principados, contra potestades, contra los gobernadores de las tinieblas de este siglo, contra huestes espirituales de maldad en las regiones celestes" (Efesios 6:12). De modo, pues, que en este mundo actúan fuerzas espirituales externas que procuran alejarnos de Dios y de su voluntad. Pero no siempre debemos culpar a Satanás por todo lo que sale mal o por cada pecado que cometemos. Con frecuencia es nuestra propia pecaminosa naturaleza que obra en nosotros. "Porque el deseo de la carne es contra el Espíritu, y el del Espíritu contra la carne; y éstos se oponen entre sí, para que no hagáis lo que quisiereis" (Gálatas 5:17).

Y esto no es algo que se reduce a nuestra exterioridad. La batalla prosigue en nuestra interioridad. Y ese es, justamente, el tema de Romanos 7, especialmente los versículos 7 a 25. Veamos, por ejemplo, Romanos 7:7 y 8. (Conviene leer esos versículos en una buena traducción moderna de la Biblia o del Nuevo Testamento.) A continuación ensayaremos una paráfrasis de lo que dice Pablo:

Antes de haber oído de la ley de Dios y de las buenas nuevas de salvación, ignoraba que la codicia fuera un pecado, pero después oí del décimo mandamiento "No codiciarás". La ley de Dios me mostró este pecado en mi corazón, y súbitamente tomé clara conciencia de la magnitud de la codicia que se revolvía en mí como maligno gusano. Y comprendí cuán gran pecador era, condenado a morir, ¡a no haber sido por Cristo! Como cristiano comencé a luchar contra este maligno deseo que me corroía. ¡Y qué lucha! Traté de no codiciar ni envidiar más, pero no pude.

Este es el cuadro, y no hay duda que todos hemos sentido, muchas veces, cómo se sintió Pablo. Tal vez nuestro pecado sea el desorbitado deseo sexual, u orgullo, o glotonería, o pereza, o ira u otros pecados que nos asedian (Hebreos 12:1). Sentimos la misma lucha interior. A veces llegamos a la misma conclusión a la que llegó Pablo en Romanos 7:22-24 que citamos anteriormente.

¡Pero no nos detengamos aquí! Tomemos nota de la gloriosa conclusión a que arriba Pablo en el versículo 25 y en 8:2 (las cartas originales de Pablo no estaban divididas en capítulos y en versículos): "Gracias doy a Dios, por Jesucristo Señor nuestro...Porque la ley del Espíritu de vida en Cristo Jesús me ha librado de la ley del pecado y de la muerte". Y como lo dijo un gran santo muchos años atrás: "¡El pecado no reina más, pero todavía lucha!"

Horacio Bonar fue un teólogo brillante, un gran santo y un piadoso pastor. Murió a la temprana edad de treinta y tres años, pero no antes de que se produjera un formidable avivamiento en su iglesia en Escocia. Sus sermones y sus libros han sido de bendición al pueblo de Dios durante los últimos ciento cincuenta años. Habló honestamente por todos nosotros cuando dijo: "En tanto la conversión calma un tipo de tormenta, desata otra que dura toda la vida".[1] El esfuerzo de los teólogos para explicar esta lucha lleva siglos. Algunos toman las palabras de Pablo, cuando habla de las "dos naturalezas" que coexisten en el cristiano, el "viejo hombre" y el "nuevo hombre". Esta terminología proviene de pasajes como el de Efesios 4:22-24 donde dice Pablo: "En cuanto a la pasada manera de vivir, despojaos del *viejo hombre,* que está viciado conforme a los deseos engañosos... y vestíos del *nuevo hombre,* creado según Dios en la justicia y santidad de la verdad" (cursivas indicadas por el autor).

Comentando lo anterior en la nota al pie de ese pasaje, *The New Scofield Reference Bible* (Nueva Biblia Anotada de Scofield), dice: "El

'nuevo hombre' es el hombre regenerado, a diferencia del viejo hombre...
y es un nuevo hombre en el sentido de partícipe de la naturaleza y de la
vida divinas... y en ningún sentido el viejo hombre recompuesto o mejo-
rado."[2] Y en una nota al pie a Romanos 7:15, Scofield continúa diciendo:
"El apóstol personifica la lucha de las dos naturalezas que se desarrolla
en el interior del creyente, la vieja naturaleza o naturaleza adánica, y la
naturaleza divina recibida mediante el nuevo nacimiento".[2]

¿Cómo podemos visualizar y entender lo que ocurre en nuestro interior? Nos parece que Romanos 8:1-13 lo explica magníficamente.
Trataremos de parafrasear lo que Pablo dice ahí, y lo haremos en primera
persona, que es como realmente nos atañe:

> Nací en pecado. Durante años fui controlado por el pecado, pero no
> lo sabía. Estaba literalmente muerto en "delitos y pecados" (Efesios 2:1).
> Escuché entonces la palabra de Dios, la ley y el evangelio. Tomé con-
> ciencia de mis culpas y pecados. Vi por vez primera mis pecados. Acepté
> a Cristo. Y ahora la ley de Dios me habla todos los días por medio de la
> Palabra de Dios.
> Ahora tengo conciencia de pecados que ignoraba tener. A veces me
> desespero (como Pablo en Romanos 7:24: "¡Miserable de mí!") pero,
> alabado sea el Señor, me consta ahora que nadie me puede condenar
> porque estoy en Cristo (Romanos 8:1). Cristo me ha liberado de la ley del
> pecado y de la muerte (Romanos 8:2). Todavía soy yo, con mi vieja per-
> sonalidad y naturaleza pecaminosa, hábitos pecaminosos que se afian-
> zaron de mi persona en los largos años antes de convertirme a Cristo. Pero
> ahora ha entrado en mi vida el Espíritu Santo. Me muestra mi pecado.
> Condena el pecado que vive en mí (Romanos 8:3). Y con su poder me
> ayuda a satisfacer los requerimientos de la ley de Dios (Romanos 8:4).
> Si me empeño en recordar mi antigua vida y mis pecados, volveré a
> esa vida. El viejo "yo" continuará pecando. Pero si reduzco mis pen-
> samientos a Cristo y procuro escuchar y obedecer al Espíritu Santo
> (Romanos 8:5), el Espíritu Santo me otorgará vida y paz (Romanos 8:6).
> Si uno es cristiano, tiene al Espíritu Santo (Romanos 8:9). Su espíritu ha
> cobrado vida (Romanos 8:10). El Espíritu Santo da vida a su cuerpo,
> trayéndolo de vuelta de la muerte del pecado (Romanos 8:11) y trayendo
> abundante nueva vida en Cristo.

Las dos naturalezas

A lo largo de la Biblia Dios utiliza notables metáforas o figuras de
dicción para describir lo que el Espíritu Santo hace por nosotros. Ya lo
observamos en el tercer capítulo del Evangelio de Juan. Dice que debe-

mos "nacer de nuevo" por el Espíritu Santo. Es una clara ilustración para describir, en términos físicos, una gran verdad espiritual. Y aquí, respecto a nuestra vida cristiana en Romanos 7 y 8 y en Efesios 4, Dios utiliza términos sicológicos tales como "nueva naturaleza"... "vieja naturaleza" o "nuevo hombre" y "viejo hombre", procurando hacernos entender los cambios radicales que ocurren en nuestra vida cristiana cuando somos controlados por el Espíritu Santo.

Conscientemente sentimos que somos una sola persona. Cuando pecamos, en lo más profundo de nuestro ser sabemos que lo hicimos nosotros. De pronto sentimos el impulso de la tentación. Nosotros respondemos al mismo y en algún momento nos ponemos en disposición de pecar. En algún momento le decimos sí al diablo que nos tienta a través de nuestros viejos hábitos, nuestros viejos deseos, nuestros viejos motivos, o apela a nuestras viejas metas y anhelos. Esto es lo que quiso significar Pablo cuando escribía sobre la "vieja naturaleza" o el principio del pecado. Pero realmente somos nosotros los culpables. Somos personas ante Dios. Somos responsables por nuestros pecados. No podemos culpar al principio básico del pecado que aún mora en nosotros. Tenemos la alternativa y la elección de ceder al Espíritu —el nuevo ímpetu en nuestras vidas— o a la vieja fuerza del pecado.

Ahora el Espíritu Santo ha entrado en nuestros corazones. Nos ha dado nueva vida, la calidad de la vida eterna que puede dar Dios. El Espíritu Santo mora en nosotros para romper nuestros viejos hábitos, para purificar nuestros motivos, para elevar nuestros ojos a nuevas metas, especialmente la meta de semejarnos a nuestro Señor Jesucristo (Romanos 8:29).

Por el resto de nuestra vida cristiana, hasta que venga Cristo a llevarnos al hogar celestial, el Espíritu Santo nos santifica (crecer cada vez más hasta alcanzar un alto nivel de madurez espiritual) por medio de la Palabra de Dios. Y lo mejor de todo es que el Espíritu Santo, de manera silenciosa, procura día tras día someternos al Señor Jesucristo, si cooperamos con él: "Nosotros todos, mirando a cara descubierta como en un espejo la gloria del Señor, somos transformados de gloria en gloria en la misma imagen, como por el Espíritu del Señor" (2 Corintios 3:18).

No debemos olvidar en ningún momento que siempre habrá una lucha, tanto en lo exterior como en lo interior; el diablo es un enemigo implacable. Nunca ceja en sus esfuerzos. A través "del mundo" y de la carne, apela a la vieja fuerza que hay en nosotros para reafirmar su autoridad. Se vale de nuestros deseos, de nuestros anhelos y de nuestro orgullo, al igual que lo hizo con Eva y Adán (Génesis 3). Nunca dejaremos de sentir el llamado de la tentación. Nuestras viejas tendencias despertarán y querremos pecar. Pero tenemos dentro de nosotros al Espíritu Santo, poder más potente: "Mayor es el que está en vosotros, que el que está en el mundo" (1 Juan 4:4). Si cooperamos con el Espíritu Santo y nos volvemos a él en busca del oportuno socorro, nos dará el poder para resistir la tentación. Nos fortalecerá como resultado de cada prueba.

Quizá la próxima vez el diablo recurra a una distinta debilidad de "la carne". Contamos con un diferente juego de tentaciones. Pero el Espíritu Santo está siempre en nuestros corazones para otorgarnos la victoria en esta nueva lucha, y nos fortalecemos a medida que ganamos batalla tras batalla. El doctor Bonar dice que Dios reconoce los conflictos interiores de los santos "como un indispensable proceso de disciplina, como un desarrollo del contraste entre la luz y la oscuridad, como una exhibición de la manera en que Dios es glorificado en las debilidades de sus santos, y en sus batallas contra los poderes del mal".[3]

En Romanos 7 Pablo no dice que no puede dejar de pecar debido a su vieja naturaleza que le resulta imposible controlar. Más bien Pablo describe la lucha a que todos nos vemos sometidos, y nos dice que podemos lograr la victoria en Cristo por el poder de su Espíritu Santo que mora en nosotros (Romanos 8:4).

Santificación

La palabra santificación proviene del griego y significa "estar separado" o "puesto aparte con algún propósito". Pablo habla de los creyentes como personas que han sido santificadas por el Espíritu Santo (Romanos 15:16). Escribió a los corintios diciéndoles que ellos, *habiendo sido santificados,* eran llamados a ser santos (1 Corintios 1:2). Nosotros, los cristianos, hemos de ser "progresivamente santificados" o "hechos rectos" en santidad, al vivir diariamente en Cristo, y obedecer su Palabra. Permanecer en Cristo y obedecerle son las llaves a una eficaz vida dominada por el Espíritu. Somos santificados en la medida en que somos poseídos por el

Espíritu Santo. No se trata de cuánto del Espíritu tenemos nosotros, sino de cuánto de nosotros tiene el Espíritu.

Las Sagradas Escrituras nos enseñan que la "santificación" consta de *tres partes. Primera,* en el momento en que recibimos a Cristo se produce una inmediata santificación. *Segunda,* a medida que avanzamos en la vida cristiana hay una "progresiva santificación". *Tercera,* cuando vayamos al cielo habrá una total y "completa" santificación, que toma el nombre de "glorificación".

Un amigo nuestro que vive en una de las islas del Caribe compró las ruinas de una antigua mansión. A sus ojos se ve como se verá algún día: hermosa, restaurada, perfecta. Está "santificada". Mientras tanto, trabaja en la ruinosa mansión con sus limitados recursos, con su ingenio y con su amor. Para el ocasional espectador, puede parecer algo surgido de una película cinematográfica de horror, con su maderaje carcomido, su techo remendado con trozos de lata, su fabuloso piso embaldosado. Pero para nuestro amigo es algo muy especial. Algo muy querido. Ve la mansión como será algún día. Tal vez el mundo ve al cuerpo de Cristo (la verdadera iglesia) como otros ven la mansión que acabamos de describir. Pero Dios la ve como finalmente llegará a ser: perfecta, completa. Está en el período de santificación. A los ojos de nuestro amigo, la mansión ya es hermosa porque él ve, con los ojos de su imaginación, el producto terminado. Cuando empiece a trabajar en ella, estará en el proceso de restauración. Y un día nuestro amigo completará su obra, y la mansión llegará a ser en realidad lo que esperó que habría de ser.

En una magnitud muchísimo mayor, Dios nos ve en Jesucristo. Nos ve ahora como plenamente santificados, porque sabe lo que algún día habremos de ser. Además, se muestra activo restaurándonos, santificándonos. Y llegará el momento en que el proceso quedará finiquitado cuando vayamos a estar con Dios por los infinitos siglos de la eternidad. Gozaremos allá de la plenitud de nuestra santificación.

J. B. Phillips dice que Dios nos predestina "para que tengamos el aire de familia de su Hijo" (Romanos 8:29). Eso es lo que nos ocurre ahora a nosotros como creyentes. Somos progresivamente santificados —hacia la madurez espiritual— para adquirir el aire de familia de su Hijo. Recordemos que Jesucristo fue perfecto, y nosotros debemos procurar la perfección. Y si bien ello ocurrirá en plenitud cuando apenas lleguemos al cielo, debe ser nuestra meta ahora mismo. Esto es lo que la Biblia quiere significar cuando nos ordena que "como aquel que os llamó es santo, sed también vosotros santos en toda vuestra manera de vivir; porque escrito está: Sed santos, porque yo soy santo" (1 Pedro 1:15, 16). Nos demos cuenta o no, crecemos espiritualmente a consecuencia de los conflictos, turbulencias, perturbaciones, tentaciones, pruebas y demás cosas que afligen a todos los cristianos lenta o rápidamente. Pero llegará el día en que todo esto pasará, y seremos plena y totalmente santificados pues "sabemos que cuando él se manifieste, seremos semejantes a él, porque le veremos tal como él es" (1 Juan 3:2).

Mientras tanto, se les insta a los cristianos a caminar en el Espíritu día tras día, semana tras semana, mes tras mes. Y caminar en el Espíritu significa ser dirigidos por el Espíritu Santo. Y esto ocurre cuando progresivamente cedemos diversas áreas de nuestras vidas al control del Espíritu. Pablo dijo: "Andad en el Espíritu, y no satisfagáis los deseos de la carne" (Gálatas 5:16). El deseo, en sí mismo, no es malo; lo malo es desear lo que es incorrecto y *ceder* a tal deseo.

Nuestro viejo egocentrismo

Cuando en Eva se despertó un fuerte deseo de "saber" (pero basado en su propio yo), Satanás transformó un sano deseo en deseo malsano. Y Eva desobedeció a Dios. Carne es la palabra bíblica que significa la naturaleza humana no perfeccionada. La carne es la vida egocéntrica. Es lo que somos cuando se nos deja librados a nuestro propio arbitrio. A veces nuestro yo se porta a las mil maravillas. Puede realizar cosas muy buenas, puede ser moral y comportarse según normas altamente éticas. Pero tarde o temprano nuestro yo muestra su *egoísmo*.

Tratamos de educar nuestro yo, entrenarlo y disciplinarlo. Sancionamos leyes para obligarlo a un correcto comportamiento. Pero Pablo dijo que la carne tiene mente propia y que la "mente natural" no se sujeta a la ley de Dios, por eso no se puede confiar en la carne. Pablo sostuvo que "yo sé que en mí, esto es, en mi carne, no mora el bien" (Romanos 7:18). En el preciso instante en que comprendemos esto y nos sometemos a los dictados del Espíritu Santo en nuestras vidas, se manifestarán mayores victorias, mayor madurez espiritual, mayor gozo, paz y otros frutos.

Poco tiempo atrás uno de mis amigos se convirtió a Cristo. Previamente vivió una vida desenfrenada. Uno de sus amigos de antes le dijo:

—Te tengo mucha lástima. Vas al templo, oras y lees la Biblia todo el tiempo. No concurres más a los clubes nocturnos, no te emborrachas ni disfrutas y gozas de tus hermosas mujeres.

Nuestro amigo le dio una extraña respuesta:

—Me emborracho cada vez que quiero. Voy a los clubes nocturnos todas las veces que quiero. Salgo con las muchachas cuantas veces quiero.

Su amigo mundano lo miró perplejo. Nuestro amigo se rió y le dijo:

—Lo que ocurre, Jaime, es que el Señor me quitó el *quiero* cuando me convertí y me hizo una nueva persona en Jesucristo.

San Agustín dijo en cierta ocasión: "Ama a Dios y haz lo que quieras". Si verdaderamente amamos a Dios, hemos de querer hacer lo que a él le agrada. Es como lo dijo el salmista en el Salmo 37:

"Deléitate asimismo en Jehová, y él te concederá las peticiones de tu corazón" (Salmo 37:4). El deleitarnos en el Señor altera los deseos.

La batalla con la carne

Si nosotros, como cristianos, tratamos de mejorar nuestra conducta, de ser buenos y aceptables a los ojos de Dios, por nuestros propios esfuerzos, fracasaremos lamentablemente. Todo lo que tenemos, somos y hacemos, nos viene por medio del Espíritu Santo. El Espíritu Santo ha venido para morar en nosotros y Dios ejecuta sus obras en nuestras personas, por medio del Espíritu Santo. Lo que tenemos que hacer, por nuestra parte, es someternos al Espíritu de Dios para que él nos pueda dinamizar a efectos de desprendernos de lo viejo y vestirnos de lo nuevo.

Pablo deja claramente sentado este principio en Gálatas 5:17, cuando escribe: "El deseo de la carne es contra el Espíritu, y el del Espíritu es contra la carne; y éstos se oponen entre sí". Y esto indica cuál es el verdadero conflicto que existe en el corazón de todo auténtico creyente. La carne apetece una cosa y el espíritu otra. El perro negro y el perro blanco pelean a menudo. A menos que el cuerpo y la mente estén permanentemente sometidos, se impondrá siempre la vieja naturaleza.

En lo personal, y plenamente consciente de mi propia debilidad, a veces al levantarme por la mañana me dirijo a Dios y le digo: "Señor, no permitiré que tal o cual cosa haga valer sus derechos sobre mi vida durante el día de hoy". Luego el diablo envía algo inesperado para tentarme o Dios me permite la prueba justamente en ese punto. ¡Cuántas veces en la vida aquello que nunca quisimos hacer con la mente lo hicimos con la carne! Por mi parte, muchas veces en la vida he derramado amargas lágrimas de confesión y rogado a Dios el Espíritu que me diera fuerzas para un particular problema. Estas situaciones nos permiten saber que estamos trabados diariamente en una feroz guerra espiritual. Jamás debemos bajar la guardia ni darle descanso a las armas.

Muchos de los jóvenes que hallamos a nuestro paso viven vidas derrotadas y desilusionadas aún después de acudir a Cristo. Caminan según los dictados de la carne porque no han contado con una apropiada enseñanza sobre este particular. El viejo hombre, el viejo yo, el viejo principio, la vieja fuerza aún no ha muerto ni ha sido totalmente renovado. Pelea centímetro a centímetro contra el nuevo hombre, contra la nueva fuerza que Dios nos brinda cuando recibimos a Cristo. Solamente en la medida en que nos sometemos y obedecemos a los nuevos principios instaurados por Cristo, podemos lograr la victoria.

¡El secreto estriba en "someternos"! Pablo dijo: "Así que, hermanos, os ruego por las misericordias de Dios, que presentéis vuestros cuerpos en sacrificio vivo, santo, agradable a Dios, que es vuestro culto racional" (Romanos 12:1). Cuando la rendición es total, se produce otra "experiencia". Para la mayoría de los cristianos no se reduce a una segunda experiencia, sino que se repite muchas veces a lo largo de nuestras vidas.

Las obras de la carne

Vemos, por lo tanto, que hay un permanente conflicto en cada uno de nosotros entre la carne, por un lado, y el espíritu por el otro. Cuando Pablo utiliza la palabra "carne", quiere significar nada más que la naturaleza humana en toda su debilidad, su impotencia, su desamparo. La carne es el lado más flaco de la naturaleza humana. La carne es todo lo que es el hombre sin Dios y sin Cristo. Pablo anota las obras de la carne en Gálatas 5:19-21. Al par que leemos esta terrible lista, debiéramos leer también Romanos 1:17-32. Estos pasajes nos pintan la depravación de la naturaleza humana. La vemos en toda su descarnada fealdad.

Todos los días los diarios nos informan respecto de esa depravación. La vemos también todos los días en los noticieros televisivos. En todas partes la irregenerada naturaleza humana echa mano de nuestros peores instintos y produce las obras de la carne. Los pecados de la carne son exhibidos desvergonzadamente. Los hombres irregenerados los cometen abiertamente y sin arrepentimiento alguno. Los cristianos, a veces, pueden ceder temporalmente a una o más de estas cosas horribles. De inmediato toma conciencia de su pecado, por obra del Espíritu Santo, y de inmediato se arrepiente y encuentra el perdón.

En Gálatas 5 hay una lista de quince *obras de la carne* que oscilan entre pecados sexuales a ebriedad, e incluyen la idolatría y la hechicería. Algo que causa horror al corazón de todo cristiano, es la certeza de que estas cosas pueden fácilmente meterse a hurtadillas en nuestras vidas, a menos que seamos espiritualmente fuertes y vivamos en permanente vigilancia. "Así que, el que piensa estar firme, mire que no caiga" (1 Corintios 10:12). Teniendo esto en mente, analicemos esta lista de pecados que anota Pablo en Gálatas 5 para prepararnos mejor en la ardua lucha contra la carne.

Algunos han sugerido que pueden ser divididas en categorías o grupos. Al **primer grupo** pertenecen la inmoralidad sexual, la impureza y la sensualidad (Gálatas 5:19).

1. Inmoralidad. El vocablo griego utilizado aquí es suficientemente amplio para incluir todo tipo de perversidad sexual y es, digamos de paso, la palabra *(porneía)* de la cual proviene "pornografía". Aquí el Apóstol tiene en mente las relaciones premaritales, las relaciones extramaritales, las anormalidades sexuales, el incesto, la prostitución y, sin duda alguna, los pecados sexuales cometidos en el corazón.

2. Impureza. El vocablo griego utilizado sugiere cualquier tipo de impureza, sea en pensamiento como en hecho. Puede hasta incluir la lujuria antinatural descrita por Pablo en Romanos 1:24. Sin duda incluiría algunas de las películas cinematográficas modernas, literatura pornográfica y "perniciosa imaginación". William Barclay la describe como el pus de una herida no desinfectada, un árbol que nunca fue podado y un material que nunca fue tamizado.

3. Sensualidad. Esta palabra griega lleva la connotación de desenfreno o libertinaje. Pero puede haber más que eso. Lleva en sí la idea de absoluta desvergüenza o aun abierta indulgencia a la impureza. La misma palabra figura en 2 Pedro 2:7 donde el Apóstol habla de la licencia reinante en Sodoma y Gomorra. Se refiere al concepto de lascivia y sensualidad de cualquier tipo.

El **segundo grupo** de obras de la carne, enumeradas por Pablo, comprende los siguientes pecados:

1. Idolatría. El vocablo griego traducido idolatría significa el culto a falsos dioses, de los cuales tantos abundan hoy en día. Por inferencia incluye todo aquello que se interpone entre nosotros y Dios. El dinero puede tornarse un ídolo si lo adoramos más de lo que adoramos a Dios. El placer puede llegar a ser un ídolo, aun la relación con otras personas puede transformarse en ídolo cuando toma el lugar de Dios.

2. Hechicerías. El vocablo griego utilizado aquí también admite ser traducido como brujerías; se refiere principalmente a la administración de brebajes mágicos y estimulantes o narcóticos. También se usa para indicar medicamentos; justamente nuestra palabra "farmacia" proviene de este vocablo griego *pharmakía.* A lo largo de toda la Escritura comprobamos que la hechicería y la brujería son prácticas condenadas. Y esta perversidad se esparce rápidamente en la sociedad occidental a un ritmo alarmante.

3. Enemistades. La palabra griega traducida enemistad está estrechamente emparentada con el odio. El odio lleva implícita la idea de algo latente, como un animal presto a abalanzarse sobre su presa. Hostilidad, antipatía, antagonismo, animosidad, rencor e intenso desagrado son términos compatibles a los que la epístola traduce como odio.

4. Pleitos. El vocablo griego sugiere la idea de desavenencias, disputas, rivalidades, peleas, discordias, altercados y reyertas. Muchas iglesias sufren las consecuencias de discordias internas que separan a los laicos de los pastores, y a los laicos entre sí. Cuando miembros de una congregación no se hablan unos a otros y cuando pelean entre ellos, este pecado está en plena actividad y sofoca la obra del Espíritu. Numerosas familias están infectadas por este espíritu. Muchos matrimonios, aun matrimonios cristianos, son destruidos por este pecado.

5. Celos. Es un pecado muy común. La envidia entra en acción cuando alguien obtiene algo que nosotros anhelábamos y puede estropear una relación matrimonial cuando uno de los cónyuges se siente celoso por el otro. Hemos oído de asesinatos cometidos por los celos, o de amigos que no se hablan desde años atrás. Por otra parte, tenemos el hermoso ejemplo de Jonatán que *no* se sentía celoso de David (1 Samuel 20).

6. Arranques de ira. La palabra griega traducida como ira abarca el concepto de injustificados ataques de odio, apasionados arranques de rabia y sentimientos hostiles. Juan utiliza la raíz del mismo término en Apocalipsis cuando se refiere a la justa ira de Dios. La ira del hombre puede ser justa o injusta, pero la ira de Dios es siempre justa, puesto que Dios no puede pecar. Hay una ira justa, pero no es un arranque o un ataque de rabia. Aquí la rabia o la ira es un pecado que debemos arrojar de nuestras vidas. Alguien dijo muy acertadamente que "la justa indignación es habitualmente una parte justa y nueve partes indignación".

7. *Disputas.* La palabra griega traducida por disputas o pleitos significa una ambición desmedida, que sólo busca lo suyo, y un acendrado egoísmo. Esta obra de la carne viola ambas partes de los diez mandamientos (Éxodo 20). En primer lugar, es un pecado contra Dios cuando la ambición reemplaza la voluntad de Dios para con nuestras vidas. También viola el mandamiento de amar a nuestros prójimos, pues los actos de una desmedida ambición se cometen siempre a expensas o en desmedro de terceros.

8. *Disensiones.* El vocablo griego incluye el significado de sediciones, disensiones o divisiones. Los creyentes han de ser de un mismo sentir. "Es el Dios que hace que los hombres habiten juntos sintiendo una misma cosa" es la versión del Salmo 68:6 según figura en el *Libro de Oración Común.* A menos que peligren los principios o se vea amenazada la Palabra de Dios, entonces la discordia puede llegar a ser pecaminosa. Hemos de contender por la fe, pero aun en ese caso debemos cuidarnos de ser contenciosos. La verdad muchas veces divide, pero cuando la verdad no está en juego, los hijos de Dios deben ser capaces de vivir juntos en amor por la gracia del Espíritu Santo.

9. *Banderías.* El vocablo griego que significa facciones o herejías, tiene estrecha relación con las sectas y el sectarismo. Significa escoger lo malo o formar una opinión contraria a la revelación de Dios tal cual figura en las Sagradas Escrituras. Es la misma palabra que hallamos en 2 Pedro 2:1: "Pero hubo también falsos profetas entre el pueblo, como habrá entre vosotros falsos maestros, que introducirán encubiertamente herejías destructoras, y aun negarán al Señor que los rescató, atrayendo sobre sí mismos destrucción repentina". Es, evidentemente, un serio pecado. Dijo una vez Alejandro: "El error es a menudo lo plausiblemente ataviado con la vestimenta externa de la verdad".

10. *Envidias.* La palabra griega significa resentimiento por la buena

fortuna de los demás, espíritu celoso. Podemos envidiar a alguien por su hermosa voz, su riqueza, su posición social o sus logros atléticos. Se puede sentir envidia por la belleza de una muchacha o el cargo que ocupa alguien en la función pública. La envidia ha significado la ruina de muchos cristianos. Por lo habitual no existe envidia que no se acompañe de codicia.

11. Borracheras. El vocablo griego lleva implícita la idea de un exceso en la ingestión de bebidas alcohólicas. El alcohol puede ser utilizado como medicamento, pero puede llegar a ser una terrible droga. La forma en que se le usa hoy en día en nuestro mundo constituye una de las grandes calamidades de la humanidad. Resulta en un impedimento autoimpuesto que se origina en que "un hombre toma una copa, una copa toma otra copa, una copa toma al hombre". Las bebidas blancas o destiladas, tal cual las conocemos hoy, eran desconocidas en los días bíblicos. Este moderno uso del alcohol es mucho más peligroso que la ingestión de vino, que también era condenado cuando se lo bebía en exceso. La abstinencia total o la no abstinencia a la ingestión de bebidas alcohólicas no puede ser probada con las Escrituras en la mano. Pero sea cual fuere la posición que adoptemos, debemos hacerlo todo para la gloria de Dios (1 Corintios 10:31).

Muchos años atrás tuvimos un magnífico amigo cristiano en Inglaterra. Era un hombre piadoso con un gran conocimiento de las Sagradas Escrituras y un consagrado y santo andar con Dios. Una vez que cenamos con él nos dijo:

—Sirvo vino a mi mesa para la gloria de Dios. Bien sé que ustedes no toman vino, a la gloria de Dios, por lo cual les daré a beber una bebida gaseosa sin alcohol—dijo a continuación—, se nos enseña a respetar la libertad y la conciencia de los demás.

12. Orgías. Ese es el significado del vocablo griego, que también puede traducirse como parrandas o francachelas. En Romanos 13:13 y en 1 Pedro 4:3 va asociado con relaciones sexuales ilícitas, borracheras y otras depravaciones de las cuales jamás deben participar los cristianos.

Es posible que algunos de nuestros lectores al leer lo que acabamos de decir se sientan culpables de uno o tal vez todos los pecados que figuran en la lista. ¿Querrá decir ello que jamás tendrán acceso al reino de los cielos y de que sus puertas para siempre estarán cerradas para ellos? De ninguna manera. La Biblia nos dice que por el arrepentimiento y la fe cualquiera puede ser perdonado (1 Juan 1:9).

Sin embargo, Gálatas 5:21 constituye la más seria advertencia a quienes piensan que pueden pecar para que abunde la gracia. El Apóstol señala con toda severidad: "Los que practican tales cosas (es decir, las arriba mencionadas) no heredarán el reino de Dios". La íntegra y terrible lista de Pablo, cuando es practicada por los hombres, está en abierta violación a la voluntad de Dios respecto a ellos. Dios aborrece a tal grado estas cosas que juzgará a quienes las cometen. Las personas cuyas vidas se caracterizan por semejantes desviaciones de la voluntad de Dios, serán separadas de él y perdidas en la tenebrosa oscuridad de afuera. Hemos analizado en particular todas estas cosas porque hay millones de cristianos profesantes que no son otra cosa que eso: "profesantes". Nunca han poseído a Cristo. Viven vidas caracterizadas por la carne. Decenas de miles jamás nacieron de nuevo. Pasarán a la eternidad en calidad de perdidos, creyendo que son salvos porque pertenecen a una iglesia, porque fueron bautizados, etcétera.

Pero hay otra verdad que no debemos olvidar. Hoy en día mucha gente hace estas cosas ilícitas en nombre de la libertad. Lo que dejan de ver es que tales actividades esclavizan a quienes las practican. Y cuando la libertad se convierte en licencia, no sólo es erróneamente interpretada, sino que quienes así la interpretan equivocadamente son aherrojados en forma tal que pierden su libertad de la cual habla la Escritura. La auténtica libertad no consiste en la libertad de pecar sino en la libertad de no pecar.

Y otra verdad es que quienes viven en la carne pueden ser cambiados solamente por el Espíritu de Dios. Ello explica la tremenda necesidad que hay en el día de hoy de un despertar espiritual. No se puede legislar con eficacia contra estos problemas. No importa cuántas leyes se sancionen o cuántas sean las buenas intenciones, las personas que no tienen a Cristo están bajo el dominio de la vieja naturaleza. A veces ésta puede ser subyugada y en ocasiones controlada por la fuerza de la disciplina, pero habrá momentos en que las obras de la carne se manifiestan impetuosamente en contienda, en disputas y, eventualmente, hasta en guerras.

Pero el cristiano se ha transformado en una nueva creación. Puede ponerse bajo el control del Espíritu Santo y producir el fruto del Espíritu, que es un juego totalmente nuevo de principios que desarrollan un nuevo hombre y podrían también, eventualmente, producir un cambio en la sociedad.

Pablo dice: "Los que son de Cristo han crucificado la carne con sus pasiones y deseos" (Gálatas 5:24). Durante su vida nuestro Señor Jesucristo vivió como hombre, fue tentado como hombre, pero guardó toda la ley de Dios y triunfó sobre la carne. Quienes nos hallamos ligados a él por medio de la fe, hemos terminado, al menos en principio, con cuanto pertenece a la carne. Sin embargo, Pablo reconoce que estas tendencias carnales aún moran en nuestro interior y por ello permanentemente, hora tras hora, debemos someternos al Espíritu Santo para lograr una completa y total victoria.

La Escritura no dice que "los que pertenecen a Cristo *debieran* crucificar la carne". Esto ocurrió posicional y legalmente cuando Jesucristo fue colgado en el madero. Gálatas 2:20 dice así: "Con Cristo *estoy* juntamente crucificado" (cursivas señaladas por el autor). Romanos 6:6 dice: "Sabiendo esto, que nuestro viejo hombre *fue crucificado* juntamente con él" (cursivas indicadas por el autor). Es una acción completada, un asunto terminado. Puesto que los creyentes ya hemos sido crucificados al par que ya hemos sido salvados, ahora se nos llama a que elaboremos esa crucifixión en la carne para no darle asidero alguno a las obras de la carne. Hemos sido enterrados con Cristo y ahora resucitamos de entre los muertos a una nueva vida en él.

Mucha gente sostiene que no puede vivir esa clase de vida, que no la puede soportar. Efectivamente, si dependiera de nosotros, ninguno podría hacerlo. El apóstol Pablo dijo: "Consideraos muertos al pecado" (Romanos 6:11). También dijo que el pecado no reinaría más en nuestros cuerpos mortales. Con eso quiso significar que "por fe" aceptamos lo que Jesucristo hizo por nosotros en la cruz. Por fe entregamos nuestras vidas en forma total y completa, sin reservas, al Espíritu Santo. Cristo se sienta sobre el trono de nuestros corazones. Nada, ni nadie, puede desplazarlo de ese sitio. El Espíritu Santo produce "el fruto del Espíritu". En tanto que las obras de la carne quisieran manifestarse en nosotros —y a veces lo hacen— ya no reinan más, han dejado de controlar la situación. Ya no es más una práctica; no es más un hábito; hemos sido transformados por su gracia y vivimos la nueva vida en Cristo. Pero esto es posible únicamente en la medida en que somos llenados con el Espíritu Santo. Y es a este importante tema al cual volvemos ahora los ojos.

8. LA PLENITUD DEL ESPÍRITU

El agua para nuestro hogar proviene de un tanque alimentado por dos manantiales que surgen del seno de la montaña. Dicho tanque está situado detrás y a un nivel superior al de la casa. Según refieren los montañeses que vivieron en esa zona antes que nosotros, esos manantiales nunca cambian su caudal. En tiempo de lluvias o de sequía, permanecen invariables. Usamos toda el agua que necesitamos, y los manantiales, que permanentemente descargan en el tanque, lo mantienen siempre lleno hasta rebosar. Y eso es, literalmente, lo que significa "ser llenado con el Espíritu".

Todos los cristianos deben ser llenados con el Espíritu. Una vida no llena del Espíritu es menos de lo que Dios ha proyectado para cada creyente.

¿Qué quiere decir la Biblia cuando habla de la plenitud del Espíritu Santo? Definamos lo que entendemos por plenitud del Espíritu. Ser llenado del Espíritu es ser controlado o dominado por la presencia y el poder del Espíritu. En Efesios 5:18 Pablo dice: "No os embriaguéis con vino, en lo cual hay disolución; antes bien sed llenos del Espíritu". Señala un contraste entre dos situaciones. La persona llena de alcohol está controlada o dominada por el alcohol. Su presencia y su poder han superado las normales acciones y capacidades de la persona.

Resulta interesante acotar el hecho de que muchas veces hablamos de que alguien está "bajo la influencia" del alcohol. Es algo semejante a ser llenado con el Espíritu. Estamos "bajo la influencia" del Espíritu. En lugar de hacer las cosas contando solamente con nuestras propias fuerzas y capacidades, el Espíritu Santo nos fortalece. En vez de hacer solamente las cosas que deseamos hacer, el Espíritu Santo nos dirige. Desgraciadamente millones de hijos de Dios no disfrutan de la ilimitada riqueza espiritual que se halla a su disposición, simplemente porque no están llenos con el Espíritu Santo.

Recordamos una extraordinaria mujer, maestra de las Sagradas Escrituras, de nombre Ruth Paxson, a quien escuchamos muchas veces hablar de este tema. Estuvo de visita en nuestra casa, y todavía guardamos algunas de las notas que hicimos de sus conferencias.

Nos hizo notar que la vida de muchos refleja las prácticas, las costumbres y normas de este mundo. Cierto es que han sido bautizados con el Espíritu Santo e incorporados al cuerpo de Cristo; y también es cierto que irán al cielo. Pero pierden muchísimo de lo que Dios quiere que tengan en esta vida. Consciente o inconscientemente parecieran más interesados en imitar las normas de este mundo, dominado por Satanás, que imitar a Cristo. No están dispuestos a compartir el vituperio de Cristo fuera del campamento (Hebreos 13:13). Sus dones, muchas veces, yacen sin ser usados, y los frutos espirituales brillan por su ausencia en sus vidas. Ni siquiera les preocupa mayormente evangelizar a los espiritualmente necesitados vecinos de su propia comunidad. Es muy débil su celo por marchar en obediencia a los mandamientos de Cristo. Su vida devocional es irregular y fluctuante, cuando no es totalmente descuidada, y esperan con más agrado leer los diarios que la Palabra de Dios. Si de alguna manera oran, es más bien un deber desganado y una tarea tediosa que un gozo exquisito. Al igual que Lot en Sodoma, el pecado, para esas personas, ha perdido algo de su pecaminosidad; su sensibilidad al pecado se ve entumecida y el filo de su conciencia embotado. Los pecados conocidos se mantienen sin ser confesados.

Los cristianos cuentan con más equipos y con más tecnología para evangelizar al mundo que nunca antes. Y hay personal mejor entrenado. Pero una de las grandes tragedias de la hora actual es que a los cristianos les falta la plenitud del Espíritu con su verdadera dependencia en el poder de Dios para su ministerio. Abundan en el primer siglo las ilustraciones del tipo de poder espiritual que necesitan pero del que carecen. De los cristianos en una ciudad se dijo: "Estos que trastornan el mundo entero también han venido acá" (Hechos 17:6). Y periódicamente, en siglos posteriores, este mismo poder del Espíritu Santo se ha desatado sobre el mundo. Y casos aislados de ello existen ahora mismo. ¿Pero qué ocurriría si se desatara, a través de todos los verdaderos creyentes, el pleno poder del Espíritu Santo? Nuevamente el mundo podría ser trastornado.

Bases bíblicas del llenado con el Espíritu

Creemos que es justo decir que todo aquel que no es llenado con el Espíritu es un cristiano que acusa una deficiencia. La orden dada por

Pablo a los cristianos efesios de "sed llenos del Espíritu" nos alcanza a todos los cristianos en todas partes y en todas las edades. No hay excepciones. Arribamos a la conclusión de que si se nos ordena ser llenados con el Espíritu y no lo somos, pecamos. Y nuestro impedimento de ser llenados con el Espíritu constituye uno de los más grandes pecados contra el Espíritu Santo.

Es interesante subrayar que en el idioma griego, que es el que Pablo utilizó para escribir sus epístolas, la orden de "sed llenos del Espíritu" lleva la connotación de un llenado permanente y continuo. No somos llenados de una vez por todas, como ocurriría con un balde al que se llena de agua. Por el contrario, hemos de ser llenados constantemente. Podría traducirse de la siguiente manera:

"Sed llenos y continuad siendo llenados" o "sed continuamente llenados". Efesios 5:18 dice literalmente: "Seguid siendo llenados del Espíritu Santo". El doctor Merrill C. Tenney comparó esta situación con una antigua cocina en una granja. En una de las esquinas estaba la pila; inmediatamente por encima de la misma desembocaba un caño por el cual entraba un chorro permanente de agua, proveniente de un manantial situado fuera de la casa. El agua, al correr ininterrumpidamente, mantenía la pila llena hasta el tope de agua potable. De igual manera el cristiano no debe dejarse vaciar del Espíritu para luego ser llenado de nuevo; por el contrario, ha de aceptar en forma permanente la dirección y la energía del Espíritu Santo de modo que esté siempre lleno hasta rebosar.

Ríos desbordantes y vida abundante son bendiciones asequibles a todos los cristianos. Ríos de agua viva no fluyen de nuestras vidas no porque Dios nos los niegue, sino porque no los queremos o rehusamos aceptar las condiciones que se nos imponen para recibirlos.

Este continuado y permanente llenado del Espíritu es también lo que enseñaba Jesús en el capítulo cuatro de Juan cuando hablaba con la mujer samaritana junto al pozo de Jacob: "Cualquiera que bebiere de esta agua, volverá a tener sed; mas el que bebiere del agua que yo le daré, no tendrá sed jamás; sino que el agua que yo le daré será en él una fuente de agua que salte para vida eterna" (Juan 4:13, 14). De la misma manera habló Jesús refiriéndose al Espíritu Santo en Juan 7:38: "El que cree en mí, como dice la Escritura, de su interior correrán ríos de agua viva". La fuente rebosante y el río permanente hablan de la constante provisión de bendiciones del Espíritu Santo asequible a todos los cristianos. Esta agua de vida de la cual habla Jesús —este permanente e ininterrumpido llenado por el Espíritu Santo— deja de fluir en nuestras vidas no porque Dios nos la niegue, sino porque no la queremos o porque rehusamos aceptar las condiciones que Dios nos impone para dárnosla.

Al leer un día Juan 7:38 quedamos pasmados ante la grandeza de las palabras de Jesús. No habló de gotas de bendiciones, pocas y espaciadas, como una lluvia liviana en un día primaveral. Habló de ríos de agua viva. Pensemos en los ríos Mississippi, Amazonas, Danubio o el Yang-tze-kiang: por mucha agua que se les quite, jamás se secan y prosiguen su curso generosos en su abundancia. Los manantiales que los originan nunca cesan de enviar agua a su curso. Estos ríos ilustran la vida de los cristianos llenos del Espíritu. Su abastecimiento jamás se extingue porque tienen su fuente en el Espíritu Santo que es inagotable.

El obispo Moule dijo en cierta ocasión: "Jamás olvidaré el incremento de fe y paz que conscientemente inundó mi alma poco después de vislumbrar decisivamente, por vez primera, al Señor crucificado que murió como ofrenda de paz para el pecador". ¿Y cuál fue la causa de ese aumento? Dijo el obispo que fue "un más inteligente y consciente asimiento a la viva y misericordiosa personalidad del Espíritu por cuya clemencia el alma logró esa bendita comprensión. Fue un nuevo contacto, por así decir, con los movimientos internos y eternos de bondad y poder redentor. Un nuevo descubrimiento en recursos divinos".

Una de las oraciones del gran avivamiento galés fue la siguiente:

> Lléname, Santo Espíritu, lléname,
> Gustaré más de tu plenitud:
> Soy el menor de tus vasos,
> Pero puedo rebosar.[1]

Debemos ponernos a disposición del Espíritu Santo para que cuando él nos llene podamos ser vasos de bendición para el mundo, ya sea en destacados puestos de servicio, o en pequeñas posiciones que pasan inadvertidas a los ojos de los hombres. Nos parece que la iglesia en Corinto fue una de las más tristes y más trágicas iglesias de la época neotestamentaria. Sus miembros habían sido bautizados con el Espíritu; habían recibido muchos de los dones del Espíritu; por lo tanto, mucho es lo que podría decirse de ellos. Sin embargo, Pablo dijo que eran carnales y no espirituales. "De manera que yo, hermanos, no pude hablaros como a espirituales, sino como a carnales, como a niños en Cristo... porque aún sois carnales" (1 Corintios 3:1, 3). Esto significa que cualquiera de nosotros puede contar con uno o más dones del Espíritu y aún así carecer de espiritualidad, faltándonos "la plenitud del Espíritu". Serio error es exponer o exhibir como prueba de que contamos con la plenitud del Espíritu Santo el hecho de poseer el don de evangelismo o de pastorado, de magisterio, o de lenguas, o de sanidad (o de cualquier otro don). Más aún, cualquiera sea el don que poseamos, jamás será utilizado en su pleno potencial para Dios a menos que esté puesto bajo el control del Espíritu Santo y fortalecido por él. Nada hay más trágico que un don de Dios mal utilizado y motivado por razones egoístas y no espirituales.

De modo que es esencial que seamos llenados con el Espíritu. Pero al considerar todo esto no debemos confundirnos por mera terminología. Algunos cristianos han utilizado expresiones tales como "el segundo bautismo" o "la segunda bendición" o "una segunda obra de gracia". Ninguno de estos términos o expresiones figuran en la Biblia, pero entendemos que para mucha gente no pasan de ser equivalentes semánticos para expresar la plenitud del Espíritu. El nombre que le demos a la experiencia es menos importante que *ser* llenados con el Espíritu.

Preferimos no utilizar esos términos, pues corremos el riesgo de confundir a las personas. Personalmente creemos que la Biblia enseña que hay un bautismo en el Espíritu, que se produce en el momento en que por fe nos allegamos a Cristo. La Biblia enseña que hay muchos henchimientos, y por lo tanto, debemos ser llenados continuamente por el Espíritu Santo. Un bautismo y ¡muchos henchimientos! No hallamos nada en las Sagradas Escrituras que nos indique que debe haber un posterior "bautismo del Espíritu" en nuestras vidas después de la conversión. Ya el Espíritu está allí y se nos llama a someternos a él continuamente, pero jamás condenamos a nadie que sostenga un punto de vista diferente. Entre mis más íntimos amigos se cuentan algunos que opinan de distinta manera. Las diferencias en estos puntos no constituyen bases suficientes para impedir una sana comunión cristiana.

Tal vez lo que haga falta es revertir las figuras que utilizamos. Cuando somos llenados con el Espíritu, no se trata de que haya más de él, como si su obra en nosotros fuera cuantitativa. No interesa cuánto del

Espíritu tenemos nosotros sino cuánto de nosotros tiene el Espíritu. El Espíritu Santo está en nosotros en toda su plenitud, sea que esto se transparente en nuestras vidas o pase inadvertido. Cuando recibimos a Cristo como Salvador y Señor, lo recibimos en su totalidad, no solamente en parte. Luego, al entender cada vez con mayor claridad lo que significa el señorío de Cristo, más y más nos rendimos y nos sometemos a él. De modo que al buscar la plenitud del Espíritu, recibimos y disfrutamos cada vez más su llenado y su plenitud.

Cuando recibimos a Cristo como Salvador, nuestras capacidades espirituales son extremadamente reducidas. En ese momento nos hemos rendido a él, como Salvador y Señor, de la mejor manera posible según nuestro entender. Hasta resulta apropiado decir que en ese momento hemos sido llenados con el Espíritu en el sentido de que estamos bajo su influencia y control. Sin embargo, quedan muchas áreas de nuestras vidas que deben ser sometidas a dicho control. Posiblemente no estemos conscientes de ellas. A medida que crecemos en la gracia y en el conocimiento de Cristo, aumentan nuestras capacidades espirituales. Pronto descubrimos en nuestra vida cristiana que aún no somos "perfectos". Con frecuencia tropezamos y cometemos pecados, incluso pecados de los cuales no somos conscientes en ese momento. Hay también muchos pecados de omisión, cosas que debiéramos hacer o actitudes que tomar, y que aún no han entrado a formar parte de nuestro ser. Parte de la obra del Espíritu Santo es crearnos conciencia de estos pecados y llevarnos a un verdadero y auténtico arrepentimiento. En tales momentos necesitamos un nuevo llenado del Espíritu Santo, para que pueda controlarnos y dominarnos. También puede haber nuevas tareas y nuevos desafíos de parte de Dios, y en esos casos ello debiera estimularnos a buscar nuevamente el poder y la presencia —el henchimiento— del Espíritu Santo.

Suele ocurrir con cierta frecuencia que un joven cristiano crea que debe confiar en su propia sabiduría y en su propia fuerza para luchar contra el pecado en su vida, o para encargarse de alguna tarea que Dios le ha confiado. Es posible que tal persona comprenda que su salvación está basada íntegramente en lo que Dios hizo por intermedio de Cristo, pero al mismo tiempo no percatarse que de igual manera depende de Dios el Espíritu Santo para su crecimiento espiritual. A menudo pelea y lucha bravamente contra la tentación, o trata con todo afán de testificar por

Cristo, y a pesar de ello se observa en él muy escaso progreso. ¿Por qué? Porque todo lo hace con la energía de su carne, no con el poder del Espíritu. Esa persona debe captar y entender que Dios nos ha provisto del Espíritu y debemos someternos a su control. En otras palabras, necesita ser llenada con el Espíritu Santo.

A veces, en esta situación, el Espíritu Santo puede llenar a tal persona de manera conmovedora e inolvidable. Otros cristianos, que ya han adquirido mayor madurez, pueden disfrutar de una abrumadora experiencia espiritual en la cual el Espíritu Santo los llena de manera maravillosa. Alguna gente denomina esta experiencia como un "bautismo del Espíritu", pero sostenemos que es más escritural hablar de "un nuevo henchimiento del Espíritu Santo". Esta experiencia puede ocurrir en algún momento crítico de la vida de una persona, cuando enfrenta una decisión crucial o un problema o desafío particularmente difícil. Otras veces la experiencia se produce de manera silenciosa y tranquila. Y hasta es posible, a veces, que el llenado del Espíritu Santo sea notoriamente real, y no obstante ello, no darnos plena cuenta de lo ocurrido.

En lo general, estas dos experiencias han ocurrido en mi vida. En algunas oportunidades me he sentido profundamente consciente de la presencia del Espíritu Santo. En otras oportunidades me he sentido débil e inadecuado; y sin embargo, mirando retrospectivamente me consta que el Espíritu Santo estaba en control de mi vida.

En mi propia vida hubo ocasiones en que tuve la sensación de ser llenado con el Espíritu, sabiendo que se agregaba una fuerza especial para atender a una tarea para la cual había sido llamado.

Partimos para Inglaterra en el año 1954 para una cruzada que habría de prolongarse por tres meses. Una vez a bordo experimenté un claro estado opresivo. Pareciera como si Satanás hubiera dispuesto contra mí una formidable fuerza de artillería. No solamente me sentía oprimido, sino que, además, fui presa de un agudo estado depresivo, acompañado de una espantosa sensación de insuficiencia para la tarea que me esperaba. Oré casi noche y día. Supe, como nunca antes, lo que Pablo quiso decir cuando escribió que había que "orar sin cesar". Luego, un día, durante una reunión de oración con mi esposa y algunos colegas, tuve un respiro. Al llorar en la presencia del Señor, sentí que me llenaba de una profunda certeza de que el poder pertenecía a Dios y que él era fiel. Fui bautizado por el Espíritu e incorporado al cuerpo de Cristo cuando me entregué a Jesús, pero estoy seguro de que Dios me brindó un especial ungimiento en viaje a Inglaterra. De ese momento en adelante me sentí totalmente confiado en que Dios el Espíritu Santo tenía todo bajo control para la Cruzada en Londres el año 1954.

Y así ocurrió, en efecto.

Experiencias como las que acabo de relatar me ocurrieron antes y me han ocurrido muchas veces desde entonces. No hay lágrimas en cada ocasión. A veces, despierto en mi cama durante la noche, he sentido la sosegada certeza de estar llenándome con el Espíritu para la tarea que se extendía delante de mí.

Sin embargo, hubo muchas más ocasiones cuando tuve que decir como lo dijo el apóstol Pablo en 1 Corintios 2:3: "Estuve con vosotros con debilidad, y mucho temor y temblor". Con frecuencia varios miembros de mi equipo me han asegurado que cuando menos libertad tuve para predicar, o mayor sensación de fracaso, el poder de Dios se hizo más evidente.

Lo que Pablo dijo a los corintios a continuación mantiene su vigencia hoy en día: "Ni mi palabra ni mi predicación fue con palabras persuasivas de humana sabiduría, sino con demostración del Espíritu y de poder, para que vuestra fe no esté fundada en la sabiduría de los hombres, sino en el poder de Dios" (1 Corintios 2:4, 5).

Pero observemos que quienes *oyeron* la palabra sintieron el poder, no necesariamente el que la proclamó. El llenado no supone necesariamente "sentirlo".

Lleno y llenado

Dos palabras que usa con frecuencia el Nuevo Testamento suelen confundir y perturbar a los cristianos: esas dos palabras son *lleno* y *llenado*. Hay quienes establecen una clara diferencia entre ambos vocablos. Coincidimos en que puede haber una diferencia entre ellos, pero es solamente una diferencia de matices. Por ejemplo, estar *lleno* del Espíritu nos parece que se refiere al "estado de ser" del creyente. Pensamos que Juan el Bautista y el apóstol Pablo estuvieron siempre, todo el tiempo, llenos del Espíritu; en otras palabras, era un estado permanente y continuo. Sin embargo, para que ellos sean "llenados con el Espíritu" puede también referirse a un particular y ocasional fortalecimiento o "ungimiento" con propósitos especiales y tareas también especiales. En algunas ocasiones se dice que algunos de los santos neotestamentarios fueron "llenados con el Espíritu" para misiones especiales. No podrían haber soportado esa sobrecarga de poder en forma permanente. Pero en momentos de extrema necesidad podían soportarlo por un tiempo.

Tenemos la firme creencia de que Dios nos otorga la fuerza del Espíritu Santo proporcionalmente a la tarea que nos encomienda.

Uno de nuestros amigos es un pastor presbiteriano retirado. Su padre manejaba un martillo pilón. Nos contó que en una ocasión observaba cómo los enormes martillos pilones hundían columnas en el lecho del río Mississippi para la construcción de un puente. Se colocaba cada columna en posición y luego con un formidable golpe del martillo pilón las hundían a fondo en el lecho del río.

Esa misma tarde su pequeño hijo, Grier Davis, jugaba en la arena y procuraba repetir lo que vio horas antes. Pero por más que se esforzaba, no podía hundir las delgadas estacas en la arena como vio hacer al martillo pilón al hundir las columnas en el lecho del Mississippi. De pronto se le ocurrió una brillante idea. Corrió hacia donde estaba su padre y le preguntó si podía pedir prestado uno de los martillos pilones. Con una sonrisa amable su padre le explicó que el martillo pilón era demasiado poderoso para la pequeña tarea en la cual estaba empeñado, y que un martillo común era la herramienta más aconsejable.

Es lo que ocurre con el poder del Espíritu Santo. Cuando Dios nos encomienda una tarea, nos otorga el poder necesario para ejecutarla.

De modo pues que la situación normal de nosotros los cristianos es la de estar llenos con el Espíritu, porque seguimos siendo llenados. ¿Qué decir, entonces, de las repetidas y específicas ocasiones de llenado mencionadas en el libro de Hechos de los Apóstoles? El doctor Merrill C. Tenney utiliza el símil de una casa en la ciudad para ilustrar el punto en cuestión.

La mayor parte de las casas están conectadas a un caño maestro. Esto abastece a la casa con el agua potable necesaria. Pero supongamos que se produce un incendio. Los bomberos conectan sus mangueras a una boca de agua para incendios para lograr un mayor flujo de agua para la emergencia. Estar "llenos" del Espíritu es como una casa abastecida permanentemente de agua potable. Pero ser "llenado" en ocasiones, como lo fueron los apóstoles en Hechos 4:31, es recibir energía y poder extra para servicios especiales. "Cuando acabaron de orar. . . fueron llenados del Espíritu, y anunciaron con confianza el mensaje de Dios" (Hechos 4:31, V.P.). Para la particular y especial tarea de persistir en su acción evangelística, ante la violenta oposición de la jerarquía religiosa, los apóstoles necesitaban un especial llenado de la potencia de Dios. Todo el tiempo estuvieron "llenos del Espíritu", pero ahora requerían un "llenado extra" para la tarea también extra que se les exigía.

Llenados para un propósito

Claro está que Dios tiene en vista un propósito específico cuando nos quiere llenar con el Espíritu. Así lo vimos en Hechos 4:31. En otras palabras, *hubo un propósito* en el llenado de los discípulos, y ese propósito fue la proclamación de la palabra de Dios. El gran interrogante que debe formularse todo cristiano es el siguiente: ¿Cuál es la motivación que me mueve para aspirar a ser llenado con el Espíritu? ¿Anhelo esta plenitud sin otro interés que mi propio usufructo y mi autoglorificación o la quiero para que Cristo sea glorificado?

Muchas veces los cristianos con toda sinceridad buscan el poder del Espíritu Santo y sin embargo —por ignorancia o deliberadamente— lo buscan por motivos equivocados. Algunos lo buscan para satisfacer una exigencia o experiencia emocional y anhelan la plenitud del Espíritu simplemente para gozar de una nueva (y tal vez espectacular) experiencia. Otros buscan una cierta sensación porque han visto que otros cristianos han gozado de una particular experiencia que piensan ha provenido del Espíritu Santo. Tal vez a partir de un erróneo deseo de parecerse espiritualmente a otros, o aun espiritualmente superiores, las personas buscan la plenitud del Espíritu. O puede ser que se busque la plenitud del Espíritu solamente porque la persona enfrenta algún problema particular, y tiene la escondida esperanza de zafarse de la dificultad que lo acosa por medio de una experiencia en el poder del Espíritu. En pocas palabras, las personas pueden anhelar el poder del Espíritu por un sin fin de razones.

Cierto es que el Espíritu puede desencadenar en nuestras vidas algunos de esos sucesos. En ocasiones puede darnos una profunda sensación emocional de su presencia, o hacernos sentir particularmente felices, o ayudarnos a superar una dificultad notoriamente penosa. Debemos cuidarnos de no buscar la plenitud del Espíritu llevados por motivaciones egoístas. El Espíritu Santo ha venido para que podamos glorificar a Cristo. El propósito del llenado es que quienes lo sean puedan glorificar a Cristo. Para esto vino el Espíritu Santo. Jesús dijo: "El me glorificará; porque tomará de lo mío, y os lo hará saber" (Juan 16:14). Es decir que el Espíritu Santo no llama la atención sobre sí mismo sino sobre Cristo. Jesús dijo: "Cuando venga el Consolador, a quien yo os enviaré del Padre, el Espíritu de verdad, el cual procede del Padre, él dará testimonio acerca de mí" (Juan 15:26). Pensamos que esta es, justamente, una de las pruebas de la vida llena del Espíritu. ¿Se hace Cristo cada vez más evidente en nuestras vidas? ¿Ve la gente cada vez más de él y menos de nosotros?

Por esta razón, vacilamos antes de escribir este libro. Sospechamos un poco de la gente que se pasa la vida hablando del Espíritu como si fuese un fetiche: "El Espíritu Santo... esto" y "El Espíritu Santo... aquello". El Espíritu Santo no vino para glorificarse a sí mismo; vino para glorificar a Cristo.

Y un punto muy interesante de todo esto, que vale la pena destacar, es que la persona llena del Espíritu puede no tener conciencia de ello. Ningún personaje bíblico dijo jamás: "Estoy lleno del Espíritu". Otros lo dijeron de ellos, pero ellos mismos no lo proclamaron. Algunas de las personas más piadosas que he conocido no tenían conciencia de estar llenas del Espíritu. Alguien dijo que cuanto más cerca del cielo estamos, más conciencia del infierno tenemos.

Hemos considerado hasta ahora acerca de un poder para su uso, pero, ¿qué diremos de su abuso? ¿Qué diremos de los que quieren el poder del Espíritu con propósitos equivocados? En el capítulo 8 de Hechos hallamos un ejemplo neotestamentario de una persona que quiso el poder del Espíritu por razones egoístas. Simón el mago "creyó", fue bautizado y quedó admirado por las señales y notables milagros que hacían los apóstoles. Se mostró particularmente interesado cuando observó de qué manera los recién convertidos recibían el Espíritu Santo. Ofreciéndoles dinero a Pedro y a sus colaboradores, les dijo: "Dadme también a mí este poder, para que cualquiera a quien yo impusiere las manos reciba el Espíritu Santo" (Hechos 8:19). Entonces Pedro le dijo: "...tu corazón no es recto delante de Dios" (Hechos 8:21). El poder del Espíritu Santo se otorga siempre con un determinado propósito, y ese propósito es, en todos los casos, para la gloria de Dios y no para la gloria de los hombres o para obtener ventajas personales.

Poder para una vida santa

En última instancia, necesitamos el llenado del Espíritu Santo para poder glorificar a Cristo. Pero ¿de qué manera glorificamos a Cristo? Glorificamos a Cristo cuando vivimos para Dios, cuando lo amamos, cuando confiamos en él y le obedecemos. Dijo Jesús: "Así alumbre vuestra luz delante de los hombres, para que vean vuestras buenas obras, y glorifiquen a vuestro Padre que está en los cielos" (Mateo 5:16). Pablo dijo: "Si, pues, coméis o bebéis, o hacéis otra cosa, hacedlo todo para la gloria de Dios" (1 Corintios 10:31). ¡Qué magnífico concepto! ¡Todo lo que hacemos debiera glorificar a Dios!

Y esto nos trae al corazón del problema. ¿Por qué necesitamos la plenitud del Espíritu? *Porque solamente en el poder del Espíritu podemos vivir una vida que glorifique a Dios.* No podemos glorificar a Dios con la energía que nos brinda la carne. Este fue el clamor de Pablo en Romanos 7: "Lo que hago, no lo entiendo; pues no hago lo que quiero, sino lo que aborrezco, eso hago …el querer el bien está en mí, pero no el hacerlo. Porque no hago el bien que quiero, sino el mal que no quiero, eso hago" (Romanos 7:15, 18, 19). En el poder del Espíritu Santo podemos vivir una vida que crecientemente glorifique a Dios. Dios el Espíritu Santo nos otorga poder con un determinado propósito, poder para ayudarnos a glorificar a Dios en todas las dimensiones de nuestras vidas.

En la vida cristiana el poder está dinámicamente relacionado con una Persona. Esta Persona es el propio Espíritu Santo, que mora en el creyente y lo llena con la plenitud de su poder. Como ya lo dijimos, nos abastece de su poder con un propósito determinado; es para ser utilizado. Si bien es cierto que sus ilimitados recursos están a nuestra disposición, nos provee solamente del poder que necesitamos o que habremos de utilizar. Desgraciadamente muchos cristianos son desobedientes y, habiendo orado pidiendo poder, no tienen la menor intención de utilizarlo o no se empeñan en cumplir las indicaciones recibidas en activa obediencia. Nos parece una lamentable pérdida de tiempo que los cristianos anhelemos un poder que no tenemos ánimo de utilizar; poder en la oración y no oramos; fuerzas para testificar y no testimoniamos; poder para la santidad y ni siquiera intentamos vivir una vida santa; gracia para sufrir y no estamos dispuestos a cargar la cruz; poder para servir y no estamos dispuestos a servir. Alguien dijo: "Dios otorga la gracia de morir solamente a los moribundos".

Poder para el servicio

Glorificamos a Dios viviendo vidas que lo honran y esto lo podemos hacer solamente en el poder del Espíritu Santo. Pero también glorificamos a Dios a medida que le servimos, y esto también solamente lo podemos hacer en el poder del Espíritu Santo. Somos llenados por el Espíritu para servir.

Pedro estaba tan lleno del Espíritu Santo cuando predicaba, que tres mil personas fueron salvadas en un día, en Pentecostés. Es interesante notar el hecho de que en la Biblia abundan las estadísticas, y ésta es una de ellas. Alguien tiene que haber contado las personas que se convirtieron aquel día, y Lucas, inspirado por el Espíritu Santo, anotó esa cifra. En Hechos 4:4 dice que el número de hombres que se convirtieron "era como cinco mil". Y el mismo Espíritu que inspiró estas estadísticas, vio que se anotaran prolijamente.

En Hechos 4:8 Pedro y Juan, arrestados por predicar, fueron llevados a la presencia de los dirigentes religiosos. La Escritura dice que Pedro, "lleno del Espíritu Santo", denodadamente proclamó la muerte y resurrección de Cristo. La osadía de este mismo Pedro, ahora lleno del Espíritu Santo, llegó al extremo de desafiar la muerte por Cristo, si fuese necesario. Sin embargo, pocas semanas antes lo negó rotundamente, acompañando sus negativas con maldiciones. La diferencia la hizo la plenitud del Espíritu Santo.

Poco tiempo después, Pedro y sus compañeros asistieron a una reunión de oración. Como ya vimos, una vez que hubieron orado, "todos fueron llenos del Espíritu Santo, y hablaban con denuedo la palabra de Dios" (Hechos 4:31). Fueron llenados con el propósito de que sirvieran a Cristo proclamando con denuedo el evangelio. Nos resulta significativo el hecho de que aquí Pedro tuvo dos llenados. Fue llenado antes de predicar (Hechos 4:8), y nuevamente llenado, luego que él y sus compañeros hubieron orado (Hechos 4:31).

Pero el llenado del Espíritu para lograr poder no se reducía a la predicación. Los apóstoles se hallaban tan atados a ministrar diariamente a la cantidad creciente de nuevos creyentes, que no podían dedicarse plenamente al ministerio de la Palabra. Por ello solicitaron que siete hombres escogidos se ocuparan de las tareas prácticas, es decir, tareas administrativas.

Establecieron tres requisitos para ser escogidos: habrían de ser "de buen testimonio, llenos del Espíritu Santo y de sabiduría" (Hechos 6:3).

Esta admonición nos dice algo importante. Si todos los creyentes fuéramos de "buen testimonio, llenos del Espíritu Santo y de sabiduría", las instrucciones estarían totalmente de más. Algunos carecían, seguramente, de cierto requisito vital. Se requerían las tres cosas, es decir, tener buen testimonio, estar llenos del Espíritu Santo y también de sabiduría.

Nadie que carezca de estos requisitos debería ocupar cargos en las iglesias de hoy en día. ¿De qué porcentaje de miembros de la iglesia puede decirse en el día de hoy que son "de buen testimonio, llenos del Espíritu Santo y de sabiduría"? ¡Y esto es lo que se requería para un ministerio práctico, no para un ministerio espiritual!

¿No nos enseña esto, acaso, que para efectuar la más práctica y menos espiritual de las tareas para la gloria de Dios (sea como artesano, como administrador, como ama de casa o como secretaria) tenemos necesariamente que ser llenados con el Espíritu Santo, acompañado de buena reputación y sabiduría?

Y podríamos citar casos hasta el infinito, porque la iglesia primitiva fue fortalecida para todo tipo de servicio por medio del llenado del Espíritu Santo.

Estamos persuadidos de que el llenado del Espíritu no es una opción, sino una necesidad. Resulta indispensable para una vida abundante y para un servicio fructífero. La vida llena del Espíritu no es una anormalidad; es la vida cristiana normal. Todo menos que eso es anormal; es menos de lo que Dios quiere y provee para sus hijos. Por lo tanto, el ser llenados con el Espíritu nunca debe ser considerado como una experiencia inusual o única en su género, o conocida solamente por una selecta minoría. Se supone que es para todos, que todos lo necesitan y que a todos es accesible. Por eso la Escritura nos da la terminante orden: "Sed llenos del Espíritu".

9. CÓMO SER LLENADOS CON EL ESPÍRITU SANTO

En el ejercicio de nuestro ministerio nos preguntan frecuentemente cómo hacer para ser llenados con el Espíritu. Se nos ha ordenado que seamos llenos, pero ¿cómo obedecer esa orden? ¿Cómo se hace realidad en la vida de cada uno de nosotros la presencia y el poder del Espíritu Santo? Este es el meollo de la cuestión. Todo cuanto hemos dicho hasta ahora respecto al llenado del Espíritu no pasará de ser una curiosidad intelectual, desligada totalmente de nuestras vidas, a menos que aprendamos, por propia y personal experiencia, qué significa ser llenados con el Espíritu.

Es interesante señalar que la Biblia, en ninguna parte, nos da una clara y concisa fórmula para ser llenados con el Espíritu. Se nos ocurre que ello es así porque la mayoría de los creyentes en aquel primer siglo de la iglesia no precisaban que se les dijera cómo ser llenados. Sabían que la vida llena del Espíritu era la vida normal de un cristiano. La confusión que hoy en día afecta a tantos cristianos sobre el llenado del Espíritu revela el bajo nivel espiritual en que transcurren nuestras vidas.

Sin embargo, la Biblia dice muchísimo sobre el tema, y cuando miramos al Nuevo Testamento en su contexto, poca duda nos queda sobre lo que se entiende por una vida llena del Espíritu o sobre la manera o forma en que esa vida llena del Espíritu se hace realidad en nuestras vidas. *Creemos que las enseñanzas del Nuevo Testamento sobre cómo ser llenados con el Espíritu Santo se resumen en tres términos: entendimiento, sumisión y caminar por fe.*

Entendimiento

El primer paso para ser llenado con el Espíritu es el *entendimiento* o comprensión. Es decir, que hay ciertas cosas que debemos conocer y *entender,* ciertas verdades que Dios nos ha revelado en su Palabra, la Biblia. Algunas de ellas ya las hemos mencionado, pero debemos asegurarnos de

119

captar perfectamente su significación. ¿Cuáles son estas verdades?

La primera verdad que debemos entender es que Dios nos ha dado su Espíritu Santo y que el Espíritu Santo mora en nosotros. Si hemos aceptado a Jesucristo como nuestro Salvador, el Espíritu Santo mora en nosotros. Y recordemos el hecho de que no es necesariamente obligatorio que *sintamos* su presencia, pues aunque así fuere, no significa que está ausente. Lo que debemos entender es el *hecho* o la realidad de su presencia. Dios nos ha prometido que si pertenecemos a Cristo, el Espíritu mora en nosotros, y Dios no puede mentir. *Aceptamos este hecho por fe.*

Otra cosa que debemos entender es que Dios nos ordena ser llenados con el Espíritu. Ello significa que es su voluntad que seamos llenados, y rehusar ser llenados con el Espíritu es oponerse a la voluntad de Dios. Es su orden y, por lo tanto, es su voluntad. Para hacerlo más claro aún, Dios *quiere* llenarnos con su Espíritu. Nos resulta una maravillosa verdad. Dios no nos da de mala gana y a regañadientes una medida rebosante de su Espíritu. Todo lo contrario, quiere que vivamos una vida controlada y dirigida por el Espíritu Santo. "Si vosotros, siendo malos, sabéis dar buenas dádivas a vuestros hijos, ¿cuánto más vuestro Padre celestial dará el Espíritu Santo a los que se lo pidan?" (Lucas 11:13). Si no somos llenados con el Espíritu, recordemos que no es porque Dios se muestra remiso en otorgarlo sino que la culpa es íntegramente nuestra.

Y esto nos lleva a otro punto que debemos entender. Es el que se refiere a la presencia del pecado en nuestras vidas. ¿Qué es lo que bloquea y obstaculiza la obra del Espíritu Santo en nuestras vidas? Es el pecado. *Antes de poder ser llenados con el Espíritu Santo, tenemos que habérnosla honesta y completamente con todos y cada uno de los pecados conocidos en nuestras vidas.* Esto puede ser algo muy doloroso para nosotros, al tener que enfrentar cosas que mantuvimos escondidas o en las cuales no paramos mientes en nuestras vidas. Pero no habrá llenado a alguien con el Espíritu Santo aparte de la purificación del pecado; el primer paso a dar para esa purificación del pecado es reconocer su existencia y su presencia.

Más de uno de nosotros ha sufrido la mala experiencia de que en algún momento se ha obturado la cañería de provisión de agua en nuestros hogares, de modo tal que en vez de un chorro salen unas pocas gotas o no sale nada. Donde vivimos en Carolina del Norte rara vez se observan muy bajas temperaturas, pero de vez en cuando se experimentan temperaturas bajo cero centígrado. A pesar de que los caños que proveen de agua a la casa, que provienen de un manantial, están profundamente enterrados, hay años en que se hielan totalmente. En cierta ocasión hubo que cavar en la tierra bien helada y ponerlos al descubierto y con el soplete encendido derretir el hielo formado en un codo de la cañería. Lo mismo ocurre con el pecado en nuestras vidas. El pecado es como el hielo en la cañería; nuestras vidas espirituales han sido "congeladas" por un mundo hostil. La única solución es el arrepentimiento que quita la obstrucción y restaura el libre flujo del Espíritu Santo de Dios.

A todos nos resulta familiar y conocida la expresión "endurecimiento de las arterias" o arteriosclerosis, peligrosa enfermedad a la cual está condenado un alto porcentaje de la población. Las arterias se ven atascadas u obstruidas por sustancias, lo cual aún desconcierta a los médicos. Todavía no han acertado a descubrir cómo destapar las arterias para que la sangre pueda fluir libremente por las mismas. Con frecuencia se echa mano de la cirugía para efectuar una desviación arterial, universalmente conocida como "bypass"; pero no hay concenso total pues las opiniones están divididas en el mundo científico sobre la utilización de este método. Se invierten inmensas sumas de dinero en investigación médica en numerosos países del mundo, procurando descubrir un medicamento que destape las arterias y salve a millones de personas todos los años.

De la misma manera, nuestras vidas necesitan del medicamento provisto por la sangre de Cristo para destapar los caños, o las arterias, de nuestras vidas para que corra libremente la savia vital de nuestras existencias. El pecado es el gran obstructor, y la sangre de Cristo el gran limpiador cuando se la aplica por arrepentimiento y fe.

A veces los nuevos creyentes se extrañan al descubrir que aún son pecadores, que persiste la tentación y, lo que es peor, que suelen ceder a dicha tentación. En realidad de verdad, esto no debe tomar a nadie de sorpresa, puesto que la vieja naturaleza de pecado aún habita en nosotros. Antes que una persona se acerque a Cristo, hay sólo una fuerza que actúa en ella, que es la vieja naturaleza carnal. Pero cuando aceptamos a Cristo en nuestras vidas, viene el Espíritu Santo a morar en nosotros. Y ahora actúan en nuestras vidas dos naturalezas: la vieja naturaleza pecadora que quiere vivir una vida de egoísmo, y la nueva naturaleza espiritual que quiere que vivamos para Dios. El problema se plantea en los siguientes términos: ¿Cuál de las dos naturalezas gobernará nuestras acciones? De ahí la importancia de ser llenados con el Espíritu Santo. A menos que el Espíritu controle nuestras vidas, seremos dominados por la vieja y pecaminosa naturaleza. Y en tanto permitamos la permanencia del pecado, la obra del Espíritu Santo se verá bloqueada.

De modo que tenemos que encarar a fondo el problema del pecado en nuestras vidas si hemos de conocer el henchimiento del Espíritu Santo. Y esto no resulta fácil, por diversas razones. Por una parte, nos puede resultar extraordinariamente penoso enfrentar la realidad del pecado en nuestras vidas. El orgullo, muchas veces, está en la raíz de nuestros pecados, y con frecuencia nuestro orgullo se siente muy herido cuando honestamente admitimos ante Dios y ante los hombres, que no somos tan buenos como creíamos serlo.

Lidiar con los pecados en nuestras vidas también es duro (tal como lo veremos) porque no solamente tenemos que conocer nuestro pecado sino arrepentirnos de él. Y más de uno abriga y alimenta el pecado y lo tolera sin intención alguna de renunciar al mismo. Al igual que el joven rico cuyo relato tenemos en Marcos 10, queremos lo que Jesús nos tiene reservado pero también queremos aferrarnos al pecado más que nunca.

Hay otra razón más por la cual nos resulta difícil tratar con el pecado en nuestras vidas, y es simplemente la siguiente: el pecado nos ciega espiritualmente; y una de las cosas por las cuales a menudo somos cegados es la abismal profundidad del pecado. No vemos cuánto ha invadido cada una de las áreas de nuestras vidas, y exactamente cuánto ha infectado todo lo que decimos, pensamos y hacemos. Resulta fácil confesar los pecados que constatamos en nuestras vidas, pero dejamos de ver los numerosos otros pecados que posiblemente impiden en forma más directa aun nuestro andar con el Señor.

Por eso la Biblia resulta tan vital en este asunto. No debemos contentarnos con un superficial examen de nuestras vidas, pensando que solamente los pecados que al parecer más nos perturban merecen ser confesados. Por el contrario, al estudiar en oración la Palabra de Dios, el Espíritu Santo —que es, recordémoslo, el autor de la Escritura— nos convencerá de otras áreas de pecado que tenemos que confesar a Dios. Debemos confesar no solamente lo que pensamos que es pecado, sino lo que el Espíritu Santo rotula como pecado cuando verdaderamente escuchamos su voz surgida de las páginas de la Palabra de Dios. "Toda Escritura es inspirada por Dios, y útil para enseñar, para redargüir, para corregir, para instruir en justicia" (2 Timoteo 3:16).

La confesión debe ser tan amplia como lo es el pecado. El Cantar de los Cantares nos advierte sobre "las zorras pequeñas, que echan a perder las viñas" (2:15). Es una excelente ilustración de la manera en que algunos "pecadillos" pueden destruir la fecundidad de nuestra labor por el Señor. Puede haber en nuestras vidas orgullo, celos o amargura. Puede haber difamación, impaciencia, dureza o un mal genio incontrolable, cualquiera de los cuales puede tornar insoportable la vida de quienes nos rodean. Tal vez haya que poner ante Dios nuestros pensamientos sucios para una buena limpieza. Pudiera ser que tengamos que entendernos con la glotonería o la pereza. Cabe la posibilidad de que el Espíritu Santo nos hable sobre el uso de nuestro tiempo, el uso de nuestro dinero, o el estilo de nuestra vida, o el uso (o abuso) de algunos de los dones que nos ha dado. Tal vez nuestro trato con alguno de nuestros conocidos se ha tornado frío e indiferente. En otras palabras, todo pecado que podamos identificar, debiéramos traer a Dios en confesión. El pecado toma todas las formas imaginables, y el Espíritu Santo debe guiarnos al examinar nuestras vidas en actitud de oración.

Un joven nos abordó recientemente y nos dijo que había perdido al Espíritu Santo. Le dijimos que no había perdido al Espíritu Santo, pero que bien pudiera ser que lo había contristado por algún pecado en particular. Nos respondió que no podía imaginar una sola cosa en su vida que se hubiera interpuesto entre él y Dios. Le preguntamos cómo andaban sus relaciones con sus padres y reconoció que no andaban bien. Hurgamos un poco más a fondo y le preguntamos:

—¿Honras a tu padre?

Reconoció haber pecado en este aspecto. Le sugerimos al joven que fuera a su padre y que tuviera con él una charla franca y sin reservas y le confesara su pecado, de haber cometido alguno. Así lo hizo y pocos días después volvió a vernos, esta vez con una amplia sonrisa y la noticia de que se habían restablecido las relaciones.

Hay otro aspecto que debemos señalar en relación con la confesión de nuestros pecados. No solamente debemos ser honestos respecto a los diver-

124 EL ESPÍRITU SANTO

sos pecados que hay en nuestras vidas, sino que debemos reconocer el peor de todos los pecados, nuestra renuencia a permitir que Cristo gobierne nuestras vidas. *El más fundamental interrogante que puede formularse un cristiano es el siguiente: ¿Quién gobierna mi vida? ¿El yo o Cristo?*

El pecado será siempre un permanente problema —nuestras vidas estarán indefectiblemente marcadas por la derrota y el desaliento— en tanto persistamos en mantener al "yo" en el centro de nuestra existencia. Es asombrosa la cantidad de cristianos que nunca enfrentan la realidad del señorío de Cristo a pesar de que en el Nuevo Testamento abundan las afirmaciones de que Cristo exige nuestra plena y total entrega. "Si alguno quiere venir en pos de mí, niéguese a sí mismo, tome su cruz cada día, y sígame" (Lucas 9:23). Cuán fácil y corriente nos resulta fijar nuestras propias metas, actuar según nuestros propios móviles e ir en pos de nuestros propios deseos, sin jamás pedirle a Dios que sobre todas las cosas se haga su voluntad. Cristo nos pide que renunciemos al trono de nuestras vidas y permitamos que nos gobierne en todo cuanto somos y hacemos. "Por todos murió, para que los que viven, ya no vivan para sí, sino para aquel que murió y resucitó por ellos" (2 Corintios 5:15). ¿Nos hemos percatado de qué manera total y trágica el pecado ha dominado nuestras vidas?, ¿estamos dispuestos a ceder a la autoridad y al gobierno de Cristo en todo?

Debemos entender que el Espíritu Santo está en nosotros y Dios quiere que nuestras vidas sean controladas por él. Pero también debemos entender que nuestro pecado es notorio en todas sus dimensiones. Y sobre todas las cosas debemos responder al interrogante crucial de saber quién controla nuestras vidas: ¿nosotros o Cristo? Solamente cuando entendamos estas cosas podremos dar el segundo paso.

Sumisión

El segundo paso a dar para ser llenados por el Espíritu Santo es lo que hemos dado en llamar la *sumisión*. ¿Qué queremos significar con ello? Por sumisión entendemos que renunciamos a nuestros propios caminos y buscamos, por sobre todas las cosas, someternos a Cristo como Señor y ser gobernados por él en todos los aspectos de nuestras vidas.

La importancia de lo que acabamos de afirmar surge clara de lo que dijimos anteriormente sobre la manera en que el pecado bloquea y obstaculiza el control del Espíritu en nuestras vidas. La esencia del pecado es hacer nuestra propia voluntad, es decir, colocarnos nosotros en el centro de nuestras vidas dejando a un lado a Cristo. La manera de ser llenado —controlado y dominado— es colocar a Cristo, y no a nosotros, en el centro de nuestras vidas. Y eso sólo ocurre en la medida en que nos sometamos a él y reconozcamos su señorío sobre nuestras vidas.

¿Y cómo se hace realidad en nuestras vidas esa sumisión? Hay, en nuestra opinión, dos pasos a dar.

El primer paso es el de la confesión y el arrepentimiento. Mencionamos hace poco que una de las cosas que debemos entender es la profundidad de nuestro pecado. Pero tenemos que ir más allá de la simple comprensión. Debemos confesar a Dios nuestros pecados y arrepentirnos de haberlos cometido. Muchos reconocen que son pecadores y hasta nos pueden decir cuáles pecados en particular constituyen para ellos un problema. Son capaces de sentir tristeza a causa de sus pecados y quisieran ser diferentes. Pero jamás se produce cambio alguno. ¿Por qué? Porque nunca han confesado sus pecados a Dios ni se han arrepentido de los mismos.

Hay una diferencia real entre confesión y arrepentimiento, pero pensamos que la Biblia los ve íntimamente relacionados, como los dos lados de una moneda. La confesión es el reconocimiento de la existencia del pecado. Es admitir ante Dios que sabemos que somos pecadores porque hemos cometido ciertos pecados conocidos por nosotros. Lo maravilloso de todo esto es que Dios ha prometido perdonarnos si nos volvemos a él en humilde confesión. Una de las grandes promesas de la Biblia la hallamos en 1 Juan 1:9: "Si confesamos nuestros pecados, él es fiel y justo para perdonar nuestros pecados, y limpiarnos de toda maldad".

Arrepentirse significa *renunciar* al pecado. En el griego (idioma en el cual se escribió originalmente el Nuevo Testamento) la palabra "arrepentimiento" significaba un cambio de mentalidad, completo y total. El arrepentimiento no consiste solamente en sentir cierta tristeza por haber pecado, o una simple confesión a Dios. Arrepentirnos de nuestros pecados es apartarnos de ellos y volvernos a Cristo y a su voluntad.

Si hemos sido culpables de malos pensamientos, renunciamos a ellos cuando nos arrepentimos por haberlos tenido y tomamos la firme determinación, por la gracia de Dios, de llenar nuestras mentes con cosas que lo honran. Si hemos maltratado a alguien y hemos actuado desconsideradamente con él, decidimos con toda firmeza remplazar ese maltrato con actos de amor dirigidos, justamente, a dicha persona. Si nuestro estilo de vida no es agradable a Dios, lo cambiaremos para ponerlo más a tono con la voluntad de Dios. El arrepentimiento es un consciente tornarnos de nuestros pecados. "Recuerda, por tanto, de dónde has caído, y arrepiéntete" (Apocalipsis 2:15).

Si el primer paso a dar en nuestra sumisión es la confesión y el arrepentimiento de todos los pecados conocidos de nuestras vidas, *el segundo paso es entregarnos totalmente a Dios y a su voluntad.* La confesión y el arrepentimiento pueden ser definidos como los aspectos negativos de la sumisión; y esto implica desprendernos de todo cuanto se oponga al control de Dios en nuestras vidas. El entregarnos a Dios es el aspecto positivo e implica ponernos total y completamente (según nuestro leal saber y entender) en las manos de Dios en plena sumisión a su voluntad para nuestras existencias.

Este paso de entregarnos a Dios está claramente representado en el sexto capítulo de la carta de Pablo a los romanos. En ese pasaje Pablo pinta con trazos vívidos la forma en que el pecado gobernó nuestras vidas en el pasado. Pero ahora pertenecemos a Cristo, y hemos dejado de vivir para nuestro viejo amo, el pecado, y vivimos ahora para Cristo, nuestro nuevo dueño y Señor. Por lo tanto no debemos ceder al pecado sino rendirnos a Dios. "Tampoco presentéis vuestros cuerpos al pecado como instrumentos de iniquidad, sino presentaos vosotros mismos a Dios como vivos de entre los muertos, y vuestros miembros a Dios como instrumentos de justicia" (Romanos 6:13). A continuación Pablo escribe diciendo que hemos sido liberados de la esclavitud del pecado, y no pertenecemos más al pecado. Hemos cambiado de dueño. De la misma manera que un esclavo en el primer siglo podía ser vendido y pasaba a ser propiedad de otro dueño, así nosotros hemos sido comprados con la sangre de Cristo y pertenecemos a Dios. "Libertados del pecado, vinisteis a ser siervos de la justicia" (Romanos 6:18).

En el original griego las palabras que la versión Reina-Valera traduce como "presentaos vosotros mismos a Dios" tienen un precioso significado. El pensamiento ha sido traducido de diversas maneras en otras tantas versiones: "Entréguense a Dios" (Versión Popular, *Dios Llega al Hombre*); "Ofreceos vosotros mismos a Dios" (Biblia de Jerusalén). Pero el pleno significado de la palabra "presentarse" o "entregarse" es ponerse a entera disposición de alguien. En otras palabras, cuando nos rendimos a Cristo no adoptamos una actitud estática y esperamos que de alguna manera Dios haga su trabajo valiéndose de nosotros. Todo lo contrario, nos ponemos a entera disposición y decimos: "Señor, soy tuyo para ser utilizado de la manera que tú quieras utilizarme. Estoy a tu disposición y puedes hacer conmigo lo que te plazca. Busco en esta vida no mi voluntad sino la tuya". En otras palabras, la expresión podría ser: "Poneos a disposición de Dios".

La misma palabra se repite en Romanos 12:1: "Así que, hermanos, os ruego por las misericordias de Dios, que presentéis vuestros cuerpos en sacrificio vivo, santo, agradable a Dios". Esto incluye todas las áreas de nuestras vidas. Incluye nuestras capacidades, nuestros dones, nuestras posesiones y nuestras familias, nuestras mentes, voluntades y emociones. Nada se excluye. No podemos retener nada. Como principio básico debe controlarnos y dominarnos en todas y cada una de las partes constitutivas de nuestro ser. El versículo nos recuerda los sacrificios del Antiguo Testamento, en los cuales el adorador presentaba a Dios la totalidad de lo sacrificado. No podía retener para sí ninguna parte y era íntegramente consumido en el altar. De la misma manera, nuestra rendición —nuestra sumisión y entrega— debe ser total. Se trata de una rendición incondicional.

Percibimos cada vez con mayor claridad que esta *rendición* es un acto consciente y deliberado de nuestra parte en obediencia a la Palabra de Dios. Debería ocurrir al momento de nuestra conversión cuando nos arrepentimos y recibimos a Cristo no solamente como Salvador sino también como Señor. Pero para mucha gente suele presentarse como una crisis que se produce con posterioridad a la conversión.

Tal vez no hemos entendido en plenitud qué significa seguir a Cristo como Señor, pero con el tiempo comenzamos a percibir que Jesucristo nos llama no solamente para que creamos en él, sino para que le sigamos sin reservas como sus discípulos. Si nos hallamos inquietos y confundidos debido al señorío de Cristo, deberíamos actuar de inmediato. En principio, nuestra intención debiera ser un total y final acto de sumisión, si bien en los meses subsiguientes el Espíritu Santo bien puede mostrarnos otras áreas de nuestras vidas que también debieran rendirse. Y justamente uno de los signos de nuestra entrega es ponernos a disposición de Dios y permitirle que nos guíe a nuevas áreas de compromiso.

El Espíritu Santo puede ponernos a prueba muchas veces para ver si realmente hemos tomado en serio nuestras decisiones. Hasta puede exigirnos que renunciemos a ciertas cosas, que en principio no le interesa que renunciemos, pero quiere comprobar nuestra disposición a la renuncia. Debemos estar prestos para hacer todo lo que Dios quiere hacer, en y por medio de nuestras vidas.

Varias ilustraciones nos ayudan a entender mejor lo que decimos sobre nuestra entrega a la voluntad de Dios. En Romanos (capítulo seis) Pablo, como ya lo vimos, usa la ilustración de un esclavo que tiene un nuevo dueño. El profesor William Barclay nos llama la atención sobre el verdadero alcance y significado de la analogía de Pablo:

> Cuando pensamos en un servidor, en el sentido actual de la palabra, pensamos en un hombre que entrega a su patrón el tiempo que acordaron de común acuerdo, y que recibe a cambio el salario también acordado de antemano. Durante ese período o lapso está a disposición de su patrón y a sus órdenes. Pero una vez cumplido el horario de trabajo está libre de hacer exactamente lo que le venga en gana… Pero en la época de Pablo la situación del esclavo era totalmente diferente. Ni un minuto de tiempo le pertenecía. No disponía de un solo momento libre. Cada momento de su tiempo pertenecía al amo. Era de exclusiva pertenencia de su amo, y en ningún instante de su vida podía hacer lo que quisiera. En la época en que vivía Pablo los esclavos jamás podían hacer lo que querían; era imposible servir a dos patrones porque eran posesión exclusiva de uno solo. Esta es la imagen o figura que está en la mente de Pablo.[1]

La comparación entre el esclavo de la época de Pablo y el cristiano no es exacta (como Pablo mismo dice) porque el creyente es en cierto sentido la persona más libre que hay, ya que conoce la libertad espiritual en Cristo. Por otra parte somos llamados a pertenecer a Dios y a ser su pueblo. Somos llamados a estar a su disposición, listos y prestos a cumplir su voluntad. Pablo dijo a Tito que Cristo "se dio a sí mismo para redimirnos de toda iniquidad y purificar para sí un pueblo propio, celoso de buenas obras" (Tito 2:14).

Otra ilustración quizá puede ayudarnos a entender nuestra tesis. El principio de la entrega a Cristo semeja el compromiso de los novios a unirse en matrimonio. Se crea una nueva situación que se transforma en una realidad imperecedera. En principio, es un acto completo y final una vez repetidos los votos y consumado el matrimonio. Están casados de hecho y de derecho, pero —y esto es algo crucial— en la práctica los cónyuges descubren que sus vidas se desarrollan en una permanente entrega y renuncia mutua de acuerdo con el nuevo hecho de su mutuo compromiso matrimonial.

Dos personas no son menos casadas porque hay defectos en sus vidas o se plantean problemas en su diario vivir. Por el contrario, ambos crecen y aprenden cada vez más lo que significa amarse mutuamente y ajustar los resortes como resultado de ese amor. De la misma manera, a lo largo de nuestro peregrinaje espiritual, vemos pecados que estropean nuestra relación con Dios, pero en el fondo hay una entrega que busca ascender a más elevados niveles de vida, basados en una plena y total entrega y rendición al Altísimo.

¿Has sometido alguna vez tu vida a Dios? ¿Le has confesado tus pecados y te has arrepentido de la manera que mejor sabes hacerlo? ¿Hay pecados en particular que constituyen obstáculos a tu plena entrega? ¿Hay pecados que ni siquiera has comenzado a admitir? Y, sobre todas las cosas, ¿le has dicho a Dios —en la forma en que mejor sabes hacerlo— que deseas que se cumpla su voluntad en tu vida, sea cual fuere?

Hay quienes sugieren que debiéramos orar a Dios pidiéndole que nos llene con el Espíritu Santo. Si bien puede ser una oración válida, personalmente no vemos ejemplo de esto en el Nuevo Testamento. Más bien creemos que debemos orar pidiendo a Dios que tome posesión de nuestras vidas, en forma total y completa. Debiéramos orar pidiendo ser vaciados del yo —que se manifiesta en amor a uno mismo, en terquedad y en desmedida ambición— y colocarnos íntegramente a disposición de Dios.

Si nunca diste el paso de someterte a Dios y a su voluntad, te instamos a que te pongas de rodillas antes de leer una sola página más de este libro, y entregues tu vida sin reservas a nuestro Maestro y Señor. "Sé, pues, celoso, y arrepiéntete. He aquí, yo estoy a la puerta y llamo; si alguno oye mi voz y abre la puerta, entraré a él, y cenaré con él, y él conmigo" (Apocalipsis 3:19, 20).

Fe

Llegamos ahora al último paso en el llenado del Espíritu Santo, que nos gusta denominar "caminando en fe". Primero tenemos que *entender* ciertas cosas, luego *someternos* y entregarnos a Dios, y finalmente debemos aprender el secreto de *caminar en fe*.

El principal punto que debemos señalar es el siguiente: cuando nos sometemos a Dios y a su voluntad, somos llenados con el Espíritu Santo. El Espíritu Santo nos controla y nos domina. Ahora nos corresponde *actuar* según esa premisa y *caminar* o vivir con la plena certeza de que Dios ya nos ha llenado y estamos bajo su control.

El apóstol Pablo lo dice con las siguientes palabras: "Así también vosotros consideraos muertos al pecado, pero vivos para Dios en Cristo Jesús, Señor nuestro" (Romanos 6:11). El vocablo en griego que traducimos "consideraos" se utilizaba a veces en operaciones contables o en matemáticas. Luego de una transacción comercial, por ejemplo, se computaba la cantidad de dinero y se asentaba en los libros. La anotación en los libros certificaba que se había realizado la transacción y efectuado el pago. Ahora bien, cuando nos entregamos a Cristo y le seguimos como Señor de nuestras vidas, sabemos que algo ha ocurrido. El Espíritu Santo ha sentado sus reales en nuestras vidas, para guiarnos y fortalecernos. Ahora hemos de andar en fe, considerándonos muertos al pecado y vivos en Dios. *Somos* llenados con el Espíritu; ahora *hemos de vivir* a la luz de esta verdad. Y esto no es fingir o aparentar; es actuar basados en las promesas de Dios. El doctor John Stott lo expresa de la siguiente manera:

> *Considerar* de ninguna manera es fingir. No se trata de exacerbar o estimular nuestra fe para creer algo que no creemos. No hemos de pretender que nuestra vieja naturaleza ha muerto cuando sabemos perfectamente bien que no es así… Simplemente se nos llama a 'considerar' esto, no para fingirlo sino para ejecutarlo. Es un hecho. Y tenemos que asirnos a él. Tenemos que permitirles a nuestras mentes juguetear con estas verdades. También tenemos que meditar en ellas hasta captarlas en toda su total significación… ¿Puede una mujer casada vivir como si fuera una niña soltera? Bueno, sí, suponemos que puede hacerlo. No es totalmente imposible. Pero dejemos que palpe el anillo que está en el dedo anular..., símbolo de su nueva vida, símbolo de su identificación con su marido, dejemos que recuerde quién es, y ha de vivir de conformidad con su nuevo estado... Nuestras mentes deben captar de tal manera el hecho y la significación de nuestra muerte y resurrección con Cristo, que resulte impensable un retorno a la vieja vida. A un cristiano que ha nacido de nuevo, no debe ocurrírsele volver a su antigua vida más de lo que un adulto puede pensar en volver a la infancia, un hombre casado a su condición

de soltero, ni un preso que ha cumplido su condena volver a la celda de su prisión.[2]

Si hemos llenado los requisitos escriturales para ser llenados con el Espíritu Santo —especialmente el arrepentimiento y la sumisión que hemos mencionado— podemos decirnos a nosotros mismos que por fe sabemos que hemos sido llenados con el Espíritu Santo. Nunca conocimos a nadie del cual creyéramos que estaba lleno con el Espíritu Santo que se jactara sobre ello o que llamara la atención sobre su persona. Si estamos llenos con el Espíritu Santo, otros lo notarán muy pronto, porque las personas así llenadas producen el fruto del Espíritu. Pero hasta es posible que ni siquiera seamos conscientes de este hecho. En realidad, algunos de los más grandes santos de Dios han sostenido que mientras más estrechamente se allegaban a Cristo más pecadores se sentían. Nuestro amigo y compañero, Roy Gustafson, dijo una vez: "El Espíritu Santo no vino para establecer su presencia sino para crear conciencia de Cristo". De ahí, pues, que cuando afirmamos a nosotros mismos que estamos llenos del Espíritu significa que todos los pecados y obstáculos conocidos han sido quitados y entonces sostenemos por fe que estamos llenos.

Al arribar a este punto hay varias cosas que debemos recordar. En primer lugar, debemos recordar que el llenado del Espíritu no es cosa de sentimientos, sino de fe. Podemos acusar o no una fuerte sensación de intimidad con Dios cuando somos llenados. En lugar de confiar en nuestros sentimientos, debemos depositar nuestra confianza en las promesas de Dios. Tenemos que considerarnos llenos de su Espíritu. James McConkey lo expresó cierta vez de la siguiente manera: "Nada hay más perjudicial que inspeccionar constantemente nuestra vida interior para ver si Dios está cumpliendo su promesa en nuestra experiencia. Es como el niño que desentierra a cada rato la semilla para ver si está brotando. La cuestión de la experiencia de la plenitud del Espíritu atañe al Señor".[3]

También debemos recordar que el llenado del Espíritu no significa que somos perfectos y desprovistos de pecado. Significa que estamos controlados por el Espíritu, pero el pecado sigue siendo una realidad, asechando en los rincones listo para abalanzarse sobre nosotros a la primera oportunidad. Podemos ser inmaculados en nuestro deseo de servir a Cristo, pero eso no nos hace intachables. Un predicador escocés de otra generación lo explicó con estas palabras:

Tengo a mi lado, sobre la mesa, una carta que ilustra el punto en cuestión. La recibí cuando estaba en Nueva Zelandia, durante un viaje misionero, en el año 1891. La carta era de mi hija mayor, a la sazón una niña de cinco años de edad. Decía así: "Querido papá, escribí todo esto yo sola. Te envío un beso de Elsie". En realidad de verdad, no podemos considerarla estrictamente una carta, sino un intento de escritura en letras mayúsculas, todas ellas mal formadas; no hay un solo trazo bien hecho en toda la página... Ahora bien, esta carta, que es para mí un preciado tesoro, no es ciertamente una producción "impecable"; está plagada de errores, tantos como letras tiene, pero no hay duda alguna de que es "intachable". No culpé a mi hija por sus torcidos rasgos, ni le respondí en términos duros, pues juzgué su obra por sus motivos. Bien sabía que era lo mejor que pudo hacer, y que había puesto en ello todo el amor de su pequeño corazón. Quería hacer algo que me agradara, y lo consiguió con creces. Por la gracia de Cristo que mora en nosotros, esto es lo que puede llegar a ser nuestra vida de todos los días, nuestra tarea diaria, es decir, "intachable".[4]

Y esto nos lleva a la última verdad sobre el llenado del Espíritu Santo: *el llenado del Espíritu Santo no debiera ser un acontecimiento de una vez por todas, sino una continuada y permanente realidad diaria a lo largo de nuestras vidas.* Es un proceso. Debemos rendirnos diariamente a Dios, y todos los días debemos decidir a quedarnos rendidos. En toda situación que entrañe un conflicto entre nuestro yo y la voluntad de Dios, debemos tomar nuestras decisiones sobre las bases de una constante sumisión a Cristo.

Como ya lo señalamos, el verbo griego utilizado por Pablo en la orden que nos dejó en Efesios 5:18, "sed llenos del Espíritu", lleva implícita la idea de que debemos continuar siendo llenados con el Espíritu. Ya somos templo de Dios, morada del Espíritu Santo, pero él quiere llenarnos. Sin embargo, solamente puede llenar a quienes desean y estén dispuestos a ser vaciados del yo y se entregan incondicionalmente a Dios. Por lo tanto, esta rendición activa debe continuar día a día, tomando en consideración las cosas grandes y las cosas pequeñas. Si pecamos debemos arrepentirnos para que nuevamente el Espíritu nos pueda llenar. Y si ocasionalmente enfrentamos presiones excepcionales, debemos orar pidiéndole ayuda adicional.

De modo pues que los distintos pasos que hemos señalado no solamente constituyen un comienzo sino también un proceso. Todos los días debiéramos tratar de entender más de la palabra de Dios. Debiéramos orar todos los días para que Dios nos ayude a ver nuestros pecados. Y todos los días debiéramos confesar y arrepentirnos. Todos los días debiéramos someter nuestras voluntades a la voluntad de Dios. Debiéramos caminar en fe de tal manera que Dios continuamente nos llenara al someternos a él. Y todos los días debiéramos caminar en obediencia a su palabra.

Resulta siempre provechoso para mí comenzar cada día encomendando silenciosamente en las manos de Dios el día que acaba de iniciarse. Le agradecemos por pertenecer a él, y le agradecemos también porque él sabe lo que nos tiene reservado el día. Le pedimos que tome nuestras vidas en sus manos cada día y las utilice para su gloria. Le pedimos que nos limpie de todo aquello que pueda impedir su obra en nuestras vidas. Y después de eso salimos en fe, sabiendo que el Espíritu Santo nos llena continuamente a medida que confiamos en él y obedecemos su Palabra. A veces, durante el día, podemos no percatarnos de su presencia; a veces sí. Pero al final del día, podemos mirar hacia atrás y darle gracias, porque vemos su mano obrando en nosotros. Nos ha prometido estar con nosotros todos los días ¡y lo está!

Esta puede ser la experiencia de todos nosotros cuando diariamente nos rendimos al señorío de Jesucristo en nuestras vidas. Que todos nos sometamos a él. Que podamos mirar hacia atrás al finalizar cada día y saber que su Santo Espíritu ha sido nuestro guía y nuestra fortaleza al rendirnos a él.

10. PECADOS CONTRA EL ESPÍRITU SANTO

Uno de los temas más solemnes que hallamos en las Sagradas Escrituras es el que se refiere a los pecados cometidos contra la Tercera Persona de la Trinidad, el Espíritu Santo. Los creyentes, al igual que los incrédulos, pueden pecar contra él y así lo hacen. ¿Cuál es la naturaleza de estos pecados y cómo podemos evitar cometerlos?

La blasfemia contra el Espíritu Santo

De todos los pecados que los hombres pueden cometer contra el Espíritu Santo, ninguno es peor que el blasfemar contra él. La razón es evidente: es el único pecado para el cual no hay perdón. Todos los otros pecados contra el Espíritu Santo son cometidos por *creyentes*. Podemos arrepentirnos de ellos, ser perdonados y empezar de nuevo.

No ocurre lo mismo al blasfemar contra el Espíritu. Este pecado es cometido por *incrédulos* y se lo denomina "el pecado imperdonable". Fue cometido por los enemigos de Jesús cuando lo acusaron de arrojar fuera demonios por el poder de Satanás luego que Jesús categóricamente afirmó que lo hacía por el poder del "Espíritu de Dios". Luego continuó: "Por tanto os digo: Todo pecado y blasfemia será perdonado a los hombres; mas la blasfemia contra el Espíritu no les será perdonada. A cualquiera que dijere alguna palabra contra el Hijo del Hombre, le será perdonado; pero el que hable contra el Espíritu Santo, no le será perdonado, ni en este siglo ni en el venidero" (Mateo 12:31, 32).

Mi padre, siendo joven, asistió a una reunión de avivamiento en Carolina del Norte y se convenció durante el sermón, que versaba justamente sobre este tema, de que él había cometido el pecado imperdonable. Y vivió muchos años acompañado de este tremendo pensamiento. Agonizaba debido a ello, y estaba terriblemente asustado, creyéndose un hombre condenado que jamás podría arrepentirse de su pecado. Con el tiempo descubrió que su pecado no era uno que lo excluyera de la misericordia y de la gracia de Dios. Supo entonces que el Espíritu Santo no lo convencería de culpa y delito ni procuraría atraerlo a Cristo si realmente hubiera cometido ese pecado imperdonable.

Tal vez podamos aventurar una definición de lo que entendemos ser el pecado imperdonable. Se nos ocurre, por argumentación negativa, que nadie que esté bajo el perturbador, convincente y persuasivo poder del Espíritu Santo ha cometido este pecado. En tanto el Espíritu porfía con una persona, tal persona no ha cometido el pecado imperdonable. Pero cuando la persona ha resistido a tal grado al Espíritu Santo que éste deja de esforzarse en su favor, entonces sí existe un peligro de relieves eternos. En otras palabras, el pecado imperdonable entraña el total e irrevocable rechazo de Jesucristo.

Creemos que es a esto a lo que se refería Esteban en el sermón predicado inmediatamente antes de su martirio. Dijo en aquel mensaje: "¡Duros de cerviz… vosotros resistís siempre al Espíritu Santo!" (Hechos 7:51).

El contexto no deja lugar a dudas de que Esteban afirmaba, sobre todas las cosas, que de la misma manera que los padres de sus oyentes rehusaron tomar en serio la proclamación de los profetas y mensajeros de Dios, o de creerles, así también éstos eran culpables de similares pecados. Leemos en el Antiguo Testamento que algunos resistieron, difamaron, persiguieron y ridiculizaron a los profetas. Y puesto que los profetas estaban inspirados por el Espíritu Santo, esta gente en realidad resistía al Espíritu. De modo que Esteban decía que cuando la gente a la que predicaba rehusaba escuchar a los apóstoles de Cristo y a sus escogidos, que hablaban por el Espíritu Santo, en realidad lo que hacía era resistir al Espíritu Santo.

La fatal infección pecaminosa localizada en los corazones de gentes irredentas hará que siempre resistan al Espíritu Santo. La carne y las mentes malvadas siempre se levantarán contra él. Cuando las personas actúan de esta manera, no recibirán la palabra de Dios en toda su potencia a menos que el Espíritu Santo logre victoria sobre ellas.

Pero además, Esteban decía otra cosa. Les decía a ellos y a nosotros que de la misma manera que Dios el Espíritu Santo porfiaba en vano con la gente en el Antiguo Testamento y por ello estaban condenados, así también sus oyentes estarían igualmente condenados si hacían caso omiso de la obra del Espíritu en sus corazones. El resistir al Espíritu es un pecado cometido únicamente por los incrédulos. Y es un pecado que, de prolongarse indefinidamente, lleva a la condenación eterna. Sólo resta el juicio para aquellos que así resisten al Espíritu.

La única manera en que un pecador puede ser perdonado por resistir al Espíritu Santo es dejando de resistirlo y entregándose a Jesucristo, de quien testifica el Espíritu. Tal persona tiene esperanzas solamente si se arrepiente de inmediato y permite al Espíritu que obre en su corazón.

Es nuestra firme convicción de que los pastores, los maestros, los predicadores y todos los obreros cristianos deben manejar con mucho cuidado, prudencia y cautela este tema. Principalmente los obreros cristianos deben pensarlo dos veces antes de ser dogmáticos en sus conclusiones respecto a cuándo ha cometido alguien el pecado imperdonable. Dejemos que esa decisión la tomen el Espíritu Santo y Dios el Padre. Tenemos que instar permanentemente a los hombres en todas partes a que se arrepientan y se vuelvan a Jesús, puesto que no sabemos cuándo el Espíritu ha dejado de habérselas con ellos. Y oremos para que aquellos de quienes tenemos serias dudas, puedan aún responder a las buenas nuevas de que Jesús salva.

¿Estamos preocupados por haber cometido el pecado imperdonable? De ser así, acudamos a la Biblia para ver qué nos dice sobre el tema, sin preocuparnos mayormente por lo que hayamos escuchado de boca de otros. El pecado imperdonable consiste en rechazar la verdad sobre Cristo. Es rechazar, en forma completa y final, el testimonio del Espíritu Santo, que declara que Jesucristo es el Hijo de Dios y que solamente él nos puede salvar de nuestros pecados. ¿Hemos rechazado a Cristo en nuestras propias vidas y afirmado en nuestros corazones que lo que la Biblia enseña sobre él es una mentira? De ser así, afirmamos solemnemente y con toda la sinceridad de que somos capaces, que tal persona está en una peligrosísima situación. Instamos con todo ahínco a quienes se encuentran en esa posición a que sin demora alguna acepten la verdad sobre Cristo, y se alleguen a él en humilde confesión y arrepentimiento por medio de la fe. Nada más trágico que persistir en la incredulidad y posteriormente entrar en la eternidad sin Dios y sin esperanzas.

Por otra parte, tenemos creyentes que han cometido algún pecado y piensan que por ello han perdido sus posibilidades de salvación. No importa lo que fuere, recordemos que Dios nos ama y quiere perdonarnos por ese pecado. En este preciso instante debemos confesarle nuestro pecado y buscar su perdón. Necesitamos ser liberados del peso de la culpa y de las dudas que nos han oprimido. Cristo murió justamente para liberarnos. Si uno se ha allegado a Cristo, sabe, por lo que la Palabra de Dios dice, que este pecado —sea cual fuere— no es el pecado imperdonable. No nos enviará al infierno, porque somos salvos por fe en la sangre derramada de Cristo. Pero tenemos que eliminarlo de nuestra vida colocándolo sobre los hombros de Cristo. Recordemos las palabras del salmista:"Cuanto está lejos el oriente del occidente, hizo alejar de nosotros nuestras rebeliones" (Salmo 103:12).

Contristar al Espíritu

Hay dos pecados contra el Espíritu Santo que pueden ser cometidos por creyentes. Uno de ellos consiste en contristar al Espíritu y el otro en apagar al Espíritu. Son términos inclusivos, pues casi todas nuestras malas acciones pueden ser incluidas en uno de esos dos pecados. En primer lugar, veamos el pecado de contristar al Espíritu.

Pablo nos advierte y nos dice: "No contristéis al Espíritu Santo de Dios, con el cual fuisteis sellados para el día de la redención" (Efesios 4:30). Es importante y consolador escuchar a Pablo decir que estamos "sellados para el día de la redención". Esto significa que somos cristianos y continuamos siéndolo. De modo que no está hablando de juicio en el sentido de que cuanto hagamos aquí nos separará del amor de Dios e iremos a parar al infierno. Más bien nos habla de cosas que hacemos que son inconsistentes con la naturaleza del Espíritu Santo y de esa manera lastiman su corazón y lo hieren en su esencia. Por las cosas que hacemos podemos causarle dolor al Espíritu.

"Contristar" o apesadumbrar es una palabra con ribetes de "amor". El Espíritu Santo nos ama al igual que nos amó Cristo. "Os ruego hermanos, por nuestro Señor Jesucristo y por el amor del Espíritu, que me ayudéis orando por mí a Dios" (Romanos 15:30). Podemos lastimar o enfadar a quienes no sienten por nosotros ningún afecto, pero contristamos o apesadumbramos únicamente a quienes nos quieren o nos aman.

Cierta vez oí que un padre le decía a su hijo: "Si no eres bueno y no te portas bien, no te querré más". ¡Desafortunadas palabras! El hombre tenía todo el derecho del mundo de decirle al hijo que se portara bien, pero de ninguna manera amenazarlo con retirarle su cariño. Un padre debe amar siempre a su hijo, sea que se porte bien o que se porte mal. Pero cuando éste se porta mal, el amor del padre se mezcla con dolor y aun con tristeza y con angustia.

¿Cómo entristecen los cristianos al Espíritu Santo? En Efesios 4:20-32 Pablo dice que todo cuanto se desemeja a Cristo en conducta, palabra o disposición, contrista al Espíritu de gracia. En uno de sus libros Ruth Paxson sugiere que podemos saber qué cosas lastiman al Espíritu cuando consideramos nuestra conducta a la luz de las palabras que las Sagradas Escrituras usan para describir al Espíritu. Así sabemos que el Espíritu Santo es el Espíritu de:

1. *Verdad* (Juan 14:17); de modo que todo lo falso, lo engañoso o hipócrita lo entristece.
2. *Fe* (2 Corintios 4:13); la duda, la desconfianza, la ansiedad y la preocupación lo apesadumbra.
3. *Gracia* (Hebreos 10:29); todo lo duro que hay en nosotros, lo amargo, lo maléfico, lo descortés, lo inclemente, lo descariñado lo apena.
4. *Santidad* (Romanos 1:4); todo lo sucio, todo lo profano, todo lo degradante lo contrista.

¿Qué ocurre cuando contristamos al Espíritu Santo? Por lo habitual el Espíritu Santo se complace en revelarnos a Cristo. También imparte gozo, paz y alegría al corazón. Pero cuando lo contristamos cesa este ministerio.

Nuestra familia proviene de una región de los Estados Unidos de América famosa por su industria textil. Años atrás visitamos una enorme hilandería donde centenares de telares fabricaban telas a partir de finísimas y delgadas hebras. El gerente de la planta textil nos dijo que esa maquinaria era tan delicada que si una sola hebra de las treinta mil que actuaban simultáneamente en ese momento se rompiera o cortara, todos esos telares se detendrían instantáneamente. Uniendo la acción a la palabra, y para demostrar lo que afirmaba, se acercó a una de las máquinas y cortó una sola hebra. De inmediato todo los telares se detuvieron y reiniciaron automáticamente su marcha una vez compuesta la hebra cortada.

Esta maravilla mecánica nos brinda una aproximada analogía de "lo que es espiritual". Un solo pecado que cometamos, un solo acto de desobediencia, un ínfimo apartarnos del claro sendero que nos marca la voluntad y el temor de Dios, y luego se ve menoscabado el ministerio del Espíritu en nuestras vidas. Pero si bien el ministerio del Espíritu en nuestra vida queda suspendido, no se detiene. A diferencia de la maquinaria, su ministerio se ve disminuido. No bien se repara la hebra deteriorada recomienza e ilumina nuestra mente el pleno ministerio del Espíritu, que satisface los requerimientos de nuestro corazón, y hace efectivo en nosotros el ministerio de Cristo.

En todo esto hay un aspecto glorioso y magnífico. Contristar al Espíritu Santo no significa perderlo en nuestras vidas. No cesa de sellarnos y no se retira de nosotros. En realidad los creyentes no pueden contristarlo al grado de que los abandone totalmente. Hemos sido singularmente bendecidos por los himnos de William Cowper, compañero y colaborador de John Newton. Pero las siguientes líneas siempre me han perturbado:

> ¡Retorna, Santa Paloma, retorna,
> Dulce mensajera de reposo!
> Detesto los pecados que te contristaron
> y te sacaron de mi pecho.[1]

Tengo la desagradable sensación o impresión de que estas palabras sugieren más que simplemente detener la maravillosa obra del Espíritu Santo en mí. Suponen que lo pierdo. Si eso es lo que quiso significar William Cowper, creo que estaba equivocado.

Es posible que los hombres perdamos la sensación de la presencia del Espíritu Santo en nosotros. Es lo que nos dice el Salmo 51 cuando David clama: "No quites de mí tu santo Espíritu" (v. 11). Pero recordemos que el Espíritu Santo ha sellado a todos los creyentes para el día de la redención, es decir, para el día de la redención de nuestros cuerpos (Efesios 1:13; 4:30; Romanos 8:23). Todos y cada uno de nosotros podemos reincidir y volver a las andadas, pero eso es totalmente distinto a caer de la gracia o perder totalmente el Espíritu Santo.

Si el Espíritu se retirara de un creyente que él mismo ha sellado ¿no estaría negando íntegramente el plan de la salvación? Pero cuando es contristado se produce una ausencia de gozo y de poder en nuestras vidas que no se restablece a menos que confesemos y renunciemos a nuestro pecado. Si bien podemos aparentar felicidad, interiormente nos sentimos desdichados cuando no estamos en estrecha comunión con el Espíritu Santo. Y esto no es porque el Espíritu Santo nos ha abandonado, sino porque deliberadamente el Espíritu nos hace sentir desdichados hasta que volvamos a Cristo avergonzados, contritos y confesos. Excelente ejemplo de lo anterior es el Salmo 32, que algunos piensan fue escrito por David luego de su pecado con Betsabé: "Mientras callé, se envejecieron mis huesos en mi gemir todo el día. Porque de día y de noche se agravó sobre mí tu mano; se volvió mi verdor en sequedades de verano. Mi pecado te declaré, y no encubrí mi iniquidad. Dije: Confesaré mis transgresiones a Jehová; y tú perdonaste la maldad de mi pecado... Alegraos en Jehová y gozaos justos; y cantad con júbilo todos vosotros los rectos de corazón" (Salmo 32:3-5, 11).

Creemos que una vez bautizados e incorporados al cuerpo de Cristo y con el Espíritu Santo morando en nosotros, el Espíritu jamás nos abandonará. Somos sellados para siempre. El Espíritu Santo es las arras, la prenda de lo que habrá de venir. Soy claramente consciente de que muchos de mis hermanos en la fe sostienen un punto de vista distinto, pero según la luz que tengo en este momento, creo firmemente que somos guardados por el Espíritu Santo.

Por una parte, el Espíritu Santo que mora en nosotros nos asegura para Dios. Y esto lo hace sobre la base de la sangre de Cristo en la cual hemos creído y por la cual sabemos que hemos sido redimidos. Por otra parte, nos brinda permanente gozo por el conocimiento de que pertenecemos a Dios. Y ese gozo se interrumpe solamente cuando alguna obra de la carne contrista al que nos selló. La versión inglesa de Weymouth traduce Santiago 4:5 de la siguiente manera: "El Espíritu... se afana celosamente por nuestro bienestar". Ponemos en duda que antes de arribar al cielo sabremos cuán grande es el poder de la fuerza que podríamos haber utilizado en esta vida: el poder del Espíritu Santo que logramos por medio de la oración.

Cuando nos entregamos totalmente cada momento de todos los días a Jesucristo como Señor, el poder del Espíritu Santo que obra milagros en nuestras vidas será abrumador. Es en la rendición a Cristo donde yace el secreto de la pureza, de la paz y del poder. Y también se acompaña de lo que George Cutting solía llamar Seguridad, Certeza y Goce. También conlleva la idea de logros exteriores y reposo interior.

Así, pues, como Espíritu de amor el Espíritu Santo se entristece cuando pecamos, porque nos ama.

Apagar al Espíritu

Blasfemar contra el Espíritu es un pecado cometido por incrédulos. Contristar y apagar al Espíritu son pecados cometidos por creyentes. Hemos de considerar ahora qué se entiende por apagar al Espíritu.

La concisa amonestación de Pablo es la siguiente: "No apaguéis al Espíritu" (1 Tesalonicenses 5:19). La palabra *contristar* sugiere la sensación de sentirse uno lastimado, entristecido. Y esto tiene que ver con la forma en que lastimamos el corazón del Espíritu Santo en nuestras vidas individuales. La palabra "apagar" significa "extinguir", y justamente se adapta a la perfección con la referencia escritural al Espíritu Santo como un fuego. Cuando apagamos al Espíritu, extinguimos el fuego. Esto no quiere decir que lo expulsamos sino que suprimimos el amor y el poder del Espíritu cuando él trata de llevar a cabo su propósito por nuestro intermedio. Podemos apagarlo de diversas maneras, pero la figura del fuego sugiere dos aspectos por vía de advertencia.

Un fuego se apaga cuando desaparece la provisión de combustible. Cuando no despertamos nuestras almas, cuando no usamos los medios de gracia que tenemos a nuestra disposición, cuando dejamos de orar, de testificar o de leer la Palabra de Dios, cubrimos con cenizas las brasas del fuego del Espíritu Santo. Estas cosas que hemos mencionado y que dejamos de hacer, son los canales por los cuales corre el combustible que Dios nos da para mantener ardiendo el fuego. Y el Espíritu Santo quiere que utilicemos esos dones para mantener su llama en nuestras vidas.

La otra manera de apagar el fuego es extinguiéndolo, arrojándole agua o echándole encima una frazada o una palada de tierra. De manera similar los pecados deliberados apagan al Espíritu. Cuando criticamos, cuando actuamos despiadadamente, cuando minimizamos el trabajo de los demás con palabras desconsideradas, ahogamos el fuego y lo apagamos. Esto ocurre muchas veces cuando hay un reciente, nuevo o distinto movimiento del Espíritu de Dios, que no usa los viejos métodos tradicionales de proclamación o de servicio. Por ejemplo, apagan el fuego los cristianos que procuran bloquear lo que Dios está haciendo de una manera novedosa.

Queremos dejar claramente sentado un punto de vista de capital importancia: ningún cristiano *tiene* que pecar. Sin embargo, y a la inversa, no ha adquirido la *incapacidad* de pecar. Creemos que los cristianos

pueden pecar, pero no *tienen* que hacerlo. Es posible mantene.
ardiendo; es posible no contristar al Espíritu. Dios nunca nos habría
que rechazáramos las malas acciones si nos resultara imposible hacei.
¡Gracias a Dios que no necesitamos pecar, si bien podemos hacerlo!

Desconocemos quién escribió las siguientes palabras sobre el Espíritu
Santo, pero sí sabemos que nos han sido de gran ayuda: "No resistamos
su arribo; no contristemos su estada; no apaguemos su salida. Abrámosle
la entrada cuando llega; agradémosle como residente; obedezcámosle
como el que sale a testificar de las cosas que conciernen a Cristo, sea por
nuestro intermedio o por intermedio de otros".

¿Hemos contristado o apagado al Espíritu de alguna manera en nuestras vidas? Son cosas muy serias que merecen nuestra más cuidadosa y
prolija atención. Si la respuesta al interrogante es positiva, entendemos
que este es el momento de confesar nuestros pecados a Dios y arrepentirnos de ellos. Y luego caminemos todos los días en la plenitud del
Espíritu, claramente conscientes de su dirección y de su poder en nuestras
vidas.

11. LOS DONES DEL ESPÍRITU

Cuando crecían nuestros hijos, la mañana del 25 de diciembre hallaba el árbol de Navidad rodeado de regalos. Los habíamos escogido selectiva y cariñosamente según los gustos y necesidades de cada niño. Los niños abrían cada paquete con anticipación y entusiasmo, aceptaban sus regalos con expresiones de amor y aprecio y los disfrutaban y utilizaban (según la edad) a lo largo de todo el día. Sin embargo, al llegar la noche, y debido a los celos, se suscitaban discusiones y se armaba una trifulca, más o menos grave, según las edades.

¿No es lo que ocurre, en alguna medida, con los dones espirituales, aparte de que los dones espirituales se dan para servicio y no para disfrutar de un placer personal? Los creyentes espiritualmente inmaduros terminan mirando con cierta dosis de celo los dones que no recibieron. A veces, de parte del receptor, hay un toquecito de presunción y orgullo. Pero el espíritu en el cual se otorgó el don no puede ser juzgado por las actitudes de los receptores.

El Nuevo Testamento registra "los dones del Espíritu" en tres pasajes: Romanos 12:6-8; 1 Corintios 12:8-10 y Efesios 4:11. (Figura una cuarta lista en 1 Pedro 4:10, 11, pero pareciera ser un duplicado de material incluido en los pasajes anteriores que acabamos de anotar.)

Los dones y el cuerpo

La Biblia nos enseña que toda persona redimida recibe del Espíritu Santo por lo menos un don: "Ahora bien, hay diversidad de dones, pero el Espíritu es el mismo... pero a cada uno le es dada la manifestación del Espíritu para provecho" (1 Corintios 12:4, 7). Dios nos hace responsables por la forma en que usamos nuestros dones.

El apóstol Pablo compara la iglesia con nuestros cuerpos físicos, en el cual cada uno de los miembros tiene una función particular pero todos actúan juntos. Pablo dijo: "El cuerpo no es un solo miembro, sino muchos. Si dijere el pie: Porque no soy mano, no soy del cuerpo, ¿por eso no será del cuerpo?... Mas ahora Dios ha colocado los miembros cada uno de ellos en el cuerpo, como él quiso". Luego Pablo continúa diciendo que "son muchos los miembros, pero el cuerpo es uno solo. Ni el ojo puede decirle a la mano: No te necesito, ni tampoco la cabeza a los pies: No tengo necesidad de vosotros" (1 Corintios 12:14, 15, 20, 21). Agregó que aun esos miembros del cuerpo que parecen más débiles o menos útiles o dignos son partes necesarias del cuerpo. Todos son esenciales para un correcto funcionamiento del cuerpo.

Al igual que el cuerpo humano, el cuerpo de Cristo es un organismo completo, hecho por Dios. Pero cada miembro del cuerpo es único en su género. Jamás podrá haber otro "tú" u otro "yo". En cierta medida, los dones son únicos y singulares. Con frecuencia Dios otorga similares dones a diferentes personas, pero hay una unicidad respecto a esto que hace que cada uno de nosotros seamos distintos de toda otra persona que jamás existió en la tierra. Y si uno solo de nosotros falta, el cuerpo es incompleto, carente de una parte.

El significado de carisma

El Nuevo Testamento usa la palabra griega *carisma* (plural: *carismata*) para hablar de los diversos dones que Dios ha dado a los cristianos por intermedio del Espíritu Santo. Actualmente la palabra "carisma" se ha incorporado al idioma castellano para describir la persona que posee una cierta indefinida cualidad que atrae a la gente por su personalidad. Hablamos de ciertas personas bien conocidas como poseedoras de carisma. Una ilustración bíblica podría ser Apolos (Hechos 18:24-28). Este predicador y maestro de la Biblia en la época neotestamentaria pareciera haber poseído carisma, en el sentido actual de nuestro idioma castellano. El apóstol Pablo no poseía carisma. Sin embargo, los dos hombres tenían bien definidos dones espirituales —*carismata*— que Dios les otorgó de manera sobrenatural. En un sentido secular, carisma es una influencia intangible difícil de definir. Pero en el uso bíblico de la palabra carisma significa "un don de santa gracia". De modo, pues, que la palabra carisma en la Biblia tiene un significado distinto al que le asigna el mundo cuando dice que un hombre tiene "carisma".

La palabra *carismata* es el plural de *carisma* y, a excepción de un pasaje en 1 Pedro, figura solamente en los escritos de Pablo. Definida con precisión, significa "manifestaciones de gracia", y se la traduce "dones". Se utilizó esta palabra para denotar los diversos dones espirituales otorgados a distintas personas para beneficio de la iglesia, y estos dones constituyen, justamente, el tema de este capítulo. En el capítulo 4 de Efesios Pablo usa dos palabras que también se traducen como "dones", es decir *dorea* y *doma*. Son similares a *carismata* y también a una cuarta palabra que se traduce como "dones", *pneumatika* que, definida con toda precisión significa "cosas que pertenecen al Espíritu". Estos diversos términos griegos yacen tras la palabra que en nuestro idioma castellano traducimos con un solo vocablo, "dones" y significan más o menos la misma cosa.

El origen de los dones espirituales

Antes de encarar específicamente el tratamiento de los dones del Espíritu, queremos hacer hincapié en un punto. Estos dones provienen del Espíritu Santo. Es el Espíritu Santo el que decide y escoge quiénes habrán de recibir determinados dones y los dispensa según su voluntad. Y en tanto somos responsables por el uso que hacemos de los dones que él nos da, no somos responsables por los dones que no hemos recibido. Tampoco debemos codiciar lo que otros tienen y que nosotros no tenemos, ni envidiar a las personas que los poseen. Podemos desear ciertos dones y hasta pedirlos, pero si no es la voluntad del Espíritu Santo no hemos de recibir lo que pedimos. Y si estamos insatisfechos porque el Espíritu Santo no nos otorga los dones que anhelamos, pecamos. En nuestro caso personal hemos de creer que Dios nos brindó el don de evangelismo, pero no lo pedimos.

De poseer el don de evangelismo y no usarlo, sería un pecado. Si, por el contrario, otra persona no posee el don de evangelismo y se siente disgustada porque carece de él, también peca. Muchas cosas hay que no podemos hacer bien, y ello es debido a que no poseemos ciertos dones, y no debemos estar descontentos por ello. Los dones con que contamos son los dones que Dios consideró conveniente entregarnos, y debemos hacer cuanto sea posible de nuestra parte, para descubrir cuáles son y usarlos para su gloria y honra.

Pero hay otro punto que debemos subrayar o poner de relieve. Hemos hablado del fruto del Espíritu (y tres de los capítulos de este libro están dedicados al fruto), y hemos explicado que cada uno de los frutos del Espíritu debiera ser característico de todos y cada uno de los cristianos. Pero los dones del Espíritu son distintos. Todo creyente debiera tener el mismo fruto que todos los demás creyentes, pero no todo creyente tendrá los mismos dones que los otros creyentes. El Espíritu Santo distribuye los dones de manera tal que cada creyente cuenta por lo menos con un don que es particularmente suyo. Dios puede otorgarnos cierto don, pero sería totalmente erróneo sostener que todos los demás tengan el mismo don.

Dones y talentos espirituales

Al estudiar los tres pasajes donde figuran los dones, hallamos un total de alrededor de veinte. Además, el Antiguo Testamento menciona un cierto número de dones que no los menciona el Nuevo Testamento. Muchos de estos dones veterotestamentarios semejan capacidades o talentos naturales de la gente, si bien otros son de un carácter netamente espiritual.

Prácticamente, todos nosotros conocemos personas que cuentan con un especial don de "música" que no figura en la lista de los veinte. Mucha gente se pregunta qué diferencia existe entre un don espiritual y un talento natural. Hay quienes tienen un especial talento manual; otros, un talento musical. En realidad, casi todos tenemos algún tipo de talento, y estos talentos también provienen del Creador.

Al parecer, Dios puede tomar un talento y transformarlo, por el poder del Espíritu Santo, en un don espiritual, que luego utilizará discrecionalmente. La diferencia entre un don espiritual y un talento natural es frecuente motivo de especulación para mucha gente. No estamos seguros de poder trazar una clara línea demarcatoria entre dones espirituales y capacidades naturales. Y recordemos que, en última instancia, ambos provienen de Dios. Por otra parte, no creemos que siempre sea necesaria esa clara diferenciación. Sin embargo, y en la mayoría de los casos y en el contexto que estamos analizando, los dones que tenemos en mente son dones sobrenaturales que el Espíritu dispensa a las personas para el bien de la iglesia.

Un don también puede tomar el nombre de "herramienta" o instrumento a ser utilizado más que una joya o una pieza decorativa o una caja de bombones para un gozo personal. Podemos pensar en las diversas herramientas que usa un carpintero o el instrumental de un cirujano. Estas herramientas han sido dadas a diversas personas para ser usadas en el funcionamiento del cuerpo de Cristo.

Esta singular capacidad de Bezaleel, dada por el Espíritu, incluía no solamente habilidad manual sino también sabiduría intelectual y comprensión esencial de todo arte. El talento artístico de toda clase es un don divino. "Toda buena dádiva y todo don perfecto desciende de lo alto, del Padre de las luces, en el cual no hay mudanza, ni sombra de variación" (Santiago 1:17). Dios ha concedido a la humanidad facultades estéticas que, al igual que todas las facultades humanas, se corrompieron por la rebelión del hombre contra Dios en el huerto del Edén, ¡pero aún persisten!

Propósito de los dones

Pablo dice que estos dones espirituales llevan como propósito "perfeccionar a los santos para la obra del ministerio, para la edificación del cuerpo de Cristo" (Efesios 4:12). En otras palabras, Dios nos ha encomendado a cada uno de nosotros una tarea a cumplir, y nos ha brindado dones sobrenaturales para poderla realizar. Si fracasamos en ejecutar la misión encomendada, enfrentaremos la censura cuando "comparezcamos ante el tribunal de Cristo".

Las Sagradas Escrituras nos enseñan que todo creyente un día habrá de comparecer ante el tribunal de Cristo para rendir cuentas del uso que hizo de sus dones, como asimismo respecto de su vida personal ante Dios y ante los hombres. Es lo que se denomina *bema* o tribunal de Cristo: "Porque es necesario que todos nosotros comparezcamos ante el tribunal de Cristo, para que cada uno reciba según lo que haya hecho mientras estaba en el cuerpo, sea bueno o sea malo" (2 Corintios 5:10). El pasaje no se refiere al juicio para los incrédulos. Ese juicio se hará ante el gran trono blanco. Aquí se trata de un tribunal especial para cristianos. Nuestros pecados han sido expiados por Cristo en la cruz, pero luego de la salvación todas las obras serán juzgadas. El resultado será recompensa o pérdida (1 Corintios 3:11-15) "si bien él mismo (el creyente) será salvo".

En 1 Corintios el apóstol Pablo afirmó que los dones son dados "para provecho común" (1 Corintios 12:7, Biblia de Jerusalén) de modo que de ninguna manera habremos de usarlos egoístamente. Todo lo contrario, debemos usarlos para ayudarnos mutuamente. Ya lo dijo Pablo en Filipenses 2:3, 4: "Nada hagáis por contienda o por vanagloria; antes bien con humildad, estimando cada uno a los demás como superiores a él mismo; no mirando cada uno por lo suyo propio, sino cada cual también por lo de los otros".

Además, Dios ha dispuesto los dones para ayudar a "unir" el cuerpo de Cristo. Inmediatamente antes de mencionar los dones en Efesios 4:3-7 el apóstol Pablo nos insta a ser "solícitos en guardar la unidad del Espíritu en el vínculo de la paz; un cuerpo, y un Espíritu, como fuisteis también llamados en una misma esperanza de vuestra vocación; un Señor, una fe, un bautismo, un Dios y Padre de todos, el cual es sobre todos, y por todos, y en todos. Pero a cada uno de vosotros fue dada la gracia (un don especial) conforme a la medida del don de Cristo". Observemos cómo subraya Pablo la idea de la unidad, repitiendo la palabra "un".

Así pues, los dones del Espíritu jamás deben dividir el cuerpo de Cristo; debieran unirlo.

Cómo reconocer nuestros dones

Con frecuencia los creyentes nos formulan la siguiente pregunta: "¿Cómo puedo descubrir cuál es el don que poseo?" Y otra pregunta: "¿Cómo puedo utilizarlo para sacarle el mayor provecho posible?" Al respecto quisiéramos hacer las siguientes sugerencias:

En primer lugar, recordemos que Dios nos ha otorgado por lo menos un don espiritual, y quiere que sepamos cuál es y lo utilicemos para su gloria. Pablo escribió al joven Timoteo y le aconsejó "...que avives el fuego del don de Dios que está en ti" (2 Timoteo 1:6). Así como el primer paso para ser llenado con el Espíritu es entender que Dios nos ha dado el Espíritu, así también el primer paso en descubrir cuáles sean nuestros dones espirituales es entender la provisión de Dios.

En *segundo* lugar, sostenemos que el descubrimiento de nuestros dones espirituales debe ser objeto de prolija y meditada oración de nuestra parte. Debemos orar pidiéndole a Dios nos dirija para reconocer los dones espirituales que poseemos. También debemos asegurarnos de que estamos dispuestos a hacer uso de esos dones espirituales de manera tal que todo redunde para la gloria y honra de nuestro Dios. Por ejemplo, si

Dios llegara a mostrarnos que tenemos el don de enseñar a otros, ¿estaríamos dispuestos a poner en práctica ese don en una clase de estudio bíblico? Si descubrimos que somos renuentes a conocer los dones de Dios porque nos asusta la incógnita de saber qué nos exigirá Dios que hagamos, debemos inmediatamente hacer frente a esta situación y confesárselo a Dios.

En *tercer* lugar, el siguiente paso entraña una inteligente y clara comprensión de lo que la Biblia nos dice sobre los dones espirituales. Nuestra oración es que este libro sirva como útil guía a nuestros lectores, pero no hay substituto alguno que remplace la enseñanza de primera mano de la Biblia sobre los dones del Espíritu.

En *cuarto* lugar, el paso a dar para descubrir nuestros dones espirituales involucra un conocimiento de nosotros mismos y de nuestras capacidades. Ciertas experiencias en nuestro trasfondo personal pudieran dirigirnos en una o en otra dirección. Descubriremos así que nos gusta hacer ciertas cosas, y que las hacemos bien. No hay muchos métodos abreviados al respecto; debemos descubrir maneras específicas para sacar a luz nuestros dones. Resulta aconsejable probar varias situaciones como sería, por ejemplo, diversos ministerios de la iglesia. Otros nos pueden ayudar. Por ejemplo, podemos tener la virtud o la facultad de saber escuchar y ser, por lo tanto, excelentes consejeros. Pero a medida que pasa el tiempo descubrimos que aumenta el número de personas que acuden a nosotros para hacernos partícipes de sus problemas. Además, nos ayuda el hecho de que otros creyentes piensen que tenemos ese don y nos lo dicen.

Puede ser prolongado el proceso mediante el cual llegamos a descubrir nuestros dones espirituales, y hasta es posible que surjan nuevos dones a medida que pasan los años y enfrentamos nuevas oportunidades y nuevos desafíos. Pero no debemos permitir que eso nos desaliente. Dios quiere utilizarnos, y jamás seremos empleados por él de manera plena a menos que conozcamos nuestros dones y los pongamos a su disposición. Estamos convencidos de que las personas llenas del Espíritu Santo —en permanente sumisión al señorío de Cristo— descubrirán sus dones con relativa facilidad. Tales personas quieren que Dios dirija sus vidas, y esas son las personas que Dios está más que dispuesto a bendecir señalándoles los dones que el Espíritu Santo les ha dispensado.

Con humildad y agradecimiento aceptemos el don que pareciera que Dios nos ha dado y usémoslo al máximo de nuestras posibilidades. Debemos aceptarnos a nosotros mismos tal como somos y utilizar los dones que tenemos. Es posible que nuestro don nos llame a servir en una destacada posición, con las dificultades y peligros que le son propios. Pero también pudiera ser que nos llame a servir en una humilde esfera. Nos encanta el comentario de David Howard: "Dios no ha convocado a una élite o minoría selecta para llevar a cabo la tarea del ministerio, pasando por alto a los creyentes comunes de la iglesia. Todo lo contrario, 'a cada cual se le otorga la manifestación del Espíritu para provecho común' (1 Corintios 12:7, Biblia de Jerusalén)".[1]

Esto no elimina, por supuesto, el cargo de anciano u obispo o diácono. Simplemente quiere decir que todos los laicos, al igual que los ancianos y los diáconos, tienen tareas que desempeñar y obligaciones que cumplir en la congregación.

Lo que hemos dicho hasta aquí echa las bases para analizar en detalle cada uno de los dones que componen la lista enumerada por Pablo. Al estudiar los dones del Espíritu que menciona el apóstol Pablo, observamos que no agrupa los dones por categoría, y ningún agrupamiento que conocemos resulta totalmente satisfactorio. Por el resto de este capítulo, nos limitaremos a los cinco dones que figuran en Efesios 4:11 (apóstol, profeta, evangelista, pastor y maestro); varios de éstos también figuran en 1 Corintios 12:28. En capítulos separados trataremos de otros dones mencionados en 1 Corintios 12 y Romanos 12. Y otro capítulo más tratará de los dones singulares o prodigiosos.

Apóstol

El vocablo griego que indica este don significa "uno enviado con una comisión". John R. W. Stott, dice:

> La palabra "apóstol" tiene en el Nuevo Testamento *tres probables acepciones*... *(Primera)* la acepción general de que todos somos enviados al mundo por orden de Cristo y de esa manera participamos de la misión apostólica de la iglesia (Juan 17:18; 20:21), y todos somos, en el más amplio sentido de la palabra, "apóstoles"... *(Segunda)* el vocablo se usa al menos dos veces para describir "apóstoles de las iglesias" y que la versión

Reina-Valera traduce "mensajeros de las iglesias" (2 Corintios 8:23) y "vuestro mensajero" (Filipenses 2:25), mensajeros enviados en misiones especiales de una iglesia a otra. En este sentido la palabra podría aplicarse a los misioneros y a los creyentes en general enviados con misiones específicas y determinadas... *(Tercera)* el don del apostolado al cual se le da precedencia y ha de referirse, por lo tanto, a ese reducido y especial grupo de hombres que fueron "apóstoles de Cristo", es decir los doce (Lucas 6:12, 13) juntamente con Pablo (p. ej. Gálatas 1:1)... Fueron exclusivos en el sentido de haber sido testigos oculares o presenciales del Jesús histórico, especialmente del Señor resucitado... En este sentido primario, por lo tanto, en el cual aparecen en las listas, no tienen sucesores, estrictamente hablando, aunque no hay duda de que hoy en día hay "apóstoles" en el sentido secundario de "misionero".[2] (Cursivas indicadas por el autor.)

El doctor Merrill C. Tenney ha sugerido que un misionero de hoy en día puede tener este don en su significado o acepción secundaria si es un fundador de iglesias. En ese caso, tendría que cumplir los siguientes requisitos: (1) ser enviado con un mensaje, (2) ser responsable de establecer una iglesia y (3) ejercer autoridad al fijar las políticas y ponerlas en ejecución. Tenemos un amigo en el Caribe que a lo largo de toda su vida ha ido de una comunidad a otra fundando iglesias. Y durante su vida ha establecido más de cincuenta iglesias. Hay centenares y tal vez millares de hombres y mujeres en el día de hoy, en todo el mundo, que hacen justamente eso, sea que las iglesias que fundan se reúnan en edificios monumentales o en una casa de familia.

Profeta

La palabra que en el idioma castellano se traduce *profecía* deriva del griego y significa "expositor público". En los días apostólicos el don de la profecía comprendía dos partes. Una se refería a la comunicación verbal de Dios a los hombres a través del profeta. Este era un don sobrenatural. Y para que las personas pudieran distinguir entre falsos y auténticos profetas, el Espíritu otorgó a otros creyentes el don de "discernimiento de espíritus". El solo hecho de que un profeta hablaba por revelación, virtualmente aseguraba la existencia de falsos profetas, como leemos tanto en el Antiguo como en el Nuevo Testamentos. Los cristianos neotestamentarios fueron instruidos en el sentido de no despreciar la profecía, pero tenían que probar todas las cosas.

Según 1 Corintios 14:3, la segunda parte del ministerio profético era para la edificación, instrucción, consolación y exhortación de los creyentes en la congregación local. El profeta, que por lo habitual era itinerante, era reconocido como superior al ministro local. Pero al transcurrir el tiempo, el don de la profecía fue ejercido por los ministros locales que predicaban la palabra de Dios para la edificación de la feligresía de su parroquia.

El don de la profecía, en su primera acepción, es decir el don de la profecía predictiva o vaticinadora, no existe más al grado en que existía en el primer siglo del cristianismo.

Nos consta que han ocurrido casos aislados en los cuales diversos creyentes han creído poder predecir sucesos pertenecientes al futuro. De Hans Egede (1686-1758), pionero entre los misioneros de Groenlandia, se dice que profetizó la llegada de un navío cargado de víveres en momentos en que estaban a punto de morir de hambre. Y el navío llegó, tal como lo predijo. Pero los casos de este tipo son raros e infrecuentes. No quisiéramos descartar tales sucesos como imposibles para un Dios soberano, si bien no constriñe a los cristianos como lo hace la profecía escritural. También pensamos que las profecías escriturales se diferencian de la función normal y común del don de la profecía en nuestros días, que es la capacidad de entender y exponer la Palabra de Dios.

Dios ha cesado de revelar directamente "nuevas verdades"; la Biblia tiene ahora contratapa. El canon de las Sagradas Escrituras se ha cerrado. Entendemos que el don de la profecía ha de ser utilizado "en el alto sentido de exponer al pueblo de Dios las verdades recibidas, no por revelación directa, sino por cuidadoso y prolijo estudio de la completada e infalible Palabra de Dios".[3]

Es tarea propia del Espíritu Santo iluminar las mentes de los llamados al ministerio profético para que entiendan la Palabra de Dios y la apliquen con una profundidad totalmente imposible para quienes no cuentan con el don de profecía. Esto pudiera parecer una nueva verdad recientemente revelada, pero para ser bíblica tiene que basarse en la Palabra de Dios. Hay una clara diferencia entre doctrina y dirección. Nada hay nuevo en la doctrina, pero Dios suele dar nuevas directivas que muchas veces se las toma erróneamente como profecías.

Cuando a la profecía se la menciona en relación con el hablar en lenguas, surge una nueva dimensión. Tal como lo entendemos, según lo sostienen algunos de nuestros hermanos, hay personas en la congregación que pudieran profetizar en lenguas y luego esa profecía ser interpretada por alguien que tenga el don de la interpretación. Estamos dispuestos a reconocer esa posibilidad, siempre y cuando la misma no entrañe una nueva revelación sino algo que haría el Espíritu Santo que estuviera dinámicamente relacionado con la escrita Palabra de Dios. El don de la profecía merece un mayor énfasis, tal vez, que el de pastor o evangelista. Aparentemente los profetas del Nuevo Testamento instruían, exhortaban, reprendían y advertían sobre el juicio.

Cierta vez escuchábamos una grabación considerada como una nueva profecía y emitida por un destacado dirigente carismático. Pero al escuchar la grabación descubrimos que prácticamente todo lo que dijo tenía bases bíblicas. Nada había de nuevo, aparte del nuevo énfasis que puso en relatarlo. Expresó una verdad bíblica de una manera sumamente dramática, aplicándola a nuestro mundo de hoy.

En nuestras propias predicaciones hemos hecho todas estas cosas. Y nos hemos relacionado con algunos evangelistas de quienes creímos que eran profetas/evangelistas/maestros/pastores; contaban con todos esos dones y los dones se superponían. Los profetas del Antiguo Testamento vaticinaron el futuro, especialmente relacionado con el juicio que había de caer sobre ciudades y naciones o con la venida del Mesías. Los profetas neotestamentarios tenían un ministerio más parecido al de evangelistas. Proclamaban la Palabra de Dios e instaban a la gente al arrepentimiento de sus pecados; perturbaban a las personas por sus pecados. El apóstol Pablo dedica una gran parte de 1 Corintios 14 al tema de la profecía. Los creyentes de Corinto estaban tan entusiasmados con los dones singulares, que Pablo se sintió obligado a poner énfasis en la importancia de la profecía.

Al respecto de esto es imprescindible una palabra precautoria. Las Sagradas Escrituras claramente enseñan que debemos ejercer el don del discernimiento, porque habrán de aparecer muchos falsos profetas. En realidad de verdad, tanto en los escritos acerca de Jesús como en los de los apóstoles, leemos advertencia tras advertencia de que aparecerían falsos profetas, especialmente al aproximarse al final de los tiempos. Muchos de ellos serán lobos vestidos de ovejas. Con frecuencia engañarán a los propios escogidos de Dios. Por ello, los creyentes deben contar con miembros de sus iglesias que puedan distinguir entre falsos y auténticos profetas. A Pablo le preocupaban los corintios porque al parecer tenían poco discernimiento, y aceptaban a cualquiera como verdadero profeta de Cristo. "Porque si viene alguno predicando a otro Jesús que el que os hemos predicado, o si recibís otro espíritu que el que habéis recibido, u otro evangelio que el que habéis aceptado, bien lo toleráis... éstos son falsos apóstoles, obreros fraudulentos, que se disfrazan como apóstoles de Cristo" (2 Corintios 11:4, 13).

En cierto sentido todos los cristianos debieran poder discernir, diferenciando lo falso de lo verdadero. Y esto es así porque todo cristiano tendría que estar enraizado en la Biblia y saber lo que la Biblia enseña. No obstante ello, la Biblia también enseña que algunos cristianos tienen en mayor medida el don del discernimiento.

¿Y qué decir de las personas que sostienen poder predecir el futuro? Mucha gente nos ha formulado esa pregunta. El requerimiento (o prueba) del verdadero profeta (el vaticinador) en las Sagradas Escrituras era que fuera ciento por ciento certero. No un cincuenta por ciento. No un setenta y cinco por ciento. Ni siquiera un noventa y nueve por ciento. Tenía que ser preciso y exacto en un ciento por ciento.

Evangelista

La palabra "evangelista" proviene de un vocablo griego que significa "uno que anuncia las buenas nuevas".

En su excelente libro *Good News Is For Sharing* (Hay que compartir las buenas nuevas) Leighton Ford señala algo que a veces cae como una sorpresa para algunos estudiosos de la Biblia. La palabra traducida "evangelista" figura solamente tres veces en el Nuevo Testamento: (1) Lucas asignó a Felipe el título de evangelista (Hechos 21:8); (2) Pablo afirmó que Dios enviaba evangelistas a las iglesias (Efesios 4:11); (3) también Pablo instó a Timoteo a que hiciera la "obra de evangelista" (2 Timoteo 4:5). El don de evangelismo, por lo tanto, no es otra cosa que una especial capacidad de comunicar el evangelio.

El mensaje del evangelista está centralizado casi necesariamente alrededor del "contenido" del evangelio. Primordialmente el evangelista es un "mensajero", un anunciador de "las buenas nuevas". Incidentalmente el evangelista, en su proclamación, puede enseñar y hacer la tarea de pastor, pero fundamentalmente su mensaje se reduce a la muerte, el entierro y la resurrección de Cristo, su segunda venida y la necesidad de que todos los hombres en todas partes se arrepientan y crean.

El evangelista es el específico proclamador de las buenas nuevas de que Dios estuvo en Cristo reconciliando consigo al mundo. A lo largo de la historia la iglesia ha perdido riquísimas bendiciones porque algunas denominaciones no han reconocido tan claramente el don del evangelista como lo han hecho con el de maestro o pastor. Así ha ocurrido a veces con evangelistas que fueron ignorados o resistidos por las iglesias, como en el caso de Juan Wesley, cuya misión fue rechazada por su propia iglesia. A pesar de ello, en casi todas las generaciones, Dios ha levantado evangelistas, que a veces han tenido que prestar oídos a su llamado fuera de la iglesia estructurada.

Abundan las caricaturas de evangelistas porque los falsos evangelistas en la imagen de Elmer Gantry han difamado a los centenares de auténticos evangelistas que existen en el mundo. De todos modos, lo mismo puede decirse de algunos pastores, o maestros, que a la postre resultan ser falsos. Muchas veces pastores, maestros o evangelistas bien conocidos se transforman en los blancos preferidos de Satanás. Mientras mayor sea la visibilidad, mejor se ve el blanco. Por eso es que los creyentes bien conocidos por sus dones, deben ser protegidos por las constantes oraciones del pueblo de Dios.

El auténtico evangelismo habla al intelecto y puede o no producir emoción, pero su tarea principal es hablar a la voluntad. A veces una misma persona cuenta simultáneamente con los dones de enseñanza y evangelismo. Algunos de los evangelistas más eficaces que hemos conocido eran esencialmente maestros cuya información enriquecía la mente de las personas al mismo tiempo que aguijoneaba sus conciencias utilizando para ello la Palabra de Dios. Hemos conocido muchos maestros y predicadores expositores que afirmaban no ser evangelistas, ¡pero sin duda alguna tenían el don del evangelismo! Por ejemplo, si bien el ya fallecido doctor Donald Grey Barnhouse era un pastor/maestro, hemos conocido muchas personas que recibieron a Cristo como su Salvador, por medio de su ministerio.

Desgraciadamente, algunos evangelistas pierden demasiado tiempo pensando y aun planificando cómo lograr resultados visibles. Es fácil caer en esta trampa. Es natural que los evangelistas quieran ver resultados, pero el don, en sí mismo, no es garantía suficiente de que esos resultados hayan de ser inmediatos.

El reverendo James R. Graham (padre), pionero de los misioneros en China, proclamó durante tres años el evangelio sin ver resultado alguno. Cuando le preguntaron si se sentía desalentado, replicó: "No. 'De Jehová es la batalla, y él los entregará en nuestras manos' ".

En ninguna parte las Sagradas Escrituras nos dicen que debemos ir en pos de resultados, ni reprenden a los evangelistas si los resultados son magros. Hombres y mujeres toman decisiones doquiera se proclame el evangelio. Públicamente o en privado algunos dicen sí, otros dicen no y los demás las dilatan o difieren. ¡Nadie jamás escucha la proclamación del evangelio sin tomar algún tipo de decisión!

Nunca olvidemos que Noé fue predicador de un acto de justicia que habría de sobrevenir. Y, no obstante ello, después de un ministerio evangelístico y profético de ciento veinte años, solamente los familiares más cercanos e íntimos creyeron y penetraron en el arca (Hebreos 11:7). Por otra parte, algunos que obviamente poseen el don del evangelismo anulan modestamente su don porque temen ser acusados de faltos de intelectualidad, de emocionalismo, de comercialismo o de preocuparse por estadísticas. Estas son sutilezas de Satanás para evitar que el creyente utilice su don de evangelismo.

Así, por ejemplo, durante un lapso de nuestro ministerio abandonamos la costumbre de llevar estadísticas, debido a ciertas críticas que se formularon. De inmediato constatamos que la prensa exageró lo que ocurría y a menudo utilizaba errónea terminología. Uno de los diarios de la ciudad donde predicábamos, informó: "Mil personas salvadas en la cruzada de Billy Graham". El título adolecía de dos errores. En primer lugar, solamente Dios sabe si los que se adelantaron fueron o no salvados, y esa es la razón por la cual no hablamos más de decisiones sino de indagantes. Y en segundo lugar, no fueron mil sino menos de quinientas (la mitad de los que se adelantaron fueron consejeros entrenados). De ahí que volviéramos al sistema de dar estadísticas precisas.

El evangelismo no está limitado a los evangelistas profesionales, es decir a quienes dedican íntegramente sus vidas a este llamado. El don del evangelismo también lo poseen numerosos laicos. Felipe es la única persona en la Biblia a quien se lo denomina evangelista, ¡y Felipe era un diácono! En cierta medida todos los cristianos que no son llamados a la vocación evangelística son llamados, sin duda alguna, a ejecutar la *tarea* de un evangelista.

Muchas veces la gente interpreta erróneamente los métodos de evangelización. Podemos aplicar centenares de métodos diferentes, pero lo que vale es el mensaje. Debemos tomar debida nota de las cosas que los evangelistas no pueden hacer. No pueden lograr que alguien se convenza de su culpabilidad de pecado, de la justicia o del juicio; eso es tarea y obra del Espíritu Santo. No pueden convertir a nadie; eso es tarea y obra del Espíritu Santo. El evangelista puede invitar a los hombres a recibir a Cristo y puede exhortarlos. Pero los resultados los obtiene el Espíritu Santo al obrar sobre las mentes, los corazones y las voluntades de los incrédulos. A nosotros nos corresponde atender a lo posible y confiar en Dios para lo imposible.

Pero hay más. Si el evangelista ha de llevar a cabo un ministerio verdaderamente eficaz para la gloria del Señor, el mensaje debe ir respaldado de una fructífera vida llena del Espíritu. Jesús prometió: "Venid en pos de mí, y haré que seáis pescadores de hombres" (Marcos 1:17). Jesús, por medio del Espíritu Santo, nos garantiza el poder necesario. Instamos a todos los cristianos a que activamente trabajen como evangelistas, sea que se entreguen al evangelismo como dedicación exclusiva o realicen la tarea en forma parcial. Y en esto no hay opción alguna. Es una orden dada por nuestro Señor Jesucristo y el mandato general de la Escritura: "Por tanto, id, y haced discípulos a todas las naciones, bautizándolos en el nombre del Padre, y del Hijo, y del Espíritu Santo; enseñándoles que guarden todas las cosas que os he mandado; y he aquí yo estoy con vosotros todos los días, hasta el fin del mundo" (Mateo 28:19, 20).

Pastor

Entre los ministerios anotados en la carta a los efesios, figura el ministerio de *pastores* (Efesios 4:11).

Para muchos cristianos la palabra *pastor* es uno de los términos preferidos para designar al ministro ordenado. Su uso es consecuente con el ministerio de nuestro Señor, que se aplicaba a sí mismo el término de "pastor". De modo que los llamados por el Espíritu Santo para el ministerio pastoral, son bajo Cristo pastores ayudantes de las ovejas.

Jesucristo se llama a sí mismo "el buen pastor" (Juan 10:11), y es llamado "el gran pastor de las ovejas" (Hebreos 13:20). Pedro habla del "Príncipe de los pastores" que aparecerá un día (1 Pedro 5:4). Si Jesús es el principal de los pastores, significa que hay pastores asistentes o subordinados; éstos incluyen ministros del evangelio y santos no ordenados en la congregación que poseen el don de aconsejar, de guiar, de advertir y de cuidar al redil. Muchas personas han actuado como pastores espirituales en nuestra propia vida sin haber sido formalmente ordenados al ministerio pastoral.

Numerosos consejeros de jóvenes, maestros de clases bíblicas y directores de grupos de estudios bíblicos y edificación realizados en casas de familia, ejecutan funciones que forman parte y son propias del don pastoral. Tres de las cartas paulinas —1 y 2 Timoteo y Tito— tomaron el nombre de epístolas pastorales. Les dicen a los pastores cómo vigilar a las ovejas. En nuestras cruzadas utilizamos un "plan pastoral"; cada persona que se adelanta como indagante habla con un consejero entrenado (ovejero). Dicho consejero puede ser un laico o un pastor ordenado. Le pedimos al consejero (ovejero) que prosiga su tarea escribiéndole cartas, llamándole por teléfono y visitándolo personalmente hasta que el indagante se halle inmerso en una cálida atmósfera cristiana, ha hecho contactos con otros cristianos, o forma parte de un grupo de oración o de edificación cristiana. Si se encuentra en una soledad forzada (en la cárcel), el pastor le enseña a estudiar la Biblia por su cuenta.

Estamos persuadidos de que miles de cristianos en todo el mundo que jamás serán pastores de iglesias poseen el don de un pastor y pueden ser utilizados para asistir a los ministros en su tarea. Los que tienen ese don deben usarlo al máximo posible, recordando que el no hacerlo así contrista al Espíritu Santo. Muchos pastores de las iglesias están abrumados por exceso de trabajo y les vendría muy bien si se los ayudara en este aspecto. Cada uno de nosotros deberíamos preguntarle a nuestro pastor de qué manera podemos ayudarle.

Maestro

El vocablo griego en Efesios 4:11 que en castellano traducimos maestro, significa "instructor". Cuando el mensaje del evangelio ha redundado en resultados positivos de conversiones, el nuevo creyente debe ser instruido. En la gran comisión (Mateo 28:18-20) el mandato de hacer discípulos es inmediatamente seguido por la orden de "enseñarles que guarden todas las cosas que os he mandado".

Una de las grandes necesidades de la iglesia en la hora actual es de más maestros de la Biblia. Pero también esto está en las soberanas manos de Dios. Enseñar es simplemente la capacidad, otorgada por el Espíritu Santo, de instruir a los cristianos en el conocimiento de la Palabra de Dios y su aplicación práctica en su conducta y en su manera de pensar. La meta de la enseñanza es lograr que los cristianos conformen sus vidas a semejanza de Jesús. La enseñanza puede ser impartida, y debe serlo así, de manera sencilla, caritativa y al mismo tiempo minuciosa. Muchos años atrás, y recordando un hecho personal, tuve dos profesores de doctrina. Ostentaban sendos títulos doctorales, y eran verdaderos eruditos en sus respectivas especialidades. A los dos los unía un común denominador. Cuando dictaban sus clases lo hacían con tanta piedad y compasión que a veces las lágrimas rodaban por sus mejillas. Hace mucho que olvidé gran parte de lo que me enseñaron, pero jamás olvidaré aquellas "lágrimas".

Y con respecto a este tema, tenemos entendido que en el idioma griego que usó Pablo, la lista de dones en Efesios 4 sugiere una tan estrecha conexión entre el don de pastor y el de maestro, que sus palabras casi podrían traducirse "pastor-maestro" como si fuera un solo don. Y esto, justamente, refuerza la idea de que el maestro espiritual debe poseer una apasionada sensibilidad a las necesidades de sus educandos.

Algunos de los mejores maestros de la Palabra de Dios, a quienes hemos tenido oportunidad de escuchar, carecían de mayor educación formal. En abierto contraste a lo anterior, algunos de los peores maestros poseen títulos académicos en diversas y relacionadas disciplinas bíblicas, pero carecen del don de la enseñanza con el cual comunicar su conocimiento. Es lamentable el hecho de que algunos seminarios caen en la variante de preferir y escoger calificaciones seculares mundanas para los profesores, y algunos de los mejores maestros bíblicos carecen de títulos académicos, y por ello no están calificados para enseñar en modernos seminarios. Estamos convencidos de que al grado en que se está practicando esta costumbre, podría ser sumamente peligroso para el futuro de la iglesia. Con esto no queremos significar que Dios no usa nuestras capacidades intelectuales cuando están entregadas a él, pero la enseñanza espiritual, como todos los dones espirituales, es una capacidad sobrenatural que la dispensa el Espíritu Santo, no el grado universitario. En estos últimos años hemos modificado algo nuestro énfasis: en nuestra proclamación del evangelio hemos hecho hincapié en el costo del discipulado y en la necesidad de aprender. En forma providencial Dios ha creado miles de clases de estudios bíblicos como resultado de nuestro énfasis en la preparación y seguimiento de nuestras cruzadas. Asimismo Dios ha fundado centenares de escuelas bíblicas y seminarios evangélicos en todo el mundo. Pero la iglesia todavía siente el déficit de maestros. Creemos firmemente que el Espíritu ha concedido el don de la enseñanza a centenares, y tal vez millares de personas que no saben que tienen el don ¡o no lo quieren usar!

El don de la enseñanza puede ser aplicado de muy diversas maneras, que va desde el seminario teológico a los grupos de estudio bíblico en casas de familias de creyentes, pasando por la escuela bíblica o la clase de escuela dominical. Lo importante para las personas que poseen este don, es usarlo tantas veces y en tantos lugares como lo indique Dios.

Uno de los primeros versículos de las Sagradas Escrituras que Dawson Trotman, fundador de Los Navegantes, nos hizo memorizar fue el siguiente: "Lo que has oído de mí ante muchos testigos, esto encarga a hombres fieles que sean idóneos para enseñar también a otros" (2 Timoteo 2:2). Esto es un poco como una fórmula matemática para esparcir el evangelio y aumentar la iglesia. Pablo le enseñó a Timoteo; Timoteo compartió lo que sabía con hombres fieles; estos hombres fieles a su vez enseñarían a otros. Y así sigue el proceso indefinidamente. Si todo creyente siguiera este modelo, la iglesia podría alcanzar a todo el mundo con el evangelio, ¡en una sola generación! Las cruzadas en masa, en las cuales creemos y a las que hemos entregado toda nuestra vida, jamás podrán llevar a término la gran comisión; pero el ministerio personal de uno por uno sí lo hará.

Apóstol, profeta, evangelista, pastor, maestro: cinco de los dones del Espíritu Santo. Es posible que nos hagamos la siguiente reflexión: "No soy ni pastor ni evangelista. Son dones de otros, no míos. ¿Qué tienen que ver conmigo estos dones ?" ¡Tienen mucho que ver!

En primer lugar, es posible que Dios nos haya *dado* uno de esos dones. Es posible que Dios nos esté llamando para ser un pastor, o un evangelista, o un maestro de la Biblia. Tal vez seamos algún joven a quien Dios está llamando para el campo misionero. O tal vez algo mayor de edad y Dios quiera utilizarnos como maestro de escuela dominical o de un grupo de estudio bíblico en una casa de familia.

En segundo lugar, la Biblia nos ordena apoyar a quienes Dios ha llamado a ser los dirigentes de la iglesia. Por ejemplo, debemos orar regularmente por el pastor de nuestra congregación, por los misioneros y por otros que están comprometidos en la obra de Dios. El apóstol Pablo en Efesios 6:19 pidió que oraran por él. Debemos hacerles conocer el hecho de que apoyamos su tarea y estamos interesados en lo que Dios hace por intermedio de ellos.

En tercer lugar, aprendamos de quienes Dios ha llamado a ser los dirigentes cristianos. "Acordaos de vuestros pastores… imitad su fe… obedeced a vuestros pastores" (Hebreos 13:7, 17). Demos gracias a Dios por los dones que ha otorgado a estos dirigentes "a fin de perfeccionar a los santos para la obra del ministerio, para la edificación del cuerpo de Cristo" (Efesios 4:12).

12. MÁS DONES DEL ESPÍRITU

En el capítulo anterior estudiamos los dones que Pablo menciona en el capítulo 4 de la carta a los efesios. A continuación hemos de considerar otros que menciona en 1 Corintios 12 (en cierta medida un duplicado de Romanos 12) donde hallamos la principal lista de dones, probablemente los más conocidos por todos nosotros. En razón de que los dones singulares (tales como el de lenguas) han provocado tanta controversia, los analizaremos en un capítulo separado.

Observemos, en primer lugar, lo que dice Pablo: "Ahora bien, hay diversidad de dones, pero el Espíritu es el mismo" (1 Corintios 13:4). Cuanto digamos sobre los dones estará basado sobre una presuposición crucial: estos dones son dones sobrenaturales otorgados por el Espíritu Santo. Los cristianos, por sí mismos, no pueden manufacturarlos ni producirlos de ninguna manera. Esto no quiere decir, por supuesto, que debemos entender los dones separados de la Palabra escrita de Dios. Hemos de estudiar la Palabra y aplicarla.

El Espíritu Santo otorga a ciertas personas especial sabiduría, conocimiento, fe y demás dones, pero el otorgamiento de estos dones especiales no significa, de ninguna manera, que otros cristianos sean improductivos. Más bien, tales dones espirituales a menudo son formas exaltadas de una capacidad rudimentaria que Dios concede a todos los cristianos. El don de sabiduría nos puede ilustrar al respecto. Todos tenemos algo de sabiduría espiritual, pero quien tenga éste, lo tiene en altísimo grado. Por otra parte, estamos convencidos de que el don de sanidades o el de hacer milagros son dones que el creyente los tiene o no los tiene. Dios da esos dones a muy contadas personas, política que al parecer ha seguido a lo largo de la historia de la iglesia. De todas maneras, hemos de considerar ahora los dos primeros dones espirituales que Pablo menciona en 1 Corintios 12.

Sabiduría

Podemos tener tres clases de sabiduría. La primera nos viene en forma natural. La segunda la obtenemos por aprendizaje, de modo que es algo que se nos puede enseñar. Pero la más elevada jerarquía de sabiduría la recibimos directamente de Dios, relacionada con la particular obra del Espíritu Santo. Si bien Dios es la fuente de verdad, de cualquier origen que sea, otorga sabiduría a los creyentes de una manera única en su género, es decir, por medio de las Sagradas Escrituras. Añadido a ello, concede a ciertos creyentes un don o capacidad especial de sabiduría.

El doctor Merrill C. Tenney del Wheaton College define este don como "la capacidad para tomar correctas decisiones sobre la base de nuestros propios conocimientos".

Ciencia

Esto nos lleva al segundo don, la palabra de ciencia, que se refiere al conocimiento de información espiritual. Sin embargo, todos conocemos creyentes poseedores de notable información sobre Dios y sobre doctrina, pero no saben aplicarla a situaciones prácticas. Tenemos un amigo cuyo cerebro está repleto de conocimientos bíblicos, y no obstante ello los trágicos errores de juicio que ha cometido casi han destruido su ministerio. Esta es la razón por la cual los dones de sabiduría y de ciencia deben actuar juntos, es decir, ilustran la necesidad de cooperación entre los poseedores de diversos dones.

Jesús se ocupa de otro caso en el cual un creyente pueda necesitar de ambos dones. Dijo así: "Pero cuando os trajeren para entregaros, no os preocupéis por lo que habéis de decir, ni lo que penséis, sino lo que os fuere dado en aquella hora, eso hablad; porque no sois vosotros los que habláis, sino el Espíritu Santo" (Marcos 13:11). Vez tras vez los discípulos de Jesús tuvieron que defenderse contra turbas, gobernadores, príncipes y reyes; es probable que el apóstol Pablo hiciera su propia defensa ante el César. Ese conocimiento, esa ciencia, que es un don del Espíritu Santo, está basado en largas horas de disciplinado estudio en las cuales Dios nos enseña. Pero la capacidad de aplicar lo que aprendemos a situaciones reales de la vida va más allá de todo estudio y proviene directamente del Espíritu Santo. La sabiduría es el don del Espíritu que nos enseña a usar el conocimiento. Pablo se defendió echando mano de ambos. Al hacerlo así ilustró el consejo de Pedro respecto a estar "siempre preparados para presentar defensa con mansedumbre y reverencia ante todo el que os demande razón de la esperanza que hay en vosotros" (1 Pedro 3:15).

Es interesante el hecho de que Pedro también dijo que debíamos crecer "en la gracia y el conocimiento de nuestro Señor y Salvador Jesucristo" (2 Pedro 3:18). Por nuestra comunión con Dios logramos un más alto conocimiento y sabiduría de lo que puede obtener el mundo. Y los creyentes que han recibido esta capacidad en elevado grado, pueden considerarse poseedores de los dones de conocimiento o ciencia y sabiduría.

No hay ninguno de nosotros que no deba enfrentar presiones, dilemas y problemas para los cuales no tenemos respuesta, humanamente hablando. Una junta de veintiséis hombres y mujeres capaces, blancos y de color, manejan el personal y los asuntos financieros de nuestra asociación evangelística. Desde el comienzo de nuestro ministerio hemos tratado de ser escrupulosos en la forma de manejar los problemas financieros de la organización. Una y otra vez en nuestras reuniones de la Junta Directiva, cuando nos hemos visto atascados en un atolladero respecto a prioridades, o hemos tenido que enfrentar injustos ataques provenientes de algún lado, nos hemos puesto de rodillas ante Dios pidiéndole sabiduría. Y una y otra vez nos respondió de inmediato. Todo grupo o congregación de creyentes necesita contar por lo menos con una persona que tenga el don de la sabiduría para ayudar a tomar decisiones prácticas. A menudo tal persona sería la que, luego de que hubiéramos orado, formularía las orientaciones para las decisiones correctas a tomar.

Fe

La palabra "fe" proviene de un vocablo griego que significa fidelidad o firmeza: "A otro, fe por el mismo Espíritu" (1 Corintios 12:9). En este pasaje el apóstol Pablo da por sentada la existencia de una fe salvadora. Dice la Escritura: "Por gracia sois salvos por medio de la fe" (Efesios 2:8). También se nos dice que "por fe andamos, no por vista" (2 Corintios 5:7). Pero la fe de que nos habla 1 Corintios 12 es un muy especial don que el Espíritu Santo otorga según sea su voluntad.

Debemos señalar la distinción existente entre la gracia de la fe y el don de la fe. La gracia de la fe significa que podemos creer que Dios

cumplirá todo cuanto prometió, en su Palabra, que haría. Todos los creyentes tienen la gracia de la fe. De ahí que pecamos cuando no tenemos
fe en lo que la Biblia nos promete. Pero ocurren muchas cosas en nuestras vidas respecto de las cuales no existen promesas específicas en la
Palabra de Dios. Por eso, cuando oramos, agregamos la frase "si es tu voluntad". Pero a veces el Espíritu Santo nos da el don de la fe para creer
cosas sobre las cuales la Biblia nada dice. No es pecado no contar con
este especial don de fe.

Un clásico ejemplo de este don de fe lo tenemos en la vida de George
Muller, de Bristol, Inglaterra, que cuidó a miles de huérfanos durante un
período de muchos años. Muller rehusó pedir jamás un solo centavo, pero
atrajo el dinero necesario orando. Este es el don de fe que describió Jesús
cuando dijo: "Si tuviereis fe como un grano de mostaza, diréis a este
monte: Pásate de aquí allá, y se pasará; y nada os será imposible" (Mateo
17:20).

A veces en mi propio ministerio me ha parecido que yo era un hombre de poca fe, pero en numerosas ocasiones el Espíritu Santo me ha concedido el especial don de la fe forzándome a situaciones aparentemente
imposibles de resolver y de las cuales no existían específicas promesas en
la Palabra de Dios.

Por ejemplo, en nuestra cruzada en Nueva York, en el año 1957, el
Madison Square Garden se había llenado de bote en bote, noche tras
noche, durante seis semanas, y miles de personas se entregaron a Cristo.
Sin embargo, a pesar de que habíamos dispuesto clausurar la campaña en
el Yankee Stadium el día 20 de julio, en varios de nosotros surgió la firme
convicción de que la campaña debía continuar. Algunos sentíamos que
retornar al Garden después del Yankee Stadium sería anticlimático; la
gente perdería el interés, teniendo en cuenta especialmente la proximidad
de las vacaciones.

Personalmente me preocupó al grado de no poder conciliar el sueño
de noche. Bien sabía que la decisión final tenía que tomarla yo y mi más
allegado colaborador y amigo de toda la vida, Cliff Barrows, ante Dios.
Finalmente, una noche de rodillas delante de Dios, le dije: "Señor, no sé
qué será lo mejor, pero por fe informaré mañana al Comité Ejecutivo que
seguiremos adelante con la cruzada". Llamé por teléfono a Cliff y me
informó que parecía que Dios le decía lo mismo a él.

Basados en esta decisión continuamos la cruzada por diez semanas más, terminando con una reunión al aire libre en Times Square donde setenta y cinco mil personas se apretujaban en las calles. El servicio se propagó por televisión en vivo y en directo y por radiofonía a toda la nación en el mejor horario. Si esa decisión no hubiera sido tomada sobre las bases del don de fe, otorgado por el Espíritu Santo, centenares de personas que ahora conocen a Cristo pudieran no haber llegado a conocerlo.

Estamos firmemente persuadidos de que hay veces en nuestras vidas cuando tomamos decisiones basados en la voluntad de Dios, y recibimos fe del Espíritu Santo para hacer lo que Dios quiere que hagamos, haciendo caso omiso de las consecuencias que pudieran ocurrir.

Discernimiento de espíritus

La palabra "discernimiento" que figura en 1 Corintios 12:10 proviene de un vocablo griego que engloba varias ideas: ver, considerar, examinar, entender, oír, juzgar a fondo. La versión inglesa *New American Standard Bible* habla de este don como el don de "distinguir los espíritus".

Tal cual lo dijimos en el capítulo anterior, la Biblia nos advierte que en todo tiempo surgirán muchos falsos profetas y engañadores dentro y fuera de la iglesia. Y, además, nos dice que al final de los tiempos intensificarán sus actividades. Dijo el apóstol Pablo: "El mismo Satanás se disfraza como ángel de luz. Por lo tanto no es extraño si también sus ministros se disfrazan como ministros de justicia" (2 Corintios 11:14, 15). Estamos convencidos de que centenares de dirigentes religiosos en todo el mundo en el día de hoy no son siervos de Dios sino del Anticristo. Son lobos vestidos de ovejas; son cizaña y no espigas de trigo.

En todo el mundo occidental se observa un notorio y veloz incremento del espiritismo, del ocultismo, del culto a Satanás como asimismo una gran actividad de los demonios. Las falsas enseñanzas (Pablo las denomina "doctrinas de demonios" en 1 Timoteo 4:1) van de la mano con lo anterior.

El gran interrogante que se plantea es: ¿Cómo distinguir lo falso de lo verdadero? Por esto es que los creyentes necesitan el don de discernimiento, o al menos respeto por las opiniones de quienes lo posean. El apóstol Juan dijo: "Amados, no creáis a todo espíritu, sino probad los espíritu si son de Dios; porque muchos falsos profetas han salido por el mundo" (1 Juan 4:1). En otras palabras, los creyentes deben poner a prueba los diversos espíritus y doctrinas que abundan en el día de hoy. Y sobre todas las cosas, debemos probarlos según las normas que nos fija la Palabra de Dios, la Biblia. Pero, además, Dios otorga a ciertas personas una capacidad extraordinaria para discernir la verdad. En 1 Corintios 12:10, leemos: "A otro (le es dado) discernimiento de espíritus".

Personalmente tengo la impresión de que un hombre llamado Joe Evans poseía este don. Siempre lo llamé "tío" Joe. Era probablemente el más íntimo amigo que tenía el doctor V. Raymond Edman, ex presidente del Wheaton College. Muchas veces los tres (en algunas ocasiones acompañados por miembros de nuestro equipo) nos arrodillábamos para prolongadas y gloriosas sesiones de oración cuando nos veíamos enfrentados por desafíos, oportunidades o problemas. En ciertos períodos del ministerio al cual he dedicado mi vida he sentido la tentación de aceptar ofrecimientos para pasar del campo de evangelismo a otros posibles campos o actividades. Muchas veces los ofrecimientos llegaron por intermedio de un "ángel de luz". Necesitaba yo discernimiento. Y puesto que no siempre contaba con ello, la persona a quien siempre recurrí fue el "tío" Joe, aprovechando de su especial don de discernimiento. Buscaba sus consejos y sus oraciones. Es importante comprender que una persona que posee el don del discernimiento puede a menudo decir la diferencia entre lo que es de Dios y lo que no lo es. Tales personas a menudo pueden poner al descubierto falsas enseñanzas o falsos maestros, pues tienen una capacidad casi misteriosa para percibir la hipocresía, la superficialidad, el engaño y también la falsedad.

No hay duda de que este es el don que le permitió a Pedro captar la hipocresía de Ananías y Safira. Lo mismo ocurrió con Simón de Samaria que profesaba ser convertido y bautizado en el Espíritu, pero resultó ser una fraudulenta imitación (Hechos 8:9 y sigtes.).

Pablo advirtió "que en los postreros tiempos algunos apostatarán de la fe, escuchando a espíritus engañadores y a doctrinas de demonios" (1 Timoteo 4:1).

Las Sagradas Escrituras nos enseñan que todo lo religioso debe ser cuidadosa y prolijamente evaluado; que aun las iglesias a las que concurrimos deben ser examinadas para ver si son de sana doctrina.

Ayuda

El don de ayudar, mencionado en 1 Corintios 12:28, toma su nombre de una palabra griega que da la idea de apoyar o también de asistir.

Tenemos un ejemplo del uso del don de ayudar cuando los apóstoles decidieron designar diáconos para que se encargaran de ciertos asuntos de la iglesia (Hechos 6). Sus deberes consistían principalmente en atender a las mesas y a la distribución de fondos entre los pobres. El uso de este don posibilita que miles de laicos colaboren en la promoción del reino de Dios en tareas tales como aconsejar, orar, manejar la parte administrativa de la iglesia y organizaciones paraeclesiales y testificar. Pero además, "ayudar" entraña la idea de los servicios sociales, tales como asistir a los oprimidos que sufren por las injusticias sociales y cuidar de las viudas y de los huérfanos. Puede significar prepararle alimento a un vecino enfermo, escribir una carta de estímulo o compartir lo que tenemos con alguien que lo necesita. El don de ayudar es el don de demostrar misericordia. También conlleva la idea de ayudar en algunas de las actividades comunes del servicio cristiano, de modo que quienes estén dotados de otros dones, pueden ser liberados de esas tareas comunes y dedicarse con más libertad a la utilización de sus dones. "Si alguno ministra, ministre conforme al poder que Dios da, para que en todo sea Dios glorificado por Jesucristo" (1 Pedro 4:11).

En el curso de nuestras primeras cruzadas me sentía personalmente obligado a atender prácticamente todos los aspectos de nuestro ministerio evangelístico. Como es obvio, esto me exigía soportar una carga tan pesada que me sentía físicamente exhausto la mayor parte del tiempo. Recuerdo la vez que Dawson Trotman, a quien le había solicitado se encargara del aspecto de los consejeros, se acercó a mí una noche y me dijo: "Billy, te estás agotando". Luego añadió: "¿Por qué no trabajamos en equipo? Que Cliff Barrow dirija los cantos, tú predicas, y confía en mí y en los que hemos instruido como consejeros, para hacer nuestra parte". Acepté hacer la prueba. Fue una de las más trascendentales y provechosas decisiones que tomé en mi vida. Comprendía por vez primera que Dios puede utilizar a otros para hacerse cargo de ciertos aspectos de la tarea de evangelismo en forma tan efectiva como podría hacerlo conmigo o con Cliff Barrow o algún otro de los dirigentes de nuestro equipo. Esta es una buena ilustración de la manera en que Dios puede usar todos los dones para que nos ayudemos unos con otros; pero que el don de "ayudar" es muy especial.

Nuestros estudios posteriores de las Sagradas Escrituras nos han demostrado que aun nuestro Señor reunió alrededor de sí un equipo de personas que en una ocasión envió de dos en dos para que ministrasen. Marcos fue el ayudante de Pablo y de Bernabé (Hechos 12:25). Pablo viajaba continuamente acompañado de un equipo de colaboradores, sin los cuales jamás habría podido realizar con tanta eficacia su ministerio. Al final de sus cartas Pablo habitualmente mencionaba algunos de estos fieles ayudantes. En la carta dirigida a los romanos la lista supera los veinte nombres, muchos de los cuales son de mujeres. Escribiendo a los filipenses, Pablo mencionó a Epafrodito, "ministrador de mis necesidades" (Filipenses 2:25).

Mientras escribía este capítulo, mi esposa Ruth y yo, juntamente con Grady Wilson y su esposa Wilma, éramos huéspedes del señor Bill Mead y su esposa en Dallas, Texas. Todas las mañanas nos reuníamos para un estudio bíblico. Una mañana Grady Wilson sugirió suspender nuestro programa regular de estudio bíblico y leer en cambio la carta de Pablo a Filemón. Me pareció algo extraña la sugerencia pero me avine al cambio. Cuando estudiábamos la carta a Filemón, elevé una oración a Dios agradeciéndole por haberme brindado una perfecta ilustración de alguien que tenía el don de ayudar. El ejemplo, claro está, era Onésimo, el esclavo. Pablo le escribió a su amo Filemón diciéndole que Onésimo "...a ti y a mí nos es útil" (v. 11).

¿Contamos con el particular don de "ayudar"? En caso afirmativo podríamos ser fieles sirviendo, si tenemos práctica administrativa o si somos comerciantes, en la junta directiva de una organización paraeclesiástica o sociedades misioneras. O podríamos intervenir en una sociedad bíblica, o desempeñar un cargo administrativo, o ser diáconos de la iglesia. Se puede ser una activa ama de casa y madre. Otro podría ser estudiante.

Un familiar nuestro, el tío Bo, disponía de los sábados por la tarde para limpiar el templo de la pequeña iglesia situado en el corazón de Charlotte, de la cual era miembro. Cortaba el césped y el seto vivo. Poca gente se daba cuenta de la ayuda que prestaba con tan buen espíritu. Y era más o menos todo lo que podía hacer. No podía predicar; no sabía enseñar; se le hacía difícil orar en público; pero tenía el don de ayudar. Y Dios lo utilizaba.

Administración

Este don recibe el nombre de un vocablo griego que da la idea de conducir, pilotear o dirigir. Algunas versiones hablan del don de dirigir (1 Corintios 12:28). Ciertas personas han recibido el don de liderato, que es reconocido por la iglesia.

Las Sagradas Escrituras enseñan que las iglesias deben contar con un gobierno; requieren dirección, sea o no profesional. Jesús dedicó más de la mitad de su tiempo con sólo doce hombres, dándoles una formación adecuada para ser dirigentes que pudieran llevar adelante la obra luego que él ascendiera al cielo. Dondequiera fueran los apóstoles, designaban dirigentes en las iglesias que fundaban. La Escritura nos dice que Pablo y Bernabé "constituyeron ancianos en cada iglesia" (Hechos 14:23). En 1 Timoteo 3:1-7 Pablo enseña los requisitos que se exigen para ser "obispos". Muchos piensan que la palabra "obispo" equivale al de "pastor" en el sentido de sobreveedor, superintendente o administrador.

Al par que algunas iglesias y asambleas procuran conducir la obra del Señor sin dirigentes designados, nosotros pensamos que ello es virtualmente imposible. Algunos grupos cristianos no cuentan con personal ordenado. Sin embargo, los cultos son conducidos decentemente y en orden, al igual que los demás ministerios del grupo. Otros hay que ejercen el liderato aun cuando oficialmente no cuentan con títulos para ello. Si no reconocemos este don, vamos en derechura a la confusión, y nos parece que es una actitud antibíblica ya que obstaculiza la obra del Espíritu Santo que concede a los hombres el don de administración. El escritor de la epístola a los Hebreos llegó hasta decir: "Obedeced a vuestros pastores, y sujetaos a ellos" (Hebreos 13:17). Claro está que hablaba, no cabe duda, de quienes ejercían autoridad en la iglesia.

Las cualidades para ser un dirigente figuran varias veces en el Nuevo Testamento. No debe ser dictatorial, ególatra o dogmático; ha de ser cualquier cosa menos eso. Todo lo contrario, debe ser humilde, afable, cortés, amable y lleno de amor; pero a veces tiene que actuar con suma firmeza. Esta es la razón por la cual es necesario que el don de ciencia o conocimiento se combine con el de sabiduría. Además, la idea de liderato bosquejada en el Nuevo Testamento es decididamente opuesta a la noción de gran pompa y ostentación. Más bien hace hincapié en las virtudes de la humildad y del servicio.

El Señor Jesucristo es el más perfecto ejemplo de un dirigente o líder. "Porque el Hijo del Hombre no vino para ser servido sino para servir, y para dar su vida en rescate por muchos" (Marcos 10:45). Se humilló a sí mismo tomando forma de siervo (Filipenses 2:7); lavó los pies de sus discípulos y luego dijo: "El siervo no es mayor que su señor" (Juan 13:16). Jesús, por su ejemplo, nos dice que todo verdadero dirigente o líder tiene que ser un ayudador, un sirviente, aun un esclavo. Se nos hace la siguiente exhortación: "Servíos por amor los unos a los otros" (Gálatas 5:13). Y esto es una orden, no una sugerencia, y se aplica con especial énfasis a los líderes.

A modo de conclusión

No fue propósito de Dios que la iglesia anduviera a la deriva en los procelosos mares de la incertidumbre sin brújula, sin capitán y sin tripulación. Por su Espíritu ha provisto a la marcha y funcionamiento de la iglesia en la historia de los dones de su Espíritu, y se nos dice que debemos procurar "los mejores dones" (1 Corintios 12:31). Sea que el Espíritu Santo nos conceda uno o varios dones, lo importante es que hagamos dos cosas: en primer lugar, reconocer el don o los dones con que Dios nos ha provisto. En segundo lugar, debemos desarrollar esos dones y hacer todo lo que podemos, humanamente hablando, para mejorarlos a medida que los utilizamos. El que cuenta con el don de profecía debiera mejorar su rol con el paso de cada año de su vida. Y la persona con el don de sabiduría debiera ser más sabia al final de lo que era al comienzo.

Algún día todos tendremos que rendir cuenta de la forma en que utilizamos los dones que Dios nos dio. La persona a quien mucho se le dio, mucho le será requerido. Usemos nuestros dones al máximo de nuestras posibilidades y esperemos expectantes las palabras de nuestro Señor: "Bien, buen siervo y fiel" (Mateo 25:21), en el tribunal de los santos.

13. LOS DONES "SINGULARES"

Pensamos que será pertinente aquí una palabra de explicación y de cautela respecto de los denominados dones "singulares" anotados en 1 Corintios 12:9, 10 y clasificados por algunos como señales. Por "dones singulares" queremos significar los dones del Espíritu Santo que con frecuencia constituyen indicios o signos exteriores del obrar de Dios. Estos dones incluyen *sanidades, milagros* y *lenguas.* Parecieran ser los que mayor atención llaman en la iglesia de hoy en día, excitando la imaginación y produciendo manifestaciones exteriores que atraen a las multitudes.

Un dirigente cristiano decía cierta vez que si oía de un ministro que predicara el evangelio en la esquina de su casa, prendería el televisor y miraría su programa favorito. Pero si se le informara que alguien en la misma esquina estaba realizando milagros, dejaría todo lo que estuviera haciendo y correría para ver qué era lo que sucedía. ¿Por qué es eso así? Simplemente porque lo espectacular y lo insólito parecen fascinarnos. Este tipo de curiosidad no es necesariamente bueno ni beneficioso pero, sin lugar a dudas, sumamente común.

Resulta interesante observar que en las cuatro ocasiones en que la Biblia trata de los dones del Espíritu (Romanos 12:6-8; 1 Corintios 12:8-10; Efesios 4:11 y 1 Pedro 4:10, 11), estos dones singulares figuran juntos solamente en la primera carta a los corintios, iglesia que abusaba, a la sazón, al menos de uno de esos dones. Los cristianos deben recordar y tener muy en cuenta que el Espíritu Santo estaba lejos de querer que los dones fueran objeto de abusos que provocaran divisiones o destruyeran la comunión de los creyentes. Cuando ello ocurre amengua el amor, la más grande de todas las manifestaciones del Espíritu.

Sanidad

El Espíritu Santo otorga el don de sanidad (literalmente el don de la curación). En el Antiguo Testamento se mencionan muchos casos de

175

curaciones y claro está que el Nuevo Testamento está lleno de ocasiones en que Jesús y sus discípulos curaron a los enfermos. A lo largo de la historia de la iglesia cristiana, se han registrado incontables casos de curaciones de enfermedades.

Se asocia a veces el ministerio de curaciones físicas por medios espirituales con los que curan por fe. Muchos de estos últimos aseguran tener el don de la sanidad o al menos algún poder especial. Decenas de miles de personas acuden en masa a ver y escuchar a estos curadores. Y miles más son instados a escribir a ciertos predicadores radiales y televisivos que pretenden contar con este don de la sanidad. En realidad, la atención de las masas se ha centralizado en estos últimos años en la fe cristiana y la curación de los males físicos.

Pero las enfermedades y las dolencias forman parte de la vida: nadie puede escapar, al final, de las mismas. Toda la gente, incluyendo los más famosos sanadores por fe, enferman y, finalmente, mueren. Kathryn Kuhlman, la famosa sanadora por fe, murió en los primeros meses del año 1976. Durante años había sufrido una afección cardíaca, y a finales del año 1975 fue sometida a una intervención quirúrgica a corazón abierto, de la cual nunca se repuso. Hubo personas que se curaron bajo su ministerio. No así ella. En última instancia la enfermedad la llevó a la muerte.

Pero debemos distinguir entre lo que la Biblia llama el don de sanidades y un segundo método de curación. Algunos hacen hincapié en la fe del que necesita ser curado, es decir, del enfermo, diciéndole al mismo que sanará si tan sólo se decide a creer. Por esto van más allá que aquellos que creen que el perdón, la purificación y la buena acogida de Dios surgen de la obra expiatoria de Jesús en la cruz. Piensan que todo cristiano que enferma tiene derecho a la curación por fe. Observemos que esto nada tiene que ver con el don de sanidades como tal. Tales maestros creen, por ejemplo, que la curación corporal de la enfermedad estriba en la obra expiatoria de Cristo. Para ellos la muerte de Cristo en la cruz, no sólo trae aparejado el ofrecimiento del perdón de los pecados, sino también la curación física del cuerpo. Ambos, sostienen, nos vienen por la fe.

Este tipo de curación tiene que ver más bien con la fe y no tanto con el don de sanidades.

En apoyo de esta posición señalan que el Antiguo Testamento vaticinó la venida del Mesías y dijo de él: "Y por su llaga fuimos nosotros curados" (Isaías 53:5). No creo que la Escritura enseña claramente que la obra de Cristo en la cruz incluye la curación de enfermedades. El pasaje que se menciona en Isaías 53:5 es citado una vez en el Nuevo Testamento en 1 Pedro 2:24: "Llevó él mismo nuestros pecados en su cuerpo sobre el madero, para que nosotros, estando muertos a los pecados, vivamos a la justicia; y por cuya herida fuisteis sanados". Aparece suficientemente claro que la "sanidad" del Salvador es de naturaleza principalmente espiritual y no física.

Algunos creyentes, ya sea que crean que Dios cura por la acción de un don espiritual o solamente por medio del ejercicio de la fe, creen que es innecesario consultar a un médico cuando enferman, a excepción, posiblemente, de hacerlo como último recurso. Se les abren varias puertas: pueden confiar en Dios para la curación, en cuyo caso no interviene para nada el don de sanidad y, en cambio, sí interviene el don de la fe. O pueden recurrir a alguien en el cual confían ellos que posee el don de sanidades. El don de sanidades significa que la persona así agraciada puede hacer exactamente lo que hizo Jesús; por el poder que posee como don del Espíritu Santo, puede curar al enfermo en forma inmediata y permanente: un brazo fracturado se cura instantáneamente, un tumor canceroso desaparece, el proceso de neumonía se detiene y los pulmones vuelven a la normalidad.

Pensamos que el curar las enfermedades debe ser contemplado desde una perspectiva más amplia. Santiago enseñaba que todos los buenos dones provenían de arriba. Creemos que la curación de las enfermedades puede provenir de Dios a través del don de sanidades y del don de fe, pero también proviene de él, utilizando los recursos de la medicina. Pablo le aconsejó a Timoteo que tomara un poco de vino medicinal debido a sus problemas estomacales (1 Timoteo 5:23). No debemos olvidar que Lucas era médico y acompañó a Pablo en muchos de los viajes del Apóstol, y probablemente lo ayudó en el aspecto médico.

Nos consta que el Señor ha utilizado a médicos y a remedios para curar enfermedades que nos han afectado. Más aún, debemos tener bien en cuenta la posibilidad de que Dios no quiera que seamos curados de todas nuestras afecciones, algo que evidentemente ocurrió en el caso del apóstol Pablo (ver 2 Corintios 12:7-10). Por lo tanto, pensamos que los creyentes debiéramos echar mano de la sabiduría que Dios nos concede para determinar si debiéramos recurrir al uso de medios naturales o confiar exclusivamente en la oración o en las personas investidas de un auténtico don de sanidades.

Si resulta imposible lograr los medicamentos adecuados, o si los médicos declaran incurable la enfermedad, y Dios pone en nuestros corazones mirar a él en fe sencilla en busca de lo imposible, en ese caso debemos seguir sus directivas. Pero esas directivas deben provenir de Dios, no de la insistencia de nuestros hermanos creyentes.

Pero si se cuenta con médicos y con medicamentos, el ignorarlos en favor de pedirle a Dios que cure, nos parece rayar en los lindes de la presunción.

Teníamos un amigo que cayó enfermo, afectado de una dolencia fatal. Los médicos sabían que era un caso sin esperanzas. Nuestro amigo también lo sabía. De modo que mandó a buscar una mujer que él sabía que tenía el don de sanidades. Después de orar y aconsejarlo espiritualmente, la sanadora colocó sus manos sobre el enfermo. El hombre sintió lo que parecía ser una descarga eléctrica y se curó en forma instantánea. Al ser revisado por los médicos no quedaban vestigios de la enfermedad.

En el colmo de la alegría este amigo se entusiasmó locamente con los dones singulares: sanidades, milagros, hablar en lenguas y su interpretación. La persona y la obra de Cristo quedaron relegadas al mundo del olvido. El fruto del Espíritu brillaba por su ausencia. Tres años después se produjo una violenta recidiva de la enfermedad. Y esta vez Dios no escogió curarlo. Murió lentamente, amargamente desilusionado, como si la gloria, incluido el propio Señor, no lo esperaran.

La prudencia difiere, justamente, de la presunción, y no debiéramos tentar a Dios. Si un creyente enfermo recurre a la fe para curarse, debe estar previamente seguro de que Dios le ha dado esa fe. De carecer de ella debe recurrir a los médicos. Y a nuestro juicio es normal que un creyente utilice y aproveche la ayuda médica que provee Dios. Los medicamentos y los médicos (tales como Lucas) también son de Dios.

Tiempo atrás conversábamos con un siquiatra cuyos títulos eran notorios e impecables. En el curso de la conversación subrayaba un hecho bien conocido: las personas sufren enfermedades tanto orgánicas como funcionales. Bajo la segunda categoría los textos de medicina registran muchas enfermedades carentes de bases orgánicas y se las denomina sicosomáticas. Producen padecimientos físicos con manifestaciones exteriores, que no se curan por el tratamiento médico común; pero pueden ser curados sometiendo la mente a un correcto tratamiento. Cuando la mente retorna a la normalidad desaparecen las diferencias físicas originadas en esta situación funcional. Los romanos tenían una frase famosa: *mens sana in corpore sano,* una mente sana en un cuerpo sano. Una mente enferma produce dolencias corporales. Una mente sana y limpia protege al cuerpo de enfermedades funcionales que derivan de la enfermedad mental.

Habiendo dicho todo esto, sabemos que Dios cura, bajo ciertas circunstancias, de acuerdo con su voluntad. Un notable ejemplo de lo anterior es lo que ocurrió con nuestra cuñada. Moría de tuberculosis. La radiografía mostraba la extrema gravedad de su condición, pero le pidió permiso a su padre, cirujano, para suspender el tratamiento médico porque creía que Dios la habría de curar. El permiso fue concedido y algunos piadosos hombres y mujeres ungieron con aceite su cabeza y oraron la oración de fe. Se tomó una nueva serie de radiografías y, para gran asombro de los médicos del sanatorio, no mostraba más ningún signo de tuberculosis activa. De inmediato empezó a ganar peso y treinta y cinco años después es una activa maestra de Biblia y goza de perfecta salud. No hay duda alguna que se curó, como es obvio. Pero observemos que la sanidad llegó, no por medio de alguien que poseía el don de sanidades, sino por medio de la fe.

Interesante es observar el hecho de que Jesús no curaba de igual manera a la gente. En algunas ocasiones simplemente decía la palabra y se producía la curación. Pero otras veces utilizaba lo que podríamos considerar como *medios.* Jesús tomó de la mano a la suegra de Pedro y la curación se produjo en forma instantánea (Mateo 8:15). Cuando Jesús resucitó a Lázaro, clamó a gran voz "¡Lázaro, ven fuera!" (Juan 11:43). Ahora bien, al ciego de nacimiento Jesús lo curó de una manera muy distinta: escupió en tierra, hizo lodo con la saliva y untó los ojos del ciego ordenándole lavarse en el estanque de Siloé (Juan 9:1 y sigtes.). En el caso del criado del centurión, el enfermo no estaba ni siquiera cerca de Jesús cuando fue curado (Mateo 8:5 y sigtes.). Y la mujer enferma de flujo de sangre fue sanada simplemente por tocar el borde del manto del Señor (Mateo 9:18 y sigtes.).

La imposición de las manos o el ungimiento con aceite tienen una significación tanto espiritual como sicológica. Ni el enfermo ni quienes lo ungen deben suponer que la curación se deba a la imposición de las manos, al ungimiento con aceite, a su propia fe personal o aun a sus oraciones. La curación proviene de Dios y es de Dios. "El *Señor* lo levantará" (Santiago 5:15; cursivas indicadas por el autor).

Pero no siempre Dios decide curarnos. Como ya lo dijimos anteriormente, no hallamos en las Sagradas Escrituras evidencia alguna de que sea la voluntad de Dios curar a toda la gente de sus enfermedades. Si el Espíritu Santo le otorga a un enfermo o a alguien que está orando por un enfermo el don de fe de que la persona será curada, en ese caso podemos tener la absoluta certeza de que será curada. Pero ocurre que Dios no siempre otorga el don de la fe. Ello significa que los enfermos y sus seres queridos por cierto deben orar por el que está postrado, pero en ausencia del don de la fe a la oración debe agregarse la expresión "si es tu voluntad". Creemos que la verdadera fe entraña una entrega total de nuestra vida a la voluntad de Dios, cualquiera sea, aun cuando Dios haya decidido no curarnos. Esto quiere decir que aceptamos ser curados, o aceptamos permanecer enfermos, o aceptamos morir, es decir ¡aceptamos todo cuanto decida Dios!

Tenemos el clásico ejemplo de Job, afectado de una sarna maligna que lo cubría de los pies a la cabeza. Satanás era el responsable de esta situación, pero resulta interesante observar que Satanás tuvo que pedirle previamente permiso a Dios antes de poder tocar las posesiones de Job, mucho menos al propio Job.

Y el libro de Job es el resultado de esta situación. ¿Qué habrían hecho los creyentes a lo largo de los siglos sin este tremendo relato?

Tenemos también el ejemplo de Amy Carmichael, de la India, que pasó más de cincuenta años atendiendo a los niños. Los últimos veinte años de su vida transcurrieron en cama en constante dolor a raíz de heridas recibidas en un grave accidente. Y lo notable del caso es que fue justamente durante esos últimos veinte años que escribió todos sus escritos, sus poemas, devocionarios e informes del ministerio de la Comunidad Dohnavur. Sus libros continúan sirviendo a miles de personas en todo el mundo si bien hace mucho tiempo que se fue para estar con el Señor. De no haber estado confinada a su lecho, no hubiera tenido tiempo para escribir todas sus obras.

Hemos asistido a varias reuniones de sanidades. Algunas de ellas nos asquearon por la histeria emocional que primaba. También hemos asistido a reuniones de sanidades en las cuales el culto se hacía decentemente y en orden. En estas últimas hemos podido comprobar la acción del Espíritu Santo de Dios de una manera que no ofendía a nadie. En reuniones de ese tipo el Espíritu utilizaba a los siervos de Dios provistos de dones especiales para hacer la voluntad del Altísimo.

Toda enfermedad, toda dolencia y todo lo malo que ocurre en nuestras vidas puede ser rastreado al pecado original. Pero esto no significa que quienes hayamos experimentado estas dificultades debamos atribuir las mismas a premeditadas transgresiones. Cierto es que en algunos casos sufrimos enfermedades que son el resultado directo o indirecto de alguna maldad que hayamos cometido, pero no siempre ocurre así.

Un día Jesús encontró un hombre ciego de nacimiento. Y fueron sus discípulos, no los fariseos ni los saduceos, quienes le formularon la pregunta: "¡Quién pecó, éste o sus padres, para que haya nacido ciego?" (Juan 9:2). Aun los propios discípulos de Jesús no podían concebir una ceguera que no fuera el resultado directo del pecado. Jesús les respondió: "No es que pecó éste, ni sus padres, sino para que las obras de Dios se manifiesten en él" (v. 3).

Cuando vemos a alguien afectado de una enfermedad o una dolencia cualquiera, debemos cuidarnos de dar por sentado que su condición reconoce por causa el pecado. Muchas enfermedades no pueden atribuirse a los pecados cometidos por el enfermo. Las enfermedades pueden ser provocadas por accidentes o por causas hereditarias. En el caso de un niño retardado no podemos atribuir la causa de su desgracia a algún pecado de él o de sus padres, si bien toda enfermedad reconoce como causa última el pecado original. Jamás tuvo Dios la intención de que enfermáramos y muriéramos, pero la rebelión del hombre contra Dios en el huerto del Edén cambió todo eso. Debemos recordar también que el diablo arteramente procura usar toda enfermedad para obstaculizar nuestra comunión con Dios, provocarnos un neurótico sentimiento de culpabilidad, o aun culpar a Dios por lo que pareciera ser una injustificada falta de amor por nosotros y una dureza de su parte.

Al mismo tiempo contamos con la promesa de Dios de que llegará el día cuando serán destruidos todos los efectos del pecado en la creación, incluso la enfermedad. "Enjugará Dios toda lágrima de los ojos de ellos; y ya no habrá muerte, ni habrá más llanto, ni clamor, ni dolor; porque las primeras cosas pasaron" (Apocalipsis 21:4).

Muchos cristianos sufren, de tanto en tanto, enfermedades físicas, mentales y aun espirituales. Agudo sufrimiento provocan los impedimentos físicos crónicos, los períodos depresivos o los espíritus débiles sujetos a dudas. La ayuda de Dios está disponible para esos impedimentos, y abundan su simpatía y comprensión. Podemos contar con la presencia y la obra del Espíritu Santo en nuestras vidas. "El Espíritu nos ayuda en nuestra debilidad" (Romanos 8:26), y a través de Hebreos 4:16 Dios nos promete su ayuda: "Acerquémonos, pues, confiadamente al trono de la gracia, para alcanzar misericordia y hallar gracia para el oportuno socorro.

En circunstancias como las que acabamos de mencionar, el Espíritu Santo se hace cargo de todo. Se lo denomina "el divino Paracleto". El vocablo griego *parakletos* figura cinco veces en el Nuevo Testamento. Cuatro veces es traducido "Consolador" (Juan 14:16, 26; 15:26; 16:7) y una vez "abogado" (1 Juan 2:1). Significa "alguien que camina a nuestro lado como consejero, ayudador, defensor y guía".

El Espíritu Santo sí nos ayuda de manera efectiva en nuestras enfermedades, nuestras dolencias y nuestras debilidades. A veces las mismas enfermedades son clara indicación de que estamos llenos del Espíritu. Tres veces el apóstol Pablo le pidió a Dios que le quitara un "aguijón" de su carne, que le dificultaba severamente su accionar, pero Dios le respondió con un rotundo "No". Y agregó el Señor: "Bástate mi gracia; porque mi poder se perfecciona en la debilidad" (2 Corintios 12:9). Pablo respondió rápidamente: "De buena gana me gloriaré más bien en mis debilidades, para que repose sobre mí el poder de Cristo" (2 Corintios 12:9). Y fue más lejos aún: "Por amor a Cristo me gozo en las debilidades, en afrentas, en necesidades, en persecuciones, en angustias; porque cuando soy débil, entonces soy fuerte" (2 Corintios 12:10). Pablo, aun lleno con el Espíritu Santo, soportaba una enfermedad en su cuerpo que Dios le permitía sufrir para la gloria de su persona.

De modo que si Dios permite la enfermedad y rehúsa curar, deberíamos aceptar su decisión con gratitud. Y habremos de pedirle que nos enseñe todo cuanto quiere él que aprendamos de la experiencia, incluso cómo glorificarlo.

La experiencia de Pablo nos enseña una lección referente a la sanidad en relación con la expiación de nuestro Señor. Mateo dice que "él mismo tomó nuestras enfermedades y llevó nuestras dolencias" (Mateo 8:17). Y esto es absolutamente cierto. Por su muerte en el Calvario, contamos con la certeza de que nos veremos libres de toda dolencia y de toda enfermedad. Pero Dios permite que ahora algunos de nosotros suframos enfermedades y dolencias. De modo que sabemos que Dios nunca tuvo la intención de que todos sus hijos fueran librados, en todo tiempo, de enfermedades. Y eso vale para el día de hoy.

Hay un número creciente de iglesias que ocasionalmente tienen servicios de sanidades. Cuando preguntamos sobre estos cultos de sanidades, se nos explicó que muy pocas de las curaciones tenían que ver con enfermedades orgánicas, pero sí con relaciones familiares, con recuerdos, actitudes y sentimientos de culpabilidad. Como resultado de ello se han solucionado problemas de matrimonios desavenidos, se han producido reconciliaciones entre padres e hijos y entre empleadores y empleados.

Como resumen de lo anterior, digamos que no hay duda alguna de que hay un don de sanidades —personas que se curan en respuesta a oraciones de fe— y que hay otras curaciones, tales como la curación de relaciones familiares. Se hace imprescindible una palabra de cautela. Hay muchos farsantes y charlatanes en el campo de la medicina y de la curación por la fe. Y nuevamente aquí tendremos necesidad de echar mano del discernimiento espiritual.

Milagros

El don de obrar milagros toma su vocablo clave "milagros" de una palabra griega que significa "poderes" (2 Corintios 12:12). El milagro es un acontecimiento que no obedece, en su producción, a ninguna ley física conocida; es un suceso espiritual producido por el poder de Dios, una maravilla, un prodigio. En la mayor parte de las versiones del Antiguo Testamento la palabra "milagro" es traducida habitualmente como "prodigios", "maravillas", "poderosos hechos", "magníficos hechos". Las versiones del Nuevo Testamento suelen referirse a los milagros como "señales" (Juan 2:11) o "señales y prodigios" (Juan 4:48; Hechos 5:12) o "señales y maravillas" (Hechos 15:12).

De lo anterior se desprende que los prodigios y maravillas ejecutados por Jesús y los apóstoles autenticaban su pretensión de autoridad y garantizaban la certeza de su mensaje. Recordemos, a ese efecto, que las gentes les formulaban a Jesús y a los apóstoles la siguiente pregunta: "¿Cómo sabemos que eres quien dices ser y que tus palabras son verdaderas?" No era, de ninguna manera, una pregunta descabellada. En momentos estratégicos Dios se manifestó a los hombres una y otra vez por medio de milagros, de modo que contaran con una confirmada evidencia exterior de que las palabras que escuchaban de los servidores de Dios eran auténticas y verdaderas.

Un caso notable que ilustra este principio lo tenemos con Elías y las cosas que ocurrieron en el monte Carmelo. El profeta estaba trabado en singular combate en el cual el pueblo de Israel tenía que decidir entre Dios y Baal. Elías desafió a los sacerdotes de Baal a erigir un altar y colocar sobre el mismo un animal para sacrificarlo. Informó al pueblo de Israel que debía mirar en busca de una señal que los convenciera de cuál era el verdadero Dios, si Baal o Jehová. Los sacerdotes de Baal invocaron desesperadamente a su dios, pero nada ocurrió. Luego Elías hizo verter cántaros de agua sobre el holocausto y sobre la leña, y Dios mandó fuego del cielo que consumió el holocausto, a pesar del agua. ¡Eso fue un milagro!

Pablo sostiene que los hombres sabrían que él era un apóstol cuando dijo: "Las señales de apóstol han sido hechas entre vosotros en toda paciencia, por señales, prodigios y milagros" (2 Corintios 12:12). El Espíritu Santo dio a los primeros apóstoles el don de efectuar milagros como evidencia probatoria de ser los mensajeros de Cristo para una especial y particular tarea: la tarea de iniciar e introducir una nueva era en la historia de la humanidad.

Siempre nos ha llamado la atención que hubo tantos grandes personajes, tanto del Antiguo como del Nuevo Testamentos, que no realizaron milagros. Juan el Bautista ilustra lo que acabamos de decir: "Y muchos venían a él, y decían: Juan, a la verdad, ninguna señal hizo; pero todo lo que Juan dijo de éste, era verdad. Y muchos creyeron en él allí" (Juan 10:41, 42). De manera que si bien Juan no efectuó milagros, exaltó al Señor Jesucristo, a quien entonces muchos recibieron. Recordemos que Jesús dijo de Juan: "De cierto os digo: Entre los que nacen de mujer no se ha levantado otro mayor que Juan el Bautista" (Mateo 11:11).

¿Por qué hoy en día no vemos los espectaculares milagros de los cuales leemos en la Biblia? La escasez en la producción de esos milagros ¿se debe a nuestra poca fe, o será que Dios no quiere ahora lo espectacular? ¿Será que las señales, prodigios y maravillas eran dones particularmente apropiados a las especiales circunstancias de la iglesia primitiva? Es nuestra creencia que así es. Y hoy en día cuando el evangelio es proclamado en las fronteras de la fe cristiana que semeja aproximadamente la situación del primer siglo, los milagros aún acompañan a veces el avance del evangelio. Tal como lo indicaron los profetas Oseas y Joel, al aproximarse al final de los tiempos hemos de esperar un incremento de los milagros.

Y el propio Jesús, refiriéndose a sus milagros, les dijo a los discípulos que ellos ejecutarían mayores aún: "El que en mí cree, las obras que yo hago, él las hará también; y aún mayores hará" (Juan 14:12). ¿Qué cosas podrían ser mayores que las que él hizo: sanar a los enfermos, devolver la vista a los ciegos, resucitar a los muertos, echar fuera demonios? Se ha dicho: "Jesús no vino a predicar el evangelio sino para que hubiera un evangelio que predicar".

Gracias a su muerte y resurrección, tenemos ahora un evangelio que puede perdonar pecados y transformar vidas. Una vida transformada es el mayor de todos los milagros. Cada vez que "nace de nuevo" una persona por arrepentimiento de sus pecados y fe en Jesucristo, se produce el milagro de la regeneración.

Todo esto que decimos no lleva la intención de rechazar la verdad de que en ciertas partes del mundo el Espíritu Santo ha designado a cierta gente, en su soberana voluntad, para efectuar milagros. Hace poco mencionamos el hecho de que a medida que nos aproximamos al final de los tiempos, hemos de ver y comprobar un dramático aumento de señales y maravillas que pondrán en evidencia el poder de Dios a un mundo escéptico. De la misma manera que los poderes de Satanás se desatan cada vez con mayor intensidad, así también creemos que Dios permitirá que se realicen señales y milagros.

Lenguas

Un destacado ministro de la Iglesia de Escocia yacía en la sala de terapia intensiva de un hospital de Glasgow. Sabía que su vida pendía de un hilo, y que en cualquier momento podría ver a su Señor cara a cara. Así que, comenzó a hablar al Señor. Al hacerlo descubrió que oraba en un lenguaje que nunca escuchó antes. Luego de confiar este hecho a un amigo, nunca más lo mencionó a nadie. Se recuperó de su dolencia para servir al Señor varios años más.

Una frenética joven, esposa y madre, a quien le habían salido mal todas las cosas ese día, se sentó en su cama esa noche literalmente "increpando a Dios". Relatándole el incidente a mi esposa, le preguntó si alguna vez había oído hablar en lenguas. Ruth asintió.

—Bueno— le dijo a Ruth—, yo nunca lo había oído antes. Jamás pedí hacerlo. Ni siquiera me daba cuenta de lo que ocurría. De pronto me pareció que daba vueltas a la tierra en una nave espacial y al pasar por encima de cada continente pensé en los cristianos que allí había, y mencionaba por nombre a los misioneros que conocía. De esta manera viajé alrededor del globo terráqueo. Miré al reloj, pensando que había orado por lo menos media hora. Para gran sorpresa mía descubrí que era la madrugada. Y me sentía renovada. La carga que pesaba sobre mis hombros ya no pesaba más. Y habían desaparecido la frustración, el enojo, las quejas. Estaba renovada como si hubiera dormido bien toda la noche.

Una clase de escuela dominical estudiaba la persona y obra del Espíritu Santo en un vecindario donde el hablar en lenguas se había transformado en un factor de división entre los creyentes. Después de una reunión particularmente excitante, se le pidió a un maestro de estudiantes universitarios de la escuela dominical que hablara sobre el Espíritu Santo. Uno por uno los estudiantes compartieron su experiencia con este fenómeno. El maestro, recordando varios meses después aquella reunión, mencionó tres personas que más se le grabaron en la memoria. Una de ellas, cuyo testimonio tuvo un timbre de indudable veracidad, por algunos meses después de su experiencia se sintió profundamente preocupada por el problema del don de lenguas, no hablando prácticamente de nada más que de eso, y haciendo cuanto le era posible para convencer a otros creyentes a que participaran de esa experiencia. Sin embargo, pasando un tiempo, recapacitó y comprendió que el Espíritu Santo era dado para permitirnos glorificar al Señor Jesús de diversas maneras. Hoy en día es un talentoso ministro del evangelio.

Un segundo miembro de la clase, que también afirmó hablar en lenguas, fue expulsado de su colegio pocas semanas después por abiertos, repetidos e impenitentes actos de inmoralidad.

Una tercera persona bien recordada por el maestro era un peleador callejero de una grande ciudad que se había recientemente convertido. Después de la clase había apartado al maestro y le confió que él había estado en la misma reunión donde reconoció el lenguaje hablado. Cuando el maestro le preguntó qué lenguaje era, le respondió que era el lenguaje que escuchaba cuando ayudaba a su abuela que era una medium espiritista. El maestro nos dijo que pensaba que estos casos ilustraban tres fuentes para lo que llamamos lenguas: (1) el Espíritu Santo; (2) influencia sicológica; (3) influencia satánica.

Al par que no pretendemos ser expertos en el tema de hablar en lenguas, nuestras opiniones reconocen como fuente nuestro estudio de las Sagradas Escrituras y nuestra experiencia y conversaciones con infinidad de personas. De una cosa estamos ciertos: ni el Espíritu Santo ni ninguno de sus dones fueron dados para dividir a los creyentes. Esto no quiere decir que no tengamos nuestras propias opiniones en cuanto a lo que la Biblia enseña respecto al hablar en lenguas. O que no debiéramos tener congregaciones locales en las cuales se le asigna prominencia al hablar en lenguas o, contrariamente las que no le asignan esa prominencia. Pero no nos cabe la menor duda de que cuando se abusa del don de lenguas provoca divisiones, entonces algo anda muy mal. Significa que el pecado ha penetrado en el cuerpo de Cristo.

Trasfondo histórico

Por casi un siglo el hablar en lenguas ha jugado un rol importante entre numerosos cristianos y ciertas iglesias. Para ellos el hablar en lenguas se relaciona con la vida del cristiano subsiguientemente a su conversión.

Sin embargo, millares de los denominados creyentes "carismáticos" nunca han hablado en lenguas. No obstante ello, son aceptados como verdaderos creyentes en el Señor Jesús. De ahí que en muchas iglesias que se consideran a sí mismas carismáticas, el hablar en lenguas no es considerado como signo esencial de haber nacido de nuevo. Coinciden en que los creyentes regenerados han sido bautizados por el Espíritu Santo e incorporados al cuerpo de Cristo, de lo cual el bautismo por agua es un signo exterior. Al momento de su regeneración el Espíritu entró a morar en sus corazones. Pero para ellos el bautismo en el Espíritu es algo que ocurre después de la regeneración.

Más recientemente nació el movimiento neopentecostal o carismáti-co. Muchos de sus miembros mantienen su membresía dentro de las denominaciones a las que pertenecen y algunos de ellos son de la Iglesia Católica Apostólica Romana. Coinciden con las iglesias pentecostales en el énfasis que éstas ponen en la sanidad, y a menudo aceptan que el hablar en lenguas es un signo del bautismo en el Espíritu Santo, experiencia que ocurre en fecha subsiguiente a la regeneración. Las antiguas iglesias pentecostales se sienten preocupadas y algo molestas porque no siempre ven un cambio en el estilo de vida entre los neopentecostales, cosa que atesoran como algo intrínseco a la vida ungida por el Espíritu.

No se puede negar el hecho de que el énfasis neopentecostal ha estrechado los vínculos entre protestantes y católicos romanos en ciertas partes del mundo, no sobre las bases de haber logrado acuerdos en sus diferencias teológicas en temas tales como la justificación por la fe, el sacrificio de la misa o la infalibilidad del Papa, sino sobre la base de hablar en lenguas y en el bautismo con el Espíritu Santo. Sin embargo, hemos conocido muchos católicos romanos, como también protestantes, que se denominan a sí mismos carismáticos pero que jamás hablaron en lenguas. Para ellos ha sido realmente un redescubrimiento de una personal relación con Cristo.

Datos bíblicos sobre la glosolalia

El hablar en lenguas (o "glosolalia", término derivado de los vocablos griegos equivalentes) figura *solamente en dos* libros del Nuevo Testamento: Hechos de los Apóstoles y 1 Corintios (si bien se lo menciona en Marcos 16:17, que la mayoría de los eruditos creen que no figura en el manuscrito original). La palabra pareciera ser aplicada de dos maneras diferentes. Una de ellas estaría en relación con los sucesos acontecidos en Pentecostés, cuando se produjo la prometida llegada del Espíritu Santo. Un cuidadoso estudio de ese pasaje en Hechos 2 nos dice que las "lenguas" eran idiomas conocidos, entendidos por los visitantes extranjeros en Jerusalén. Así, pues, el pequeño grupo de cristianos recibió la sobrenatural capacidad de hablar en otros idiomas.

¿Qué ocurrió en Pentecostés? El capítulo 2 de Hechos nos dice que ocurrieron cuatro cosas que señalaron el advenimiento de la nueva era. Primera, un estruendo del cielo, como de un viento recio llenó la casa. Segunda, algo que semejaba lenguas de fuego se asentó sobre cada una de las personas congregadas en el aposento alto. Tercera, todos fueron llenados del Espíritu Santo. Cuarta, todos hablaron en lenguas al otorgarles el Espíritu la capacidad de hacerlo. Esas lenguas eran idiomas conocidos por la gente esparcida en todo el Imperio Romano que habían arribado a Jerusalén para Pentecostés. Algunos creen que el milagro se produjo en el oído de los oyentes. Otros creen que los apóstoles recibieron un sobrenatural don de hablar en idiomas foráneos que desconocían. Cualquiera sea la posición que adoptemos ¡se produjo un "milagro"!

El mismo vocablo básico para "llenado" aparece en Hechos 4:8 donde Pedro, "lleno del Espíritu Santo" (no se menciona el hablar en lenguas) predicó su breve sermón al sumo sacerdote y a los dirigentes judíos. La misma raíz del vocablo figura en conexión con Juan el Bautista en Lucas 1:15 donde la Escritura dice que "será lleno del Espíritu Santo, aun desde el vientre de su madre". Sin embargo, nada dice la Escritura de que Juan haya hablado alguna vez en lenguas. En la experiencia de la conversión de Pablo, Ananías se allegó a él diciéndole que Jesús lo había enviado "para que recibas la vista y seas lleno del Espíritu Santo" (Hechos 9:17). Pablo recuperó la vista, fue bautizado y "en seguida predicaba a Cristo en las sinagogas diciendo que éste era el Hijo de Dios" (Hechos 9:20). Nuevamente nada se dice de hablar en lenguas.

El capítulo 19 del libro de Hechos relata la historia de Pablo en Efeso. Encontró allí algunos creyentes que nada sabían de la venida del Espíritu. Se nos dice que cuando les hubo "impuesto las manos, vino sobre ellos el Espíritu Santo; y hablaban en lenguas y profetizaban" (Hechos 19:6). En este pasaje la Escritura no dice que fueran llenos del Espíritu. De cualquier manera, hablaron en lenguas y profetizaron, si bien no hubo lenguas de fuego ni viento recio como ocurrió en Pentecostés. Más aún, el relato de Hechos 19 no dice si los idiomas hablados eran idiomas que la gente presente entendía y tampoco menciona la presencia de intérpretes. Por lo menos podemos presuponer que eran idiomas conocidos en algún lugar del mundo.

Cuando vamos a un país extranjero a predicar, hablamos en inglés. El inglés es un idioma desconocido para la mayoría de nuestros oyentes. Por ejemplo, en el noreste de la India hablamos a muchos miles en cada reunión; utilizamos diecisiete distintos intérpretes para traducir nuestro mensaje a diecisiete dialectos para que la gente pudiera entender nuestro "desconocido idioma". A nuestro juicio, esto es análogo a lo que ocurrió en Pentecostés, con la excepción de que aquello fue un milagro divino. Puede haber sido que cada uno de los que hablaba lo hacía en un idioma que algunos oyentes entendían, o que el Espíritu Santo interpretaba a cada uno de los oyentes en su propio idioma lo que decía, y en este último caso el milagro sería el otorgamiento de su capacidad de entender.

Lenguas "desconocidas" en 1 Corintios

En 1 Corintios el hablar en lenguas pareciera ser algo muy distinto de lo que se relata en Hechos de los Apóstoles, si bien en Hechos y en 1 Corintios se utiliza la misma palabra griega cuando se habla de "lenguas".

En Pentecostés los discípulos hablaron en lenguas conocidas a la gente que visitaba Jerusalén. Los que hablaban, llenos de poder por el Espíritu Santo, no conocían estos idiomas pero sí los conocían sus oyentes. En cambio, en 1 Corintios los oyentes no escucharon un idioma que conocían de modo que se requirió la presencia de intérpretes. El problema consiste en saber si los idiomas que menciona la primera carta a los corintios eran idiomas conocidos. Algunos eruditos bíblicos sugieren que sí, en tanto que otros sostienen que era simplemente alguna forma de emisión extática distinta a todo idioma humano conocido. Personalmente nos inclinamos por esta última posición. Pero de cualquier manera que sea, poca diferencia hace en nuestra comprensión del pasaje, si bien algunos señalan que si el don de lenguas de 1 Corintios era un lenguaje conocido, ya no guardaría relación con mucho de lo que se ha rotulado como "lenguas" en el día de hoy. El hecho de que la "interpretación" es vista como un don espiritual nos hace pensar que el don de lenguas mencionado en 1 Corintios no era un idioma conocido que pudiera ser entendido por alguien que naturalmente hablara ese idioma.

El capítulo 13 de 1 Corintios tiene su propio enigma o misterio. Pablo menciona el idioma de ángeles y de hombres. No puede caber duda alguna de que el idioma de los ángeles nos es totalmente desconocido a los hombres, pero va implícito que alguien pudiera hablar en tal idioma. En Corintios Pablo habla de lenguas como de un don que proviene del Espíritu Santo, de modo que el Espíritu Santo puede otorgar a alguien la capacidad de hablar en un idioma angélico. Claro está que Pablo deja bien aclarado que no a todos les da este particular don. Es debido a estas razones que encontramos difícil vincular el llenado del Espíritu Santo a un segundo bautismo acompañado necesariamente de la señal de hablar en lenguas. No hallamos sólidos fundamentos escriturales para sostener la posición de que el hablar en lenguas, como señal, se le brinda a todos los que son bautizados con el Espíritu, en tanto que el hablar en lenguas, como un don, se le otorga solamente a algunos.

Por otra parte, pensamos que puede ser incorrecto el uso moderno que se le da al término "carismático". En 1 Corintios, *charismata* es el vocablo griego que expresa los dones que Dios otorga a los creyentes. Nadie puede adquirir ese don por sí mismo. Como habremos de ver, los dones, según Pablo, provienen del soberano accionar del Espíritu Santo de Dios que reparte "a cada uno en particular como él quiere" (1 Corintios 12:11). Dice Pablo: "Porque por un solo Espíritu (pues eso es lo que dice el idioma griego) fuimos todos bautizados en un cuerpo" (1 Corintios 12:13). Pero, además de ello, el Espíritu distribuye dones a los diversos miembros del cuerpo. Así, pues, todo creyente obtiene algún don. ¡Y por lo tanto, todo creyente es un carismático!

Más aún, Pablo no indica que un determinado don pertenece a todo creyente. Dice solamente que recibe "algún" don. Les dice a los corintios que deben "procurar" (1 Corintios 12:31) los dones mejores. La enciclopedia Espasa-Calpe define la palabra procurar como "hacer diligencias o esfuerzos para conseguir lo que se desea". Y en 1 Corintios 13 afirma el Apóstol que todo don que no se acompaña de amor es despreciable y carente de valor.

Observaciones respecto al don de lenguas

En relación con el don de lenguas, según 1 Corintios 12:30 y el extenso análisis que sobre el tema hace el capítulo 14 de 1 Corintios, debemos anotar a continuación las siguientes reflexiones:

Primera, hay un concreto y preciso don de lenguas al parecer distinto al expresado en Pentecostés, porque en este caso no se requirió interpretación alguna. Además, en Pentecostés el fenómeno se acompañó de otras señales, tales como las lenguas de fuego y el viento recio. Nada de esto se menciona en relación con los dones del Espíritu en 1 Corintios.

Si bien hay francos desacuerdos entre los creyentes sobre la validez del don de lenguas en el día de hoy, personalmente no hallamos justificación bíblica alguna para sostener que el don de lenguas tenía validez únicamente para los días neotestamentarios. Pero al mismo tiempo se transforma fácilmente en un factor divisivo y de malos entendidos. Testimonio de ello es el hecho de que Pablo consideró necesario extenderse en los capítulos 12, 13 y 14 de 1 Corintios. (Al par que hacía hincapié en que era el menor de los dones, Pablo le dedicó más espacio que a ninguno de los otros.) Por lo tanto, cuando ocurre hoy en día, debe practicarse cuidadosamente con las salvaguardias bíblicas anotadas por Pablo.

Asimismo, al par que el don de lenguas puede manifestarse hoy en día como un valioso don espiritual, ello no quiere decir que toda manifestación de lenguas ocurre según la voluntad de Dios y deba ser aprobada por nosotros a ojos cerrados.

Segunda, debe subrayarse con trazos bien definidos, como aparece claramente indicado en 1 Corintios 12—14, que el don de lenguas es un don del Espíritu Santo y no un fruto del Espíritu. Como habremos de ver más adelante, el fruto del Espíritu anotado en Gálatas 5:22, 23 debiera señalar o rotular a todo cristiano que anda en el Espíritu. Por otra parte, los dones son distribuidos entre los creyentes según la soberana voluntad y disposición de Dios. Por lo tanto, es un don que pueden poseerlo algunos y otros no. No hallamos razón ni argumento bíblico alguno que nos permita sostener que el don de lenguas es un don que Dios desea otorgar a todos los creyentes. Algunos pueden recibir ese don y otros no. Sería incorrecto que los creyentes que no han recibido el don de lenguas se sientan algo así como cristianos de "segunda categoría" o que anhelen ardientemente este don si Dios no consideró conveniente dárselo. Igualmente incorrecto es que quienes poseen este don procuren inducir a los demás a que lo obtengan o enseñar que todos los creyentes, sin excepción, deben experimentarlo.

Tercera, el don de lenguas mencionado en 1 Corintios 12—14 es sin duda uno de los dones del Espíritu menos importante; en realidad, pareciera ser el de menor importancia. Y ello se debe a que a menudo no brinda beneficio espiritual a otros creyentes. Los otros dones claramente se ejercitan para edificar y fortalecer el cuerpo de Cristo. Y si bien el don de lenguas pudiera brindar ese beneficio en un culto público de adoración (siempre y cuando haya un intérprete presente), los otros dones están más directamente involucrados en el mutuo fortalecimiento de los creyentes.

Por ello es que el don de lenguas no debe ser considerado como la más elevada expresión de madurez cristiana. En realidad de verdad, millones de cristianos espiritualmente maduros jamás hablaron en lenguas, y muchos que hablan en lenguas no son espiritualmente maduros.

Cuarta, el don de lenguas no es necesariamente un signo del bautismo del creyente por el Espíritu Santo y su incorporación al cuerpo de Cristo. Ello es especialmente cierto respecto de 1 Corintios, porque las personas que allí se mencionan ya habían sido incorporadas al cuerpo de Cristo de una vez por todas. En ninguna parte de la Biblia leemos que el don de lenguas sea una necesaria evidencia de haber sido bautizados por el Espíritu Santo e incorporados, por ese bautismo, al cuerpo de Cristo, la iglesia. Aun en Hechos, donde se menciona el hablar en lenguas, no hay ninguna indicación de que fuera necesaria evidencia de haber sido bautizado por el Espíritu Santo.

De la misma manera, el don de lenguas no debe ser equiparado necesariamente al llenado con el Espíritu. Podemos estar llenos del Espíritu Santo y jamás hablar en lenguas. El llenado del Espíritu puede manifestarse de muy diversas maneras y experiencias en nuestras vidas, de las cuales el hablar ocasionalmente en lenguas puede ser una de las evidencias. Algunos de los cristianos más llenos del Espíritu que hemos conocido a lo largo de nuestra vida nunca experimentaron el don de lenguas y no por ello estaban menos llenos del Espíritu.

Quinta, tanto la Biblia como la experiencia nos advierten que el don de lenguas puede ser fácil objeto de abuso y hasta puede llegar a ser peligroso. Así, por ejemplo, el don de lenguas ha llevado a quienes lo poseen a un estado de orgullo espiritual. Algunos experimentan el don de lenguas y de inmediato se figuran ser mejores o más espirituales que otros creyentes que no han recibido este don. Tal actitud es diametralmente opuesta a la adecuada actitud de un creyente lleno del Espíritu.

Creemos conveniente señalar otros peligros. Por ejemplo (como ya lo hemos indicado), el hablar en lenguas puede dividir fácilmente a los cristianos. Esto ocurre a menudo debido al orgullo o en razón de que las personas poseedoras del don de lenguas procuran imponérselo a los demás. Por otra parte, se da el caso de personas que se sienten orgullosas porque no hablan en lenguas ¡y eso es igualmente malo!

En todo este asunto de hablar en lenguas el mayor peligro estriba en el desequilibrio. A veces la persona que ha experimentado este don se ve totalmente absorbida o preocupada con el hablar en lenguas. Se olvidan los otros dones del Espíritu (a excepción, tal vez, de los dones singulares o prodigiosos que también son espectaculares e impresionantes), y demuestran poco interés en vivir santamente imbuidos del fruto del Espíritu. Algunos que insisten en reducirlo todo al don de lenguas e instan a los demás a que lo busquen, demuestran poquísimo interés en la evangelización, énfasis en el cual insiste el Espíritu Santo. Pensamos en este momento, como ejemplo, en un pequeño grupo de creyentes que hablan en lenguas que rara vez ganan almas para Cristo. Esperan que otros ganen las almas y luego se acercan al nuevo convertido procurando persuadirlo de que debe hablar en lenguas para crecer en el Señor.

Y otro peligro es que algunos pueden ver en la experiencia de hablar en lenguas una manera rápida y fácil, además de eficaz, para alcanzar poder y madurez espirituales. Uno de los miembros de nuestro equipo cursaba estudios en el seminario juntamente con un joven que asistía a diversas reuniones en la permanente esperanza de obtener el don de lenguas. Cuando le preguntaron por qué apetecía este don, respondió que era porque sentía una aguda carencia de poder y de comunión con Dios, y pensaba que el don de lenguas le daría potencia espiritual y una clara sensación de proximidad a Dios. Preguntado si oraba con frecuencia, si leía la Biblia con regularidad y si pasaba mucho tiempo en compañía de otros creyentes, admitió que no hacía ninguna de esas tres cosas. Dios le había dado los medios idóneos para alcanzar el crecimiento espiritual —la oración, la Biblia y la comunión— pero no estaba dispuesto a echar mano de esos medios o recursos. Para él el don de lenguas era la manera rápida, fácil y eficaz para obtener la madurez espiritual. No fue accidental, seguramente, que poco después se retiró del seminario y renunció a sus planes de ser ministro.

El último peligro que podríamos mencionar es el de la posibilidad de que el don pueda ser, en algunos casos, una imitación fraudulenta. Esto puede reconocer como causa un deliberado engaño, o de lo contrario porque el "don" no se origina en Dios sino en nuestra conformación sicológica. También puede ser el resultado de una actividad demoníaca.

Conviene mencionar el hecho de que el antiquísimo oráculo de Delfos hablaba en lo que podría denominarse "lenguas" como lo hacían los sacerdotes y las sacerdotisas en el gran templo que dominaba la ciudad de Corinto. El doctor Akbar Abdul-Haqq nos decía que el hablar en lenguas no es un fenómeno raro en la India en el día de hoy entre las religiones no cristianas.

Más aún, hay casos perfectamente bien comprobados de personas poseídas por demonios que cuentan con la capacidad de hablar en ciertos idiomas corrientes totalmente desconocidos por ellas cuando están en su sano juicio. La Biblia registra el hecho de que los magos de la corte del Faraón pudieron reproducir hasta cierto punto los milagros de Dios.

No en balde dijo Juan: "No creáis a todo espíritu, sino probad los espíritus si son de Dios" (1 Juan 4:1). Ya hablamos de esto cuando analizamos el don de discernimiento en el capítulo doce.

Aun los cristianos pueden incurrir en una imitación fraudulenta del don de lenguas. Una niña que asistía a unas reuniones carismáticas quería desesperadamente recibir el don de lenguas como lo habían recibido tantas de sus amigas. Habiendo transcurrido su niñez en otro país, oró en el idioma propio del mismo, pretendiendo que se operaba un don espiritual. Los demás creyeron que había recibido el don de lenguas. Como resultado de ello, ¡fue aceptada y pudo ingresar en este pequeño círculo donde al hablar en lenguas se le asignaba tan primordial importancia!

Ninguna experiencia —no importa cuán significativa sea para nosotros o en qué grado pueda impresionarnos— debe tomar en nuestras vidas el lugar de la Palabra de Dios. Nuestras experiencias tienen que ser juzgadas, en todos los casos, a la luz de la Biblia; no debemos juzgar a la Biblia según nuestras experiencias. Dios el Espíritu Santo nos ha dado la Biblia, y ningún don que provenga verdaderamente del Espíritu Santo entrará en contradicción con lo que dice la Biblia.

Sexta, ¿qué decir del uso privado y devocional del don de lenguas como medio de alabar a Dios y experimentar su comunión? Varios de nuestros mejores amigos nos han dicho que luego de orar durante un largo período, súbitamente se dieron cuenta de que hablaban en un idioma desconocido. La mayoría de dichos amigos no dijeron nada a nadie y no tratan de convencer a los demás de que participen de la misma experiencia. No sostienen que todos los cristianos deben hablar en lenguas como signo y señal de madurez o crecimiento espiritual. Todo el mundo sabe que Corrie ten Boom habló en lenguas, pero ella nunca mencionó ese hecho a nadie. Y muchas veces ha reprendido a las personas que hablan con exceso respecto al don de lenguas.

En realidad, es muy poco lo que la Biblia dice al respecto. El uso privado del don de lenguas va implícito en el comentario de Pablo cuando dijo: "Hablo en lenguas más que todos vosotros; pero en la iglesia prefiero hablar cinco palabras con mi entendimiento, para enseñar también a otros, que diez mil palabras en lengua desconocida" (1 Corintios 14:18, 19). Algunos han sugerido que el mandato de Pablo de orar "en todo tiempo con toda oración y súplica en el Espíritu" (Efesios 6:18) entraña hablar en lenguas, pero el énfasis en requerimientos específicos de oración (en lo cual la mente está en plena actividad al concentrarse en los temas objetos de la oración) en este pasaje indican que no es eso lo que deseaba significar Pablo.

En conclusión, nos impresiona la notoria diferencia de opiniones que reina entre los autodenominados carismáticos respecto al hablar en lenguas. Muchos sienten que es absolutamente erróneo sostener que el hablar en lenguas sea el resultado obligado de ser bautizado o llenado con el Espíritu Santo. Un crecido grupo de evangélicos ni siquiera consideran al don de lenguas como don relevante del Espíritu en el día de hoy, de la misma manera que tampoco lo es en la actualidad el don del apostolado.

Sabemos de una agrupación muy utilizada por Dios que no invitaría a sabiendas a su plataforma o púlpito a nadie, por más dotado y aceptado que fuera en los círculos evangélicos, que profesara hablar en lenguas. Algunos podrán discrepar con esta política, pero los dirigentes y responsables de este ministerio son sinceros en sus convicciones y debieran ser respetados en sus puntos de vista.

Por otro lado, muchos evangélicos que no profesan hablar en lenguas adoptan ahora una postura totalmente neutral. Han visto de qué manera el movimiento carismático ha penetrado profundamente en todas las denominaciones con gran bendición y renovación. Y por ello están preparados para reconocer que todos los dones sobrenaturales de 1 Corintios 12 tienen vigencia en el día de hoy, y por lo tanto deben ser aceptados como dones del Espíritu.

Haciendo justicia a nuestros amigos carismáticos debemos añadir que si bien es cierto que discrepamos en cuanto a que "el bautismo con el Espíritu" se acompaña con el hablar en lenguas, no obstante ello, conocemos y enseñamos la necesidad de los creyentes de ser llenos con el Espíritu. Dejando de lado el factor del don de lenguas como signo necesario, es posible que estemos hablando de una fase de la misma experiencia. A juicio nuestro, la Biblia sostiene que cualquier cristiano puede disfrutar del llenado del Espíritu Santo y conocer su poder sin experimentar ninguna señal especial tal como el hablar en lenguas. En ocasión de su particular llenado, el don de lenguas puede ser una señal que Dios otorga a algunos, pero no hallamos en las Sagradas Escrituras que sea una señal para todos los creyentes. Además, y esto reviste una máxima importancia, debemos sostener nuestras opiniones sin rencor y sin romper nuestros lazos de comunión y compañerismo en Jesucristo. Adoramos al mismo Señor y por esto estamos agradecidos.

En 1 Corintios 14 Pablo afirma, sin dejar lugar a dudas, que el profetizar es más importante que hablar en lenguas. Pero al mismo tiempo ordena "no impidáis el hablar en lenguas" (1 Corintios 14:29). Al parecer Pablo hablaba muchas lenguas distintas, pero no hizo mayor hincapié en ello. Debemos evitar poner al Espíritu Santo en la posición de tener que obrar a nuestra manera. El Espíritu Santo es soberano ¡y otorga sus dones como él quiere! Peter Wagner dice: "Se debe recordar que el cuerpo de Cristo es universal, con muchas manifestaciones locales. Los dones espirituales se brindan al cuerpo universal, y por ello algunos de esos dones pueden o no hallarse en alguna localización particular del cuerpo. Esto explica por qué, por ejemplo, una iglesia local o una denominación entera, puede no haber recibido el don de lenguas, en tanto sí lo recibe otra parte del cuerpo".[1]

A modo de resumen: *Primero,* hay un verdadero y auténtico don de lenguas, en contraposición a una imitación fraudulenta de ese don.

198 EL ESPÍRITU SANTO

Muchos de los que recibieron ese don fueron espiritualmente transformados, ¡algunos en forma temporaria y otros en forma permanente!

Segundo, Dios usa el don de lenguas en determinados momentos, en determinados lugares, especialmente en el campo misionero cristiano, para ampliar de esa manera el reino de Dios y para edificar a los creyentes.

Tercero, mucha gente está convencida de que vivimos en estos momentos lo que las Sagradas Escrituras denominan "el fin de los días" (Oseas 3:5). Tanto Joel como Oseas profetizaron que en aquellos días reaparecerán grandes manifestaciones del Espíritu y muchos de los dones singulares. Es probable que estemos viviendo ese período de la historia. Por cierto que no podemos cerrar los ojos al hecho de que los dones singulares que reivindican la autenticidad del evangelio reaparecen en esta hora.

Muchos años atrás, durante una clase en el Instituto Bíblico de Florida, un maestro dijo algo sobre el tema del don de lenguas que se nos ha grabado en forma indeleble. Aconsejó a sus alumnos a "no buscarlo pero tampoco impedirlo".

En realidad de verdad, el hablar en lenguas es un don del Espíritu. En la actualidad hay presbiterianos, bautistas, anglicanos, luteranos y metodistas, así como también pentecostales, que hablan o han hablado en lenguas, y los hay que no lo han hecho y no suponen que lo harán en el futuro.

Pero si el hablar en lenguas es un don del Espíritu Santo, no puede ser un factor divisivo, es decir, no debe provocar divisiones. Cuando quienes hablan en lenguas abusan del don y se torna realmente en un factor que provoca divisiones y disensiones, es clara indicación de que hay una carencia de amor. Y quienes lo prohíben le hacen un deservicio a la iglesia porque contradicen las enseñanzas del apóstol Pablo. Los creyentes que hablan en lenguas, y los que no lo hacen, deben amarse y trabajar para la mayor gloria de Dios en la evangelización del mundo, recordando una cosa: los que hablan en lenguas y los que no lo hacen, *tendrán* que vivir juntos en la Nueva Jerusalén.

¿Es este un don que Dios ha creído útil y conveniente otorgarnos? No permitamos que sea un motivo de orgullo o de preocupación. Debemos cimentarnos en la totalidad de la Palabra de Dios. Y sobre todas las cosas, aprendamos lo que significa amar a los demás, incluso a los creyentes que pueden no coincidir totalmente con nuestros énfasis.

¿Es este un don con el que no contamos? No dejemos que ello nos preocupe, y hagamos cuanto nos sea posible para no permitir que sea un motivo o causa de división entre nosotros y otros creyentes. Hay quienes no ponen su énfasis ni hacen hincapié en las mismas cosas que nosotros, pero así y todo son nuestros hermanos y nuestras hermanas en Cristo.

Y sobre todas las cosas, se nos ordena: "Andad en el Espíritu, y no satisfagáis los deseos de la carne" (Gálatas 5:16).

Los dones singulares —sanidades, milagros y lenguas— probablemente atrajeron tanto la atención de la gente en el primer siglo como lo hacen en el día de hoy. También entonces, como ahora, provocaron confusión y se abusó de los mismos. No obstante ello, Dios el Espíritu Santo se los concedió a algunos miembros de la iglesia para ser utilizados para su gloria y honra. Jamás deben ser explotados por motivos egoístas, ni tornarse jamás en motivo o causa de división o de orgullo. No hemos de preocuparnos ni obsesionarnos con ellos, y sobre todas las cosas toda vez que se conceden dones de esta naturaleza, deben ser utilizados en estricto acuerdo con los principios fijados por Dios en la Biblia. Y esto último también debiera contribuir a la unidad del Espíritu. Y si Dios decide entregar estos dones a ciertas personas en el día de hoy, debemos orar pidiendo que sean usados, en todos los casos "para provecho común" (1 Corintios 12:7, Biblia de Jerusalén) y la ampliación del reino de Dios.

14. EL FRUTO DEL ESPÍRITU

Un puñado de hombres aguardaba en un desembarcadero sobre el Támesis desde las cinco de la mañana una helada madrugada de invierno, junto con veintenas de otros que se disponían a descargar un buque de carga atracado en el muelle. El trabajo se haría empujando una carretilla sobre tablones que se extendían del embarcadero a una barcaza y de la barcaza al buque de carga. Entre los obreros, sin que nadie lo supiera, había un clérigo. Profundamente preocupado por los hombres dedicados a la carga y descarga de barcos, llegó a la conclusión de que la única manera de poder comunicarse con ellos era viviendo y trabajando en su medio. Vestido como ellos, llegó al extremo de negarse una taza de té caliente antes de abandonar su habitación, y salió sin abrigarse con el sobretodo. Sabía que los hombres que estarían en fila esperando ser contratados para un trabajo ese día, no habrían tomado una taza de té y la mayoría vestiría ropas inadecuadas a las inclemencias del tiempo.

En los días previos a obtener su primer trabajo, supo lo que era ser tratado como un desconocido. Supo lo que era estar de pie todo el día en el frío y la neblina, para ser informado luego que no había trabajo. Esos hombres volverían a sus miserables habitaciones para enfrentar a familias hambrientas sin siquiera un trozo de pan para alimentarlos.

Pero al fin fue afortunado y lo contrataron. En su duodécimo viaje, al avanzar con su carretilla cargada, el tablón empezó a moverse de un lado a otro por lo que perdió pie y cayó en las aguas del Támesis, en medio de las carcajadas de todos los obreros.

Luchando por controlar su genio, logró finalmente hacer pie en la orilla, sonriendo mientras lo hacía. Uno de los obreros (el que deliberadamente movió el tablón) había gritado "Hombre al agua" y miraba lo ocurrido muerto de risa. Al ver al clérigo —ignorando que lo era— luchando de buen talante y sin enojos en el lodo, algún impulso interior sacó a relucir lo mejor del hombre, y arrojando al fango unas cajas vacías, saltó a la orilla para ayudar al hombre a salir. El primer comentario que hizo el obrero que lo ayudaba a salir, justificó ampliamente la actitud del clérigo, impulsado por el Espíritu Santo.

—Lo tomó usted muy bien —le dijo a su víctima mientras lo ayudaba a trepar sobre las cajas vacías que previamente arrojó. No tenía el acento de los *cockney* londinenses, es decir la típica jerga de cierta clase obrera de la capital británica, pues no era un obrero común.

—No ha trabajado usted mucho tiempo en estos menesteres —comentó el clérigo.

—Tampoco usted —respondió el jocoso atormentador transformado luego en rescatador. El clérigo asintió e invitó al hombre a sus habitaciones.

Al conversar, el clérigo se enteró, con gran asombro de su parte, que el hombre había sido un habilísimo cirujano, pero debido a la bebida perdió una magnífica profesión y clientela, además de perder a su hermosa esposa y familia. El final de la historia es que el clérigo logró llevar a este hombre a Cristo y eventualmente se reunió nuevamente con su familia.

Tal vez a esto se reduce el tema cuando hablamos del fruto del Espíritu. Si la vida fuera siempre placentera, si la gente fuera siempre agradable y cortés, si nunca sufriéramos jaquecas, si no supiéramos lo que es estar bajo los efectos de tremendas tensiones, el fruto del Espíritu puede pasar totalmente inadvertido.

Pero la vida no siempre es así. Es en medio de las dificultades y privaciones cuando más especialmente necesitamos el fruto del Espíritu, y en tales momentos cuando Dios, también especialmente, obra a través de nosotros para alcanzar a otros y llevarlos a los pies de Cristo. Al exhibir el fruto del Espíritu en nuestras vidas, otros verán en nosotros "la imagen de su Hijo" (Romanos 8:29) y serán atraídos al Salvador.

No es accidente que las Escrituras nombren a la tercera persona de la Trinidad el Espíritu *Santo*. Una de las funciones principales del Espíritu Santo es dar la santidad de Dios a nosotros. El hace esto al desarrollar en nosotros una personalidad parecida a Cristo —una personalidad con el fruto del Espíritu en evidencia. El propósito de Dios es que lleguemos a ser "personas maduras, desarrolladas conforme a la estatura completa de Cristo" (Ef. 4:13-Versión Popular).

Fruto: Expectación divina

Dios el Espíritu Santo usa frecuentemente en las Sagradas Escrituras la palabra *fruto* para indicar lo que espera de sus hijos en cuanto al carácter. Ya señalamos en los capítulos dedicados a los dones del Espíritu Santo que a los creyentes les son otorgados diversos dones. Cada uno de nosotros puede recibir un don con que otros no cuentan, y contrariamente otros creyentes pueden tener dones de los que nosotros carecemos. Pero cuando leemos en la Biblia lo que dice respecto al fruto del Espíritu, hallamos que hay una diferencia básica entre los *dones* del Espíritu y el *fruto* del Espíritu.

A diferencia de los dones del Espíritu, *el fruto del Espíritu no es dividido entre los creyentes.* Por el contrario, *todos* los creyentes deben caracterizarse por poseer *todo* el fruto del Espíritu. El fruto del Espíritu es la expectación divina en nuestras vidas, es decir lo que Dios espera de nosotros. Lo que acabamos de decir surge con meridiana claridad en numerosos pasajes de las Sagradas Escrituras. En el capítulo 13 de Mateo Jesús relató la conocida parábola del sembrador y de la semilla. Compara la obra de cualquiera que anuncia la Palabra de Dios —pastor, maestro, evangelista o cualquier creyente— a un sembrador que siembra la semilla. Parte de la semilla cayó junto al camino y las aves se la comieron; otra parte cayó en pedregales y el sol la agostó; otra parte de la semilla germinó y empezó a crecer, pero la ahogaron los espinos. El cuarto grupo de semillas cayó en buena tierra, echó raíces y rindió abundante fruto. De modo que todos nosotros hemos de rendir fruto, al obrar en nuestras vidas la Palabra de Dios en el poder del Espíritu.

Es interesante anotar el hecho de que la Biblia habla del *fruto* del Espíritu y no de los *frutos,* en plural. Un árbol puede brindar muchas manzanas, pero todas provienen del mismo árbol. De la misma manera, el Espíritu Santo es la fuente y origen de todo el fruto de nuestras vidas.

Reducido a los términos más simples, la Biblia nos dice que necesitamos que el Espíritu rinda fruto en nuestras vidas porque no podemos producir piedad o santidad sin contar para ello con el Espíritu. Nosotros estamos llenos de anhelos y deseos egocéntricos y especulativos totalmente contrapuestos a lo que Dios quiere para nuestras vidas. En otras palabras, es menester que ocurran dos cosas en nuestra existencia. *En primer lugar,* debemos expulsar de nuestras vidas el pecado. *En segundo lugar,* el Espíritu Santo debe penetrar en nuestras vidas llenando nuestra existencia, para producir el fruto del Espíritu. *"Haced morir,* pues, lo terrenal en vosotros... *vestíos...* como escogidos de Dios, santos y amados, de entrañable misericordia, de benignidad, de humildad, de mansedumbre, de paciencia" (Colosenses 3:5, 12; cursivas indicadas por el autor).

Vamos a usar una ilustración. Mucha gente tiene una cerca o vallado alrededor de su casa con una puerta para entrar y salir. Recordemos que las puertas se usan para cumplir un doble propósito: se abren para permitir la entrada de la gente y se cierran para que no entre nadie.

Espiritualmente nuestras vidas son como esta puerta. En nuestras vidas conviven o cohabitan toda suerte de cosas malas que desagradan a Dios. Tenemos que expulsar esas cosas y permitirle la entrada al Espíritu Santo para que ejerza su control en el propio centro de nuestras vidas. Pero carecemos del poder siquiera para abrir la puerta. Únicamente el Espíritu Santo puede hacerlo, y cuando lo hace —al entregarnos a él y solicitarle nos brinde su plenitud— no solamente penetra en nuestras vidas sino que nos ayuda a expulsar todas las inmundicias que empañan nuestra existencia. El Espíritu Santo controla la puerta y, al limpiar nuestros corazones de toda maldad, nos impulsa a nuevas actitudes, a nuevas motivaciones, a nuevas devociones y a nuevas dimensiones de amor. Además, refuerza la puerta con gruesas rejas con el propósito de mantener fuera la maldad. De manera que salen las obras de la carne y entra el fruto del Espíritu. Las Sagradas Escrituras nos dicen que el Espíritu Santo quiere que llevemos fruto, y más fruto, y más fruto.

En su libro *The Fruit of the Spirit* (El Fruto del Espíritu), Manford George Gutzke compara el fruto del Espíritu con la luz: "Todos los colores del arco iris están en cada rayo de sol. Están allí permanentemente. No siempre se los visualiza, pero están ahí, de todos modos, y en forma permanente. No es preciso pensar en ellos como un determinado número de colores separados. Y así como estos colores del arco iris están presentes en la luz, así también los rasgos de conducta personal se encuentran en el accionar del Espíritu Santo".[1]

Cómo crece el fruto

¿Cómo actúa el Espíritu Santo en nuestras vidas para producir el fruto del Espíritu? Dos pasajes de las Sagradas Escrituras son especialmente apropiados para ayudarnos a responder a esta pregunta.

El primer pasaje es el Salmo 1 que compara el hombre piadoso con un árbol plantado a orillas de un río: "En la ley de Jehová está su delicia, y en su ley medita de día y de noche. Será como árbol plantado junto a corrientes de aguas, que da su fruto en su tiempo, y su hoja no cae; y todo lo que hace prosperará" (Salmo 1:2, 3). En este pasaje se percibe claramente que el rendir fruto espiritual se relaciona con el lugar que ocupa en nuestras vidas la Palabra de Dios. (Observemos que no dice simplemente que lee sino que medita.) Al leer la Biblia y meditar en sus palabras, el Espíritu Santo —que fue, justamente, quien inspiró la Biblia— nos hace tomar conciencia de nuestros pecados que necesitan ser perdonados y nos muestra el nivel que Dios quiere que alcancemos en nuestras vidas. Sin la Palabra de Dios no habrá crecimiento espiritual permanente en nuestras vidas ni brindaremos frutos dignos de nuestra vocación.

El segundo pasaje lo hallamos en Juan 15, en el cual Jesús compara nuestra relación con él con los pámpanos o sarmientos de una vid. "Permaneced en mí, y yo en vosotros. Como el pámpano no puede llevar fruto por sí mismo, si no permanece en la vid, así tampoco vosotros, si no permanecéis en mí. Yo soy la vid, vosotros los pámpanos; el que permanece en mí, y yo en él, éste lleva mucho fruto; porque separados de mí nada podéis hacer" (Juan 15:4, 5).

Este pasaje contiene maravillosas verdades, pero hay varios puntos que quisiéramos señalar muy particularmente. Así, tenemos una orden terminante para todo creyente: "Permaneced en mí". Estas palabras nos dicen que debemos tener una íntima y estrecha relación con Cristo, con nada que se interponga. Esto nos permite entender la importancia que reviste la oración disciplinada, los estudios bíblicos y la comunión con los demás creyentes.

Además, nos dice que *solamente* podremos rendir frutos espirituales si permanecemos en Cristo: "Separados de mí nada podéis hacer". Cabe dentro de lo posible que podamos utilizar los *dones* del Espíritu aun cuando no estemos en comunión con el Señor. Pero no podemos desplegar el *fruto* del Espíritu todo el tiempo cuando la comunión con Cristo se ha visto interrumpida por el pecado. Vemos, pues, la importancia capital y crucial de ser llenados con el Espíritu, y lo somos en la medida en que permanecemos en Cristo, la vid. Y el secreto de este permanecer es la obediencia. En la medida en que nosotros, por una vida obediente, permanecemos en Cristo, la vida de Cristo (como la savia vivificante en la vid) fluye en nuestro ser, produciendo fruto para la gloria del Padre y alimento y bendición de los demás.

Pensamos que algo hay en esta relación que no entendemos plenamente. Imaginemos un diálogo con una vid y que preguntáramos:

—¿Cómo haces para dar racimos tan deliciosos?

—No lo sé —responde el pámpano, no los hice crecer; simplemente los produzco. Si cortas el racimo y me separas de la vid, me agostaré en poco tiempo y no serviré para nada.

Sin la vid el pámpano nada puede hacer. Así ocurre con nuestras vidas. En tanto nos esforzamos y trabajamos para producir el fruto del Espíritu por nuestros propios medios, seremos seres infructuosos y frustrados. Pero cuando permanecemos en Cristo —manteniendo con él una estrecha y obediente relación, en plena dependencia de su voluntad— Dios el Espíritu Santo obra en nuestras vidas, creando en nosotros el fruto del Espíritu. Esto no quiere decir que instantáneamente adquirimos madurez, rindiendo de inmediato todo el fruto del Espíritu. La fruta que cuelga de un frutal toma su tiempo en madurar, y a veces es necesario podar el árbol para que produzca en cantidad. De la misma manera puede ocurrir con nosotros.

Disfrutamos en familia los hermosos árboles que rodean nuestra casa en Carolina del Norte. En el otoño caen muchas de las hojas y se las lleva el viento, pero miles de ellas se resisten a abandonar sus ramas y permanecen pegadas a las mismas hasta casi la primavera. Pero cuando la savia en los árboles comienza a fluir generosa, se forman las nuevas hojas y la vida se agita en todas las ramas del árbol. Entonces caen inadvertidamente las viejas hojas. ¡Qué analogía para el cristiano! "Las cosas viejas pasaron; he aquí todas son hechas nuevas" (2 Corintios 5:17).

Además, todos los veranos echamos abajo algunos de los árboles que obstruyen el panorama o atajan la luz del día. Y algunos de los ejemplares son dañados durante las tormentas de invierno. De la misma manera, tenemos árboles en nuestras vidas a los cuales habría que aplicarles el hacha, árboles que yacen podridos en la tierra o muestran su feo aspecto. Jesús dijo: "Toda planta que no plantó mi Padre celestial, será desarraigada" (Mateo 15:13). Tenemos en nuestra propiedad algunos árboles frutales. Especial atención prestamos a los de mejor fruto; los podamos, le incorporamos fertilizantes al agua con que los regamos y los desinfectamos a su debido tiempo. Un buen árbol produce buena fruta y debe ser cuidadosamente atendido. Pero que el árbol sea bien atendido o arrancado, depende de la distinción que hizo Jesús. Él dijo: "Por sus frutos los conoceréis" (Mateo 7:20).

También tenemos unas parras. Algunos años recogemos una escasa cosecha de racimos pobres, apenas para uso personal. Pero no por ello arrancamos las parras. Todo lo contrario, las podamos cuidadosamente. Luego, al año siguiente las parras producen mejor y más abundante fruta. De la misma manera, cuando el proceso de la poda se ejecuta en nuestras vidas, bajo la dirección del Espíritu Santo, las parras, espiritualmente hablando, son útiles para la producción de más fruto espiritual.

Recordemos que la figura en Juan 15 es la del Señor Jesús como la vid, nosotros como los pámpanos y Dios como el agricultor o jardinero.

El versículo 3 dice: "Ya vosotros estáis limpios por la palabra que os he hablado", o, como lo expresa la versión en idioma inglés de J. B. Phillips, que en traducción libre dice: "Ya vosotros habéis sido podados por mis palabras". La mejor manera en que los hijos de Dios pueden someterse al proceso de la poda es estudiando la Biblia y aplicando sus enseñanzas a toda situación que se presente. De alguna manera Dios se las arregla para corregirnos, para decirnos dónde hemos fallado y descarriado, sin desalentarnos ni una sola vez.

En Los Hechos de los Apóstoles leemos de Apolos cuyo ahínco, amor y grandes dotes oratorias tocó los corazones de Priscila y Aquila. Sin embargo, carecía de la madurez y de la preparación necesarias para guiar a otros a una más profunda vida cristiana. Había progresado poco más allá del bautismo de Juan. Pero esta piadosa pareja, lejos de reírse de su ignorancia o de censurar su falta de entendimiento de la ortodoxia bíblica, lo llevaron a su hogar y allí con amor le expusieron con exactitud y precisión el camino de Dios (Hechos 18:26). Después de eso Apolos utilizó sus grandes dones para la gloria de Dios y para ganar almas. Dejó una impresión indeleble en la iglesia primitiva y ayudó a promover el reino de Dios en el primer siglo de nuestra era.

¿Permanecemos en Cristo? Esta es la principal condición que Dios nos exige antes de poder otorgar en serio el fruto del Espíritu. ¿Existen en nuestras vidas pecados inconfesados que nos impiden caminar en estrecha relación con Cristo? ¿Hay faltas de disciplina? ¿Hay relaciones rotas con otras personas que necesitan ser recompuestas? Cualquier cosa que sea, pongámosla a los pies de Cristo en confesión y arrepentimiento. Y luego de eso aprendamos cada día lo que significa el "Permaneced en mí".

15. EL FRUTO DEL ESPÍRITU: AMOR, GOZO, PAZ

De todos los pasajes de la Biblia que trazan el carácter de Cristo y el fruto que el Espíritu origina en nuestras vidas, ninguno es más compendioso y desafiante que Gálatas 5:22, 23: "Mas el fruto del Espíritu es amor, gozo, paz, paciencia, benignidad, bondad, fe, mansedumbre, templanza". En los siguientes tres capítulos examinaremos en detalle el significado de cada una de estas virtudes. Por razones didácticas podemos dividir estas nueve palabras en tres "ramilletes". El primer grupo o "ramillete" lo forman el amor, el gozo y la paz; habla especialmente de nuestra relación con Dios. El segundo "ramillete" —paciencia, benignidad, bondad— hace más a nuestra relación con los demás. El tercer "ramillete" —fe, mansedumbre, templanza— hace hincapié en la relación del hombre consigo mismo, sus actitudes y acciones interiores.

Al mismo tiempo, claro está, estos grupos o "ramilletes" se relacionan estrechamente entre sí, y *todos* ellos debieran caracterizar nuestras vidas. Y todos ellos, efectivamente, caracterizan nuestras vidas cuando permanecemos en Cristo y permitimos al Espíritu Santo que obre en nosotros.

El fruto del Espíritu: amor

No debiera haber marca más distintiva de los cristianos que la marca del amor. "En esto conocerán todos que sois mis discípulos, si tuviereis amor los unos con los otros" (Juan 13:35). "Nosotros sabemos que hemos pasado de muerte a vida, en que amamos a los hermanos" (1 Juan 3:14). "No debáis nada a nadie, sino el amaros unos a otros; porque el que ama al prójimo, ha cumplido la ley" (Romanos 13:8).

No importa de qué manera expresamos nuestro testimonio al Señor Jesucristo, la ausencia de amor anula todo lo demás. El amor supera a todo cuanto podamos decir, a todo cuanto podamos poseer, a todo cuanto podamos dar. "Si yo hablase lenguas humanas y angélicas, y no tengo amor, vengo a ser como metal que resuena, o címbalo que retiñe. Y si tuviese profecía, y entendiese todos los misterios y toda ciencia, y si tuviese toda la fe, de tal manera que trasladase los montes, y no tengo amor, nada soy. Y si repartiese todos mis bienes para dar de comer a los pobres, y si entregase mi cuerpo para ser quemado, y no tengo amor, de nada me sirve" (1 Corintios 13:1-3).

El más grande capítulo de amor de toda la Biblia es el capítulo 13 de 1 Corintios. La descripción que hace del amor debiera estar grabada en letras de oro en el corazón de todo creyente. Si algún capítulo de la Biblia merece ser memorizado, aparte de Juan 3, es 1 Corintios 13. Cuando meditamos en el sentido y en el significado del amor, comprendemos que es al corazón lo que el verano es al año del agricultor. Produce la cosecha de las más bellas flores del alma. En realidad de verdad, es la más hermosa flor en el jardín de la gracia de Dios. Si el amor no caracteriza nuestras vidas, las mismas son vacías. Dijo Pedro: "Y ante todo, tened entre vosotros ferviente amor; porque el amor cubrirá multitud de pecados" (1 Pedro 4:8).

En su pequeño libro *The Four Loves* (Los Cuatro Amores), C. S. Lewis analiza los diversos vocablos griegos traducidos "amor" en las versiones vernáculas del Nuevo Testamento. Cuando las Sagradas Escrituras describen el amor de Dios por nosotros y el amor que Dios espera de nuestra parte, a menudo utiliza la palabra griega *agape*. El amor *agape* abunda en el Nuevo Testamento. Cuando Jesús dijo: "Amad a vuestros enemigos", Mateo, en su Evangelio, usó la palabra *agape*. Cuando Jesús dijo que debiéramos amarnos los unos a los otros, Juan usa la palabra *agape;* cuando Jesús dijo: "Amarás a tu prójimo", Marcos usó la palabra *agape*. El *New Bible Dictionary* (Nuevo Diccionario de la Biblia), define el amor *agape* en griego como "la más elevada y noble forma de amor que en su objeto ve algo infinitamente precioso".[1]

La más grande demostración de un amor *agape* de parte de Dios ocurrió en la cruz, adonde envió a su Hijo Jesucristo para que muriese por nuestros pecados. Y puesto que tenemos que amar como Dios ama, los creyentes debiéramos tener un amor *agape*. Pero no lo obtenemos naturalmente, ni lo podemos alcanzar por nuestros propios medios, ya que las obras de la carne no lo pueden producir; solamente el Espíritu Santo, por medios sobrenaturales, nos lo puede conceder. Y lo hace cuando nos entregamos a la voluntad de Dios.

Debemos dejar claramente sentado un aspecto que hace al amor *agape*. Con demasiada frecuencia hoy en día se lo considera al amor solamente como una emoción o un sentimiento. Sin duda hay una dosis de emoción en todo verdadero amor, ya sea el amor por los demás o el amor por Dios. Pero el amor es más que una emoción. El amor es más que un sentimiento; el amor supone hacer. El auténtico amor es el amor que *actúa*. Esa es la manera en que Dios nos ama: "Porque de tal manera amó Dios al mundo, *que ha dado* a su Hijo unigénito" (Juan 3:16; cursivas indicadas por el autor). "Hijitos míos, no amemos de palabra ni de lengua, sino de hecho y en verdad" (1 Juan 3:18).

El amor, por lo tanto, es un acto de la voluntad; y es por ello que antes de que podamos rendirle el fruto del amor, debemos entregarnos a Cristo. El obispo Stephen Neill definió el amor como "una invariable y constante tendencia de la voluntad en busca del permanente bienestar de los demás".[2] Señala que gran parte del amor humano es de naturaleza egoísta, en tanto el amor *agape* entraña una autoentrega. Como dice Neill:

> El primero de los amores (el amor humano) dice: "Quiero apropiarme de algo que tiene otro, y que está en su poder entregarme".
> El segundo de los amores (el amor de Dios) dice: "Deseo darle al otro, porque lo amo".
> El primero de los amores quiere enriquecerse recibiendo un obsequio que algún otro puede dar.
> El segundo de los amores desea enriquecer a los demás entregándoles todo lo que él tiene.
> El primero de los amores se reduce a sentimientos y deseos. Este amor viene y va a su antojo; no podemos hacerlo entrar en actividad por nuestros propios esfuerzos.
> El segundo amor pertenece más al ámbito de la voluntad, puesto que está en nuestro poder el dar o el no dar.[3]

Hemos de amar como amó el buen samaritano (Lucas 10:25-37), que no es nada menos que el amor elevado a su máxima potencia en acción. Es un amor que abarca a todos, a esposas, maridos, hijos, vecinos, aun a gente que jamás vimos y que vive del otro lado del mundo. Incluye a quienes resulta fácil amar y a quienes resulta difícil amar porque son tan distintos. Y alcanza aun a las personas que nos han perjudicado y entristecido.

Una joven esposa y madre, cuyo marido le fue infiel y la abandonó para vivir con otra mujer, se sentía amargada y resentida. Sin embargo, cuando empezó a meditar sobre el amor de Cristo para con nosotros, halló que un nuevo amor por los demás crecía en su interior, que incluía a la mujer que le quitó a su marido. Para Navidad le envió a la otra mujer una rosa roja acompañada de una nota que decía: "Debido al amor que Cristo siente por mí y al amor que ese amor despierta en mi corazón, puedo amarte a ti". ¡Esto es amor *agape,* el fruto del Espíritu!

La orden de amar no es una opción: hemos de amar, nos guste o no nos guste. Hasta podemos afirmar que el amor por los demás es la primera señal de que hemos nacido de nuevo y de que el Espíritu Santo obra en nuestras vidas.

Por sobre todas las cosas, el amor debiera ser la marca o señal sobresaliente entre los creyentes de toda congregación local. El doctor Sherwood Wirt escribió: "He arribado a la conclusión de que es inútil hablar de iglesias fuertes e iglesias débiles, iglesias grandes e iglesias pequeñas, iglesias cálidas e iglesias frías. Tales categorías no son realistas ni hacen a la cuestión. Solamente hay iglesias que aman e iglesias que no aman".[4]

Resulta facilísimo decir que amamos a la gente, y decirlo con honestidad y sinceridad. Pero con harta frecuencia ocurre que somos incapaces de detectar un hombre solitario en medio de una muchedumbre, o al hombre o la mujer enfermos o necesitados cuya única esperanza descansa en el amor que podamos darle por medio de Jesucristo. El amor que Dios quiere que sintamos es el amor que alcanza a todas las personas.

Uno de nuestros amigos es un conocido astro de la canción. Hemos observado que al hacer su entrada en una habitación llena de gente, no mira a su alrededor buscando las personas que conoce. Busca con su mirada al hombrecito desconocido, que se siente incómodo y fuera de lugar, y a él se dirige directamente, con su mano extendida, su tosca cara iluminada con una amable sonrisa y le dice: "Hola, soy..."

Allan Emery, criado en Boston y amigo nuestro por muchos años, tuvo una experiencia que le impresionó profundamente. Alguien le habló a su padre informándole que a un bien conocido cristiano lo hallaron borracho y tirado en la acera de una de las calles. De inmediato su padre envió a su chofer con la limousine para recoger al hombre, mientras su madre preparaba la mejor habitación de huéspedes de la casa. Allan Emery no salía de su asombro al observar aquellos preparativos; su madre dobló el hermoso cubrecama del magnífico antiguo lecho con cuatro columnas de madera, lo que permitió ver las sábanas con monogramas bordados.

—Pero, mamá —protestó—, está borracho. Hasta es posible que vomite.

—Ya lo sé —respondió amablemente su madre—, pero resulta que este hombre ha resbalado y caído. Cuando vuelva en sí estará tremendamente avergonzado. Necesitará todo el amoroso estímulo que podamos brindarle.

Fue una lección que el hijo jamás olvidó.

Jesús miró a las multitudes y se compadeció de cada uno de sus componentes. Amó como ningún ser humano es capaz de amar. Su amor abarcó al mundo entero, a toda la raza humana, desde el comienzo de los tiempos hasta el final de los mismos. Su amor no conoció ni términos ni límites, y nadie fue excluido. Del más bajo pordiosero al más encumbrado monarca, desde el más despiadado pecador hasta el más puro santo, su amor los incluyó a todos en su gran abrazo. Nada que no sea el Espíritu de Dios obrando en nuestras vidas puede producir semejante fruto, y se manifestará con toda evidencia tanto en nuestras vidas públicas como en nuestras vidas privadas.

El fruto del Espíritu: gozo

Al volver de la tumba de su hijo, en China, mi suegro le escribió a su madre en Virginia: "Hay lágrimas en nuestros ojos, pero gozo en nuestros corazones". El gozo que el Espíritu trae a nuestras vidas nos eleva por encima de las circunstancias. Podemos contar con el gozo aun en medio de las adversas y angustiosas situaciones.

El vocablo griego que traducimos gozo figura repetidamente en el Nuevo Testamento y describe el gozo que reconoce una fuente espiritual tal como el "gozo del Espíritu Santo" (1 Tesalonicenses 1:6). También el Antiguo Testamento utiliza expresiones tales como "el gozo de Jehová" (Nehemías 8:10) para señalar a Dios como la fuente del mismo.

Inmediatamente antes del Calvario Jesús se reunió con sus discípulos en el aposento alto. Les dijo que les había hablado de esa manera "para que mi gozo esté en vosotros, y vuestro gozo sea cumplido" (Juan 15:1 1). El obispo Neill ha comentado: "Los primitivos cristianos lograron conquistar el mundo por la sencilla razón de que eran personas gozosas".[5]

El mundo de hoy es un mundo carente de gozo, lleno de sombras, desilusionado y temeroso. La libertad desaparece rápidamente de la faz de la tierra. Y juntamente con la pérdida de la libertad van desapareciendo también muchísimos de los goces y placeres superficiales, pero esto no debiera alarmarnos. Las Sagradas Escrituras nos enseñan que nuestro gozo espiritual no depende de las circunstancias. Los sistemas de este mundo han fracasado en sus intentos por alcanzar la *fuente* del gozo. Dios, por su Espíritu, dirige su gozo a nuestras yermas vidas llenas de problemas, posibilitando una existencia gozosa pese a las circunstancias.

La Declaración de Independencia de los Estados Unidos de América habla de "la búsqueda de la felicidad", pero en ninguna parte de la Biblia se nos dice que debemos ir tras esto. La felicidad es esquiva y no la encontramos buscándola. Se instala cuando las condiciones externas son favorables, pero el gozo va mucho más profundamente. Además, el gozo difiere de los placeres. El placer es algo momentáneo, pero el gozo es profundo y permanece pese a las peores circunstancias de la vida.

No solamente contamos con la fuente del gozo que es la persona de Cristo, sino que también contamos con la certeza de que está a permanente disposición de los cristianos, sean cuales fueren las circunstancias.

Cierta vez visitamos Dohnavur, en el sur de la India, donde vivió Amy Carmichael durante cincuenta años, cuidando centenares de niñas originariamente dedicadas al servicio del templo. Como ya lo mencionamos anteriormente en este libro, estuvo confinada a su lecho los últimos veinte años de su vida, lapso durante el cual escribió muchos libros que han sido de bendición a millones de personas. El gozo llenaba su alcoba de enferma de modo tal que todos cuantos la visitaron se retiraban alabando a Dios. En su libro *Gold by Moonlight* (Oro a la Luz de la Luna) dice: "Cuando se trata de las cosas de Dios, la aceptación siempre significa la feliz elección de la mente y del corazón de cuanto él nos ordena, porque (por el presente) es su buena y aceptable y perfecta voluntad".[6]

Aún después de su muerte, cuando visitamos su habitación donde sirvió a su Señor durante veinte años, escribiendo en su cama, su antigua enfermera me pidió que elevara una oración. A las primeras palabras me abrumó de tal manera la presencia del Altísimo que me cortó la voz (cosa que rara vez me sucede). Le indiqué a mi compañero que prosiguiera. A él le ocurrió lo mismo. Al abandonar la habitación sentí en mi corazón el gozo del Señor. Muchas veces hemos visitado enfermos para estimularlos. Algunos de ellos afectados de dolencias mortales. Y aunque parezca raro, hemos salido bendecidos en nuestras almas por su contagioso gozo.

Un profundo gozo ponía el broche de oro en el testimonio de Pablo al escribir su última carta al joven Timoteo, ya en las antesalas de la muerte. A pesar de los sufrimientos soportados, del horror de la prisión y de las frecuentes amenazas de muerte que pendían sobre su cabeza, el gozo del Señor llenaba su corazón.

Charles Allen lo expresa de la siguiente manera: "Así como toda el agua del mundo no puede apagar el fuego del Espíritu Santo, tampoco pueden todos los problemas y tragedias del mundo aplastar el gozo que el Espíritu Santo brinda al corazón humano".[7]

Se ha dicho con justicia que el "gozo es la bandera que ondea en el mástil del palacio cuando el Rey está presente".

El fruto del Espíritu: paz

Paz conlleva la idea de unidad, de consumación, de reposo, de tranquilidad y seguridad. En el Antiguo Testamento la palabra era *shalom*. Muchas veces, cuando me encuentro con amigos judíos los saludo con un afectuoso *"shalom"*. Y a menudo, cuando saludo a un amigo árabe utilizo un término similar que traduce paz, la palabra *salam*.

Poco tiempo atrás veíamos en la pantalla televisora el descenso de pasajeros que habían sufrido las alternativas de un secuestro aéreo en pleno vuelo. Vimos terror, horror y miedo en sus rostros. Pero una mujer tenía en sus brazos una criaturita que dormía plácidamente. Paz en medio del torbellino.

Dijo Isaías: "Tú guardarás en completa paz a aquel cuyo pensamiento en ti persevera; porque en ti ha confiado" (Isaías 26:3). Este es el cuadro de cualquier cristiano que mantiene su posición a pie firme, solo, en medio del campo de batalla, equipado por fe con las santas armas que le provee Dios y con pleno dominio de la situación. Semejante hombre no está preocupado por el mañana, pues sabe que tiene en sus manos las llaves del futuro. No tiembla parado sobre la roca, pues sabe quién la hizo. No padece ninguna duda pues conoce al que erradica todas las dudas.

Cuando caemos en la debilidad de preocuparnos, le negamos a nuestro Guía el derecho de guiarnos en paz y en confianza. Solamente el Espíritu Santo puede darnos paz en medio de las tormentas de la inquietud y la desesperación. No debemos contristar a nuestro Guía entregándonos a la preocupación o rindiéndole indebida atención al yo.

Hay distintas clases de paz, tales como la paz de los sepulcros o la que brindan los tranquilizantes. Pero para los cristianos la paz no es simplemente la ausencia de conflictos o ciertos estados artificiales que el mundo nos pueda ofrecer. Todo lo contrario, es la paz profunda y perdurable que sólo Cristo trae a nuestros corazones. Así lo describe en Juan 14:27: "La paz os dejo, mi paz os doy; yo no os la doy como el mundo la da". Esta es la paz que solamente puede provenir del Espíritu Santo.

La *paz* de Dios que puede reinar en nuestros corazones es precedida siempre por la paz *con* Dios, que debe ser el punto de partida. Cuando esto es así, puede instalarse la paz de Dios. Desde este punto de vista, la obra salvadora de Cristo tiene dos etapas. En primer lugar pudo poner fin al conflicto planteado entre el hombre pecador y el justo Dios. Dios estaba enojado con el hombre debido a su pecado. Pero Jesús por medio de su sangre derramada estableció la paz. Puso fin a la guerra; vino la paz. Dios estaba complacido. La deuda fue cancelada y la contabilidad satisfecha. Con las cuentas saldadas, el hombre adquirió su libertad cuando voluntariamente se arrepintió y se volvió en fe a Cristo para la salvación. Ahora cuenta con el favor de Dios.

Pero Jesucristo no solamente nos liberó de la esclavitud y de la guerra. Posibilitó una nueva etapa: podemos tener la paz *de* Dios en nuestros corazones aquí y ahora. Para nosotros la paz de Dios no se reduce a un simple armisticio; es una guerra que ha terminado para siempre; y ahora los corazones redimidos de anteriores enemigos de la cruz están equipados con una paz que trasciende todo conocimiento humano y se remonta a las más excelsas alturas.

Refiriéndose a la paz de Dios, dijo Spurgeon: "Miré a Cristo, y la paloma de la paz voló a mi corazón; miré a la paloma de la paz, y la paloma alzó vuelo y se fue". De modo que no debemos mirar al fruto, sino a la fuente de toda paz, porque Cristo, por medio del Espíritu Santo, sabiamente cultiva nuestras vidas para permitirnos lograr la paz. La mejor terapia siquiátrica conocida en el mundo es apropiarnos de lo que Jesús prometió: "Os haré descansar", es decir, nos dará paz (Mateo 11:28). El rey David fue prueba viviente de la terapia espiritual para las almas que dispensa el Espíritu Santo, cuando dijo: "Me hará descansar" (Salmo 23:2). Se trata de un apacible descanso. Pero David continuó diciendo: "Confortará mi alma". Ahora se trata de una apacible renovación. Y si bien los hombres persisten en la permanente búsqueda de la paz, no la hallarán en tanto no comprendan que "Cristo es la paz".

Una mujer desesperada y frustrada nos escribió diciéndonos que su caso era sin esperanzas porque Dios no podría jamás perdonar todos sus tremendos pecados. En respuesta a su carta le escribimos diciéndole que si bien ella se sentía olvidada por Dios y desechada por los hombres, Dios no la abandonaba, pero permitió que la angustia y la desesperación hicieran presa de ella para que comprendiera su necesidad del perdón y de la paz de Dios. Más tarde nos escribió diciéndonos que no cabía en sí de gozo al comprender que podía contar con la paz de Dios. Jesús nos dijo que la diferencia radicaba en que no era nuestra paz sino la suya la que contaba: "Mi paz os doy; yo no os la doy como el mundo la da" (Juan 14:27).

En la carta a los romanos Pablo nos escribe estas maravillosas palabras: "Y el Dios de esperanza os llene de todo gozo y paz en el creer, para que abundéis en esperanza por el poder del Espíritu Santo" (Romanos 15:13). ¿Cómo describir mejor el gozo y la paz? Ciertamente que el fruto del Espíritu es la paz. ¿Lo tenemos en nuestros corazones?

16. EL FRUTO DEL ESPÍRITU: PACIENCIA, BENIGNIDAD, BONDAD

El primer grupo del fruto del Espíritu se vincula principalmente con Dios, con resultados exteriores que los demás pueden comprobar fácilmente a simple vista. Así, hablamos del amor de Dios, del gozo del Señor, de la paz del Altísimo. El segundo grupo o ramillete —paciencia, benignidad, bondad— tiene que ver con la clase de cristianos que somos en nuestra exterioridad. Si somos levantiscos, hirientes y groseros, carecemos de este segundo ramillete del fruto del Espíritu. Pero cuando el Espíritu nos controla, nos transforma de tal manera que los brotes de paciencia, benignidad y bondad echan primero flores y luego abundante fruto.

El fruto del Espíritu: paciencia

La palabra que en el idioma castellano traducimos *paciencia* (o *longanimidad* en las versiones de Straubinger y de Nacar-Colunga) proviene de un vocablo griego que habla de la inmutabilidad de una persona ante la provocación. Inherente a la palabra va la idea de soportar pacientemente un maltrato sin enojos y sin alimentar propósitos de revanchas o venganzas. Así, pues, esta parte del fruto del Espíritu tiene que ver con nuestras relaciones con los prójimos. Es la paciencia personificada, la paciencia del amor. Si nos mostramos irritables, vengativos, resentidos y maléficos con nuestros vecinos, no somos pacientes, no mostramos ni rastros de longanimidad. Y cuando existe esa condición, el Espíritu Santo no controla nuestras vidas.

La paciencia es el resplandor trascendente de un amante y tierno corazón que, en su trato con quienes lo rodean, se comporta con ellos en forma bondadosa y cortés. La paciencia juzga las faltas de los demás con bondad, compasivamente, sin injustas o acerbas críticas. La paciencia también incluye la perseverancia, la capacidad de sostenerse a pie firme bajo la carga del agotamiento, de la tensión y de la persecución, mientras se atarea el cristiano en la obra del Señor.

La paciencia es parte del auténtico cristiano, algo que siempre admiramos en los demás, pero a la cual somos poco dados. Pablo nos enseña que podemos ser "fortalecidos con todo poder, conforme a la potencia de su gloria, para toda paciencia y longanimidad" (Colosenses 1:11). La paciencia en nuestras vidas surge del poder de Dios y se manifiesta según sea nuestra disposición de practicarla. Toda vez que nos comportamos con egoísmo, o cuando la ira o la mala voluntad hacen presa de nosotros, o nos sobreviene la impaciencia y la frustración, debemos reconocer que somos nosotros, y no Dios, los causantes de nuestros problemas. Debemos rechazar de plano, renunciar y repudiar la situación inmediatamente. Nos viene, claro está, de nuestra antigua naturaleza pecaminosa.

La paciencia en la Biblia está estrechamente relacionada con las pruebas, lo cual resulta naturalmente lógico. Podemos ser pacientes en la vida ordinaria de todos los días, pero ¿cómo reaccionamos ante las pruebas? Es en esos momentos cuando más necesitamos de este fruto del Espíritu que es la paciencia. Esto explica el hecho de que la Biblia nos dice que las pruebas nos son beneficiosas, pues por ellas nos fortalecemos y sobre todas las cosas le permiten al Espíritu Santo desarrollar la paciencia. "Hermanos míos, tened por sumo gozo cuando os halléis en diversas pruebas, sabiendo que la prueba de vuestra fe produce paciencia" (Santiago 1:2, 3).

De ser así, debiéramos aceptar regocijados las pruebas y sinsabores que se presenten, porque ello nos obliga a recurrir cada vez más a la fuente de todo poder, produciendo con ello más paciencia, que es el fruto del Espíritu. El ejercicio regular de la paciencia y la longanimidad en las irritaciones y frustraciones de todos los días es lo que nos prepara para soportar las grandes batallas cuando se presentan.

La erosión interior del corazón nos deja vulnerables a los arteros y a menudo disfrazados ataques de Satanás. Pero quienes aprendieron a elevar *instantáneamente* una oración al Espíritu Santo al primer signo de la tentación, no tienen razón alguna para temer dicha erosión. En poco tiempo la oración se tornará tan automática y espontánea que habrán elevado la oración casi antes de tomar conciencia de su necesidad. La Biblia nos dice que debemos ser "sufridos en la tribulación; constantes en la oración" (Romanos 12:12). Pensamos que el mejor momento para orar es en el *preciso instante* en que nos atrapa una tensa situación o una actitud no espiritual. Dios el Espíritu Santo está siempre a mano, listo para ayudarnos a lograr la victoria en las batallas espirituales en que nos trabamos, sean grandes o sean pequeñas. Pero para que la oración llegue a ser una reacción involuntaria o subconsciente a nuestros problemas, debemos practicarla voluntaria y conscientemente día tras día hasta que llegue a ser parte integral de nuestro ser.

Un querido amigo y excelente consejero nos dijo una vez que la mayor prueba se presenta cuando le formulamos a Dios la pregunta: "¿Por qué?"

Charles Hembree hizo la siguiente reflexión: "Cara a cara con la aflicción resulta difícil verle sentido a las cosas que nos ocurren y queremos cuestionar la justicia de un Dios fiel. No obstante ello, estos momentos pueden ser los más significativos de nuestras vidas".[1]

Paul Little, uno de los grandes siervos de Dios, murió en un accidente automovilístico en el año 1975. De inmediato le pregunté a Dios. "¿Por qué?" Paul era un destacado joven estratega de Dios y maestro de la Biblia. Era profesor de teología, dirigente de *InterVarsity Christian Fellowship* y antiguo miembro de nuestro equipo. No me cabe la menor duda de que Marie, su esposa, tiene que haber preguntado en la agonía de su corazón: "¿Por qué?" Sin embargo, pocos meses después cuando vino a participar de un retiro con los miembros de nuestro equipo, mostró un maravilloso espíritu y compartió su victoria con las esposas de los miembros del grupo. En lugar de consolarla nosotros a ella, ella nos consoló a nosotros.

Es posible que debamos sufrir aflicciones o las alternativas de severa disciplina, pero no olvidemos lo que el salmista nos dijo: "Por la noche durará el lloro, y a la mañana vendrá la alegría" (Salmo 30:5). Ningún cristiano lleno del Espíritu dejará de revelar longanimidad y paciencia si ha soportado con fidelidad "la participación de sus padecimientos" (Filipenses 3:10).

Para que el fruto del Espíritu se manifieste en nuestras vidas, Dios permite que enfrentemos el castigo y la disciplina y suframos la aflicción y la persecución. De no haber sido vendido José como esclavo por sus hermanos que lo odiaban, y de no haber sido acusado injustamente por Potifar que lo envió a la cárcel, no habría desarrollado el fruto de la paciencia y de la longanimidad que fue el rótulo más distintivo de su vida. Y aun luego de haberle dicho al copero del Faraón que sería restituido a la corte del soberano y de pedirle que le dijera a Faraón cuán injusta era su reclusión en la cárcel, tuvo que esperar dos años para recuperar su libertad.

Cuando esperamos en el Señor, pareciera a veces que Dios tarda su llegada para ayudarnos, pero nunca llega demasiado tarde. Pablo escribió: "Porque esta leve tribulación momentánea produce en nosotros un cada vez más excelente y eterno peso de gloria" (2 Corintios 4:17). Jesús dijo a sus discípulos: "Con vuestra paciencia ganaréis vuestras almas" (Lucas 21:19). Y es esta longanimidad y paciencia lo que el Espíritu Santo usa para bendecir a los demás.

Pero cuando hablamos de longanimidad tenemos que cuidarnos de una cosa. A veces la usamos como excusa para dejar de actuar cuando somos llamados a hacerlo. Hay ocasiones en las cuales disfrutamos una especie de autoflagelación neurótica porque no queremos enfrentarnos a la verdad y erróneamente llamamos a eso longanimidad. Pero Jesús vigorosamente "echó fuera a todos los que vendían y compraban en el templo, y volcó las mesas de los cambistas, y las sillas de los que vendían palomas" (Mateo 21:12). Además, fustigó furiosamente a los escribas y a los fariseos (Mateo 21:13 y sigtes.). El cristiano lleno del Espíritu Santo sabe muy bien cuándo revelar una "justa indignación" y cuándo ser paciente; también sabe cuándo la longanimidad es una excusa a la inacción o una muleta para esconder un defecto del carácter.

El fruto del Espíritu: benignidad

La *benignidad* o *afabilidad,* es el *segundo segmento* del fruto que crece hacia afuera. El término proviene del griego, idioma en el cual significa la amabilidad que inunda y penetra la naturaleza entera. La amabilidad lava y quita todo lo que es duro y austero. La afabilidad es el amor sufrido y constante.

Jesús era una persona amable. Cuando Jesús llegó al mundo había escasas instituciones de misericordia. Muy pocos hospitales y establecimientos para enfermos mentales, poquísimos albergues para los pobres y huérfanos y casi ningún asilo para los desamparados. En comparación con la época en que nos toca vivir, aquel era un mundo cruel. Cristo cambió todo eso. Doquiera ha ido el auténtico cristianismo, sus seguidores han realizado actos de benignidad y amabilidad.

La palabra benignidad se repite poquísimas veces en nuestra Biblia en castellano. Se la menciona en relación con las tres personas de la Trinidad. En el Salmo 18:35 es la benignidad de Dios; en 2 Corintios 10:1 (Biblia de Jerusalén) es la benignidad de Cristo, y en Gálatas 5:22, la benignidad del Espíritu Santo.

Charles Allen señala: "En nuestro repudio por el pecado, podemos llegar a ser duros y hasta despiadados hacia el pecador... Algunas personas parecieran tener semejante pasión por la justicia y la probidad, que no les queda lugar para la compasión por los que han caído".[2]

¡Qué fácil resulta ser impacientes y duros con los que han fracasado en la vida! Cuando el movimiento *hippie* empezó en los Estados Unidos de América, mucha gente reaccionó contra dicho movimiento con una actitud de crítica acerba, totalmente desprovista de amor para con los "hippies". La Biblia nos enseña algo muy diferente. Jesús hubiera respondido con cariñosa "benignidad" o "amabilidad". Las únicas personas a quienes Jesús trató con dureza fueron los hipócritas dirigentes religiosos, pero a todos los demás los trató con maravillosa amabilidad. Muchos pecadores a punto de arrepentirse se han desilusionado por un farisaico, frío y rígido cristianismo que se aferra a un código religioso legalista, desprovisto de compasión. En cambio Jesús trató a todo el mundo con ternura, afabilidad y bondad. Hasta los niños captaron su benignidad y se acercaron ansiosos a él, sin temor alguno.

Pablo le dijo a su joven amigo Timoteo: "El siervo del Señor no debe ser contencioso, sino amable para con todos" (2 Timoteo 2:24). Dijo Santiago: "La sabiduría que es de lo alto es primeramente pura, después pacífica, amable, benigna" (Santiago 3:17).

Algunos sostienen que la benignidad es señal de debilidad, ¡pero los que eso afirman están totalmente equivocados! Abraham Lincoln era bien conocido por su amabilidad y humildad, pero jamás podrá decirse de él que era un hombre débil. Todo lo contrario, fueron los factores combinados de su gran fuerza de carácter y de su espíritu afable y compasivo los que hicieron de él el gran hombre que fue.

En *Fruits of the Spirit* (Frutos del Espíritu) dice Hembree: "En nuestra era de proyectiles teledirigidos y hombres mal dirigidos, hay una imperiosa necesidad de aprender a ser amables. Parece raro y extraño que en una era cuando hemos alcanzado la luna, cuando enviamos señales a lejanos planetas, y recibimos imágenes de satélites que giran alrededor del mundo, tenemos tanta dificultad en dispensarles ternura a quienes nos rodean".[3]

El lógico lugar al cual debemos volver nuestra mirada y atención en busca de guía y dirección para las cosas del Espíritu, es el púlpito y la palabra del ministro de Dios, y lo que esta generación necesita imperiosamente es el ministerio de la predicación. Pero por más elocuente que sea el predicador, por más bien preparado que esté, por más dotado que sea, si su ministerio carece de ternura y benignidad, será incapaz de guiar mucha gente a la persona de Jesucristo. El corazón benigno es el corazón partido, el corazón que llora por el pecado de los malos tanto como por el sacrificio de los buenos.

El fruto del Espíritu: bondad

El tercer elemento en este terno es la *bondad*. La palabra *bondad* proviene de un vocablo griego que traduce la cualidad de una persona regida por lo que es bueno y cuya meta en la vida es el bien, es decir todo aquello que representa la más elevada moral y los más elevados valores éticos. Pablo escribió las siguientes palabras:

"Porque el fruto del Espíritu es en toda bondad, justicia y verdad" (Efesios 5:9). También escribió el Apóstol: "Por lo cual asimismo oramos siempre por vosotros, para que nuestro Dios os tenga por dignos de su llamamiento, y cumpla todo propósito de bondad y toda obra de fe con su poder, para que el nombre de nuestro Señor Jesucristo sea glorificado en vosotros" (2 Tesalonicenses 1:11, 12). Pablo, en palabras de encomio a la iglesia de Roma, le dice: "Estoy seguro de vosotros, hermanos míos, de que vosotros mismos estáis llenos de bondad, llenos de todo conocimiento, de tal manera que podéis amonestaros los unos a los otros" (Romanos 15:14).

Tal como lo dijimos en un capítulo anterior de este libro, en los terrenos que rodean nuestra casa contamos con varios manantiales de aguas cristalinas. Uno de esos manantiales abastece nuestra casa con una inagotable cantidad de agua fresca y pura. El comentario del especialista que analizó el agua fue: "Es el agua más pura que jamás probé". Un buen corazón, al igual que un buen manantial, vierte perpetuamente bondad.

La palabra "bueno" en lenguaje escritural significa literalmente "ser como Dios", porque solamente él es perfectamente bueno. Sin embargo, una cosa es poseer un elevado nivel ético y otra cosa muy distinta es que el Espíritu Santo produzca la bondad que hunde sus raíces en la Deidad. Aquí el significado va más allá de un simple "hacer el bien". La bondad cala más hondo. Bondad es amor en acción. Conlleva no solamente la idea de justicia atribuida, sino una justicia demostrada en el diario vivir según los dictados del Espíritu Santo. Es el bien hacer de un buen corazón, para agradar a Dios, sin esperar medallas ni recompensas. Cristo quiere que este tipo de bondad sea el sello distintivo de la vida de todo cristiano. El hombre no hallará jamás un sustituto para la bondad, y ningún artista puede imitarlo, ni siquiera con mágicos retoques.

Thoreau escribió: "Si un hombre no marca el paso con sus compañeros, tal vez se deba a que escucha a otro redoblante. Permitámosle mantener el ritmo de la música que escucha, no importa cuál sea o cuán lejana esté".[4] Como cristianos no tenemos otra alternativa que marchar al ritmo que marca el Espíritu Santo, siguiendo los mesurados pasos de la bondad, que agrada a Dios.

Podemos hacer buenas obras, y al practicar los principios de bondad, testificamos a quienes nos rodean que tenemos algo "diferente" en nuestras vidas, tal vez algo que ellos mismos quisieran poseer. Y hasta es posible que podamos mostrar a los demás cómo poner en práctica los principios de bondad en sus propias vidas. Pero la Biblia dice que "la piedad vuestra es como nube de la mañana, y como el rocío de la madrugada, que se desvanece" (Oseas 6:4). La verdadera y auténtica bondad es un "fruto del Espíritu", y nuestros intentos de lograrla por nuestros propios medios y esfuerzos terminarán en el más rotundo fracaso.

Debemos cuidarnos de que todo signo de bondad que el mundo vea en nosotros sea un genuino fruto del Espíritu y no un substituto fraudulento, no vaya a ser que involuntariamente y sin quererlo seamos el medio de que alguno se descarríe.

Sin descuidarnos un minuto debemos tener siempre clara conciencia de que Satanás puede tomar todo esfuerzo humano y torcerlo de tal manera que sirva a sus propósitos. Pero tampoco debemos olvidar que Satanás no puede tocar al espíritu que está cubierto por la sangre de Cristo y profundamente enraizado en el Espíritu Santo. Solamente el Espíritu puede producir la bondad que no fluctúa ante ningún embate.

La bondad nunca está sola, al menos en lo que se refiere a los aspectos exteriores del fruto del Espíritu, y se acompaña siempre de la paciencia y de la benignidad. Las tres marchan tomadas de la mano, y se manifestaron hermosamente en la vida de Aquel que es el perfecto prototipo de lo que cada uno de nosotros debiera ser. Por el poder del Espíritu Santo estos rasgos del carácter conforman parte de nuestras vidas para que recordemos a los demás de la persona de Jesús.

17. EL FRUTO DEL ESPÍRITU: FE, MANSEDUMBRE, TEMPLANZA

Un vivir auténticamente cristiano tiene su orden de prioridades en nuestras vidas: primero Dios, segundo los demás y tercero nosotros mismos. Nos parece apropiado, por lo tanto, al referirnos al tercer ramillete del fruto del Espíritu, que pongamos atención en el *hombre interior.* El Espíritu actúa *en* nosotros para obrar por medio de nosotros. "Ser" es por lejos más importante que "hacer". Pero cuando en nuestro interior somos lo que debemos ser, produciremos fruto, más fruto y mucho fruto. Este es el propósito primario y esencial que tenía en mente el apóstol Pablo cuando escribió: "Es Dios el que en vosotros produce así el querer como el hacer, por su buena voluntad" (Filipenses 2:13). También dijo: "El que comenzó en vosotros la buena obra, la perfeccionará hasta el día de Jesucristo" (Filipenses 1:6).

El tercer ramillete del fruto espiritual tiene que ver con el hombre interior. Incluye fe, mansedumbre y templanza.

El fruto del Espíritu: fe

La referencia a la fe, no es la fe ejercitada por el cristiano, sino más bien la *lealtad* o *fidelidad,* producida por el Espíritu Santo en la vida de un cristiano entregado a Cristo en alma y cuerpo.

La palabra se repite en Tito 2:10, donde Reina-Valera traduce "fieles"; la Versión Popular, *Dios Llega al Hombre,* "honrados"; y la Biblia de Jerusalén traduce "fidelidad". Este rasgo del carácter es objeto de notorios encomios en la Biblia. La fidelidad en las pequeñas cosas es una de las más seguras pruebas del carácter, tal como lo indicó nuestro Señor en la parábola de los talentos: "Sobre poco has sido fiel, sobre mucho te pondré" (Mateo 25:21). Cuando hablamos de moralidad no nos referimos a la magnitud sino más bien a la cualidad. Lo correcto es correcto y lo incorrecto es incorrecto, tanto en las cosas pequeñas como en las cosas grandes.

Pedro señala el contraste existente entre los que caminan fielmente con Dios y los que han caído nuevamente en la contaminación de este mundo. Así escribe: "Porque mejor les hubiera sido no haber conocido el camino de la justicia, que después de haberlo conocido, volverse atrás del santo mandamiento que les fue dado. Pero les ha acontecido lo del verdadero proverbio: El perro vuelve a su vómito, y la puerca lavada a revolcarse en el cieno" (2 Pedro 2:21, 22).

La tercera epístola de Juan contiene solamente quince versículos. Diótrefes y Demetrio son los dos personajes principales. El seguidor fiel fue Demetrio, de quien se dice que "todos dan testimonio de Demetrio, y aun la verdad misma" (v. 12). La carta comenta elogiosamente su personalidad porque en palabra y en verdad, en la práctica y en el precepto, siguió con fidelidad a su Señor. En la industria hay una conocida expresión denominada "plazo de entrega", que es el lapso que transcurre entre la recepción de la orden o pedido y el día en que se entrega la mercadería. Muchos cristianos lamentarán un día el deliberado retraso o demora entre el momento en que Dios les mostró por primera vez el plan que tenía esbozado para ellos, y el momento en que entraron en acción. Los antiguos israelitas pudieron haber completado su travesía de Egipto a Canaán en cuestión de pocos meses. Pero en lugar de ello el viaje les demandó cuarenta años y toda una generación murió en el camino, debido todo ello a su carencia de fe y de confianza.

La falta de fidelidad es clara señal de inmadurez espiritual. Y una de las señales de inmadurez emocional es el rechazo a aceptar responsabilidades. Un joven podrá pretender todos los privilegios del adulto, pero se niega a aceptar las responsabilidades propias de ese estado. Y lo mismo cabe decir en el aspecto espiritual. Dios nos ha dado, como cristianos maduros, ciertas responsabilidades. Cuando somos desobedientes y rehusamos aceptar estas responsabilidades, somos infieles. Por otro lado, cuando somos fieles, ello significa que hemos aceptado las responsabilidades que Dios nos ha dado. Esto es signo de madurez espiritual, y es uno de los frutos más importantes que el Espíritu trae a nuestras vidas.

No hay duda alguna de que muchos de nosotros crecemos a un ritmo más lento de lo que debiéramos, simplemente porque no le permitimos al

Espíritu Santo controlar todas las áreas de nuestras vidas. Nuestra fiel obediencia debiera ser inmediata, permitiéndole a Dios el Espíritu Santo quitar de nosotros todo mal hábito o todo proceso infeccioso en desarrollo. Es posible que nos tornemos impacientes cuando descubrimos que toma tanto tiempo llegar a ser como es Dios, pero debiéramos ser pacientes y fieles, porque vale la pena esperar para llegar a ser como él. Sin embargo, aun cuando llegáramos a ser cristianos totalmente maduros, no es de esperar que fuéramos conscientes de tal hecho. ¿Quién de nosotros puede pretender la perfección total en esta vida? Pero sí sabemos que cuando estemos con Dios en la eternidad, seremos glorificados con él. El Espíritu Santo comenzará a ejecutar en nuestras vidas las profundas tareas planeadas por Dios, ¡toda vez que estemos dispuestos a decir "sí", con toda fidelidad, a su voluntad!

Las Sagradas Escrituras están llenas de historias de hombres como Abraham (Hebreos 11:8-10) que fueron fieles en su caminar ante Dios. Todos los creyentes debieran estudiar íntegramente el capítulo once de la Carta a los Hebreos pues menciona los nombres de hombres y mujeres a quienes Dios denomina fieles.

Resulta peligroso tentar a Dios, como lo hicieron hombres "infieles" en los días de Amós. A ellos declaró Dios: "He aquí vienen días... en los cuales enviaré hambre a la tierra, no hambre de pan, ni sed de agua, sino de oír la palabra de Jehová" (Amós 8:11).

Más bien debiéramos prestar atención y hacer caso al consejo de Santiago: "Bienaventurado el varón que soporta la tentación; porque cuando haya resistido la prueba, recibirá la corona de vida, que Dios ha prometido a los que le aman" (Santiago 1:12). Más adelante dice Santiago: "Mas el que mira atentamente en la perfecta ley, la de la libertad, y persevera en ella, no siendo oidor olvidadizo, sino hacedor de la obra, éste será bienaventurado en lo que hace" (Santiago 1:25).

Una y otra vez se nos exhorta a ser *fieles*. Como ya vimos anteriormente, leemos en la Biblia sobre diversos juicios que sobrevendrán al final de esta era. Uno de ellos es el denominado "tribunal de Cristo". Algún día todos los cristianos estaremos en la presencia de Jesucristo para rendir cuentas de las obras que hicimos desde el momento de nuestra conversión. Seremos juzgados, no sobre la base de nuestros éxitos a los ojos del mundo, sino sobre nuestra fidelidad en el sitio que nos asignó Dios.

Eso es lo que indica el apóstol Pablo en 1 Corintios 3:9-16: la fidelidad será la base sobre la cual Dios ejercerá su justicia.

A veces la mayor prueba de nuestra fidelidad es cuánto de nuestro tiempo dedicamos a leer las Sagradas Escrituras, orando y viviendo de acuerdo con los principios de la honradez y de la probidad, cuando hemos sido bendecidos con prosperidad. Un devoto cristiano me sorprendió en vez pasada al decirme: "Es difícil ser un fiel cristiano en la moderna América de hoy en día". Resulta facilísimo olvidar y desertar a nuestro Dios en medio de la prosperidad, especialmente cuando el materialismo es general y sin coto. No por nada dijo Jesús que es difícil que un rico entre en el reino de Dios. Los ricos pueden ser salvados, pero la Biblia habla del "engaño de las riquezas" (Mateo 13:22). Las cargas y ansiedades de este mundo muchas veces interfieren con nuestro fiel andar en los caminos de Dios. En medio de la prosperidad material debemos cuidarnos y precavernos no sea que caigamos en la misma trampa en que cayeron los laodicenses, que incurrieron en la ira y el disfavor de Dios al pensar que nada necesitaban pues eran materialmente ricos (Apocalipsis 3:17). "Porque los que quieren enriquecerse caen en tentación y lazo, y en muchas codicias necias y dañosas, que hunden a los hombres en destrucción y perdición; porque raíz de todos los males es el amor al dinero, el cual codiciando algunos, se extraviaron de la fe, y fueron traspasados de muchos dolores" (1 Timoteo 6:9, 10).

Si pudiéramos grabar un epitafio en la tumba del apóstol Pablo, escribiríamos lo siguiente: "Fiel hasta la muerte". Mientras esperaba la ejecución que pondría fin a su vida, Pablo pudo decir sin vacilación: "He peleado la buena batalla, he acabado la carrera, he guardado la fe. Por lo demás, me está guardada la corona de justicia, la cual me dará el Señor, juez justo, en aquel día" (2 Timoteo 4:7-9). Cualesquiera hayan sido los fracasos de Pablo y cuán lejos haya estado de alcanzar la perfección, sabía al menos que fue fiel a su Señor hasta el fin.

Este maravilloso segmento del ramillete del fruto del Espíritu —fidelidad— significa fidelidad a nuestro testimonio, fidelidad a nuestra vocación y llamado y fidelidad a los mandamientos de Cristo. La recompensa final por la fidelidad será la que nos dice Apocalipsis 2:10: "Sé fiel hasta la muerte, y yo te daré la corona de la vida".

El fruto del Espíritu: mansedumbre

La palabra mansedumbre proviene de un vocablo griego que significa "humilde; suavidad en el trato con los demás". Jesús dijo: "Bienaventurados los mansos, porque ellos recibirán la tierra por heredad" (Mateo 5:5). En ninguna parte de la Biblia el vocablo conlleva la idea de timidez o carencia de espíritu. En los días bíblicos la mansedumbre y la humildad significaban mucho más de lo que significan hoy en día. Significaban ser domados, como se doma a un potro salvaje. Antes de ser domeñado por el Espíritu Santo, Pedro fue un personaje tosco, pero súbitamente usó toda su energía para la gloria de Dios. A Moisés se lo calificó como el más manso de todos los hombres de la tierra, pero antes de ser llamado por Dios fue un hombre bravío que tuvo que vivir cuarenta años en el desierto antes de ser totalmente controlado por Dios. Un río bajo control puede utilizarse para generar energía eléctrica. El fuego controlado sirve para brindar calor a una casa. La mansedumbre es poder, fuerza, espíritu y rudeza bajo control.

En otro sentido, la mansedumbre puede ser comparada con la modestia en cuanto es lo opuesto al espíritu extravagante y desenfrenado. Manifiesta una seria preocupación por quienes lo rodean, y se cuida bien de no ser insensible a los derechos de los demás.

La mansedumbre posee una serena fuerza que confunde a los que piensan que es debilidad. Esto lo vemos en la respuesta de Jesús luego de su arresto, a lo largo del juicio al que fue sometido, la tortura y la crucifixión que tuvo que soportar y el dolor físico y emocional infligido por quienes lo arrestaron y los gritos insultantes y vociferantes de los espectadores. "Angustiado él, y afligido, no abrió su boca; como cordero fue llevado al matadero; y como oveja delante de sus trasquiladores, enmudeció y no abrió su boca" (Isaías 53:7). A la mansedumbre se la define como el amor sometido a la disciplina. Charles Allen dice: "Dios nunca espera de nosotros que seamos menos de lo que somos... el autorrebajamiento es un insulto al Dios que nos hizo. La mansedumbre viene de otra manera... El orgullo viene por mirarnos solamente a nosotros mismos, la mansedumbre viene por mirar a Dios".[1]

Todo crecimiento cristiano, incluso la mansedumbre, se desarrolla en la pesada atmósfera de la hostilidad. Esta clase de estabilidad espiritual y serena fuerza interior, a resultas de la obra de crecimiento efectuada en nosotros por el Espíritu Santo, no se logra de ninguna manera en un campo de juegos, sino en el campo de batalla espiritual.

En otra definición de mansedumbre, David Hubbard dice que la mansedumbre es hacernos a nosotros mismos permanentemente asequibles a quienes cuentan con nosotros; estamos en paz y satisfechos con nuestro poder, de modo que no lo utilizamos con arrogancia, dañando a los demás. Hablando de la mansedumbre, DeWitt Talmadge dijo: "Así como los cielos, proféticamente, son tomados por violencia, así la tierra es tomada por la mansedumbre; y Dios, como propietario, quiere tener más que todo a los inquilinos que son los mansos de corazón y de espíritu y a ellos mayores facilidades les da".

En su semblanza de Andrew Murray, el gran orador de Keswick, el doctor V. R. Edman dice en su libro *They Found the Secret* (Hallaron el Secreto): "Tal es, en verdad, la vida permanente que obtiene su sustento y su fuerza de la Vid. Por el refrescante y vivificante flujo del Espíritu Santo en esa vida, hay oraciones que prevalecen, predicaciones poderosas, amor contagioso, gozo abundante, y paz que sobrepuja todo entendimiento. Es la adoración que es quietud para conocer por uno mismo a Dios. Es la obediencia que cumple el mandato del Señor en la luz de la Palabra. Es la fecundidad que surge espontáneamente de tanto permanecer en la Vid".[2]

Lo que ocurre con un témpano o iceberg nos sirve de ilustración para entender el significado de la mansedumbre. Hemos visto algunos de ellos desde la cubierta de un barco al cruzar el Atlántico. La altura de la parte sumergida de un iceberg siempre es varias veces mayor que la que emerge sobre el agua. Los icebergs son particularmente peligrosos cuando son arrastrados por las corrientes marinas.

La mayor amenaza de los icebergs proviene de algo tan beneficioso como es el sol. Los rayos solares brindan calor a la vida y muerte a los icebergs. Así como la mansedumbre es una poderosa fuerza, así el sol es más poderoso que el más formidable de los icebergs. La mansedumbre y humildad de Dios, en nosotros, permite que los rayos del sol del Espíritu Santo de Dios obren en nuestros escarchados corazones, transformándolos en instrumentos de bien e instrumentos para Dios. Desde el punto de vista espiritual, el creyente lleno del Espíritu es un prisma que sirve para reunir los rayos del espectro solar para ministrar a los icebergs de nuestra carnalidad.

¿De qué manera aplicamos a nosotros mismos la mansedumbre? Jesús nos propone su propio ejemplo, instándonos a que seamos "mansos y humildes de corazón" (Mateo 11:29).

Primero, no debemos reaccionar violentamente cuando nos enfadamos, como lo hizo Pedro cuando le cortó la oreja a uno de los siervos del sumo sacerdote que participaba en el arresto de Jesús en el huerto, y que le mereció una fuerte reprimenda del Señor (Juan 18:10; Mateo 26:51, 52).

Segundo, no ansiamos una posición de preeminencia, como lo ansiaba Diótrefes (3 Juan 9). Más bien, debemos desear que en todas las cosas sea Jesucristo quien tenga la preeminencia (Colosenses 1:18).

Tercero, no buscamos se nos reconozcan méritos, o se nos tenga por voz autorizada, como lo buscaban Janes y Jambres (2 Timoteo 3:8). Estos magos de Egipto resistieron la autoridad de Dios, al resistir a Moisés, y se opusieron a él inmediatamente antes de iniciar el éxodo. "No tenga más alto concepto de sí que el que debe tener, sino que piense de sí con cordura... Amaos los unos a los otros con amor fraternal; en cuanto a honra, prefiriéndoos los unos a los otros" (Romanos 12:3, 10).

La entronización de Jesucristo en nuestras vidas posibilita que la mansedumbre entre a formar parte de nuestras virtudes. La mansedumbre puede ser el signo más tangible de grandeza que podamos tener. Tal vez ninguno de nosotros sea respetado como voces autorizadas; tal vez nunca ganemos el aplauso del mundo; tal vez nunca gobernemos ni lleguemos a blandir el bastón de mando. Pero un día los mansos heredarán la tierra pues nadie podrá arrebatarnos nuestra legítima parte del delicioso legado que Dios nos otorga.

El fruto del Espíritu: templanza

La *templanza* ("dominio propio" en la Versión Popular, *Dios Llega al Hombre*) es el tercer fruto de este ramillete. Proviene de un vocablo griego que significa tener fuerza, dominio propio y capacidad para controlar los pensamientos y para controlar las acciones.

La madre de Juan Wesley le escribió una vez a su hijo mientras éste cursaba sus estudios en Oxford, y le decía: "mala cosa es todo aquello que acrecienta la autoridad del cuerpo sobre la mente". Esta definición nos ha ayudado a entender lo que significa templanza o dominio propio.

La intemperancia o inmoderación ha provocado la caída de reyes y de grandes magnates industriales. Alguien dijo: "Hay hombres que pueden comandar ejércitos pero no logran comandarse a sí mismos. Hay hombres que con sus ardientes palabras pueden influir en el ánimo de grandes multitudes, pero no pueden guardar silencio ante la provocación o una ofensa cualquiera. La más elevada marca de nobleza es el autocontrol. Es de mayor alcurnia y jerarquía que la testa coronada o el manto púrpura".

También se ha dicho:

> No en el clamor de abigarrada muchedumbre
> Ni en los gritos y aplausos de la multitud,
> Sino en nosotros mismos yacen el triunfo y la derrota.[3]

La historia del pasado y los corrientes ejemplos de todos los días nos ilustran de qué manera los excesos de apetitos incontrolados y el desenfreno carnal producen tremendos daños en nuestros corazones.

El pecado de la intemperancia, la carencia de autocontrol, surge de dos causas: en primer lugar, el apetito físico; en segundo lugar, el hábito mental.

Cuando pensamos en templanza y sobriedad, por lo general pensamos en el alcohol. No es raro que así sea, considerando los grandes esfuerzos de los antialcohólicos que durante años han procurado erradicar este veneno que afecta a tantas personas en el mundo. Pero de alguna manera, y silenciosamente, apoyamos la glotonería, que la Biblia condena tan acerbamente como la ebriedad. También tenemos la tendencia de ignorar la falta de bondad, la chismografía, el orgullo y la envidia. En todas estas áreas se acusa intemperancia. Las Sagradas Escrituras dicen: "Los que son de la carne piensan en las cosas de la carne; pero los que son del Espíritu, en las cosas del Espíritu" (Romanos 8:5). La templanza, el autocontrol, como fruto del Espíritu, es el ejercicio normal de la vida del cristiano.

Templanza significa comer en forma moderada. La templanza respecto al alcohol es la sobriedad. Templanza en los aspectos sexuales es la abstinencia para los que no están casados. Y aun para los que estamos casados hay ocasiones de practicar la templanza, cuando nos abstenemos por mutuo consentimiento de la legítima actividad sexual para entregarnos más plenamente al estudio de la Palabra de Dios, a la oración y a las buenas obras (ver 1 Corintios 7:5).

La templanza respecto a nuestro humor o talante, es el autocontrol. Poco tiempo atrás estábamos con un hombre que estacionó su vehículo en una zona prohibida en el aeropuerto. Un empleado le pidió amablemente que retirara de ahí su vehículo pues no era zona de estacionamiento. Enojado le replicó: "Si no tiene credenciales policiales, ¡cállese la boca!" Este cristiano estaba tan nervioso y tenso por el cúmulo de responsabilidades que pesaban sobre sus hombros, que casi perdió totalmente el control de su genio. Se mostró desmandado. No hubiera pecado más de haberse emborrachado.

La templanza en materia de vestir es una apropiada modestia. La templanza en la derrota es esperanza. La templanza en relación con los placeres pecaminosos es completa abstinencia.

Salomón escribió: "Mejor es el que tarda en airarse que el fuerte; y el que se enseñorea de su espíritu, que el que toma una ciudad" (Proverbios 16:32). La versión castellana *La Biblia al Día* parafrasea la última parte de ese versículo así: "Mejor es dominarse a sí mismo que mandar un ejército". El escritor de Proverbios dijo también: "Como ciudad derribada y sin muro es el hombre cuyo espíritu no tiene rienda" (Proverbios 25:28).

Pablo señaló la importancia del autocontrol. Todo atleta que pretenda ganar una carrera debe entrenarse hasta alcanzar un nivel óptimo y el total dominio de su cuerpo, dijo a sus lectores el Apóstol. Hizo hincapié en que el ganador recibiría no una corona corruptible sino una corona incorruptible: "Todo aquel que lucha, de todo se abstiene; ellos, a la verdad, para recibir una corona corruptible, pero nosotros, una incorruptible. Así que… golpeo mi cuerpo, y lo pongo en servidumbre, no sea que habiendo sido heraldo para otros, yo mismo venga a ser eliminado" (1 Corintios 9:25-27).

En la lista que hace Pedro de las virtudes cristianas, dice: "Añadid... al conocimiento, dominio propio; al dominio propio, paciencia" (2 Pedro 1:5, 6). Estas cosas van juntas. Imposible dudar que cuando permitimos que nos gobiernen las pasiones, el resultado final es peor de lo que podemos imaginar durante el momento en que nos damos al placer.

¿Quién puede decir dónde se detiene la templanza y empieza la destemplanza? Algunos cristianos tienen una conciencia muy elástica cuando se trata de juzgar las propias flaquezas, pero una conciencia rígida cuando se trata de juzgar las flaquezas de los demás. Tal vez esa sea la causa por la cual les resulta fácil a algunos cristianos condenar a todo aquel que ocasionalmente prueba un trago de vino, pero jamás se condenan a sí mismos por el pecado de su habitual glotonería. La glotonería es uno de los pecados más aceptados y practicados por los modernos cristianos occidentales. Resulta fácil condenar al adúltero, pero ¿cómo pueden condenarlo quienes son culpables de otras formas de destemplanza? ¿No debiéramos nosotros tener manos limpias y corazones puros en toda área de nuestras vidas? ¿Es acaso peor, en principio, una forma de esclavitud que otra? ¿No estamos igualmente atados si los eslabones de las cadenas que nos sujetan están hechos de soga o de acero?

El apetito que controla a una persona puede diferir del apetito que controla a otra. Pero si una persona ansía desmedidamente las posesiones, ¿es tan diferente de otras que enloquecen por el sexo, el juego, el oro, la comida, el alcohol o las drogas?

La necesidad de la templanza en *todos* los aspectos de la vida jamás fue mayor que en el día de hoy. Resulta imperativo, desde todo punto de vista, que los cristianos den el ejemplo, en una época como la que vivimos, de violencia, de egoísmo, de apatía y de un vivir indisciplinado que amenaza con destruir el planeta. El mundo necesita este ejemplo, algo firme al cual poder aferrarse, un ancla en medio de un embravecido mar.

A lo largo de muchos siglos los cristianos han proclamado que Jesucristo es el ancla. Si nosotros, que tenemos el Espíritu Santo obrando en nuestro interior, vacilamos y fracasamos, ¿qué esperanza hay para el resto del mundo?

Espacio para el crecimiento del fruto

Hemos considerado, pues, estas nueve maravillosas facetas que componen el fruto del Espíritu: amor, gozo, paz, paciencia, benignidad, bondad, fe, mansedumbre, templanza. Es nuestra constante oración que estas virtudes caractericen nuestras vidas.

El Espíritu Santo habita en el corazón de todo cristiano, y tiene el propósito de producir en nosotros el fruto del Espíritu. Sin embargo, tiene que haber un desplazamiento. Ningún bote se hunde cuando flota sobre el agua; se hunde cuando el bote hace agua. No dejamos de disfrutar del Espíritu porque vivimos en un mar de corrupción; no lo disfrutamos porque el mar de corrupción está en nosotros.

El más enconado enemigo de la máquina de combustión interna es el mortífero carbón que se acumula en los cilindros. Reduce la potencia y hace que el motor pierda eficacia. El aceite mejora en algo el rendimiento del motor, pero no quita el carbón, lo que permitiría que el motor funcione mejor. Se torna imprescindible una cirugía mecánica para quitar el carbón de modo que el aceite pueda desempeñar el papel que le corresponde y el motor realizar la tarea en la forma para la cual fue proyectado. De igual manera tenemos que eliminar las obras de la carne de nuestra vida interior, para que el mortífero carbón y los desechos no disminuyan la efectividad de nuestras realizaciones espirituales. Una de las empresas petroleras tenía el siguiente *slogan* publicitario: "Más potencia para mejor funcionamiento". Espiritualmente esto solamente es posible en la medida que rendimos nuestras vidas al control del Espíritu Santo. Debemos permitir que el reflector de la Palabra de Dios nos ilumine para detectar los pecados permanentes y las cualidades negativas que obstaculizan nuestro crecimiento y fertilidad.

Se cuenta la historia de un hombre que echó una ojeada a los avisos fúnebres del diario local. Con gran sorpresa vio su propio nombre, indicando que acababa de fallecer. Al principio lo tomó a broma. Pero al poco rato empezó a sonar el teléfono. Pasmados amigos y conocidos llamaron para ofrecer sus más sentidos pésames. Por fin, totalmente enfadado, llamó al editor del diario y enojadísimo le informó que si bien el diario lo daba por muerto él estaba gozando de perfecta salud. El editor se preocupó muchísimo por lo ocurrido y le pidió mil disculpas. Luego, en un relámpago de inspiración le dijo: "Pero no se preocupe, señor, mañana incluiré su nombre en la columna de los nacimientos".

Esto que a primera vista aparece como un incidente humorístico, en realidad es una parábola espiritual. Cuando apenas permitimos que nuestras viejas personalidades sean crucificadas con Cristo, podremos levantarnos para desplegar el maravilloso fruto, característico de la vida de Jesucristo.

Y solamente el Espíritu Santo puede hacer que vivamos según los dictados de Cristo que vive en nosotros. El tipo de personas que Dios quiere que seamos, jamás lo seremos por medio del esfuerzo humano. Pero cuando el Espíritu Santo nos llena, rinde su fruto en las personas que manifiestan un creciente parecido a Cristo, prototipo de lo que algún día llegaremos a ser.

18. LA NECESIDAD DE LA HORA

A mediados del siglo pasado se produjo en los Estados Unidos de América una marcada disminución en el interés religioso del pueblo. El descubrimiento de oro en California y otros acontecimientos hicieron que la gente apartara sus mentes y corazones de lo religioso y se inclinara hacia lo material. La agitación política provocada por el problema de la esclavitud y la amenaza de desintegración nacional eran también motivo de preocupación pública. Un severo pánico financiero a finales de la Pdécada de 1850-1860 aumentaron aún más el interés por las cosas materiales.

En septiembre de 1857 un calmoso comerciante llamado Jeremías Lanphier decidió invitar a otros comerciantes a reuniones de oración una vez por semana al mediodía, buscando la obra renovadora del Espíritu Santo. Distribuyó centenares de volantes anunciando las reuniones, pero el primer día solamente se hicieron ver una media docena de personas, reuniéndose en la parte posterior de un templo en la calle Fulton. Dos semanas después, los asistentes eran cuarenta, y a los seis meses de haber comenzado, alrededor de diez mil personas se reunían todos los días para orar, solamente en la ciudad de Nueva York, sin contar otros lugares. El despertamiento sacudió toda la nación, y en el término de dos años alrededor de un millón de personas profesaron su fe en el Señor Jesucristo.

Los efectos del despertamiento fueron profundos, tanto en las vidas individuales como en la vida de la nación. Trágicamente se produjo demasiado tarde para evitar la Guerra Civil que amenazó la propia vida de la nación. Pero se lograron incalculables beneficios, incluso numerosos movimientos evangelísticos y mejoras sociales.

La necesidad de un avivamiento espiritual

Una vez más el mundo necesita desesperadamente un despertamiento espiritual. Es la única esperanza que resta para la supervivencia de la raza humana.

En medio de los tremendos problemas que se le plantean a nuestro mundo, los cristianos permanecemos extrañamente silenciosos y nos mostramos impotentes, casi abrumados ante la marejada del secularismo. Y, sin embargo, los cristianos hemos sido llamados a ser "la sal de la tierra" (Mateo 5:13), para salvar de mayor corrupción a un mundo en decadencia. Los cristianos también debemos ser "la luz del mundo" (Mateo 5:14), iluminando la oscuridad provocada por el pecado y marcando el rumbo de un mundo que ha perdido su camino. Somos llamados a ser "hijos de Dios, sin mancha en medio de una generación maligna y perversa, en medio de la cual resplandecéis como luminares en el mundo" (Filipenses 2:15).

¿Por qué no somos "sal" y "luz" como debiéramos ser? ¿Por qué no hacemos más para llevar el reino de Dios a los corazones y a las vidas de toda la humanidad?

Por cierto que podemos citar muchísimos casos de cristianos que han sido tocados por Dios y, a su vez, tocan las vidas de otros para Cristo. Pero por cada uno de esos casos, hay muchísimos cristianos que viven vidas derrotadas y abatidas. Tales personas no sienten la victoria sobre el pecado ni testifican con eficacia. Poco es el impacto evangelístico que ejercen sobre quienes los rodean.

Por lo tanto, si la mayor necesidad de nuestro mundo es de que sientan los efectos de un despertar espiritual, la mayor necesidad en el seno de la iglesia cristiana en todo el mundo en el día de hoy, es el de experimentar el toque del Espíritu Santo, trayendo "avivamiento" o "renovación" a las vidas de innumerables cristianos.

Muchísimos siglos atrás Dios le hizo ver al profeta Ezequiel una notable visión, en la cual vio a la nación de Israel, desperdigada entre las naciones. Los huesos de Israel, según la visión, eran muchos y estaban secos. Pareciera haberse esfumado toda esperanza de un futuro. Según las palabras del profeta, Israel bien podría estar enterrada en lo que al mundo secular se refería. Sin embargo, el profeta quedó atónito cuando Dios le formuló la siguiente pregunta: "¿Vivirán estos huesos?" (Ezequiel 37:3). A esto respondió el profeta:

"Tú lo sabes". A continuación el Señor le ordenó que hablara la palabra de Dios, y los huesos se irguieron, una multitud de hombres revestidos de carne surgió. Pero permanecían en un estado de rara impotencia. Les faltaba el espíritu y el aliento. Luego el Espíritu de Dios les dio el aliento y se transformaron en un imponente ejército.

Nuevamente hoy, como entonces, una noche oscura se tiende sobre la historia del pueblo de Dios. A pesar de algunos signos estimulantes, las fuerzas del mal parecieran juntarse para un colosal asalto contra la obra de Dios en el mundo. Satanás ha desatado su poder de una manera tal vez sin paralelo en la historia de la iglesia cristiana. Si alguna vez tuvimos necesidad de una renovación, esa vez es ahora. Solamente Dios puede desbaratar los planes de Satanás y de sus legiones, porque solamente Dios es todopoderoso. Solamente el Espíritu Santo puede provocar un verdadero despertar espiritual que ponga coto al avance del mal y produzca un cambio de rumbo en la humanidad. En las horas más tenebrosas todavía puede Dios reavivar a su pueblo, y por el Espíritu Santo alentar nuevo vigor y poder en el cuerpo de Cristo.

Nuestro mundo tiene que ser alcanzado por cristianos que estén llenos del Espíritu Santo y cuenten con el poder del Espíritu. ¿Así somos? ¿O tenemos necesidad de ser nuevamente tocados por el Espíritu Santo? ¿Necesitamos que el Espíritu Santo provoque una genuina renovación espiritual en nuestras vidas? De ser así, debemos saber que el Espíritu Santo quiere producir en nosotros, ahora mismo, dicha renovación.

El momento es ahora

Ahora es el momento para la renovación espiritual. No debemos demorarnos. El doctor Samuel Johnson usaba un reloj sobre el cual había hecho grabar las palabras de Juan 9:4, "La noche viene". Los cristianos debiéramos tener grabada en nuestros corazones la solemne verdad de cuán breve es nuestra oportunidad de testificar para Cristo y vivir por él. No sabemos —ninguno de nosotros— cuánto nos queda de vida en esta tierra. La muerte puede cortar nuestras vidas repentinamente. Cristo podría venir de nuevo en cualquier momento.

Leímos cierta vez de un reloj de sol que tenía grabado el siguiente mensaje críptico: "Es más tarde de lo que piensas". Los viajeros solían detenerse para leer y meditar sobre el significado de esa oración.

Nosotros los cristianos tenemos un reloj de sol, que es la Palabra de Dios. Desde el Génesis hasta el Apocalipsis hace una seria advertencia: "Es más tarde de lo que piensas". Escribiendo a los cristianos de su día Pablo dijo: "Es ya hora de levantarnos del sueño; porque ahora está más cerca de nosotros nuestra salvación que cuando creímos. La noche está avanzada, y se acerca el día. Desechemos, pues, las obras de las tinieblas, y vistámonos las armas de la luz" (Romanos 13:11, 12).

Billy Bray, un piadoso clérigo de otra generación, visitaba en su lecho a un cristiano moribundo que había sido poco fértil en su testimonio para Cristo durante su vida. El moribundo dijo:

—Si tuviera las fuerzas para hacerlo proclamaría a gritos la gloria de Dios.

Billy Bray contestó:

—Lástima que no lo hiciste cuando tuviste la fuerza para hacerlo.

Nos preguntamos cuántos de nosotros no miraremos hacia atrás a una vida entera de perdidas oportunidades e ineficaz testimonio y lloraremos porque no le permitimos a Dios utilizarnos como él quiso. "La noche viene cuando nadie puede trabajar" (Juan 9:4).

Si alguna vez hemos de estudiar las Sagradas Escrituras, si alguna vez hemos de dedicar tiempo a la oración, si alguna vez hemos de ganar almas para Cristo, si alguna vez hemos de invertir nuestros recursos financieros en su reino, esa alguna vez tiene que ser ahora. "Puesto que todas estas cosas han de ser deshechas, ¡cómo no debéis vosotros andar en santa y piadosa manera de vivir, esperando y apresurándoos para la venida del día de Dios, en el cual los cielos, encendiéndose, serán deshechos, y los elementos, siendo quemados, se fundirán! Pero nosotros esperamos, según sus promesas, cielos nuevos y tierra nueva, en los cuales mora la justicia. Por lo cual, oh amados, estando en espera de estas cosas, procurad con diligencia ser hallados por él sin mancha e irreprensibles, en paz" (2 Pedro 3:11-14).

Los efectos de un despertamiento

¿Qué ocurriría si en el día de hoy hubiera de producirse un avivamiento en nuestras vidas y en nuestras iglesias? Pensamos que hay por lo menos *ocho características* de tal derramamiento del Espíritu Santo.

1. Habrá una nueva visión de la majestad de Dios. Debemos entender que el Señor no es solamente tierno, misericordioso y lleno de compasión, sino también el Dios de justicia, de santidad y de ira. Muchos cristianos tienen una caricatura de Dios. No ven a Dios en toda su santidad. Muy fácilmente citamos Juan 3:16, pero nos olvidamos de citar dos versículos más adelante, "el que no cree, ya ha sido condenado" (Juan 3:18). La compasión no es completa en sí misma, sino que debe acompañarse por una inflexible justicia e ira contra el pecado y un vehemente anhelo de santidad. Lo que más preocupa a Dios no es tanto el sufrimiento físico sino el pecado. Con demasiada frecuencia tememos más al dolor físico que al mal moral. La cruz es inequívoca evidencia del hecho de que la santidad es un principio por el cual Dios daría su vida. Dios no puede justificar al culpable a menos de haber expiación. Misericordia es lo que necesitamos y eso es lo que recibimos al pie de la cruz.

2. Habrá una nueva visión de la pecaminosidad del pecado. Isaías vio una visión del Señor sentado sobre un trono alto y sublime, con sus faldas que llenaban el templo, y vio a los serafines que se inclinaban reverentes mientras exclamaban: "Santo, santo, santo, Jehová de los ejércitos; toda la tierra está llena de su gloria" (Isaías 6:3). Fue entonces que Isaías tuvo clara conciencia de su indignidad o desmerecimiento y su total dependencia de Dios. Cuando Simón Pedro, en el mar de Galilea, se dio cuenta de que era el propio Señor que estaba con ellos en el bote, dijo: "Apártate de mí, Señor, porque soy hombre pecador" (Lucas 5:8). El saber que Jesús era Dios mismo, hizo ver a Pedro su propia pecaminosidad, su pecaminosa humanidad. En la presencia de Dios, dijo Job: "Me aborrezco" (Job 42:6).

Santiago nos dice que cuando un hombre es tentado, sus propias pasiones lo arrebatan y sirven de carnada (Santiago 1:14, 15). Y sea cual fuere su concupiscencia, concibe y llega a ser el padre del pecado, y el pecado, cuando alcanza su plenitud, da a luz la muerte. Tenemos que ver al pecado como realmente es. La más grande visión del pecado que nos es dable contemplar es cuando miramos a la cruz. Si Jesucristo tuvo que morir debido al pecado, quiere decir entonces que el pecado es algo tenebroso y horrible a los ojos de Dios.

3. Habrá un marcado énfasis sobre la necesidad del arrepentimiento, de la fe y del nuevo nacimiento. Jesús vino predicando el arrepentimiento y afirmando que a menos que el hombre nazca de nuevo, de lo alto, no podrá ver el reino de Dios. Dijo que los pecadores aman la oscuridad y no quieren la luz, por temor a que sus hechos queden expuestos a los ojos de todos y sean condenados. Las personas cuyos corazones han sido cambiados, son nuevas criaturas. Acuden a la luz porque prefieren la verdad y aman a Dios. Si alguno está en Jesucristo, es una nueva criatura, pues las cosas viejas pasaron y todas son hechas nuevas.

4. *Se hará evidente el gozo de la salvación.* La oración elevada en el Salmo fue por un reavivamiento: "Para que tu pueblo se regocije en ti" (Salmo 85:6). David aspiraba y anhelaba restaurar el gozo de la salvación. El expreso propósito de Jesús para sus discípulos era de que "vuestro gozo sea cumplido" (Juan 15:11). Cuando Felipe fue a Samaria y encabezó el gran despertar espiritual, dice la Escritura que "había gran gozo en aquella ciudad" (Hechos 8:8). Además, Jesús nos dice que habrá gozo en el cielo, gozo en la presencia de los ángeles de Dios, porque un pecador se arrepiente (Lucas 15:7). De modo que una verdadera revitalización de la iglesia resultaría en la salvación de decenas de miles de pecadores, y esto, a su vez, traería aparejado gozo en el cielo y también aquí en la tierra.

Si no hubiera ni cielo ni infierno, aún yo querría ser cristiano debido a lo que hace por nuestros hogares y por nuestras familias en esta vida.

5. *Habrá una nueva comprensión de nuestra responsabilidad por la evangelización del mundo.* Juan el Bautista señaló a sus oyentes el "Cordero de Dios" y dos de sus discípulos siguieron a Jesús de ahí en adelante (Juan 1:36, 37). Andrés primero halló a su hermano Pedro y le dijo que habían encontrado al Cristo. Cuando Felipe empezó a seguir a Jesús le habló a Natanael (Juan 1:40-45). Los apóstoles tenían que ser testigos en cualquier parte y en todas partes, hasta lo último de la tierra (Hechos 1:8). Y cuando la persecución dispersó a la iglesia que estaba en Jerusalén, fueron por todas partes predicando a Cristo y al glorioso evangelio (Hechos 8:4). Una de las primeras y mejores evidencias de ser verdaderos creyentes, es la preocupación que sentimos por los demás.

6. *Habrá una honda preocupación social.* En Mateo 22:27-39 leemos que dijo Jesús: "Amarás al Señor tu Dios con todo tu corazón, y con toda tu alma, y con toda tu mente. . . Amarás a tu prójimo como a ti mismo". Nuestra fe no es solamente una fe vertical sino también horizontal. Nos

interesamos vivamente por los sufrimientos de quienes nos rodean y también por los que están lejos de nosotros. Pero dejemos bien en claro que para un mundo que quiere salvarse de las consecuencias de sus propios pecados y locuras un cristiano despertado y reavivado puede tener un solo mensaje:

"Arrepentimiento". Muchísima gente hoy en día quiere tener un mundo fraterno en el cual puedan vivir sin compromisos fraternales; un mundo decente en el cual puedan vivir indecentemente. Infinidad de personas aspiran a una seguridad económica sin seguridad espiritual. La revitalización a la que aspiramos debe ajustarse obligadamente a los preceptos bíblicos. Si la revitalización ha de ser cristiana, tiene que girar alrededor de la Biblia. De ser así, sus dirigentes deben tener el coraje de Amós para condenar a quienes compran "los pobres por dinero y los necesitados por un par de zapatos" (Amós 8:6).

Tenemos que levantar bien en alto las enseñanzas morales, éticas y sociales de Jesús, aceptando que él ofrece las únicas normas válidas para templar el carácter personal y nacional. El Sermón del monte es para hoy y para todos los días. No podemos construir una nueva civilización sobre los caóticos cimientos del odio y de la amargura.

7. Habrá incrementadas evidencias tanto de los dones como del fruto del Espíritu. La renovación la efectúa el Espíritu Santo, y cuando llegue en todo su poder y se pose sobre la iglesia, habrá clara evidencia de los dones y del fruto del Espíritu. Los creyentes aprenderán entonces qué significa ministrarse los unos a los otros y edificarse mutuamente por medio de los dones que otorga el Espíritu Santo. Recibirán una nueva medida de amor mutuo y de amor por un mundo perdido y moribundo. Nadie podrá decir que la iglesia es impotente y que guarda silencio. Nuestras vidas dejarán de ser ordinarias, vidas que no se diferencian de las del resto del mundo. Nuestras vidas estarán signadas por los dones que solamente puede brindar el Espíritu Santo. Nuestras vidas estarán marcadas por el fruto que solamente él puede ofrecer.

8. Habrá una renovada subordinación al Espíritu Santo. Se vislumbran indicios y evidencias de que esto ya ocurre en muchas partes del mundo. No hay revitalización espiritual sin el Espíritu Santo. Es el Espíritu Santo el que censura, convence de culpa, porfía, instruye, invita, vivifica, regenera, renueva, fortalece y utiliza. No debe ser contristado, resistido, tentado, sofocado, insultado o blasfemado. Da libertad a los cristianos, directivas a los obreros, discernimiento a los maestros, poder a la Palabra y fruto al servicio fiel. Revela las cosas de Cristo. Nos enseña a emplear la espada del Espíritu, que es la Palabra de Dios. Nos guía en toda verdad. Nos dirige por el camino de la piedad. Nos enseña cómo debemos responder a los enemigos de nuestro Señor. También nos permite el acceso al Padre. Nos ayuda en nuestra vida de oración.

Hay ciertas cosas que el dinero no puede comprar; que ninguna música puede brindar; que ninguna posición social puede otorgar; que ninguna influencia personal puede asegurar y que ninguna elocuencia puede imponer. Ningún ministro de Dios, por más brillante que sea, y ningún evangelista, no importa cuánta sea su elocuencia o su poder de convencimiento, pueden producir el avivamiento que necesitamos. Solamente el Espíritu Santo lo puede hacer. Dijo Zacarías: "No con ejército, ni con fuerza, sino con mi Espíritu, ha dicho Jehová de los ejércitos" (Zacarías 4:6).

Pasos a dar para el despertamiento

Si el avivamiento espiritual es la gran necesidad para muchos cristianos hoy en día, cabe preguntarse cómo se produce. ¿Cuáles son los pasos a dar para lograr un avivamiento en nuestras vidas y en las vidas de otros? La Biblia, a nuestro entender, señala tres pasos a dar.

El primer paso es admitir nuestra pobreza espiritual. Con mucha frecuencia somos como los cristianos laodicenses, ciegos a sus propias necesidades espirituales. "Tú dices: Yo soy rico, y me he enriquecido, y de ninguna cosa tengo necesidad; y no sabes que tú eres un desventurado, miserable, pobre, ciego y desnudo" (Apocalipsis 3:17).

¿Hay pecados en nuestras vidas que obstaculizan e impiden la obra del Espíritu Santo a través de nosotros? No debemos apresurarnos a contestar que "no". Debemos examinarnos a la luz de la Palabra de Dios y orar pidiéndole al Señor que el Espíritu Santo nos revele cada uno de los pecados que nos estorban. Puede ser que algunas de las cosas que hacemos están mal, tal como una costumbre, una relación, un motivo o un pensamiento maligno. O pudiera ser algo que estamos descuidando, una responsabilidad que desatendemos o eludimos, un acto de amor que no cumplimos. Cualquiera cosa que fuere, debemos enfrentarla honesta y humildemente ante Dios.

El segundo paso en la renovación espiritual es la confesión y el arrepentimiento. Podemos saber que hemos pecado y no obstante ello no hacer nada al respecto. Pero necesitamos poner ante Dios nuestro pecado en confesión y arrepentimiento, no solamente reconocer nuestros pecados sino dejar de pecar y volvernos a él en obediencia. Una de las grandes promesas de la Biblia la tenemos en 1 Juan 1:9: "Si confesamos nuestros pecados, él es fiel y justo para perdonar nuestros pecados, y limpiarnos de toda maldad". El profeta Isaías dijo: "Buscad a Jehová mientras puede ser hallado, llamadle en tanto que está cercano. Deje el impío su camino, y el hombre inicuo sus pensamientos, y vuélvase a Jehová" (Isaías 55:6, 7).

No es un mero accidente que algunos de los grandes avivamientos en la historia comenzaron con oraciones. Una reunión de oración al abrigo de un almiar de heno durante un aguacero en el año 1806 llevó al primero de los esfuerzos misioneros a gran escala en los Estados Unidos de América. En el año 1830 alrededor de 30.000 personas se convirtieron en Rochester, Nueva York, bajo el ministerio de Charles Finney; posteriormente Finney dijo que debía atribuirse ese éxito a la fiel oración de un hombre que nunca asistió a las reuniones pero que se entregó a la oración. En el año 1872 el evangelista norteamericano Dwight L. Moody inició una campaña en Londres, Inglaterra, que Dios utilizó para tocar incontables vidas. Con posterioridad Moody descubrió que una muchacha, confinada en su lecho de enferma, había estado orando. La lista de ejemplos podría seguir y seguir y nunca acabar.

¿Estamos orando pidiendo un avivamiento, tanto en nuestras vidas como en las vidas de otros? ¿Confesamos nuestros pecados a Dios y buscamos su bendición en nuestras existencias?

El tercer paso es una renovada entrega de parte nuestra para buscar y hacer la voluntad de Dios. Podemos tomar conciencia de nuestros pecados, hasta podemos orar y confesarlos y podemos arrepentirnos, pero la verdadera prueba es nuestra disposición a obedecer. No es un hecho accidental que los auténticos y verdaderos avivamientos se acompañan siempre de una nueva hambre por justicia o rectitud. Una vida tocada por el Espíritu Santo no tolera el pecado.

¿Qué es lo que impide hoy en nuestras vida un avivamiento espiritual? En última instancia, por supuesto, es el pecado. A veces duele agudamente enfrentar la verdad sobre nuestra falta de celo espiritual y dedicación. Pero Dios quiere tocarnos y hacernos útiles siervos suyos. "Despojémonos de todo el peso y del pecado que nos asedia, y corramos con paciencia la carrera que tenemos por delante, puestos los ojos en Jesús, el autor y consumador de la fe" (Hebreos 12:1, 2). James A. Stewart ha observado: "La iglesia que necesita un avivamiento es una iglesia que está viviendo por debajo de las normas establecidas por el Nuevo Testamento... Es un hecho trágico que la inmensa mayoría de los cristianos de hoy en día viven una vida cristiana subnormal... la iglesia nunca llegará a ser normal a no mediar un avivamiento".

¿Estamos viviendo vidas cristianas "subnormales", vidas ineficaces, tibias y carentes del amor a Cristo y a los demás? De ser así permitamos que Dios el Espíritu Santo nos acerque a Dios en humildad, confesando nuestros pecados y buscando su rostro. Dejemos que él nos toque al entregarnos a él. La mayor necesidad del mundo en el día de hoy, sin duda alguna, es contar con cristianos totalmente entregados.

Más de cien años atrás dos jóvenes conversaban en Irlanda. Uno de ellos dijo: "El mundo todavía no ha visto qué es lo que haría Dios con un hombre plenamente consagrado a él". El otro hombre meditó en esas palabras durante varias semanas. El pensamiento hizo tal presa en él, que un día exclamó: "Por el Espíritu Santo, yo seré ese hombre". Los historiadores afirman que aquel hombre alcanzó dos continentes para Cristo. Su nombre era Dwight L. Moody.

Y esto puede repetirse, si abrimos nuestras vidas al renovador poder del Espíritu Santo. Nadie puede buscar sinceramente la purificación y bendición del Espíritu Santo y permanecer igual. Ninguna nación puede experimentar un avivamiento en su medio y permanecer igual.

Como lo hemos visto en este libro, Pentecostés fue el día del poder del Espíritu Santo. Fue el día en que nació la iglesia cristiana. No esperamos que se repita la experiencia de Pentecostés, como tampoco esperamos que Cristo haya de morir nuevamente en la cruz. Pero sí esperamos bendiciones pentecostales cuando nos ajustamos a las condiciones impuestas por Dios, especialmente cuando nos acercamos a "los últimos días". Como cristianos nos corresponde preparar el camino. Hemos de estar apercibidos para que el Espíritu nos llene y nos utilice.

NOTAS

Capítulo 1

1. Matthew Henry, *Commentary on the Whole Bible* (Comentario a la totalidad de la Biblia), Vol. 1 (Old Tappan, N.J.: Fleming H. Reveil Co.), p. 2.

Capítulo 2

1. W. A. Criswell, *The Holy Spirit in Today's World* (El Espíritu Santo en el mundo de hoy) (Grand Rapids: Zondervan Publishing House, 1966), p. 87.
2. J. D. Douglas, ed., *Let the Earth Hear His Voice* (Que la tierra oiga su voz) (Minneapolis: World Wide Pub., 1975), p. 277.
3. John R. W. Stott, *Your Mind Matters* (Downers Grove, Illinois: InterVarsity Press, 1973), pp. 5, 7. Publicado en castellano: *Creer Es También Pensar,* trad. Adam F. Sosa (Buenos Aires: Ediciones Certeza, 1974).
4. Ibíd., p. 10.

Capítulo 3

1. Al Bryant, *1,000 New Illustrations* (1.000 nuevas ilustraciones) (Grand Rapids: Zondervan Publishing House, 1960), p. 30.
2. B. H. Carroll, *Inspiration of the Bible* (Inspiración de la Biblia) (Nueva York, Chicago, Londres, Edinburgo: Fleming H. Revell Co., 1930), pp. 54 y sigtes.
3. John R. W. Stott, *The Authority of the Bible* (La autoridad de la Biblia) (Downers Grove, Illinois: InterVarsity Press, 1974), pp. 30, 40.
4. John Calvin (Trad. Ford Lewis Battles) ed. John McNeill, *Institutes of the Christian Religion* (Filadelfia: Westminster Press, 1960), Book One, Chapter 7, Section 4 and 5 (Libro uno, capítulo 7, secciones 4 y 5), pp. 79, 80. Hay versión en castellano: *Institución de la Religión Cristiana,* Trad. Jacinto Terán, Tomos 1 y II (Buenos Aires: Editorial La Aurora, 1958).
5. J. D. Douglas, ed., *Let the Earth Hear His Voice* (Que la tierra oiga su voz) (Minneapolis: World Wide Pub., 1975), p. 259.
6. Henry H. Halley, *Halley's Bible Handbook* (Grand Rapids: Zondervan Publishing House, 1962), p. 5. Publicado en castellano: *Compendio Manual de la Biblia* (El Paso, Texas: Casa Bautista de Publicaciones, s. f.).
7. J. B. Philips, *Letters to Young Churches* (Cartas a iglesias jóvenes) (Nueva York: The Macmillan Company, 1955), p. xii.

250 EL ESPÍRITU SANTO

Capítulo 4

1. *The Open Bible* (La Biblia abierta) (Nashville: Thomas Nelson, 1975), p. 988.
2. J. Gresham Machen, *The Christian Faith in the Modern World* (La fe cristiana en el mundo moderno) (Grand Rapids: Wm. B. Eerdmans Co., 1947), p. 63.

Capítulo 5

1. John R. W. Stott, *Baptism and Fullness* (London: InterVarsity Press, 1975), pp. 28, 29. Publicado en castellano: *El bautismo y la plenitud del Espíritu Santo,* Trad. José María Blanch (San José, Costa Rica: Editorial Caribe, 1967).
2. David Howard, *By the Power of the Holy Spirit* (Por el poder del Espíritu Santo) (Downers Grove, Illinois: InterVarsity Press, 1973), pp. 34, 35.
3. Ibíd.

Capítulo 6

1. A. T. Robertson, *Word Pictures in the New Testament* (Significación de las Palabras en el Nuevo Testamento), Vol. 1 (Nashville: Broadman Press, 1930), p. 239.
2. Matthew Henry, Commentary on the Whole Bible (Comentario a la totalidad de la Biblia), Vol. 6 (Old Tappan, N. J.: Fleming H. Revell Co.), pp. 688, 689.
3. Ibíd.
4. C. S. Lewis, *Letters to Malcolm: Chiefly on Prayer* (Cartas a Malcolm: principalmente referidas a la oración) (Londres y Glasgow: Collins Fontana Books, 1966), pp. 22, 23.
5. John Wesley, *A Compend of Wesley's Theology* (Compendio de la teología de Wesley), ed. Burtner y Chiles (Nashville: Abingdon Press, 1954), p. 95.

Capítulo 7

1. Horatius Bonar, *God's Way of Holiness* (La santidad según Dios) (Chicago: Moody Press, 1970), p. 93.
2. C. I. Scofield, ed., *The New Scofield Reference Bible* (Nueva Biblia Anotada por Scofield) (New York, Oxford University Press, 1967), p. 1276. Hay versión en castellano en 1966 de la edición anotada por Scofield, anterior a la "Nueva", publicada por Editorial Publicaciones Españolas, Dalton, Georgia.
3. Bonar, *God's Way of Holiness* (La santidad según Dios), p. 91.

Capítulo 8

1. Keswick Week (Londres: Marshal Brothers, 1907), p. 105.

Capítulo 9

1. William Barclay, *The Daily Study Bible: The Letter to the Romans* (Estudio diario de la Biblia: la carta a los romanos) (Filadelfia: Westminster Press, 1957), p. 90. Publicado en castellano: *Romanos.* Tomo 8 de *"El Nuevo Testamento Comentado"* por William Barclay, Trad. Emilio Monti (Buenos Aires: La Aurora, 1973).
2. John R. W. Stott, *Men Made New* (Hombres renacidos) (Londres: InterVarsity Fellowship, 1966), pp. 49, 50.
3. James H. McConkey, *The Threefold Secret of the Holy Spirit* (Chicago: Moody Press, 1897), p. 65. Publicado en castellano: *El Triple Secreto del Espíritu Santo,* Trad. Beatrice Agostini (El Paso, Texas: Casa Bautista de Publicaciones, 1977).
4. John MacNeil, *The Spirit-filled Life* (La vida llena del Espíritu) (Chicago: Moody Press, sin fecha), pp. 58, 59.

Capítulo 10

1. *"Oh For a Closer Walk"* ("¡Oh, por un andar más íntimo!"), en *Christian Praise* (Alabanza cristiana) (Londres: Tyndale Press, 1963), p. 337.

Capítulo 11

1. David Howard, *By the Power of the Holy Spirit* (Por el poder del Espíritu Santo) (Downers Grove, Illinois: InterVarsity Press, 1973), p. 101.
2. John R. W. Stott, *Baptism and Fullness,* pp. 99 y sigtes. (Véase Nota 1 del Capítulo 5).
3. Merrill C. Tenney, ed., *The Zondervan Pictorial Encyclopedia of the Bible* (Enciclopedia ilustrada Zondervan de la Biblia, Vol. 4 (Grand Rapids: Zondervan Publishing House, 1977), p. 903.

Capítulo 13

1. Peter Wagner, *Frontiers in Missionary Strategy* (Fronteras en la estrategia misionera) (Chicago: Moody Press, 1971), p. 71.

Capítulo 14

1. Manford George Gutzke, *The Fruit of the Spirit* (El fruto del Espíritu) (Atlanta: The Bible For You, sin fecha), pp. 10, 11.

Capítulo 15

1. J. D. Douglas, ed., *The New Bible Dictionary* (Nuevo diccionario bíblico) (Londres: The InterVarsity Fellowship, 1965), p. 753.

2. Stephen Neill, *The Christian Character* (Nueva York: Association Press, 1955), p. 22. Hubo versión en castellano: *El carácter cristiano* (México: Casa Unida de Publicaciones, 1955).
3. Ibíd., p. 21.
4. Sherwood Wirt, *Afterglow* (Resplandor crepuscular) (Grand Rapids: Zondervan Publishing House, 1975), p. 82.
5. Neill, *The Christian Character* (El carácter cristiano), p. 29.
6. Amy Carmichael, *Gold by Moonlight* (Oro a la luz de la luna) (Fort Washington, Pennsylvania: *Christian Literature Crusade,* sin fecha), p. 31.
7. Charles Allen, *The Miracle of the Holy Spirit* (El milagro del Espíritu Santo) (Old Tappan, N. J.: Fleming H. Revell Co., 1974), p. 56.

Capítulo 16

1. Charles Hembree, *Fruits of the Spirit* (Frutos del Espíritu) (Grand Rapids: Baker Book House, 1969), pp. 57, 58.
2. Charles Allen, Tite *Miracle of the Holy Spirit* (El milagro del Espíritu Santo) (Old Tappan, N. J.: Fleming H. Revell Co., 1974), p. 60.
3. Hembree, *Fruits of the Spirit* (Frutos del Espíritu), p. 74.
4. Henry David Thoreau, *Walden* (Boston: Houghton, Mifflin and Co., 1906), pp. 358 y sigtes.

Capítulo 17

1. Charles Allen, *The Miracle of the Holy Spirit* (El milagro del Espíritu Santo) (Oid Tappan, N. J.: Fleming H. Revell Co., 1974), p. 63.
2. V. Raymond Edman, *They Found the Secret* (Hallaron el secreto) (Grand Rapids: Zondervan Publishing House, 1960), p. 98.
3. Henry Wadsworth Longfellow, *The Poets* (Los poetas), citado de *Familiar Quotations* (Citas familiares) de Bartlett (Boston: Little, Brown, and Co., 1968), p. 624b.

Guía de estudio

EL ESPÍRITU SANTO

**Guía preparada por
Alberto Samuel Valdés**

Contenido

Cómo establecer un seminario en su iglesia

A fin de obtener el mayor provecho del programa de estudios ofrecido por FLET, se recomienda que la iglesia nombre a un comité o a un Director de Educación Cristiana como responsable. Luego, se debe escribir a Miami para solicitar el catálogo ofrecido gratuitamente por LOGOI-FLET.

El catálogo contiene:

1. La lista de los cursos ofrecidos, junto con programas y ofertas especiales.
2. Información acerca de la acreditación que FLET ofrece.
3. La manera de afiliarse a FLET para establecer un seminario en la iglesia.

Luego de estudiar el catálogo y el programa de estudios ofrecidos por FLET, el comité o el director podrá hacer sus recomendaciones al pastor y a los líderes de la congregación para el establecimiento de un seminario o instituto bíblico acreditado por FLET en la iglesia.

LOGOI-FLET
14540 S.W. 136 Street N° 200
Miami, FL 33186
Teléfono: (305) 232-5880
Fax: (305) 232-3592
E-mail: logoi@logoi.org
Internet: www.logoi.org

Cómo hacer el estudio

Cada libro describe el método de estudio ofrecido por esta institución. Siga cada paso con cuidado. Aunque la persona puede hacer el curso individualmente, sería más beneficioso si se uniera a otros de la iglesia que también deseen estudiar.

Recomendamos que los estudiantes se dividan en pequeñas «peñas» o grupos de estudio compuestos de cinco a diez personas. Estas peñas han de reunirse una vez por semana en el templo bajo la supervisión del Director de Educación o de un facilitador para que juntos puedan cumplir con los requisitos de estudio (los detalles se encuentran en las próximas páginas). Cada grupo necesitará un «facilitador» (guía o consejero), nombrado por la superioridad o escogido por ellos mismos —según sea el caso—, que seguirá el manual para las peñas que se encuentra a partir de la página 307.

El concepto de este tipo de estudio es que el libro de texto sirve como «maestro», mientras que el facilitador funge como coordinador que asegura que el trabajo se hace correctamente. Si no hubiese la manera de contar con un facilitador, los estudiantes podrían ejercer esta función por turno. Se espera que la iglesia tenga varios grupos de estudio y que el pastor sirva de facilitador de una de las peñas. Cuando el pastor se involucra, su ejemplo anima a la congregación entera y él mismo se hace partícipe del proceso de aprendizaje.

El que realiza este programa podrá

1. Usar este texto con provecho, destreza y confianza para la evangelización y el discipulado de otros.
2. Proveer explicaciones sencillas y prácticas de principios, verdades y conceptos comunicados en este estudio.
3. Emplear los pasos de nuestro método en el estudio de este libro y otros.

Para realizar este curso necesitará

1. Un ejemplar de la Biblia en castellano.
2. Un cuaderno para anotaciones (que usted debe adquirir) y hojas de papel para dibujos.
3. Opcional: Integrarse a un grupo de estudio o peña.

El plan de enseñanza LOGOI

El proceso educacional hay que disfrutarlo, no tolerarlo. Por lo tanto, no debe convertirse en un ejercicio forzado. A su vez, se debe establecer metas. Llene los siguientes espacios:

Anote su meta diaria: _____

Hora de estudio: _____

Día de la peña: _____

Lugar de la peña: _____

Opciones para realizar el curso

Este curso se puede realizar en tres maneras. El alumno escoge un plan intensivo. Completa sus estudios en un mes y entonces, si lo desea, puede rendir el examen final de FLET para recibir acreditación. Si desea hacer el curso a un paso más cómodo, lo puede realizar en el lapso de dos meses (lo cual es el tiempo recomendado para aquellos que no tienen prisa). Al igual que en la primera opción, el alumno puede rendir un examen final para obtener crédito por el curso. Además, otra opción es hacer el estudio con el plan extendido, en el cual se completan los estudios y el examen final en tres meses.

Las diversas opciones se conforman de la siguiente manera:

Plan intensivo: Un mes (4 sesiones) Fecha de reunión
Primera semana: *Lecciones 1-3* _____
Segunda semana: *Lecciones 4-6* _____
Tercera semana: *Lecciones 7-8* _____
Cuarta semana: *Examen final* FLET _____

Plan regular: Dos meses (8 sesiones) Fecha de reunión
Primera semana: *Lección 1* _____
Segunda semana: *Lección 2* _____
Tercera semana: *Lección 3* _____
Cuarta semana: *Lección 4* _____
Quinta semana: *Lección 5* _____
Sexta semana: *Lección 6* _____
Séptima semana: *Lección 7* _____
Octava semana: *Lección 8* _____
Examen final _____

Plan extendido: Tres meses (3 sesiones) Fecha de reunión
Primer mes: *Lecciones 1-3* _____
Segundo mes: *Lecciones 4-6* _____
Tercer mes: *Lecciones 7-8 y examen final* _____

Cómo hacer la tarea de las lecciones*

Antes de cada reunión el estudiante debe:
1. Leer el capítulo (o los capítulos) por completo.
2. Responder las diez preguntas y plantearse otras tres, basadas en el material tratado en la lección.
3. Utilizar los dibujos para aprender, memorizar y comunicar algunos puntos esenciales de la lección. El alumno debe ver los dibujos que explican algunos de los conceptos del capítulo, leer la explicación que los acompañan, y repetir

*El estudiante debe completar la tarea de la lección 1 antes de la primera reunión.

los dibujos varias veces en una hoja de papel cualquiera hasta llegar a memorizar los conceptos.

4. La sección Expresión responde a cómo comunicar los conceptos aprendidos a otras personas. Desarrolle ideas creativas para compartir los conceptos bíblicos con los talentos que Dios nos ha dado, por medio de nuestra personalidad única, y en el poder del Espíritu Santo. También debe hacer una lista de oración a fin de orar por creyentes y no creyentes, pidiendo que Dios provea oportunidades para ministrarles.

Cómo obtener un título acreditado por FLET

Para recibir acreditación de FLET, el alumno debe comunicarse de inmediato con nuestro representante autorizado en su país o con las oficinas de FLET en Miami, a la siguiente dirección:

Logoi, Inc.
14540 S.W. 136 Street, Suite 200
Miami, FL 33186
Teléfono: (305) 232-5880
Fax: (305) 232-3592
E-mail: logoi@logoi.org
Internet: www.logoi.org

Metas y objetivos del curso

Los cursos de FLET se conforman al siguiente propósito institucional: «Hacer que cada pastor, y líder congregacional, entienda y cumpla los propósitos de Cristo para su iglesia». Para lograrlo, LOGOI brinda un programa de educación que enfatiza el desarrollo del estudiante en las siguientes áreas:

- **Conocimiento:** Para que crezca en su amor a Dios a través del conocimiento de la Biblia.
- **Carácter:** Para que busque imitar a Cristo.
- **Familia:** Para que fortalezca las relaciones familiares en el hogar.
- **Evangelismo:** Para que motive a la iglesia a evangelizar su comunidad y el mundo.
- **Discipulado:** Para que edifique y reproduzca líderes cristianos.
- **Liderazgo:** Para que aprenda y desarrolle las actitudes y habilidades necesarias para servir al Señor en la iglesia.

Conforme a dicho propósito este curso está diseñado para que el alumno estudie la enseñanza bíblica acerca del Espíritu Santo a fin de enriquecer su vida cristiana en conocimiento, adoración, devoción y obediencia.

• Conocimiento en que necesitamos conocer lo que las Escrituras enseñan acerca del Espíritu Santo a fin de relacionarnos correctamente con él, conocer cómo nos ayuda en la vida cristiana, y poder discernir las diversas enseñanzas que proponen conformarse a la doctrina bíblica.
• Adoración en que el Espíritu merece nuestra adoración como mismísimo Dios, la tercera Persona de la Trinidad.
• Devoción en que el Espíritu merece nuestro amor al igual que el Padre y el Hijo.
• Obediencia en que debemos hacer lo que el Espíritu dice así como él nos ha comunicado en las Escrituras escritas bajo su dirección.

Los siguientes objetivos y metas se han diseñado para cambiar y/o fortalecer lo que el estudiante conoce, siente y hace.

Descripción

Un estudio de las enseñanzas bíblicas acerca de la Persona y obra del Espíritu Santo. Esta materia analiza la deidad del Espíritu Santo, sus propósitos en el mundo y sus ministerios a favor del cuerpo de Cristo.

Metas

1. El estudiante conocerá las enseñanzas fundamentales acerca del Espíritu Santo, la tercera Persona del Dios trino.
2. El estudiante crecerá en amor por, aprecio para, y en la confianza, el poder y carácter santos que provienen por el ministerio de, y la Persona del Espíritu.
3. El estudiante cambiará su conducta para reflejar cada vez más el carácter del Señor Jesucristo conforme a los deseos del Espíritu Santo y la capacitación que él provee.

Objetivos

1. El estudiante investigará todos los pasajes bíblicos que hablan del Espíritu Santo conforme a las instrucciones provistas bajo el acápite Tareas. [**Nota:** Por lo general se tratarán textos bíblicos (ya sean versículos, capítulos o secciones de las Escrituras) que hablan del Espíritu Santo más bien de manera explícita. Puede haber otros pasajes en los cuales el Espíritu Santo aparece implícita o simbólicamente los cuales no han sido incluidos ya que demandan interpretación más compleja.]
2. El estudiante guardará un diario mientras dure el curso, que detalla cómo ha cambiado en su disposición hacia el Espíritu Santo y su ministerio.
3. El estudiante aplicará su conocimiento acerca del Espíritu Santo en su vida personal, familiar, eclesiástica, laboral y comunitaria.

Tareas

1. El alumno presentará un cuaderno en el cual mostrará los frutos de su estudio inductivo acerca de los textos bíblicos (mencionados abajo) concernientes al

Espíritu Santo. Dicho cuaderno debe incluir lo siguiente:

a. Antes de comenzar el estudio escribirá de manera concisa (no más de 3 hojas) sus presentes creencias acerca de la Persona y deidad del Espíritu Santo, sus obras y ministerios (concernientes a creyentes y no creyentes), y la naturaleza de la vida cristiana (específicamente la relación del Espíritu Santo y la vida del creyente en Jesús).

b. Escribirá en el cuaderno la referencia bíblica del pasaje que está tratando, algunas observaciones y preguntas interpretativas acerca del texto bíblico.

Ejemplo: Para cada pasaje bíblico indicado el estudiante debe proveer lo siguiente en su cuaderno. Debe ser algo **conciso** y no un ensayo por pasaje:

Texto: Éxodo 35.30-35

Observaciones: Los obreros seleccionados para trabajar en el tabernáculo fueron seleccionados por Jehová; él los llenó del «Espíritu de Dios»; esta llenura abarcaba sabiduría, inteligencia y ciencia en todo arte.

Preguntas: ¿Por qué se requirió la llenura del Espíritu Santo para realizar este trabajo?; ¿eran estos dos hombres artesanos antes de ser llenados con el Espíritu? (¿o lo fueron por primera vez después de esta capacitación?); ¿cesaron estas habilidades después de haberse completado el tabernáculo?

Obra(s) del Espíritu: Capacitación para los artesanos Bezaleel y Aholiab.

[**Nota:** Hay más observaciones y preguntas que pueden hacerse en este pasaje. Estas solo se han provisto como ilustración y el estudiante debe realizar su propio trabajo en conexión con el mismo (aunque por cierto puede incluir estas aquí provistas). Se espera que el alumno estudie estos textos de nuevo aun después de haber completado esta materia. En algunos casos se incluyen varios capítulos ya que el estudiante debe comprender la obra del Espíritu en su contexto más amplio. No podemos captar la esencia de su ministerio leyendo versículos aislados.]

---

c. Después de haber completado el estudio inductivo escribirá de manera concisa sus creencias acerca de las mismas preguntas que se hacen bajo el acápite «a», a fin de evaluar cómo y en qué ha cambiado su punto de vista después de haber hecho el estudio. Al igual que en el punto «a » no debe ser de más de 3 hojas. (Esta evaluación debe entregarse al final junto con el resto del cuaderno en la séptima semana del curso.)

El estudiante investigará los siguientes textos:

Antiguo Testamento: Génesis 1.1-2; 6.1-3; 41.38; Éxodo 31.1-6; 35.30-35; Números 11; 24; 27:12-23; Deuteronomio 34; Jueces 3.7-11; 6; 14.14-15; 1 Samuel 10.1-11; 11; 16; 19.18-24; 2 Samuel 23.1-7; 1 Reyes 18; 22; 2 Reyes

2; 1 Crónicas 12.18; 2 Crónicas 15.1-4; 20:13-18; 24.17-27; Nehemías 20.19-20, 29-30; Job 26.13; 33.4; 34.14-15; Salmo 51.11-12; 104.24-30; 139.7; 143.9-10; Isaías 11.1-2; 32.12-15; 34.16; 40.13; 42.1-9; 44.1-5; 48.16-19; 59.15b-21; 61.1-3; 63.7-14; Ezequiel 3.12-15, 22-24; 8.1-4; 11; 36.22-38 (junto con Jeremías 31.31-34); 37.1-14; 39.25-29; 43.1-5; Daniel 4.4-9, 18; 5.11-14; Joel 2.27-32; 3.1-4; Miqueas 2.7; 3.8; Hageo 2.1-5; Zacarías 4.6; 6.8; 7.8-14; 12.10-14; Malaquías 2.15.

Nuevo Testamento: Mateo 1.18-21; 3.11-17; 4.1; 10.17-20; 12.14-37; 18-20; Marcos 1.1-13; 3.28-30; 12.35-37; 13.10-11; Lucas 1.1—4.30; 10.21; 11.13; 12.10-12; Juan 1.32-33; 3.1-21; 7.37-53; 13—17; 20.21-23; Hechos 1—2; 4—5; 6.1-15; 7.51-60; 8; 9—11; 13.1-12; 15.1-34; 16; 19.1-7; 20.22-28; 21.4; 21.10-11; 28.25-27; Romanos 1.1-7; 2.28-29; 5.1-11; 6—8; 9.1-2; 14.14-23; 15.13-21; 1 Corintios 1—3; 6.12-20; 7.40; 12—14; 2 Corintios 3; 5; 6.1-10; 13.14; Gálatas 3—6; Efesios 1.13-18; 2.14-22; 3—6; Filipenses 1.19; 2.1-10; Colosenses 1.7-8; 1 Tesalonicenses 1.2-10; 4.8; 5.19; 2 Tesalonicenses 1.13-16; 1 Timoteo 3.14-16; 4.1-5; 2 Timoteo 3.14-16; Tito 3.1-8; Hebreos 2.4; 3.7-15; 5.12—6.12; 9—10; Santiago 4.5; 1 Pedro 1.1—2.12; 4; 2 Pedro 1; 1 Juan; Judas 16-22; Apocalipsis 1—4; 14.6-13; 17.1-3a; 21.9-21; 22.16-17.

[**Nota:** Esta tarea debe ser entregada en la séptima semana del curso de manera que el alumno debe trabajar en ella semanalmente para asegurarse de haber tratado todos los pasajes indicados. El estudiante entregará la evaluación de sus creencias realizada antes de comenzar su estudio (esta tarea debe ser entregada en la primera reunión si está trabajando en grupo), su cuaderno con la información que se pide en el punto «b» (bien organizada), y su evaluación final luego de haber estudiado los pasajes indicados.]

2. El alumno leerá el texto *El Espíritu Santo* por Billy Graham. El estudiante debe reportar que ha leído el libro completo. Dicho reporte debe incluir algunas anotaciones acerca del mismo: enseñanzas provechosas, áreas de acuerdo y desacuerdo, preguntas que surgieron del estudio.

3. El estudiante completará la Tarea de la Guía de estudio que el estudiante entregará semanalmente al facilitador (en el caso del estudiante en grupo) o enviará directamente a la sede de FLET. Dicha tarea consiste de lo siguiente:

   a. **Tres preguntas:** Esta porción de la tarea se relaciona con la lectura del alumno y su interacción con las Diez preguntas. El estudiante debe escribir por lo menos 3 *preguntas* concernientes a la lección (y que no han sido tratadas o desarrolladas ampliamente por el autor). Estas preguntas deben representar aquellas dudas, observaciones, o desacuerdos que surgen en la mente del estudiante a medida que vaya leyendo el texto de estudio (o reflexionando después sobre el contenido del mismo). De manera que las preguntas deben, en su mayoría, salir a relucir naturalmente en la mente del alumno mientras lee y procesa la información en el texto. Se espera que el estudiante además comience a tratar de solucionar su pregunta o duda. Es decir, el estudiante debe hacer un esfuerzo en buscar la respuesta a la mismísima pregunta que se le ocurrió (por lo menos explorando alternativas o respuestas posibles). Este ejercicio ayudará al alumno a aprender a pensar por sí mismo y tener interacción con lo que lee. Así, se permite que el estudiante exprese desacuerdo con el autor mientras que explique la razón por la cual está en desacuerdo.

b. **Cuatro conceptos:** Esta parte de la tarea se relaciona a las cuatro gráficas con sus explicaciones provistas en cada lección. El estudiante escribirá una verdad aprendida de cada dibujo expresada en una sola oración. El propósito es asegurar que el estudiante está aprendiendo el contenido y cómo comunicar el mismo de manera precisa, concisa y relevante. Esto representa una tarea escrita que el alumno entregará semanalmente al facilitador junto con aquello que se pide en la sección de las **Diez preguntas** y **Expresión** a fin de completar los 10 puntos de la tarea semanal.

c. **Tres principios:** Esta faceta se relaciona con la sección Expresión que aparece en cada lección. El estudiante redactará tres principios transferibles, esto es enseñanzas derivadas de la lección que sirvan de provecho y edificación tanto para el estudiante como también para otros. Estos principios o enseñanzas se deben expresar en forma concisa, esto es preferiblemente en una sola oración (p. ej.: «El creyente debe defender la sana doctrina aun a gran costo personal»). Esto representa una tarea escrita que el alumno entregará semanalmente al facilitador.

El estudiante recibirá 10 puntos por cada faceta que complete. Es decir, cada pregunta, concepto y principio tiene un valor de diez puntos de manera que el estudiante que completa todo lo que se pide recibirá una calificación de 100. Esta calificación será inscrita en una copia del archivo que aparece en la página 351 y enviada a la sede de FLET junto con el examen final. El estudiante individual enviará su registro a la sede de FLET. El alumno debe haber completado la primera lección antes de la reunión inicial.

4. El alumno completará 500 páginas de lectura adicional en el área de la doctrina acerca del Espíritu Santo. El alumno puede cumplir este requisito leyendo en libros tales como los que se recomiendan más adelante: [**Nota:** El estudiante debe entregar al facilitador (o enviar a la sede de FLET en el caso de un alumno individual) un registro de lecturas que detalle el texto usado, el autor y la cantidad de páginas que se leyeron en dicho texto. También debe incluir algunos breves comentarios evaluativos acerca del mismo. Es preferible leer en más de un libro pero se aceptará la lectura en un solo texto adicional si los recursos no permiten otra opción. Para este curso se permite la lectura de los libros de la Biblia señalados ya que ellos nos enseñan acerca del Espíritu Santo.]

Libros recomendados

A continuación proveemos una lista de textos posibles para lectura y evaluación. El estudiante puede seleccionar las lecturas de esta lista y/o escoger libros similares.

[**Nota:** FLET no necesariamente comparte la opinión de los autores abajo mencionados.]

El libro de los Hechos.

La Epístola a los Romanos.

Las Epístolas a los Corintios.

La Epístola a los Gálatas.

La Epístola a los Efesios.

Alonso, Horacio A. *El don del Espíritu Santo*. Barcelona: Editorial CLIE.

Berkhof, Luis. *Teología Sistemática*. Libros Desafío, 1969.

Contreras, Edgar. *El Espíritu Santo en mí*. Ediciones Las Américas. 1988.

Chafer, Lewis S. *Teología Sistemática*. 2 Vols. Spanish Publications, 1999.

Horton, Stanley. *El Espíritu Santo revelado en la Biblia*. Miami: Editorial Vida.

Lacueva, Francisco. *Espiritualidad trinitaria*. Barcelona: Editorial CLIE.

Morgan, Campbell G. *El Espíritu de Dios*. Barcelona: Editorial CLIE.

Packer, J. I. *Teología Concisa*. Editorial Unilit.

Pache, René. *La persona y obra del Espíritu Santo*. Barcelona: Editorial CLIE.

Pearlman, Myer. *Teología bíblica y sistemática*. Editorial Vida.

Pickering, Ernest. *Espíritu del Dios Vivo*. Editorial Bautista Independiente, 1991.

Ryrie, Charles C. *El Espíritu Santo*. Editorial Portavoz, 1978.

Ryrie, Charles C. *Teología bíblica del Nuevo Testamento*. Editorial Portavoz, 1983.

Ryrie, Charles. *Teología Básica*. Miami: Editorial Unilit, 1993.

Smith, Oswald J. *El Espíritu Santo está obrando*. Barcelona: Editorial CLIE.

Swindoll, Charles R. *Más cerca de la llama*. Editorial Betania.

5. El alumno guardará un diario que detalle cambios en su disposición hacia el Espíritu Santo y su ministerio. El propósito de este diario es facilitar que el estudiante explore y examine su disposición hacia el Espíritu Santo y sus ministerios en su vida (y cómo cambian a medida que progresa el curso). Dicho diario es de naturaleza *personal* en el que se detallan cambios en la percepción hacia, obediencia al Señor en el poder del Espíritu Santo, comprensión de su ministerio, y crecimiento en amor, devoción y obediencia a Dios en el poder que él proporciona. Ya que deseamos que el estudiante tenga plena libertad para escribir sus pensamientos íntimos, solo se pide que presente evi-

266 Guía de estudio

dencia al facilitador (o en el caso del alumno individual a la sede de FLET) de que ha cumplido con este requisito. Así, el alumno que realiza el estudio en grupo debe enseñar al facilitador el cuaderno o diario en el cual ha estado escribiendo sus pensamientos.

6. El estudiante presentará otro cuaderno en el cual anotará los cambios que han ocurrido en su vida en las siguientes áreas: vida personal, vida familiar, vida en la iglesia, vida laboral y vida cívica (comunidad, ciudad, nación). Aquí también escribirá una evaluación del estado actual de su vida espiritual al comienzo del curso (y otra evaluación final para discernir cómo los conocimientos adquiridos y el proceso educativo, y nuevas experiencias de obedecer a Dios en el poder del Espíritu Santo, han afectado la vida del alumno). La evaluación inicial debe entregarse en la primera reunión, y la final o segunda en la séptima. (**Nota:** Ya que esta tarea también es de naturaleza íntima el alumno puede seguir las instrucciones provistas en el punto cinco.)

7. El estudiante aprobará un examen final que evalúa su conocimiento de las enseñanzas fundamentales acerca del Espíritu Santo.

Calificaciones
Estudio inductivo acerca del Espíritu Santo: 25%
Trabajo de la guía de estudio: 25%
Diario y cuaderno de cambios en la vida cristiana: 20%
Lectura y reporte: 15%
Examen: 15%

Nota: Se espera que el estudiante asista a la peña cada semana para sacar provecho de la interacción y edificación mutua. Si está haciendo el estudio solo, el estudiante debe remplazar esta tarea con un encuentro / reunión ya sea con el pastor, algún líder del programa educacional de la iglesia, o algún maestro o profesor disponible a fin de compartir / comunicarles en qué maneras ha llegado a apreciar el ministerio del Espíritu Santo en su vida cristiana. El estudiante y la persona (con quien se reúne para cumplir con este requisito) también deberán hablar acerca de cualesquiera otros beneficios que haya recibido el estudiante por medio de este estudio acerca de la doctrina del Espíritu Santo. El alumno entonces debe escribir un reporte de una o dos páginas con la siguiente información:

a. ¿Con quién se reunió para cumplir los propósitos de esta tarea?
b. ¿Cuáles son los puntos principales que usted comunicó?
c. ¿Cuáles son las tres cosas más importantes que aprendió o aprendieron juntos usted y la persona con quien se reunió?

Dicho reporte se debe enviar a la sede de FLET junto con el examen final.

Lección 1

1. En el prefacio el Dr. Graham afirma que «el Espíritu Santo no vino a dividir a los cristianos sino que vino, entre otras razones, a unirnos». Conforme a esta afirmación responda a lo siguiente de acuerdo con su pensamiento actual:

   a. ¿Por qué se ha tomado la neumatología (doctrina acerca del Espíritu Santo) como punto de división en la iglesia cristiana?

   b. ¿Cuáles son los puntos en la neumatología que ocasionan más desacuerdo?

   c. ¿Qué se puede hacer para disminuir la división sin afectar la doctrina? Las respuestas deben ser concisas, coherentes, e indicativas de reflexión de parte del alumno.

2. ¿Cuáles son las dos necesidades espirituales del hombre de acuerdo al texto? ¿Qué otras necesidades sugiere?

3. De acuerdo al Dr. Graham, ¿cómo responde Dios a las dos necesidades que él menciona? ¿Cómo explica el papel del Espíritu Santo con referencia a la segunda?

4. Graham cita a un amigo que afirmó: «Necesito a Jesucristo para mi vida eterna y al Espíritu Santo de Dios para mi vida interna». El Espíritu Santo nos ayuda en todas las relaciones y santas tareas de la vida. Enumere algunas de las áreas de la vida en las cuales el Espíritu Santo nos puede ayudar. Además, incluya algunas más específicas que usted haya experimentado en su vida.

5. El texto cita las siguientes palabras de Jesús: «Pero ahora voy al que me envió; y ninguno de vosotros me pregunta: ¿A dónde vas? Antes, porque os he dicho estas cosas, tristeza ha llenado vuestro corazón. Pero yo os digo la verdad: Os conviene que yo me vaya; porque si no me fuese, el Consolador no vendría a vosotros; mas si me fuere, os lo enviaré» (Juan 16.5-7). Estudie el texto y escriba entre 5 y 10 observaciones acerca del mismo. La *observación* representa el paso que precede la *interpretación* de un pasaje bíblico, que en torno lleva a la *aplicación* del principio bíblico descubierto en el mismo. Es la faceta de la interpretación que trata de recoger datos o información acerca del contenido del texto bíblico.

6. Enumere tres pruebas a favor de la personalidad del Espíritu Santo. Explique la importancia de esta verdad (e indique ocasiones en las cuales se nos olvida esto). Incluya evidencia del Antiguo Testamento.

7. Provea evidencia de la deidad del Espíritu Santo. Incluya pasajes del Antiguo Testamento.

8. Escriba entre 15 y 20 observaciones acerca de Lucas 24 y Hechos 1—2. [**Nota:** Recuerde que las observaciones no son interpretaciones sino aspectos, datos, detalles del texto bíblico que proveen la información que hemos de interpretar.] Enumere tres diferencias entre la etapa antes de Pentecostés y la actual que salen a relucir en el texto bíblico.

9. Provea una síntesis concisa de las tres etapas de la obra del Espíritu Santo [de acuerdo al libro de texto]. Explique si hay otra manera de organizar la información provista en las Escrituras.

10. Escriba una síntesis de la enseñanza sobre la obra del Espíritu Santo en el mundo, en la iglesia y en el creyente.

Dibujos explicativos

Estos dibujos o gráficas han sido diseñados a fin de proveerle una manera sencilla de organizar y memorizar 4 puntos esenciales del capítulo. Tome una hoja de papel cualquiera y reproduzca los dibujos entre 5 y 7 veces mientras piensa sobre el significado de cada cuadro. Entonces tome una hoja en blanco y reprodúzcalo de memoria junto con una breve explicación de su significado. Hemos provisto estas sencillas ilustraciones principalmente para aquellos que piensan que no saben dibujar bien. Si tiene talento para el dibujo (o deseos de dibujar) cree sus propios diseños a fin de memorizar los puntos principales del capítulo.

• **Explicación:** Muchos de los problemas doctrinales y prácticos con referencia a la neumatología, la doctrina del Espíritu Santo, provienen ya sea de negar o no apreciar su personalidad y deidad. Varios grupos tanto sectas como también facciones dentro de algunas denominaciones niegan la personalidad del Espíritu Santo. En su lugar proponen alguna clase de fuerza impersonal o tal vez el poder de Dios personificado. Niegan que la voluntad, el intelecto y las emociones puedan atribuirse propiamente al Espíritu Santo. Dicha negación conlleva una negación abierta a las afirmaciones claras de las Escrituras que demuestran que el Espíritu sabe («…pues qué hemos de pedir como conviene, no lo sabemos, pero el Espíritu mismo intercede por nosotros con gemidos indecibles» Romanos 8.26b), siente («Y no contristéis al Espíritu Santo de Dios…» Efesios 4.30a), y selecciona («…dijo el Espíritu Santo: Apartadme a Bernabé y a Saulo para la obra a que los he llamado» Hechos 13.2b). Es decir, el Espíritu Santo posee intelecto, sensibilidad y voluntad, todo lo cual lo califica como un Ser personal en contraste a una fuerza impersonal. Una «fuerza impersonal» no puede realizar lo que un ser personal puede hacer. Además, el Espíritu Santo posee estas cualidades en perfección ya que él al igual que el Padre y el Hijo es Dios.

• **Explicación:** Las Escrituras afirman la deidad del Espíritu Santo sin equivocación. Las acciones, las relaciones y las descripciones del Espíritu en las Escrituras atestiguan no solo su personalidad sino también el hecho de que él es Dios. En Mateo 28, por ejemplo, vemos que él está al mismo nivel que el Padre y el Hijo: «…bautizándolos en el nombre del Padre, y del Hijo, y del Espíritu Santo» (28.19b). El «nombre» en singular indica igualdad de autoridad, poder y carácter en las tres Personas del único Dios. El apóstol Pablo demuestra la omnisciencia del Espíritu, en su conocimiento de los pensamientos de Dios: «…Así tampoco nadie conoció las cosas de Dios, sino el Espíritu de Dios», 1 Corintios 2.11b. Además, David atestigua la omnipresencia del Espíritu Santo con estas palabras: «¿A dónde me iré de tu Espíritu? ¿Y a dónde huiré de tu presencia?» (Salmo 139.7). El Espíritu Santo posee lo que solo Dios posee: omnipotencia, omnisciencia y omnipresencia, así queda demostrada su deidad. La deidad y personalidad acompañante del Espíritu Santo afirman su identidad como Dios igual al Padre y el Hijo, y a la vez que afirman su persona individual.

• **Explicación:** El Pentecostés marcó un principio, el inicio de una nueva faceta en el plan de Dios prometida por el Señor Jesucristo y profetizada en el Antiguo Testamento. Aquí se inició la Iglesia, el cuerpo de Cristo compuesto de judíos y gentiles unidos a Jesús y el uno al otro por medio del ministerio y la obra del bautismo del Espíritu Santo. Por cierto, había pueblo de Dios en el Antiguo Testamento, y el Espíritu Santo ministraba a los creyentes de esa edad bíblica. No obstante, Dios inició algo nuevo aquel día. La nueva realidad de aquel día requirió la revelación de un misterio a Pablo (Efesios 3) y de una visión repetida al apóstol Pedro (Hechos 10). La venida del Espíritu Santo el día de Pentecostés se conforma a la realidad del Nuevo Pacto (iniciado con la muerte de Jesús) y sus privilegios y obligaciones correspondientes. El Espíritu estuvo con los discípulos y los creyentes del Antiguo Testamento (Juan 14.16-18: «Y yo rogaré al Padre, y os dará otro Consolador, para que esté con vosotros para siempre: el Espíritu de verdad, al cual el mundo no puede recibir, porque no le ve, ni le conoce; pero vosotros le conocéis, porque mora con vosotros, y estará en vosotros. No os dejaré huérfanos; vendré a vosotros».). Asimismo los apóstoles recibieron una capacitación especial de Jesús [repartición especial del Espíritu Santo antes de Pentecostés a fin de capacitarlos para ministrar los días anteriores al mismo: «Entonces Jesús les dijo otra vez: Paz a vosotros. Como me envió el Padre, así también yo os envío. Y habiendo dicho esto, sopló, y les dijo: Recibid el Espíritu Santo. A quienes remitiereis los pecados, les son remitidos; y a quienes se los retuviereis, les son retenidos» (Juan 20.21-23)]. Pero el Día de Pentecostés aún estaba en el futuro e introduciría una era de acceso a, intimidad con, y capacitación de Dios que sobrepasaría (y sobrepasa) la experiencia del Espíritu Santo del Antiguo Testamento.

• **Explicación:** La personalidad del Espíritu Santo y su deidad establecen varias realidades de y para la vida cristiana.

• El Espíritu Santo puede relacionarse con todos los creyentes en todos los lugares.

• El creyente se relaciona con Dios en una manera íntima e individual.

• Las personas no deben hablar del Espíritu Santo en forma liviana o como si fuera alguna fuerza que ellos pudieran manipular.

• El Espíritu Santo facilita que sintamos las emociones pero él mismo no es una emoción que debemos tratar de buscar o que sirve de indicación infalible de que él está con nosotros.

• La iglesia debe respetar al Espíritu Santo como Dios personal con todo lo que esto conlleva.

La falta de reconocimiento de la deidad y personalidad del Espíritu Santo trae problemas doctrinales en las sectas y facciones herejes. Sin embargo, esto también trae problemas en la *práctica* de iglesias que tienen *doctrina* sana. Cuando a los creyentes se les olvida la personalidad, santidad, soberanía y poder del Espíritu caen en errores en la adoración y en la esencia de la vida cristiana.

• **Expresión**

Los alumnos deben comunicar sus conocimientos a otros (creyentes y no creyentes) así como expresarlos mediante su conducta. Asimismo, esperamos que expresen sus peticiones y pensamientos íntimos a Dios. Para cumplir con esta sección el alumno debe:

a. Redactar tres principios transferibles, provenientes de la lección, aplicables en la vida cristiana.

b. Explorar (junto con los compañeros) maneras creativas para comunicar los principios bíblicos a otros.

c. Orar los unos por los otros, por sus respectivas iglesias, así como por todo contacto evangelístico u oportunidad para ministrar que se presente.

Lección 2

Diez preguntas

1. ¿Qué enseñan las Escrituras acerca del papel del Espíritu Santo en la producción de las mismas?
2. ¿Por qué es importante afirmar la *inspiración plenaria* de las Escrituras?
3. ¿Qué significado tiene la inspiración verbal? ¿Qué conexión tiene con la autoridad de la Biblia?
4. ¿Cómo enfoca el Dr. Graham la iluminación por el Espíritu Santo? Escriba entre 5 y 10 observaciones acerca de 1 Corintios 2.
5. Explique la unidad entre la Palabra y el Espíritu Santo. Enumere entre 2 y 3 aplicaciones prácticas que se desprenden de esta unidad.
6. ¿Qué conexión hay entre el relato de los israelitas y las serpientes en el desierto en el contexto de Números 21.4-9 y Juan 3.16?
7. ¿Cómo ministra el Espíritu Santo en vista de la ceguedad espiritual de las personas no creyentes?
8. ¿Cuál es el papel del Espíritu Santo en la regeneración?
9. ¿Cómo explica el Dr. Graham la relación entre la certeza de salvación, la estrategia de Satanás y la Palabra de Dios?
10. Lea Juan 3.16-18; 6.47; 5.24-25; 11.25-27; y 20.30-31. ¿Qué nos enseñan estos pasajes acerca de cómo recibir la vida eterna?

Dibujos explicativos

Estos dibujos o gráficas han sido diseñados a fin de proveerle una manera sencilla de organizar y memorizar 4 puntos esenciales del capítulo. Tome una hoja de papel cualquiera y reproduzca los dibujos entre 5 y 7 veces mientras piensa sobre el significado de cada cuadro. Entonces tome una hoja en blanco y reprodúzcalo de memoria junto con una breve explicación de su significado. Hemos provisto estas sencillas ilustraciones principalmente para aquellos que piensan que no saben dibujar bien. Si tiene talento para el dibujo (o deseos de dibujar) cree sus propios diseños a fin de memorizar los puntos principales del capítulo.

el Espíritu Santo

dirigidos

inspiradas

las Escrituras

• **Explicación:** Existe una íntima relación entre el Espíritu Santo y las Escrituras ya que él mismo superentendió la creación de las mismas. La Biblia indica que el Espíritu Santo dirigió a cada autor para que escribieran precisamente lo que Dios, el Autor por excelencia, quería comunicar en las Escrituras. El apóstol Pedro nos enseña que el Espíritu fue quien dirigió a los autores: «porque nunca la profecía fue traída por voluntad humana, sino que los santos hombres de Dios hablaron siendo inspirados por el Espíritu Santo» (2 Pedro 1.21). Dichos «santos hombres» fueron preparados providencialmente por Dios para que sus personalidades, conocimientos, y sus mismísimos tiempos para vivir concordaran con la obra de escribir para la cual el Espíritu Santo les capacitó. La palabra *ferómenoi* traducida «inspirados» aquí por la versión Reina-Valera 1960 y la *Biblia de las Américas* representa una palabra griega diferente que aquella traducida «inspirada» en 2 Timoteo 3.16a: «Toda la Escritura es inspirada por Dios…». De manera que propiamente son las *Escrituras* las que son inspiradas, y no sus escritores, en sí. Estos fueron dirigidos por el Espíritu Santo (la Nueva Versión Internacional traduce «impulsados» y refleja el uso de un término relacionado en Hechos 27.15d que habla de una barca impulsada por el viento: «nos dejamos llevar»). *Theopneustos*, la palabra usada por el apóstol Pablo en 2 Timoteo (y traducida «inspirada») significa algo como exhalada por Dios indicando que las Escrituras son producto del aliento divino y creativo del Señor. En resumen, las Escrituras son plenamente humanas en el sentido de que Dios en su providencia preparó a los hombres, que el Espíritu Santo *dirigió*, para escribir todo lo que él quería, resultando así las Sagradas Escrituras un libro *inspirado*.

dar a conocer

Revel**A**ción
ilumin**A**ción

esclarecer

• **Explicación:** Para comprender la relación del Espíritu Santo con las Escrituras debemos diferenciar entre la *revelación* y la *iluminación*. La revelación trata de conocimientos develados o dados a conocer por Dios a los hombres, información que ellos no sabían y que debe ser comprendida y aplicada. Por otro lado, la iluminación trata del esclarecimiento necesario para comprender y aplicar información en el contexto de una relación con el Dios vivo y todopoderoso. De manera que en la revelación Dios comunica nueva información mientras que con la iluminación se comprende la verdad recibida. Los creyentes poseemos las Escrituras en su totalidad de manera que podemos vivir confiados en que tenemos toda la verdad que necesitamos para nuestro peregrinaje terrenal. Por otro lado, Dios nos puede dar comprensión en lo que él ya ha revelado. Sin dudas, una persona no creyente puede entender el sentido de algún texto bíblico (y hasta conseguir la interpretación correcta) sin tener comprensión de lo que es una relación personal con Jesucristo. Por otro lado, no debemos pensar que la iluminación representa una experiencia mística irracional que hace innecesaria la lectura, el esfuerzo y la buena interpretación. El ejemplo de los bereos aún tiene vigencia: «Y ellos, habiendo llegado, entraron en la sinagoga de los judíos. Y éstos eran más nobles que los que estaban en Tesalónica, pues recibieron la palabra con toda solicitud, escudriñando cada día las Escrituras para ver si estas cosas eran así» (Hechos 17.11). Dios se comunica en proposiciones objetivas reveladas por él y comprensibles en sí, y a un nivel espiritual por medio de la iluminación que él provee.

el Espíritu Santo
concordancia en...
verdad
voluntad
veracidad
las Sagradas Escrituras

• **Explicación:** Algunos reclaman la dirección personal y específica del Espíritu Santo para alguna decisión que han de tomar en sus vidas que no concuerda con los principios claros de las Escrituras. Estas «revelaciones» puede que tengan algunas o todas de las siguientes características: 1. Falta de especificidad (esto es, revelaciones que se aplican a más de una situación); 2. falta de concordancia con la verdad revelada (contradicción con la enseñanza clara de las Escrituras); 3. falta de sabiduría y razón (dependencia excesiva en las emociones). Los casos clásicos en los cuales se reclama «dirección especial» tratan del creyente que quiere casarse con un no creyente y ha recibido «certeza» o «seguridad» de que una vez casados, este (o esta) creerá en Jesús y todo saldrá bien. Otro, el creyente que decide dejar a su esposa porque ha encontrado la compañera idónea que representa el plan original y perfecto de Dios. Otros casos tratan de personas que se sienten «llamadas» a algún ministerio con más salario y menos problemas que el actual en el cual trabajan. Pero, el Espíritu Santo jamás sugiere, ordena, ni permite acciones que van en contra de las mismísimas Escrituras que él mismo superentendió. Al contrario, el Espíritu concuerda perfectamente con las Escrituras en que estas reflejan precisamente su voluntad, expresan la verdad, y son veraces. Esto significa que si deseamos saber la voluntad del Espíritu Santo la podemos hallar en las Escrituras. Además, si queremos saber la verdad, la doctrina sana, la enseñanza correcta debemos recurrir a la Biblia. Por fin, si queremos conocer la veracidad de un hecho histórico podemos confiar en la Palabra. [Nota: Esta última distinción entre la verdad y lo veraz se hace ya que la Biblia incluye reportes de mentiras tales como la falsa seguridad dada a Eva por Satanás (cosa que muchos maestros de Biblia y escritores han indicado). En dichos casos podemos confiar en que las Escrituras reportan los eventos y las palabras falsas tal como transcurrieron, sin aprobar las acciones y afirmaciones que allí aparecen.] En resumen, nunca habrá falta de concordancia entre la enseñanza clara de las Escrituras y la santa voluntad del Espíritu.

• **Explicación:** El Espíritu Santo no solo realizó una obra única en la elaboración de las Sagradas Escrituras, sino que realiza un papel esencial en la salvación de los no creyentes. Uno de los pasajes más claros respecto a la obra del Espíritu con relación al mundo no creyente se halla en Juan 16.7-10: «Pero yo os digo la verdad: Os conviene que yo me vaya; porque si no me fuese, el Consolador no vendría a vosotros; mas si me fuere, os lo enviaré. Y cuando él venga, convencerá al mundo de pecado, de justicia y de juicio. De pecado, por cuanto no creen en mí; de justicia, por cuanto voy al Padre, y no me veréis más; y de juicio, por cuanto el príncipe de este mundo ha sido ya juzgado». El Espíritu convence a no creyentes de su pecaminosidad y necesidad correspondiente de un Salvador. Estos pueden estar seguros de que el Padre ha quedado satisfecho con el sacrificio del Señor Jesucristo y ahora puede regalar su justicia a todos los que creen en Jesús. Además, convence al no creyente del futuro juicio inevitable. Si Satanás ya fue juzgado por medio de la victoria de Jesús, ¿qué esperanza tienen aquellos que han decidido permanecer en sus pasos? De manera que el creyente puede comunicar las Buenas Nuevas de la salvación confiado en que el Espíritu Santo está obrando con los que no han creído a fin de que crean en Jesús para vida eterna.

• Expresión

Los alumnos deben comunicar sus conocimientos a otros (creyentes y no creyentes) así como expresarlos mediante su conducta. Asimismo, esperamos que expresen sus peticiones y pensamientos íntimos a Dios. Para cumplir con esta sección el alumno debe:

a. Redactar tres principios transferibles, provenientes de la lección, aplicables en la vida cristiana.

b. Explorar (junto con los compañeros) maneras creativas para comunicar los principios bíblicos a otros.

c. Orar los unos por los otros, por sus respectivas iglesias, así como por todo contacto evangelístico u oportunidad para ministrar que se presente.

Lección 3

Diez preguntas

1. ¿Cuál es la posición del Dr. Graham con referencia al bautismo del Espíritu Santo? ¿Qué respaldo provee para la misma?
2. Escriba tres observaciones acerca de 1 Corintios 12.13. ¿Cómo afecta este texto los diversos puntos de vista acerca del bautismo del Espíritu Santo?
3. Lea el comentario por el Dr. Graham acerca del ecumenismo en relación con el ministerio del Espíritu Santo. Indique en qué está de acuerdo y en desacuerdo con la enseñanza presentada y por qué.
4. Lea el relato del viaje de Felipe a Samaria y escriba algunas observaciones. ¿Qué enfoque le da el texto a este relato? ¿Cuáles son los puntos en los que está de acuerdo y en desacuerdo, y por qué? ¿Qué lecciones prácticas tiene este relato para la vida contemporánea del creyente?
5. Lea el relato de la conversión de Pablo en Hechos 9 y responda a las mismas preguntas mencionadas arriba.
6. Lea Hechos 19.1-7 y responda a las mismas preguntas mencionadas arriba.
7. ¿Qué considera el Dr. Graham que sea el propósito del bautismo del Espíritu Santo? ¿Cómo respalda su posición? Escriba tres principios para la vida cristiana que se desprenden de esta enseñanza.
8. Escriba un breve y conciso repaso de las tres obras simultáneas que ocurren cuando uno cree en Jesucristo. Entonces lea los siguientes pasajes acerca del «cuarto acontecimiento» explicado por el Dr. Graham: 2 Corintios 1.21-22; Efesios 1.13, 14; 4.30. Explique el significado de esta realidad espiritual y dé por lo menos una lección para la vida cristiana.
9. Lea los siguientes pasajes con referencia a las *arras* del Espíritu: 2 Corintios 1.21-22; 5.5; Efesios 1.13, 14. ¿Cómo enfoca el Dr. Graham la enseñanza? Escriba por lo menos una enseñanza para la vida cristiana que provenga de esta verdad.
10. ¿Cómo enfoca el texto la enseñanza acerca del testimonio del Espíritu Santo?

Dibujos explicativos

Estos dibujos o gráficas han sido diseñados a fin de proveerle una manera sencilla de organizar y memorizar 4 puntos esenciales del capítulo. Tome una hoja de papel cualquiera y reproduzca los dibujos entre 5 y 7 veces mientras piensa sobre el significado de cada cuadro. Entonces tome una hoja en blanco y reprodúzcalo de memoria junto con una breve explicación de su significado. Hemos provisto estas sencillas ilustraciones principalmente para aquellos que piensan que no saben dibujar bien. Si tiene talento para el dibujo (o deseos de dibujar) cree sus propios diseños a fin de memorizar los puntos principales del capítulo.

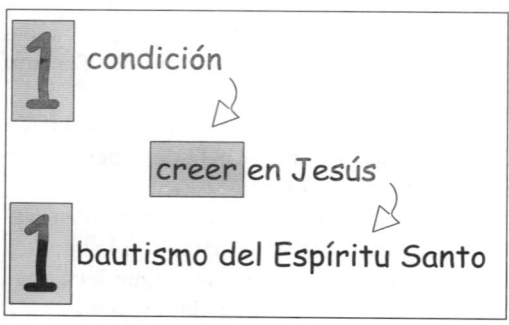

• **Explicación:** El libro de Hechos relata ocasiones en las cuales sin equivocación personas creyentes, regeneradas, nacidas de nuevo aún no habían recibido el Espíritu Santo. Entre estas encontramos los siguientes ejemplos: 1. Los mismos discípulos a quienes se les había prometido su venida: «Y estando juntos, les mandó que no se fueran de Jerusalén, sino que esperasen la promesa del Padre, la cual, les dijo, oísteis de mí. Porque Juan ciertamente bautizó con agua, mas vosotros seréis bautizados con el Espíritu Santo dentro de no muchos días» (Hechos 1.4-5); 2. los samaritanos creyentes que tuvieron que esperar hasta que Pedro y Juan llegaran para orar por ellos e imponerles las manos a fin de que recibieran el Espíritu: «Cuando los apóstoles que estaban en Jerusalén oyeron que Samaria había recibido la palabra de Dios, enviaron allá a Pedro y a Juan; los cuales, habiendo venido, oraron por ellos para que recibiesen el Espíritu Santo; porque aún no había descendido sobre ninguno de ellos, sino que solamente habían sido bautizados en el nombre de Jesús. Entonces les imponían las manos, y recibían el Espíritu Santo» (Hechos 8.14-17); y 3. los creyentes que solo conocían el bautismo de Juan: «...Pablo, después de recorrer las regiones superiores, vino a Éfeso, y hallando a ciertos discípulos, les dijo: ¿Recibieron el Espíritu Santo cuando creísteis? Y ellos le dijeron: Ni siquiera hemos oído si hay Espíritu Santo... y habiéndoles impuesto Pablo las manos, vino sobre ellos el Espíritu Santo; y hablaban en lenguas, y profetizaban» (Hechos 19.1b-2, 6).

Interesantemente, en la casa de Cornelio los creyentes recibieron el Espíritu

Santo inmediatamente cuando creyeron, cosa que convenció a Pedro de que deberían bautizarlos en agua ya que habían recibido el Espíritu Santo al igual que ellos: «De éste dan testimonio todos los profetas, que todos los que en él creyeren, recibirán perdón de pecados por su nombre. Mientras aún hablaba Pedro estas palabras, el Espíritu Santo cayó sobre todos los que oían el discurso. Y los fieles de la circuncisión que habían venido con Pedro se quedaron atónitos de que también sobre los gentiles se derramase el don del Espíritu Santo. Porque los oían que hablaban en lenguas, y que magnificaban a Dios. Entonces respondió Pedro: ¿Puede acaso alguno impedir el agua, para que no sean bautizados estos que han recibido el Espíritu Santo también como nosotros? Y mandó bautizarles en el nombre del Señor Jesús. Entonces le rogaron que se quedase por algunos días» (Hechos 10.43-48). Este último ejemplo representa el patrón para los creyentes hoy en día: «Y si alguno no tiene el Espíritu de Cristo, no es de él» (Romanos 8.9b). Con esto concuerda 1 Corintios 12.13: «Porque por un solo Espíritu fuimos todos bautizados en un cuerpo, sean judíos o griegos, sean esclavos o libres; y a todos se nos dio a beber de un mismo Espíritu». De manera que hay un bautismo del Espíritu otorgado instantáneamente a todo el que cree en Jesús.

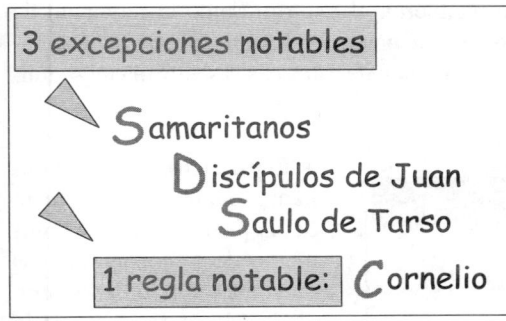

3 excepciones notables

Samaritanos
Discípulos de Juan
Saulo de Tarso

1 regla notable: Cornelio

• **Explicación:** El Dr. Graham señala tres casos en el libro de los Hechos en los cuales hubo un intervalo entre creer en Jesús para vida eterna y la recepción del Espíritu Santo: Los samaritanos (Hechos 8.4-25), los discípulos de Juan (Hechos 19.1-7), y Saulo de Tarso (Hechos 9.1-19; 22.1-21). Dichos casos a primera vista parecen contradecir la enseñanza de que el Espíritu Santo se recibe al instante en que uno cree. Por lo general, parece haber cuatro maneras de solucionar el problema: 1. Declarar que hay contradicciones entre los escritores de la Biblia (una «solución» liberal que niega la inerrancia de las Sagradas Escrituras); 2. afirmar que inmediatamente después del Pentecostés, el Espíritu tendría que venir por mediación de los apóstoles (en especial por Pedro, por ser aquel a quien le dieron las llaves del reino) a los distintos grupos (samaritanos, gentiles, discípulos de Juan) a fin de afirmar que la salvación viene por los judíos, ilustrar la unidad del Cuerpo de Cristo y señalar el ministerio autoritativo de los apóstoles y su conexión con el Señor Jesucristo y su ministerio terrenal y celestial; 3. intentar demostrar que las personas en cuestión no fueron justificadas hasta después y así la recepción del Espíritu concordó con el momento en el cual creyeron en Jesús; 4. enseñar que siempre hay un intervalo hasta el día de hoy; y 5. afirmar que por diferentes razones de hecho hubo excepciones válidas a la regla en los mismísimos inicios de la iglesia.

La primera opción no es válida para cualquiera que cree en un Dios todopoderoso y en las Escrituras como su Palabra inspirada. La segunda respuesta puede solucionar una faceta de la cuestión pero no explica el caso de Pablo (el Dr. Graham alude al tema de la unidad en su explicación concerniente a los samaritanos. Ver las páginas 73-74). La tercera opción no concuerda con los detalles de los relatos que no dan indicación de que las personas aún necesitaban creer en Jesús. Aun en el caso de los samaritanos la pregunta de Pablo presupone que alguien en esos días podía haber creído sin simultáneamente haber recibido el Espíritu Santo, y Lucas les llama «discípulos» (ver Hechos 19.1-2). No debemos suponer que Juan el Bautista quien proclamó: «He aquí el Cordero de Dios, que quita el pecado del mundo» (Juan 1.29b) no conocía ni proclamaba el evangelio. Sin dudas él y algunos de sus seguidores habían creído en Jesús y poseían vida eterna (cf. Juan 6.47). La cuarta opción contradice los acontecimientos en la casa de Cornelio (Hechos 10.1—11.18). De manera que la quinta opción es la mejor. En el libro de los Hechos encontramos casos claros de personas regeneradas que por diversas razones no recibieron al Espíritu Santo al momento de creer. Un caso claro de esta realidad se encuentra en los discípulos que esperaban el día de Pentecostés. Además, en ninguno de estos casos se afirma un segundo bautismo.

• **Explicación:** El Dr. Graham señala el ministerio del Espíritu Santo: «Al momento de la conversión los creyentes son sellados con el Espíritu para el día de la redención» (p. 81). En los tiempos bíblicos se usaba el sello para señalar autoridad, posesión, identificación y seguridad (ver Génesis 38.18; Génesis 41.42; 1 Reyes 21.8; Ester 3.10; 8.2, 8; Jeremías 32.10; Daniel 6.16-17; 12.4, 9; Juan 6.27; Romanos 4.11; Apocalipsis 5.1-7; 7.1-8). El sello se colgaba alrededor del cuello con un cordón y se usaba para imprimir la identificación única de la persona en arcilla y así señalar identificación, autoridad, seguridad y posesión. El Espíritu Santo sella al creyente para indicar que Dios posee al creyente y que este está seguro en él. Pablo une este concepto con aquel de las *arras* del Espíritu en

2 Corintios 1.21-22: «Y el que nos confirma con vosotros en Cristo, y el que nos ungió, es Dios, el cual también nos ha sellado, y nos ha dado las arras del Espíritu en nuestros corazones» y en Efesios 1.13-14: «En él también vosotros, habiendo oído la palabra de verdad, el evangelio de vuestra salvación, y habiendo creído en él, fuisteis sellados con el Espíritu Santo de la promesa, que es las arras de nuestra herencia hasta la redención de la posesión adquirida, para alabanza de su gloria».

• **Explicación:** Con referencia al Espíritu como las *arras*, el Dr. Graham afirma: «Al confiar en Cristo, Dios nos entrega su Espíritu no solo como un sello. Es también nuestras arras o, como traducen algunas versiones, "garantía" o "prenda"…» (p. 83). También explica que «en los días del apóstol Pablo, los comerciantes consideraban que la prenda significaba tres cosas: era un pago al contado que sellaba una transacción comercial, representaba una obligación a comprar y era una muestra de lo que habría de venir» (p. 83). El Espíritu Santo nos ha sido dado tanto para facilitar nuestra relación actual con Dios y con otros miembros del cuerpo de Cristo como también para garantizar la futura redención de nuestro cuerpo. El hecho de que el Espíritu Santo vive en nosotros desde el instante en que creemos en Jesús sirve de garantía perpetua de lo bueno por venir. Podemos vivir confiados de un futuro seguro y glorioso por medio de esta realidad ya recibida, el Espíritu como arras, dada a conocer sin equivocación en las Sagradas Escrituras.

• **Expresión**

Los alumnos deben comunicar sus conocimientos a otros (creyentes y no creyentes) así como expresarlos mediante su conducta. Asimismo, esperamos que expresen sus peticiones y pensamientos íntimos a Dios. Para cumplir con esta sección el alumno debe:

a. Redactar tres principios transferibles, provenientes de la lección, aplicables en la vida cristiana.

b. Explorar (junto con los compañeros) maneras creativas para comunicar los principios bíblicos a otros.

c. Orar los unos por los otros, por sus respectivas iglesias, así como por todo contacto evangelístico u oportunidad para ministrar que se presente.

Lección 4

Diez preguntas

1. El tema de «una o dos naturalezas» ha ocasionado controversia en la iglesia. Lea los siguientes pasajes y haga algunas observaciones: Romanos 6—8; Gálatas 5.16-26; Efesios 3.14-21; 4.17-24; Colosenses 3.1-11. Explique el enfoque del texto al respecto y su punto de vista con respaldo bíblico.

2. ¿Cuál es la experiencia del creyente con referencia a la «lucha interior»? ¿Representa esto la vida cristiana «normal»? Explique.

3. Lea los siguientes pasajes que utilizan la palabra «santificación» y escriba algunas observaciones: Juan 17.17; Romanos 6.19, 22; 1 Corintios 1.2; 1 Tesalonicenses 4.3, 4, 7; 2 Tesalonicenses 2.13; Hebreos 10.10; 1 Pedro 1.1-2. Entonces provea una definición (tentativa y en sus propias palabras) para el término «santificación», y explique las tres facetas de la misma que se presentan en el texto.

4. Examine los siguientes textos que usan la terminología «carne» y escriba algunas observaciones: Juan 1.14; Romanos 6.19; 7.5, 17, 25; 8.1-17; Gálatas 1.16; 2.16; 3.3; 4.14, 21-31; 5.16-18, 24; 6.11-15; Apocalipsis 19.17-21. ¿Cómo se usa en sus contextos? ¿Tiene siempre connotación negativa? ¿Qué principios o lecciones captó para la vida cristiana?

5. Lea los siguientes pasajes que tienen implicaciones con referencia a nuestra batalla con la carne y escriba algunas observaciones: Romanos 6—8; Gálatas 4—6; Efesios 4—6. Entonces responda a las siguientes preguntas: a. ¿Algún texto bíblico nos indica que no debemos hacer nada con referencia a nuestra santificación? b. ¿Cómo se explica la relación entre nuestros esfuerzos y la capacitación por el Espíritu Santo con relación a la vida cristiana? c. ¿Cómo enfoca el texto este tema? d. ¿Qué lección o lecciones podemos aprender y aplicar en nuestra vida cristiana?

6. Lea Gálatas 5.19 y enumere los pecados allí nombrados. (El Dr. Graham los coloca bajo la clasificación del «primer grupo».) Examine su propia vida para flaquezas o fallos en estas áreas y haga confesión al Señor. Escriba tres ideas prácticas para vencer o prevenir esta clase de pecado tanto en su vida como también en la iglesia. [Nota: Tristemente, casos de esta índole se daban en la iglesia primitiva (como atestigua la Primera Epístola a los Corintios, la Epístola a los Efesios, y otras) y se dan hoy en la contemporánea.]

7. Enumere los pecados del «segundo grupo» tratado en el texto. Examine su propia vida para buscar evidencias de dichos pecados y escriba tres ideas prácticas para vencer o prevenir esta clase de pecado tanto en su vida como también en la iglesia.

8. Existen las siguientes interpretaciones para Gálatas 5.21 (y textos similares): 1. Es una advertencia para creyentes acerca de la pérdida de salvación; 2. es una descripción de las acciones de no creyentes; y 3. es una advertencia a creyentes acerca de la pérdida de bendición presente y/o recompensas futuras. Evalúe el contexto más amplio del versículo y escriba algunas observaciones. Entonces evalúe dichas interpretaciones a la luz del texto bíblico y presente su punto de vista (aunque sea tentativo), junto con el respaldo posible para el mismo.

9. ¿Qué posición toma el texto con referencia al control de la carne y las consecuencias para la sociedad? Explique su punto de vista actual y escriba por lo menos 3 maneras en las cuales su iglesia, hogar, lugar de trabajo y comunidad serían cambiadas a la luz de creyentes obedientes que viven en obediencia al Señor y en el poder del Espíritu Santo.

10. ¿Cuál es la relación entre la cocrucifixión con Cristo, la fe y el Espíritu Santo en el contexto de la vida cristiana?

Dibujos explicativos

Estos dibujos o gráficas han sido diseñados a fin de proveerle una manera sencilla de organizar y memorizar 4 puntos esenciales del capítulo. Tome una hoja de papel cualquiera y reproduzca los dibujos entre 5 y 7 veces mientras piensa sobre el significado de cada cuadro. Entonces tome una hoja en blanco y reprodúzcalo de memoria junto con una breve explicación de su significado. Hemos provisto estas sencillas ilustraciones principalmente para aquellos que piensan que no saben dibujar bien. Si tiene talento para el dibujo (o deseos de dibujar) cree sus propios diseños a fin de memorizar los puntos principales del capítulo.

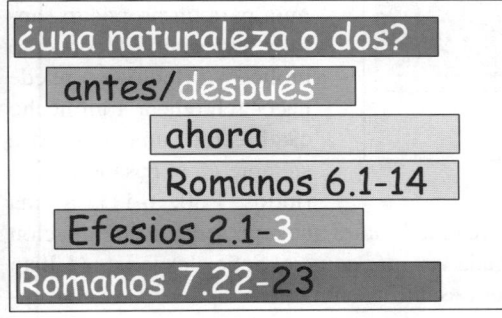

• **Explicación:** Los estudiosos de la Biblia han explorado y debatido la cuestión de cuántas naturalezas posee el creyente en Cristo. El aspecto más importante de la cuestión trata con la enseñanza de las Escrituras. Otra parte de la discusión concierne a la definición de la palabra naturaleza. Y otro aspecto aun tiene que ver con la experiencia del creyente (los deseos, pensamientos y acciones pecaminosas que constituyen una faceta de su vida actual). Recurrir a las Escrituras siempre representa el mejor método. Aunque la palabra «naturaleza» aparece en varios lugares en el Nuevo Testamento (ver Romanos 2.27; 11.21, 24; 1 Corintios 11.14; Santiago 3.7; y 2 Pedro 1.4), su uso más relevante en la presente cuestión se encuentra en la afirmación del apóstol Pablo: «éramos por naturaleza hijos de ira» (Efesios 2.3c). Por otro lado, el apóstol explica que: «nuestro viejo hombre fue crucificado juntamente con él, para que el cuerpo del pecado sea destruido, a fin de que no sirvamos más al pecado» (Romanos 6.6b). También dice que: «...hemos muerto al pecado...» (6.2b) y que: «según el hombre interior, me deleito en la ley de Dios; pero veo otra ley en mis miembros, que se rebela contra la ley de mi mente, y que me lleva cautivo a la ley del pecado que está en mis miembros» (7.22b-23). A la luz de estas afirmaciones podemos afirmar lo siguiente: 1. El creyente ha sido cambiado y fue cocrucificado con Jesús; 2. el cristiano, no obstante, retiene la capacidad para pecar y, al nivel de la carne, cierta atracción por el pecado; y 3. la persona que ha creído en Jesús ha sido liberada de cualquier y de toda obligación al antiguo amo, el pecado, estando así en plena libertad para obedecer a Dios en el poder del Espíritu Santo. Así, cuando Pablo explica que «hemos muerto al pecado» está hablando del «pecado» como un «amo» a quien se le debe obediencia. Nuestra unión con Cristo en su muerte rompe esa relación y nos libera para obedecer a nuestro nuevo amo, el Señor Jesucristo. No obstante, necesitamos el poder del Espíritu Santo para que la libertad posicional que tenemos pueda ser experimentada como realidad práctica en nuestro comportamiento y relación con el Señor.

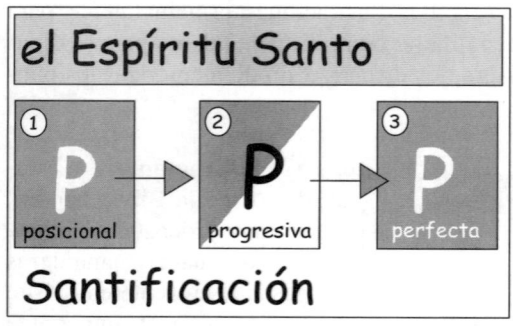

• **Explicación:** La palabra santificación se usa en varias formas, aunque tiene el sentido fundamental de separación de lo malo o común para un propósito santo y especial. El concepto bíblico y/o teológico puede hacer referencia a un hecho establecido una vez para siempre en el pasado (1 Corintios 1.30; 6.11), a una obra progresiva (Juan 17.17), y a la realidad futura que representa la culminación del proceso mismo de llegar a ser cada vez más como el Señor Jesucristo (1 Juan 3.2. Este texto no contiene la palabra «santificación» pero representa el concepto de la perfección futura del creyente). Así, se puede hacer referencia a la santificación posicional, progresiva y perfecta, respectivamente. Un teólogo ha comparado los diversos usos a la experiencia de un niño con una paleta de caramelo. Cuando el niño primero se pone la paleta en la boca la identifica con sí mismo, esto es, ha sido separada para su propio uso. Esto corresponde al aspecto *posicional* de la santificación. Entonces, el muchacho comienza a chupar la paleta y esta comienza a disminuir cada vez más. Esta acción se relaciona con la faceta *progresiva* de la santificación. Por fin, el niño consume la paleta por completo. Esta etapa representa el final del proceso, la santificación *perfecta*.

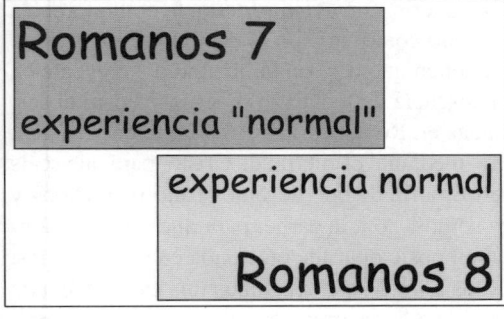

• **Explicación:** Tanto el séptimo como el octavo capítulo de Romanos hablan de la experiencia *normal* del creyente pero en diferentes sentidos. En Romanos 7 vemos retratada la experiencia frustrante del cristiano (que aún retiene la capacidad para pecar) de intentar obedecer al Señor y vencer el pecado con el mero esfuerzo y poder humano. Este capítulo reconoce la realidad de la batalla contra y la atracción hacia el pecado que el creyente experimenta: «Porque según el hombre interior, me deleito en la ley de Dios; pero veo otra ley en mis miembros, que se rebela contra la ley de mi mente, y que me lleva cautivo a la ley del pecado que está en mis miembros» (Romanos 7.22-23). Pero aunque esta experiencia es considerada *normal* para el creyente, este capítulo sirve como preludio para la victoria disponible por medio de la Persona del Espíritu Santo descrita en Romanos capítulo 8: «Porque la ley del Espíritu de vida en Cristo Jesús me ha librado de la ley del pecado y de la muerte» (v. 2); «Porque el ocuparse de la carne es muerte, pero el ocuparse del Espíritu es vida y paz»; «Y si el Espíritu de Aquel que levantó de los muertos a Jesús mora en vosotros, el que levantó de los muertos a Cristo Jesús vivificará también vuestros cuerpos mortales por su Espíritu que mora en vosotros» (Romanos 8.11). Así, en un sentido distinto, esta experiencia de vida, libertad, poder, paz y obediencia representa la experiencia esperada, preferida y *normal* que debe tener el creyente.

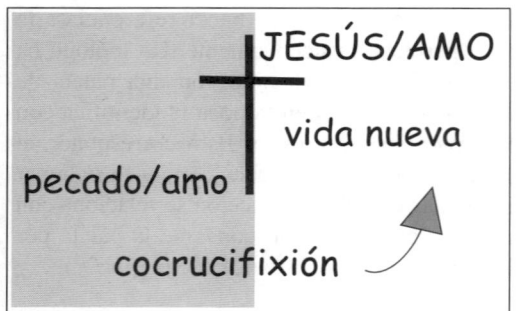

• **Explicación:** El estado emocional o la condición experimental del creyente no siempre concuerda con la realidad espiritual y posicional establecida cuando creyó en Jesús para vida eterna. El hecho de que a veces nos sentimos muy tentados y atraídos al pecado no cambia el hecho de que: «hemos muerto al pecado» (Romanos 6.2b) y que: «hemos sido libertados del pecado» (v. 22a). Estas frases no quieren decir que el cristiano es impenetrable con referencia al pecado. Más bien consideran al pecado como un amo al cual el creyente ya no está bajo la obligación de servir. Así, tienen que ver con la libertad del creyente en cuanto a rendir servicio y no con la ausencia de tentación o deseos pecaminosos. Hallamos ideas similares y relacionadas en Romanos 7.4: «Así también vosotros, hermanos míos, habéis muerto a la ley mediante el cuerpo de Cristo, para que seáis de otro, del que resucitó de los muertos, a fin de que llevemos fruto para Dios» y 8.12: «Así que, hermanos, deudores somos, no a la carne, para que vivamos conforme a la carne...». Nuestra liberación posicional fue efectuada cuando creímos, por medio de la cocrucifixión con Jesús a fin de que tengamos una experiencia de obediencia o vida nueva que corresponde a la resurrección: «Porque somos sepultados juntamente con él para muerte por el bautismo, a fin de que como Cristo resucitó de los muertos por la gloria del Padre, así también nosotros andemos en vida nueva» (Romanos 6.4). Así somos libres del viejo amo, estamos unidos al Señor Jesús, nuestro nuevo Amo, y capacitados para servir a la justicia y no al pecado: «Pero gracias a Dios, que aunque erais esclavos del pecado, habéis obedecido de corazón a aquella forma de doctrina a la cual fuisteis entregados; y libertados del pecado, vinisteis a ser siervos de la justicia» (Romanos 7.17-18).

• **Expresión**

   Los alumnos deben comunicar sus conocimientos a otros (creyentes y no creyentes) así como expresarlos mediante su conducta. Asimismo, esperamos que expresen sus peticiones y pensamientos íntimos a Dios. Para cumplir con esta sección el alumno debe:

   a. Redactar tres principios transferibles, provenientes de la lección, aplicables en la vida cristiana.

   b. Explorar (junto con los compañeros) maneras creativas para comunicar los principios bíblicos a otros.

   c. Orar los unos por los otros, por sus respectivas iglesias, así como por todo contacto evangelístico u oportunidad para ministrar que se presente.

Lección 5

Diez preguntas

1. Lea los siguientes textos bíblicos que conciernen a la llenura del Espíritu Santo y escriba algunas observaciones: Lucas 1.41-42; Hechos 4.31; 6.3; 11.24; 13.9. Compare los textos y note cualquier similitud y cualesquiera diferencias. ¿Cómo define el Dr. Graham la llenura del Espíritu? ¿Nota él alguna distinción?

2. ¿A qué conclusiones llegó el Dr. Graham de acuerdo con su propia observación y al tiempo que pasó con Ruth Paxson? Compare sus observaciones con su propio medio ambiente. Lea la Epístola de Pablo a los Gálatas por completo y escriba por lo menos tres principios, que provengan de la misma, acerca de la solución para esta situación latente. Evalúe su propia vida personal en relación con su hogar, la iglesia, el trabajo y la comunidad, a la luz de los comentarios del texto y en especial a la luz de los principios de la Epístola de Pablo a los Gálatas.

3. Lea la experiencia y comentarios del obispo Moule y reflexione en la diferencia entre el bautismo del Espíritu, la enseñanza de la «segunda bendición» y los nuevos «henchimientos» que describe el Dr. Graham. Explique la perspectiva del texto y compare con su propia comprensión. Escriba cualquier pregunta o duda que tenga acerca del punto de vista presentado en el texto.

4. Lea 1 Corintios 1—4 y 12—14. ¿Cómo explica el Dr. Graham la relación entre los dones del Espíritu y la madurez espiritual? ¿Qué lecciones prácticas se desprenden de este análisis para la vida cristiana y la salud de la iglesia?

5. De acuerdo con el texto, ¿para qué propósito principal ha venido el Espíritu Santo? Provea respaldo bíblico para la respuesta y compare este propósito con la experiencia actual en la cristiandad.

6. El Dr. Graham señala dos áreas de la vida cristiana para las cuales necesitamos el poder del Espíritu. ¿Cuáles son y cómo enfoca su enseñanza? ¿Hay alguna otra área que pudiéramos agregar? ¿Puede identificar algunos aspectos de su propia vida en los cuales estamos tratando de lograr resultados y tener éxito sin contar con el poder del Espíritu Santo?

7. Explique de manera concisa las tres facetas relacionadas con la llenura del Espíritu sacadas a relucir en el texto. Reflexione en las mismas a la luz de la enseñanza amplia de las Escrituras acerca de la vida cristiana.

8. El tema de la blasfemia contra el Espíritu ha causado temor a muchos. ¿Cómo lo enfoca el Dr. Graham?
9. ¿Cómo explica el Dr. Graham los pecados de contristar al Espíritu Santo y «apagar el Espíritu»? ¿Qué principios o aplicaciones prácticas se pueden derivar de esta enseñanza?
10. ¿Cuál es el punto de gran «importancia» que el Dr. Graham saca a relucir en relación con el ministerio del Espíritu Santo ?

Dibujos explicativos

Estos dibujos o gráficas han sido diseñados a fin de proveerle una manera sencilla de organizar y memorizar 4 puntos esenciales del capítulo. Tome una hoja de papel cualquiera y reproduzca los dibujos entre 5 y 7 veces mientras piensa sobre el significado de cada cuadro. Entonces tome una hoja en blanco y reprodúzcalo de memoria junto con una breve explicación de su significado. Hemos provisto estas sencillas ilustraciones principalmente para aquellos que piensan que no saben dibujar bien. Si tiene talento para el dibujo (o deseos de dibujar) cree sus propios diseños a fin de memorizar los puntos principales del capítulo.

capacitación

... Pedro, lleno del Espíritu Santo, les dijo...

Hechos 4.8

Hechos 6.3

...siete hombres... llenos del Espíritu...

carácter

• **Explicación:** Lucas usa los conceptos de ser "lleno de" y "llenos del Espíritu" en maneras relacionadas pero distintas. La primera frase tiene que ver con la capacitación otorgada por el Espíritu Santo en ocasiones y con el propósito (en Lucas y Hechos) de la proclamación verbal autoritativa facilitada por él. La segunda frase "llenos de" tiene que ver con el carácter santo de personas que viven en obediencia al Señor en el poder del Espíritu Santo. Se usa para describir a una persona *espiritual*, caracterizada por el santo carácter del Señor Jesucristo. El texto original utiliza palabras diferentes (aunque relacionadas) y una comparación de versículos y contextos demuestra la diferencia: «Buscad, pues, hermanos, de entre vosotros a siete varones de buen testimonio, llenos del Espíritu Santo y de sabiduría, a quienes encarguemos de este trabajo» (Hechos 6.3); comparado con: «Cuando hubieron orado, el lugar en que estaban congregados tembló; y todos fueron llenos del Espíritu Santo, y hablaban con denuedo la palabra de Dios» (Hechos 4.31), y: «...aconteció que cuando oyó Elisabet la salutación de María, la criatura saltó en su vientre; y Elisabet fue llena del Espíritu Santo, y exclamó a gran voz, y dijo: Bendita tú entre las mujeres, y bendito el fruto de tu vientre» (Lucas 1.41-42). De manera que una frase representa la acción soberana y ocasional del Espíritu Santo que capacita para la proclamación y la otra la característica de aquellos que habitualmente obedecen al Señor en el poder provisto por el mismo Espíritu Santo.

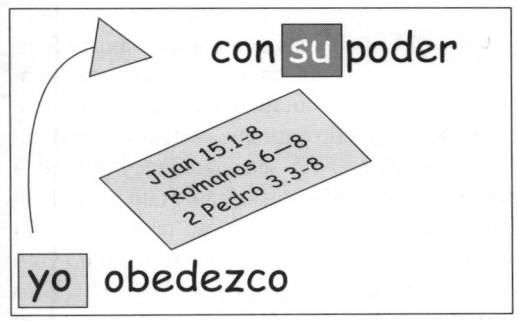

• **Explicación:** El Dr. Graham explica que: «Los cristianos cuentan con más equipos y con más tecnología para evangelizar al mundo que nunca antes. Y hay personal mejor entrenado. Pero una de las grandes tragedias de la hora actual es que a los cristianos les falta la plenitud del Espíritu con su verdadera dependencia en el poder de Dios para su ministerio» (p. 106). Las Escrituras aclaran que no podemos, por nosotros mismos, producir espiritualidad, sino que Dios mismo nos da poder para obedecer y ser fructíferos en nuestra vida y servicio. No obstante, somos *nosotros* quienes obedecemos. El Señor Jesucristo enseñó: «Yo soy la vid, vosotros los pámpanos; el que permanece en mí, y yo en él, éste lleva mucho fruto; porque separados de mí nada podéis hacer» (Juan 15.5); «Este es mi mandamiento: Que os améis unos a otros, como yo os he amado» (v. 12); y: «Si me amáis, guardad mis mandamientos» (Juan 14.15). En estos textos vemos que no podemos hacer nada separados de él, pero a la vez esto no enseña que ¡no debemos hacer nada! El apóstol Pedro nos instruye: «vosotros también, poniendo toda diligencia por esto mismo, añadid a vuestra fe virtud; a la virtud, conocimiento; al conocimiento, dominio propio; al dominio propio, paciencia; a la paciencia, piedad; a la piedad, afecto fraternal; y al afecto fraternal, amor. Porque si estas cosas están en vosotros, y abundan, no os dejarán estar ociosos ni sin fruto en cuanto al conocimiento de nuestro Señor Jesucristo». A esto, podemos agregar las palabras de Pablo: «...así como para iniquidad presentasteis vuestros miembros para servir a la inmundicia y a la iniquidad, así ahora para santificación presentad vuestros miembros para servir la justicia» (Romanos 6.19). De manera que Dios produce la vida espiritual en nosotros a la vez que nosotros lo amamos obedeciéndolo en el poder que él nos da por medio del Espíritu Santo.

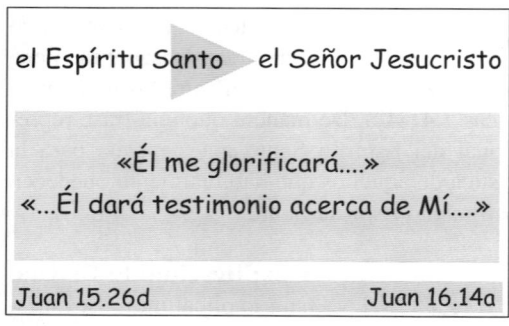

el Espíritu Santo ▶ el Señor Jesucristo

«Él me glorificará....»
«...Él dará testimonio acerca de Mí....»

Juan 15.26d   Juan 16.14a

• **Explicación:** A veces en nuestras iglesias tratamos de crear la espiritualidad por medios artificiales o por el mero emocionalismo. Otras veces, queriendo tener una vida cristiana de mejor calidad y una adoración genuinamente espiritual, las iglesias enfocan el Espíritu Santo en maneras que no concuerdan con las Escrituras.

El Dr. Graham escribe: «El Espíritu Santo ha venido para que podamos glorificar a Cristo. El propósito del llenado es que quienes lo sean puedan glorificar a Cristo. Para esto vino el Espíritu Santo» y también: «Sospechamos un poco de la gente que se pasa la vida hablando del Espíritu como si fuese un fetiche: "El Espíritu Santo… esto" y "El Espíritu Santo… aquello". El Espíritu Santo no vino para glorificarse a sí mismo; vino para glorificar a Cristo» (pp. 114-115). Esto queda claro cuando escuchamos las palabras del Señor Jesucristo: «Pero cuando venga el Consolador, a quien yo os enviaré del Padre, el Espíritu de verdad, el cual procede del Padre, él dará testimonio acerca de mí» (Juan 15.26) y: «Él me glorificará; porque tomará de lo mío, y os lo hará saber» (16.14).

el Espíritu Santo

• blasfemar (Marcos 3.29)
• resistir (Hechos 7.51)
• contristar (Efesios 4.30)
• apagar (1 Tesalonicenses 5.19)
• insultar (Hebreos 10.29)

pecados en contra de...

• **Explicación:** Las Escrituras especifican varias maneras en las cuales las personas pecan en contra del Espíritu Santo:
• Blasfemar (Marcos 3.29): Parece representar el rechazo continuo, final y fatal de un no creyente hacia el testimonio acerca de la persona de Jesús ofrecido por el Espíritu Santo. No hay ejemplo Escritural de algún creyente que haya cometido este pecado.
• Resistir (Hechos 7.51): Característica de la nación escogida a través de su historia.
• Contristar (Efesios 4.30): Evidencia de la personalidad del Espíritu Santo y descripción de su reacción a nuestro pecado. Ocurre en el contexto de instrucciones acerca del hablar del creyente y su comportamiento (el enojo, la amargura y otras disposiciones y acciones pecaminosas que deben ser reemplazadas con acciones positivas y amorosas).

• Apagar (1 Tesalonicenses 5.19): Esto tal vez era una acción colectiva de no prestar atención a la proclamación profética en la iglesia primitiva, o quizás una resistencia general a los propósitos del Espíritu como expresados en las Escrituras en nuestro propio día.

• Insultar (Hebreos 10.29): pecado cometido en el contexto de abandonar la fe a pesar de la gracia que Dios nos ha demostrado.

Las varias manifestaciones de pecado en contra del Espíritu Santo indican que él es una Persona que está al tanto de nuestras acciones y desea que obedezcamos con el poder que él mismo provee y de acuerdo con las instrucciones que nos ha dejado en las Escrituras.

• **Expresión**

Los alumnos deben comunicar sus conocimientos a otros (creyentes y no creyentes) así como expresarlos mediante su conducta. Asimismo, esperamos que expresen sus peticiones y pensamientos íntimos a Dios. Para cumplir con esta sección el alumno debe:

a. Redactar tres principios transferibles, provenientes de la lección, aplicables en la vida cristiana.

b. Explorar (junto con los compañeros) maneras creativas para comunicar los principios bíblicos a otros.

c. Orar los unos por los otros, por sus respectivas iglesias, así como por todo contacto evangelístico u oportunidad para ministrar que se presente.

Lección 6

Diez preguntas

1. Lea los siguientes pasajes y escriba algunas observaciones iniciales acerca de los mismos: Romanos 12; 1 Corintios 12—14; Efesios 4.7-16; y 1 Pedro 4.7-11.

2. Escriba una explicación concisa a cada una de las siguientes preguntas:
   • ¿Cuál es la relación entre el cuerpo de Cristo y los dones espirituales?
   • ¿Qué significa la palabra «carisma»?
   • ¿Cuál es el origen de los dones espirituales?
   •¿Cuál es el propósito de los dones?
   • ¿Cuál es la comparación entre el cuerpo de Cristo y el cuerpo humano?
   Escriba un párrafo breve acerca de su propia perspectiva acerca de los dones espirituales y su experiencia con ellos hasta el momento. Incluya respuestas a las siguientes preguntas: ¿Ha experimentado edificación al usar sus dones a favor del cuerpo de Cristo? ¿Conoce cuál es su don espiritual? ¿Está utilizando su don a favor de la edificación de otros?

3. De acuerdo con el texto, ¿cuál es la relación entre los dones y talentos? Explique su propia posición al respecto.

4. De acuerdo con el texto, ¿cómo podemos identificar o reconocer nuestros dones? ¿Qué indicaciones presenta la Biblia acerca de cómo identificarlos?

5. Use una concordancia para buscar los pasajes en el Nuevo Testamento que traten con los siguientes dones: apóstol, profeta, evangelista, maestro. Escriba dos o tres observaciones acerca de cada don (conforme a lo que leyó en las Escrituras). Explique su posición actual con referencia a la existencia de dichos dones en la iglesia contemporánea. Asegúrese de proveer respaldo para su punto de vista.

6. Use una concordancia para encontrar los pasajes en el Nuevo Testamento que traten con los siguientes dones: Escriba dos o tres observaciones acerca de cada don (conforme a lo que leyó en las Escrituras): sabiduría, ciencia, fe, discernimiento de espíritus, ayuda(s), administración. La explicación debe ser concisa y precisa.

7. El Dr. Graham ofrece tres amonestaciones en relación con los dones de evangelista, pastor y maestro. ¿Cuáles son? Escriba cualquier conclusión adicional a la cual usted haya llegado.

8. ¿Cómo identifica el Dr. Graham los «dones singulares»? Use una concordancia para buscar referencias a dichos dones en el Nuevo Testamento. Escriba entre dos y tres observaciones y/o preguntas acerca de los mismos.

Entonces, escriba un párrafo conciso acerca de cada uno de estos dones mencionados en el texto, indicando su punto de vista.

9. Después de reflexionar en la enseñanza del Dr. Graham referente al don de lenguas, dé una respuesta explicando las tres conclusiones que él provee al final de su tratamiento del tema.

10. En un párrafo conciso escriba su filosofía actual concerniente a los dones singulares. Incluya dos o tres ideas acerca de cómo podemos educar a la iglesia local acerca del uso correcto de los mismos.

Dibujos explicativos

Estos dibujos o gráficas han sido diseñados a fin de proveerle una manera sencilla de organizar y memorizar 4 puntos esenciales del capítulo. Tome una hoja de papel cualquiera y reproduzca los dibujos entre 5 y 7 veces mientras piensa sobre el significado de cada cuadro. Entonces tome una hoja en blanco y reprodúzcalo de memoria junto con una breve explicación de su significado. Hemos provisto estas sencillas ilustraciones principalmente para aquellos que piensan que no saben dibujar bien. Si tiene talento para el dibujo (o deseos de dibujar) cree sus propios diseños a fin de memorizar los puntos principales del capítulo.

• **Explicación:** El origen de los dones del Espíritu, esto es su fuente, corresponde a su propósito. El Espíritu Santo es la fuente de los dones y él los reparte soberana y gratuitamente. De manera que el hecho de que el creyente tenga dones espirituales descansa en la voluntad del Espíritu. Dichos dones no son recompensas dadas al creyente por algún esfuerzo o mérito propio. Además del hecho de que nosotros y nuestros esfuerzos no son la fuente final de los dones, estos están dirigidos hacia otros, en particular el Cuerpo de Cristo. El apóstol Pablo explica: «...pero a cada uno le es dada la manifestación del Espíritu para provecho» (1 Corintios 12.7); y «Así que quisiera que todos vosotros hablaseis en lenguas, pero más que profetizaseis; porque mayor es el que profetiza que el que habla en lenguas, a no ser que las interprete para que la iglesia reciba edificación» (1 Corintios 14.5). Es interesante que Pablo identifica los dones pero en realidad no presenta ningún método para averiguar cuál es el que poseemos. Se da por sentado que los hermanos saben qué don tienen. Además se afirma por medio de la enseñanza del capítulo 13 que el amor es de la mejor manera para usar los dones. Cuando los dones se usan para compararnos y menospreciar a otros estamos negando el propósito para el cual fueron otorgados. Ahora, sin dudas, el que ejerce un don recibe bendición espiritual para sí mismo. No obstante, el enfoque de los dones es la edificación del cuerpo y junto con esto debemos buscar el crecimiento espiritual. La iglesia de Corintio es el ejemplo por excelencia de una iglesia dotada abundantemente que necesitaba madurar y utilizar su plenitud de dones para el bienestar de otros creyentes.

• **Explicación:** Hay varias preguntas que salen a relucir cuando consideramos la diferencia entre un talento y un don espiritual. En primer lugar, no debemos confundir la palabra «talento» con su uso en la parábola de los talentos. Allí textualmente se refiere a una medida de dinero en la cultura de los tiempos bíblicos y simbólicamente de todos los recursos (incluyendo, pero no limitado a los talentos naturales) que Dios nos ha dado para invertir usándolos como buenos mayordomos para su gloria. En segundo lugar debemos reconocer que tanto los talentos como los dones espirituales provienen de Dios, pero no en la misma forma. Los talentos surgen naturalmente en las personas a base de su personalidad única, providencialmente preparada por Dios. Esto es, nada está fuera del plan de Dios incluyendo la diversidad de personas que han nacido y que han de nacer. Así, los talentos provienen del nacimiento natural como Dios determinó en su plan. Pero los dones espirituales tienen conexión con nuestro nacimiento sobrenatural y son recursos espirituales repartidos por el Espíritu a fin de nosotros ayudar a otros creyentes a un nivel que no pudiéramos hacer con solo nuestros talentos humanos. Así, los dones espirituales nos llevan más allá de nuestras habilidades naturales no importa cuán impresionantes sean o cuán talentosos seamos. Por fin, podemos usar nuestros talentos preparados providencialmente por Dios para ejercer, enriquecer, y extender el uso de los dones espirituales sobrenaturales que el Espíritu nos ha otorgado de acuerdo a su santa, perfecta y amorosa voluntad. Hay iglesias que desaniman a las personas en el uso de sus talentos naturales calificándoles de «mundanos». Pero, ¿por qué no santificar esos talentos y usarlos para la gloria de Dios tanto en la evangelización como la edificación? ¿No es eso un uso sabio de los recursos que Dios nos ha dado? En resumen, todo lo bueno que tenemos proviene de Dios y lo debemos usar como buenos mayordomos para su gloria, para la edificación de otros, y por cierto, para nuestro bienestar espiritual.

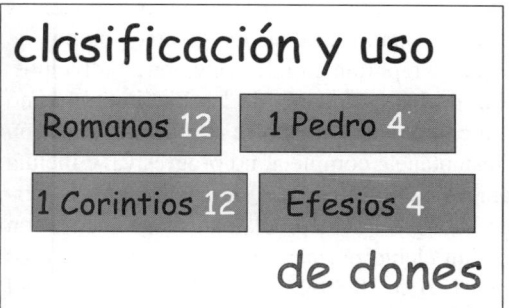

clasificación y uso de dones

Romanos 12 1 Pedro 4

1 Corintios 12 Efesios 4

• **Explicación:** Hay cuatro pasajes en el Nuevo Testamento que hablan acerca de los dones. Si recordamos los números 12 y 4 entonces solo tenemos que aprendernos los libros en los cuales aparece la enseñanza: Romanos 12; 1 Corintios 12 (un libro que sigue al otro inmediatamente); Efesios 4; y 1 Pedro 4. En sus Epístolas a los Romanos y a los Corintios Pablo enumera los siguientes dones, respectivamente: Profecía, servicio, enseñanza, exhortación, repartir [repartimiento], presidir y misericordia; y Palabra de sabiduría, palabra de ciencia, fe, dones de sanidades, milagros, profecía, discernimiento de espíritus, diversos géneros de lenguas, interpretación de lenguas. (1 Corintios 12 también habla de apóstoles, profetas, maestros, milagros, los que sanan, los que ayudan, los que administran, los que tienen el don de lenguas.) Cuando llegamos a su Epístola a los Efesios Pablo enfoca los dones en el contexto de hombres dotados dados por el Señor Jesucristo a la iglesia: Apóstoles, profetas, evangelistas, pastores y maestros. Estos tienen la función de capacitar a otros creyentes para realizar el ministerio y ayudar a la iglesia a alcanzar la madurez (meta alcanzable y deseable para todos). Por fin, en 1 Pedro encontramos más bien una exhortación/aliento a que cada creyente utilice sus dones: «Cada uno según el don que ha recibido, minístrelo a los otros, como buenos administradores de la multiforme gracia de Dios. Si alguno habla, hable conforme al poder que Dios da, para que en todo sea Dios glorificado por Jesucristo, a quien pertenecen la gloria y el imperio por los siglos de los siglos. Amén» (1 Pedro 4.7-11).

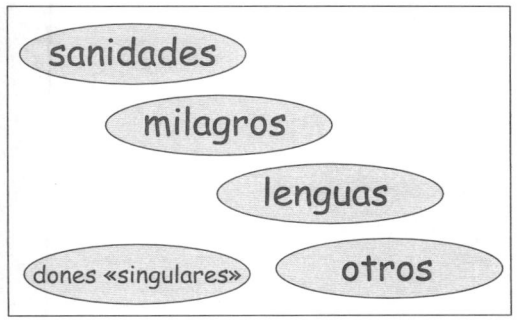

sanidades

milagros

lenguas

dones «singulares» otros

• **Explicación:** El Dr. Graham señala los dones de sanidades, los milagros y las lenguas como «dones singulares», habilidades que atraen más atención que los otros enumerados en las epístolas. Eruditos que creen en la inerrancia de las Escrituras, la Santa Trinidad y la salvación por fe sola en Jesús difieren en su enfoque acerca de estos dones. Con referencia a esta cuestión podemos establecer algunos principios que nos ayudan a evaluar los diversos puntos de vista y las diferentes experiencias que se reportan en iglesias y entre individuos: 1. Debemos examinar todo a la luz de los estándares de las Escrituras [como ejemplos tenemos: a. sanidades contemporáneas que no se conforman al patrón bíblico en el cual la sanación era instantánea, completa, no progresiva, e incluía enfermedades y condiciones orgánicas como la ceguera de nacimiento; b. personas que reclaman ser profetas de Dios y a la vez proclaman cosas que no son verdad o que no llegan a cumplirse un ciento por ciento en contradicción a los estándares bíblicos de Deuteronomio 13.1-5; 18.20-22 (véase también 1 Samuel 3.19); y c. iglesias que tratan que todos hablen en lenguas cuando las Escrituras afirman que no todos las hablan: «...¿hablan todos lenguas? ¿interpretan todos?» (1 Corintios 12.30b, c). Nota: la forma griega de la pregunta demanda un «no» como respuesta.]; 2. todo don que resulta ser el genuino descrito en las Escrituras debe ser practicado de acuerdo con las normas prescritas en las mismas (como ejemplo contrario y contemporáneo la práctica de hablar en lenguas muchas veces no se conforma a los estándares especificados en la Epístola a los Corintios: «Si habla alguno en lengua extraña, sea esto por dos, o a lo más tres, y por turno; y uno interprete. Y si no hay intérprete, calle en la iglesia, y hable para sí mismo y para Dios» (1 Corintios 14.27-28); y 3. los dones no deben usarse para la autoexaltación, para excluir a otros creyentes, o como prueba de salvación o madurez cristiana. Por fin, el tema de los «dones singulares» trata de habilidades dadas por Dios a los hombres y no de su poder en sí. Esto es, uno puede creer que Dios sana en respuesta a la oración o a la acción de llamar a los ancianos para que lo unjan y oren por el enfermo y no reconocer que Dios está dando ese don particular a los creyentes contemporáneos. Por ejemplo, el Dr. Graham afirma que el don de hacer milagros tuvo sus propósitos especiales cuando se produjo y que hoy en día dicho don no está presente en la iglesia. Pero, esto no quiere decir que el Dr. Graham no crea que Dios pueda hacer milagros cuando él quiera. De manera que debemos tener cuidado en juzgar a otros creyentes y en aceptar cualesquiera expresiones en la adoración sin contar con la enseñanza escritural.

Lección 7

Diez preguntas

1. ¿Cómo describe el Dr. Graham el fruto del Espíritu y cómo lo relaciona con el carácter del Señor Jesucristo? ¿Qué principios o lecciones prácticas podemos aprender de esta relación?

2. ¿Cuál es la distinción entre los dones y el fruto del Espíritu? ¿Qué responsabilidad tiene el creyente con referencia a ambos? ¿Qué principios o lección práctica podemos aprender de esta enseñanza?

3. Lea el Salmo 1 y reflexione acerca del mismo. Evalúe lo que el Dr. Graham afirma acerca de la enseñanza del Salmo 1 con respecto al tema del fruto del Espíritu. ¿Qué piensa al respecto? ¿Qué principios o lección práctica podemos aprender?

4. Lea Juan 15.1-17 y reflexione acerca del mismo. Evalúe lo que el Dr. Graham afirma de este pasaje en relación con el tema del fruto del Espíritu. ¿En qué maneras específicas podemos aplicar las enseñanzas de este pasaje de las Escrituras?

5. Explique las divisiones que el texto sugiere para el fruto del Espíritu. ¿Hay otras divisiones posibles (o tal vez ninguna agrupación específica)?

6. ¿Cuál es el primer fruto del Espíritu en la enumeración de los mismos? Evalúe el enfoque que le da el Dr. Graham, y escriba por lo menos una manera práctica en la cual usted puede demostrar este fruto en cada uno de las siguientes lugares: su hogar, iglesia y lugar de trabajo.

7. Lea la definición del amor *agape* del *Nuevo Diccionario de la Biblia* provisto en el texto. Provea su propia definición concisa en una oración o dos.

8. Lea el enfoque del texto acerca del gozo. Responda a las siguientes preguntas:
   • ¿Significa el gozo que el creyente nunca siente tristeza o que debe negar la existencia de emociones semejantes?
   • ¿Qué relación puede existir entre el gozo como expresión del fruto del Espíritu y las circunstancias externas?
   • ¿Cómo puede afectar el pecado nuestra experiencia y expresión de dicha faceta del fruto del Espíritu? Por fin, escriba entre dos y tres principios o lecciones para la vida cristiana.

9. Lea lo que texto dice acerca de la paz como faceta del fruto del Espíritu. Responda a las siguientes preguntas:
   • ¿Significa la paz que el creyente nunca debe sentir ansiedad o negar la existencia de emociones semejantes?

- ¿Qué relación puede existir entre la paz como expresión del fruto del Espíritu y las circunstancias externas?
- ¿Cómo puede afectar el pecado nuestra experiencia y expresión de dicha faceta del fruto del Espíritu?

10. Evalúe su propia vida espiritual a la luz de la enseñanza acerca de estos primeros tres ejemplos del fruto del Espíritu. Escriba tres maneras en las cuales dichas características pueden llegar a ser más evidentes en su vida personal y en la iglesia.

Comprobación para las preguntas

1. El Dr. Graham describe el fruto del Espíritu como lo que se espera de los hijos de Dios en cuanto el carácter de ellos. Afirma que cuando expresamos dicho fruto las personas pueden ver en nosotros el carácter del Señor Jesucristo. Las respuestas a esta pregunta variarán de acuerdo con el alumno. Asegúrese de que las respuestas sean concisas, coherentes y que demuestren reflexión de parte del estudiante.

2. Cada creyente tiene por lo menos un don y es responsable de usarlo para la edificación del cuerpo. Esto no quiere decir que no debemos evangelizar si no tenemos dicho don, sino que somos responsables por nuestros propios dones y no por los que no tenemos (o los que otros tienen). Por otro lado, cada creyente debe expresar todo el fruto del Espíritu. Los dones son capacidades espirituales mientras que el fruto tiene que ver con la expresión del carácter cristiano (conforme a la persona del Señor Jesucristo). Las respuestas a la última parte de la pregunta variarán de acuerdo con el alumno.

3. Las respuestas variarán de acuerdo con el alumno. Asegúrese de que las respuestas sean concisas, coherentes y que demuestren reflexión de parte del estudiante.

4. Ídem anterior.

5. El texto sugiere considerar las nueve expresiones del fruto como tres *ramilletes*. De acuerdo con el concepto del mismo el primer ramillete tiene que ver especialmente con nuestra relación con Dios; el segundo con nuestra relación con otros; y el tercero con nuestra relación con nosotros mismos. No obstante, hay otras caracterizaciones posibles. También puede ser que quizás, con la excepción de la primera faceta, el amor, no debemos ver alguna agrupación especialmente significativa. En el ejemplo del texto, por ejemplo, es difícil decir que el primer ramillete no pueda clasificarse igual que el segundo.

6. Falta el primer fruto. Las respuestas variarán de acuerdo con el estudiante. Asegúrese de que las respuestas sean concisas, coherentes y que demuestren reflexión de parte del estudiante.

7. Las respuestas variarán de acuerdo con el estudiante. Asegúrese de que las respuestas sean concisas, coherentes y que demuestren reflexión de parte del estudiante.

8. Ídem anterior.

9. Ídem anterior.

10. Ídem anterior.

Dibujos explicativos

Estos dibujos o gráficas han sido diseñados a fin de proveerle una manera sencilla de organizar y memorizar 4 puntos esenciales del capítulo. Tome una hoja de papel cualquiera y reproduzca los dibujos entre 5 y 7 veces mientras piensa sobre el significado de cada cuadro. Entonces tome una hoja en blanco y reprodúzcalo de memoria junto con una breve explicación de su significado. Hemos provisto estas sencillas ilustraciones principalmente para aquellos que piensan que no saben dibujar bien. Si tiene talento para el dibujo (o deseos de dibujar) cree sus propios diseños a fin de memorizar los puntos principales del capítulo.

• **Explicación:** A veces enfocamos el fruto del Espíritu como algo principalmente emocional, subjetivo, y más bien individualista. Por cierto, el fruto abarca un aspecto personal en especial por la relación del mismo creyente con Dios por medio de la unión y comunión con Jesucristo (ver, por ejemplo, Juan 13—17; Romanos 6—8) facilitada por el ministerio del Espíritu Santo. Pero el fruto del Espíritu también saca a relucir actitudes y acciones de nuestras relaciones con otros. El fruto tal vez colectivamente representa facetas del carácter del Señor Jesucristo. Así, cuando expresamos estas cualidades demostramos conformidad a él por nuestra obediencia en el poder y la capacitación provista por el Espíritu Santo. Sin duda estas son cualidades que podemos encontrar a cierto nivel en personas no creyentes a causa de que aún somos creados como imagen de Dios a pesar de nuestro pecado. Sin embargo, las expresiones de disposición, acción y carácter aquí enumeradas provienen del Espíritu Santo y poseen la santa calidad espiritual que ningún ser humano pecaminoso puede tener sin que él la provea.

Comparación	dones	y fruto
Fuente:	el Espíritu	el Espíritu
cantidad:	varios	nueve
naturaleza:	habilidad	carácter
¿quiénes?:	todos	los obedientes
enfoque:	el Cuerpo	Todos

• **Explicación:** Hay varias diferencias o contrastes entre los dones del Espíritu y su fruto, aunque por cierto comparten ciertos aspectos ya que ambos provienen de él. Una de las comparaciones inmediatas concierne a su número o cantidad: el apóstol Pablo enumera nueve cualidades como fruto del Espíritu (ver Gálatas 5.22-23a), mientras que describe varios dones y/o personas dotadas (ver Romanos 12.3-8; 1 Corintios 12.4-31; Efesios 4.7-16; 1 Pedro 4.7-11). En conexión con el número de dones y fruto, cada creyente recibe por lo menos *un don* que debe usar para la edificación de la iglesia, pero todos los que han creído en Jesús para vida eterna son responsables para expresar el *fruto completo* del Espíritu. Interesantemente, la enseñanza acerca del fruto del Espíritu aparece en *contraste* con comportamientos que surgen de la carne. Por otro lado, los dones se enfocan como *complemento* con aquellos que el Espíritu ha dado a otros (para que cada persona obrando en armonía con las otras sirva para provecho de la iglesia entera); asimismo, se instruye acerca del propio uso de los mismos (cosa que no sale a relucir con el fruto ya que este representa cualidades de carácter y no habilidades espirituales). Además, es posible que los dones estén dirigidos hacia la iglesia en particular, mientras que el fruto puede ser disfrutado por todas las personas (aunque la cualidades enumeradas sin dudas serán experimentadas por y de beneficio para otros creyentes en el cuerpo). En resumen, el fruto refleja el carácter del Señor Jesucristo expresado por nuestra propia personalidad por medio del ministerio del Espíritu Santo quiera mora en cada creyente. Los dones son habilidades provistas para la edificación y el bienestar del cuerpo de Cristo. Ambos son compatibles con la madurez en Cristo, requieren el poder del Espíritu Santo para ser eficaces, y son para la gloria de Dios.

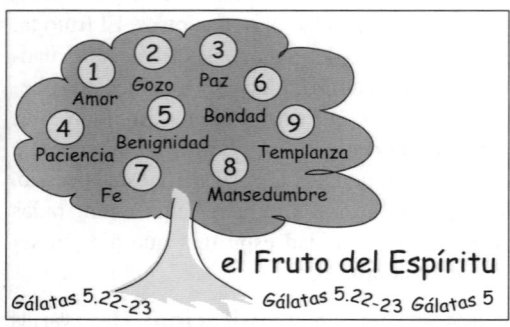

• **Explicación:** El apóstol Pablo enumera 9 expresiones del carácter otorgado por el Espíritu Santo que vive en nosotros (si hemos creído en Jesús como Salvador): amor, gozo, paz, paciencia, benignidad, bondad, fe, mansedumbre, y templanza (ver Gálatas 5.22-23). Este fruto aparece en el contexto más amplio de la Carta a los Gálatas, creyentes gentiles en peligro de regresar a la Ley como método de santificación. El apóstol les afirma que habían comenzado bien (con la justificación por gracia) y habían experimentado las bendiciones provistas por el Espíritu Santo: «¡Oh gálatas insensatos! ¿quién os fascinó para no obedecer la verdad, a vosotros ante cuyos ojos Jesucristo fue ya presentado claramente entre vosotros como crucificado? Esto solo quiero saber de vosotros: ¿Recibisteis el Espíritu por las obras de la ley, o por el oír con fe? ¿Tan necios sois? ¿Habiendo comenzado por el Espíritu, ahora vais a acabar por la carne?… Aquel, pues, que os suministra el Espíritu, y hace maravillas entre vosotros, ¿lo hace por las obras de la ley, o por el oír con fe?» (Gálatas 3.1-3, 5). No obstante, estaban en peligro de colocarse bajo un sistema que en lugar de promover santidad mostraba las flaquezas de la carne («Decidme, los que queréis estar bajo la ley: ¿no habéis oído la ley?» Gálatas 4.21; y «Vosotros corríais bien; ¿quién os estorbó para no obedecer la verdad? Esta persuasión no procede de Aquel que os llama» Gálatas 5.7-8). En su Epístola a los Romanos Pablo explica que el problema no se refería a la Ley en sí, pues «a la verdad es santa» (Romanos 7.12b), sino a la misma debilidad de la carne. El creyente vive bajo la gracia (Romanos 6), unido a un nuevo Esposo, el Señor Jesucristo (Romanos 7), habiendo sido transformado, habitado y capacitado por el Espíritu Santo (Romanos 8). Así, el fruto del Espíritu representa la disposición, acciones y comportamiento del creyente bajo la gracia que vive en el poder del Espíritu Santo. Donde el cristiano carece de estas cualidades enumeradas, hay evidencia de que está viviendo bajo el antiguo sistema (imposible de guardar), y no en la libertad del nuevo. Pablo escribió: «Estad, pues, firmes en la libertad con que Cristo nos hizo libres, y no estéis otra vez sujetos al yugo de esclavitud» (Gálatas 5.1); «Digo, pues: Andad en el Espíritu, y no satisfagáis los deseos de la carne. Porque el deseo de la carne es contra el Espíritu, y el del Espíritu es contra la carne; y éstos se oponen entre sí, para que no hagáis lo que quisiereis. Pero si sois guiados por el Espíritu, no estáis bajo la ley»; y «Pues nosotros por el Espíritu aguardamos por fe la esperanza de la justicia; porque en Cristo Jesús ni la circuncisión vale algo, ni la incircuncisión, sino la fe que obra por el amor» (Gálatas 5.5-6). De manera que el fruto del Espíritu proviene de vivir bajo la gracia en el poder del Espíritu como aquellos que están bajo el Nuevo Pacto (véase 2 Corintios 3.4-18).

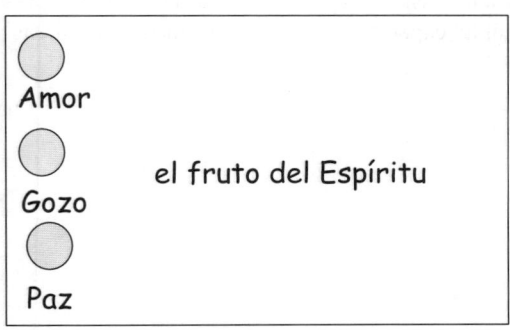

• **Explicación:** El Dr. Graham divide el fruto en tres «ramilletes» para propósitos didácticos. Aunque es difícil saber si hay alguna jerarquía intencionada, el amor sin dudas califica como la cualidad suprema: «...pero el mayor de ellos es el amor» (1 Corintios 13.13b). Además, mientras que el texto divide el fruto en dichos ramilletes de tres cualidades cada uno, en realidad estas se comprenden mejor en relación unas con otras. [Esto se entiende a la luz de la situación en Gálatas en la cual los hermanos aparentemente experimentaban fricción a causa del énfasis legalista de algunos de ellos: «Porque toda la ley en esta sola palabra se cumple: *Amarás a tu prójimo como a ti mismo*. Pero si os mordéis y os coméis unos a otros, mirad que también no os consumáis unos a otros» (Gálatas 5.14-15); «No nos hagamos vanagloriosos, irritándonos unos a otros, envidiándonos unos a otros» (5.26); y: «Porque ni aun los mismos que se circuncidan guardan la ley; pero quieren que vosotros os circuncidéis, para gloriarse de vuestra carne» (6.13). El Dr. Graham trata juntas estas tres expresiones del fruto: El amor, el gozo y la paz. El amor necesita un objeto ya sea Dios u otros para cobrar sentido. El Señor Jesucristo nos dejó su mandamiento y patrón acerca del amor: «Un mandamiento nuevo os doy: Que os améis unos a otros; como yo os he amado, que también os améis unos a otros» (Juan 13.34). Al igual, el gozo puede resultar ya sea de las buenas acciones de otros hacia nosotros (y nuestro reconocimiento de las mismas), también se puede compartir con otros («Gozaos con los que gozan» Romanos 12.15a), podemos nosotros ser la causa de gozo en otros y podemos gozarnos al ver el progreso espiritual en los hermanos y lo que Dios ha hecho en sus vidas. El reconocer la obra del Señor en nuestro medio ambiente, en la madurez, progreso espiritual y bendiciones recibidas por otros del Señor (en lugar de envidias y sospechas de otros) pueden representar manifestaciones de dicho fruto. Además, puede significar el gozo personal que sentimos al reconocer las bendiciones de la gracia y el amor de Dios en nuestras vidas y responder con obediencia al Señor (véase Juan 15.11). Por fin, la paz puede experimentarse en un ambiente de gracia en contraste con uno legalista en el cual la comparación y el «gloriarse» en adquirir adherentes al legalismo erróneo causa divisiones y falta de paz. El sistema legalista trae conflictos porque deja afuera el Espíritu Santo, quien facilita el amor y todas las cualidades que promueven la paz. Por cierto, todas estas cualidades pueden sentirse personal e individualmente pero siempre son producto del trabajo de Dios en nuestras vidas por medio de su Santo Espíritu (ya sea directamente de él o por medio del ministerio de otros que él ha capacitado). ¿Cómo estamos en las áreas del amor, el gozo y la paz?

Lección 8

Diez preguntas

1. Reflexione acerca de la categorización del tercer «ramillete» del fruto como aspecto del *interior* del hombre. ¿Puede haber alguna otra manera de enfocar estas tres características? Escriba algunas ideas acerca de cómo podemos expresar estas cualidades en los siguientes contextos: con nuestros amigos, con nuestras familias, en nuestra iglesia, en nuestro trabajo, en nuestra comunidad.

2. Evalúe lo que el texto afirma acerca de la paciencia. Reflexione acerca de tres o cuatro situaciones que ponen a prueba esta cualidad en su propia vida, y/o más bien universalmente en la experiencia de muchos. Escriba por lo menos tres lecciones o principios prácticos acerca de esta manifestación del fruto del Espíritu que puedan ayudar en dichas situaciones o contextos.

3. Evalúe lo que el Dr. Graham enseña acerca de la benignidad. Piense en algunos contextos o situaciones actuales en las cuales esta característica debe ser más evidente. Escriba por lo menos tres lecciones o principios prácticos acerca de esta faceta del fruto del Espíritu. Además, escriba dos o tres ideas acerca de cómo promover en el hogar, la iglesia, y en el trabajo esta disposición y las acciones correspondientes a ella.

4. Reflexione sobre lo que el Dr. Graham afirma acerca de la bondad como aspecto del fruto del Espíritu. Piense en algunas personas conocidas que expresan esta cualidad espiritual en sus vidas y trato con otros. Escriba por lo menos tres lecciones o principios prácticos acerca de esta expresión del fruto del Espíritu.

5. Reflexione acerca de la perspectiva del Dr. Graham referente a la fe como fruto del Espíritu. Escriba los nombres de algunas personas que vengan a la mente que son conocidas por esta cualidad y las maneras específicas en que la demuestran. Entonces, escriba algunas ideas acerca de cómo hacer crecer esta faceta del fruto del Espíritu en su iglesia.

6. Reflexione acerca de lo que el texto enseña acerca de la mansedumbre. ¿Qué concepto erróneo a veces se relaciona con el mismo? Describa algunas maneras en las cuales se puede demostrar esta calidad en situaciones actuales.

7. ¿Cómo enfoca el Dr. Graham la templanza como fruto del Espíritu? Escriba por lo menos tres principios o lecciones prácticas referentes al mismo.

8. Reflexione acerca de las últimas sugerencias ofrecidas por el Dr. Graham con referencia al crecimiento del fruto del Espíritu en nuestras vidas. Escriba cua-

lesquier otras sugerencias al respecto que concuerden con la enseñanza de las Escrituras.

9. Escriba cada una de las ocho manifestaciones del avivamiento ofrecidas por Graham en sus propias palabras (en forma concisa, creativa y de preferencia una sola línea por cada una).

10. Reflexione acerca de los tres pasos hacia el avivamiento que el Dr. Graham sugiere. Escriba algunas ideas prácticas de cómo convertir estos principios en realidad en las siguientes áreas: Vida personal, hogar, trabajo, iglesia y comunidad.

Dibujos explicativos

Estos dibujos o gráficas han sido diseñados a fin de proveerle una manera sencilla de organizar y memorizar 4 puntos esenciales del capítulo. Tome una hoja de papel cualquiera y reproduzca los dibujos entre 5 y 7 veces mientras piensa sobre el significado de cada cuadro. Entonces tome una hoja en blanco y reprodúzcalo de memoria junto con una breve explicación de su significado. Hemos provisto estas sencillas ilustraciones principalmente para aquellos que piensan que no saben dibujar bien. Si tiene talento para el dibujo (o deseos de dibujar) cree sus propios diseños a fin de memorizar los puntos principales del capítulo.

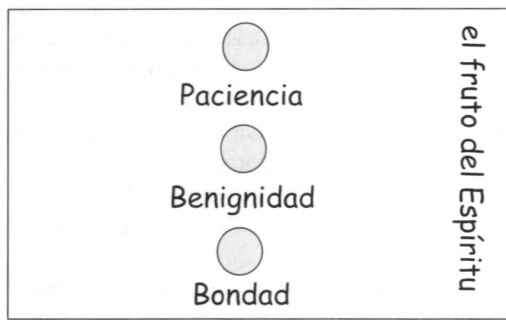

• **Explicación:** El Dr. Graham trata juntas estas tres de las nueve características: paciencia, benignidad y bondad. Estas tres cualidades espirituales, al igual que las otras, se comprenden en conexión con nuestras relaciones con otros. La paciencia se manifiesta en el contexto de situaciones difíciles que no se resuelven con la rapidez que esperamos o deseamos; con personas que nos frustran e irritan con sus acciones, su disposición o sus palabras, y con deseos y anhelos que no se realizan tan pronto como esperamos. La benignidad se expresa en estar nosotros dispuestos a mostrar benevolencia hacia otros haciéndoles bien. Finalmente, la bondad representa la acción positiva hacia otros (tal vez con el marco de referencia de que estos no la merezcan). Al igual que las otras características, estas brotan del poder y la capacitación que provienen del Espíritu Santo. Así, van más allá de la capacidad humana. Todas estas cualidades espirituales hacen un contraste con el ambiente legalista, competitivo y divisivo producto de la carne en que buscan hacerle bien a otros, y no usar a las personas para nuestro propio provecho. ¿Está marcada nuestra vida y trato de las personas con estas cualidades?

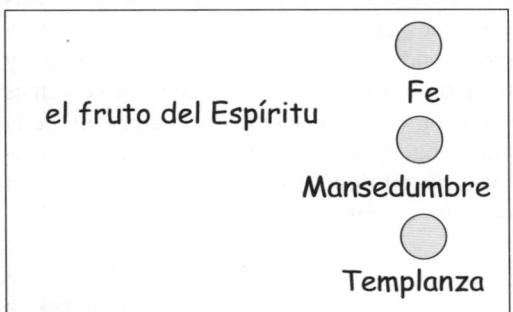

• **Explicación:** La enumeración del fruto concluye con las tres cualidades: fe, mansedumbre y templanza. El Dr. Graham enfoca estas tres en conexión con la relación de la persona consigo misma. Sin embargo, las tres se conciben también con respecto a nuestras relaciones con otros. La fe puede significar la sencilla realidad de creer, esto es, el estar convencido de que algo es verdad; o como fidelidad, la característica de ser confiable, digno de que otros pongan su confianza en nosotros. Mansedumbre se comprende en nuestro trato con otros (especialmente a la luz del hecho de que todos necesitamos la gracia de Dios), nadie es completamente autosuficiente, y nadie tiene el derecho de enaltecerse o exaltarse sobre otro. Así, a la luz de la pecaminosidad de todos, debemos demostrar una disposición que comprenda que estamos en el camino hacia la perfección, pero a la que no hemos llegado aún. No obstante, podemos alcanzar madurez espiritual en esta vida y el fruto es una de las expresiones de la misma (y que nos lleva en camino a ella). Finalmente, la lista concluye con la templanza. Esta cualidad afecta todo lo que hacemos y todas las relaciones que sostenemos con otros. El Espíritu Santo promueve y facilita el orden, la disciplina en nuestra propia vida y en nuestras relaciones. Sin esta cualidad perdemos nuestro tiempo, talentos, posesiones, y sufren nuestras relaciones con otros (en especial si no podemos controlar impulsos hacia acciones que no expresen amor hacia otros). Así, esta última porción del fruto complementa a las otras en su enfoque hacia otros y la realización de la vida abundante que por el poder del Espíritu Santo expresa el carácter del Señor Jesucristo.

• **Explicación:** El Dr. Graham habla de la necesidad de avivamiento espiritual, una renovación en grande escala marcada por obediencia a Dios, poder espiritual y efectos en la sociedad. El Dr. Graham enumera las siguientes marcas o efectos del avivamiento espiritual: Conciencia de nuestra pecaminosidad (no una mórbida preocupación sino un reconocimiento de la necesidad del perdón de Dios y su ayuda para vivir de manera que le agrade); un reconocimiento correspondiente de la majestad de Dios; un énfasis en buscar armonía con Dios, esto es estar bien con él (fe en Jesús para vida eterna, confesión de acciones y disposiciones fuera de la voluntad del Señor, y arrepentimiento); gozo como resultado de las nuevas conversiones y creyentes que han sido restaurados en armonía con el Señor; una nueva realización de la responsabilidad en creyentes para la evangelización mundial; una profunda preocupación social; una expresión elevada de los dones y el fruto del Espíritu; y una gran y amplia obediencia en el poder del Espíritu Santo.

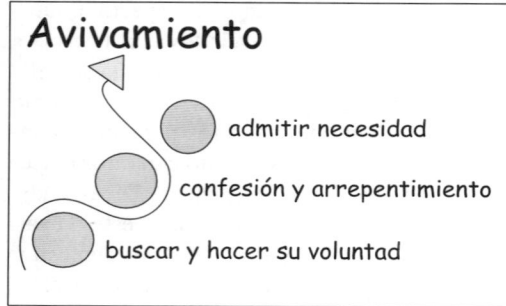

Avivamiento

admitir necesidad

confesión y arrepentimiento

buscar y hacer su voluntad

• **Explicación:** El Dr. Graham sugiere tres pasos a seguir para el avivamiento: 1. Admitir nuestra necesidad ante Dios; 2. confesar nuestros pecados y arrepentirnos; y 3. buscar y hacer la voluntad de Dios. Estos pasos muestran tres puntos tal vez no tan obvios: 1. Nadie puede crear un despertamiento espiritual a base de alguna fórmula; 2. el avivamiento extenso comienza con cada creyente individual viviendo bajo la gracia en el poder del Espíritu Santo a fin de conformarse a la imagen del Señor Jesucristo; y 3. la vida cristiana es una vida que se vive en el contexto de comunidad, esto es con la ayuda y la edificación provista por otros miembros del Cuerpo de Cristo dotados por el Espíritu Santo para estos propósitos para gloria de Dios. El Dr. Graham incluye una cita muy relevante del señor James A. Stewart: «La iglesia que necesita un avivamiento es una iglesia que está viviendo por debajo de las normas establecidas por el Nuevo Testamento…» (p. 247). Podemos comenzar mejorando la calidad de nuestra vida de oración. Los grandes avivamientos han tenido la oración como instrumento de las mismas.

*Manual
para el
facilitador*

Introducción

Este material se preparó tanto para el uso individual como para grupos o peñas guiados por un facilitador, el cual orienta a un grupo de cinco a diez estudiantes a fin de que completen el curso. La tarea demandará esfuerzo de su parte, ya que, aun cuando el facilitador no es el instructor en sí (el libro de texto sirve de «maestro»), debe conocer bien el material, animar y dar aliento al grupo, y modelar la vida cristiana delante de los miembros de la peña.

La recompensa del facilitador vendrá, en parte, del buen sentir que experimentará al ver que está contribuyendo al crecimiento de otros, del privilegio de entrenar a otros y del fruto que llegará por la evangelización. El facilitador también debe saber que el Señor lo recompensará ampliamente por su obra de amor.

A continuación encontramos las tres facetas principales del programa FLET: las lecciones, las reuniones y las expresiones.

LECCIONES	REUNIONES	EXPRESIONES

1. **Las lecciones:** Ellas representan el aspecto del programa del cual el alumno es plenamente responsable. Sin embargo, aunque el estudiante debe leer el capítulo indicado y responder las preguntas, también debe reconocer que necesitará la ayuda de Dios para sacar el mayor provecho de cada porción del texto. Usted, como facilitador, debe informarles a los estudiantes que la calidad de la reunión será realzada o minimizada según la calidad del interés, esfuerzo y comunión con Dios que el alumno tenga en su estudio personal. Se ofrecen las siguientes guías a fin de asegurar una calidad óptima en las lecciones:

   a. El alumno debe tratar (si fuese posible) de dedicar un tiempo para el estudio a la misma hora todos los días. Debe asegurarse de tener a la mano todos los materiales que necesite (Biblia, libro de texto, cuaderno, lápices o bolígrafos); que el lugar donde se realice la tarea tenga un ambiente que facilite el estudio con suficiente luz, espacio, tranquilidad y temperatura cómoda. Esto puede ayudar al alumno a desarrollar buenos hábitos de estudio.

b. El alumno debe proponerse la meta de completar una lección por semana (a no ser que esté realizando otro plan, ya sea más acelerado o más lento, vea las páginas 258-259).

c. El alumno debe repasar lo que haya aprendido de una manera sistemática. Un plan factible es repasar el material al segundo día de estudiarlo, luego el quinto día, el décimo, el vigésimo y el trigésimo.

2. **Las reuniones:** En las reuniones o peñas, los estudiantes comparten sus respuestas, sus dudas y sus experiencias educacionales. Para que la reunión sea grata, de provecho e interesante se sugiere lo siguiente:

a. La reunión debe tener entre cinco y diez participantes: La experiencia ha mostrado que el número ideal de alumnos es de cinco a diez. Esta cantidad asegura que se compartan suficientes ideas para que la reunión sea interesante, como también que haya suficiente oportunidad para que todos puedan expresarse y contribuir a la dinámica de la reunión. También ayuda a que el facilitador no tenga muchos problemas al guiar a los participantes en una discusión franca y espontánea, aunque también ordenada.

b. Las reuniones deben ser semanales: El grupo o peña debe reunirse una vez a la semana. Las reuniones deben ser bien organizadas a fin de que los alumnos no pierdan su tiempo. Para lograr esto se debe comenzar y concluir a tiempo. Los estudiantes pueden quedarse más tiempo si así lo desean, pero la reunión en sí debe observar ciertos límites predeterminados. De esta manera los estudiantes no sentirán que el facilitador no los respeta a ellos ni a su tiempo.

c. Las reuniones requieren la participación de todos. Esto significa no solo que los alumnos no deben faltar a ninguna de ellas, sino también que todos participen en la discusión cuando asistan. El cuerpo de Cristo, la iglesia, consiste de muchos miembros que se deben ayudar mutuamente. La reunión o peña debe proveer un contexto idóneo para que los participantes compartan sus ideas en un contexto amoroso, donde todos deseen descubrir la verdad, edificarse y conocer mejor a Dios. Usted, como facilitador, debe comunicar el gran valor de cada miembro y de su contribución particular al grupo.

3. **Las expresiones:** Esta faceta del proceso tiene que ver con la comunicación creativa, relevante y eficaz del material que se aprende. La meta no es sencillamente llenar a los estudiantes de conocimientos, sino prepararlos para utilizar el material tanto para la edificación de creyentes como para la evangelización de los no creyentes. Es cierto que no todo el material es «evangelístico» en sí, pero a veces se tocan varios temas durante el proceso de la evangelización o del seguimiento, y estos conocimientos tal vez ayuden a abrir una puerta para el evangelio o aun mantenerla abierta. Las siguientes consideraciones servirán para guiar la comunicación de los conceptos:

a. La comunicación debe ser creativa: La clave de esta sección es permitir que los alumnos usen sus propios talentos de manera creativa. No todos tendrán ni la habilidad ni el deseo de predicar desde un púlpito. Pero tal vez algunos tengan talentos para escribir poesías, canciones, o coros, o hacer dibujos o pinturas que comuniquen las verdades que han aprendido. Otros quizás tengan habilidades teatrales que pueden usar para desarrollar dramatizaciones que comuniquen principios cristianos de manera eficaz, educativa y entretenida. Y aun otros pueden servir de maestros, pastores o facilitadores para otros grupos o peñas. No les imponga límites a las diversas maneras en las cuales se puede comunicar la verdad de Dios.

b. La comunicación debe ser clara: Las peñas proveen un contexto idóneo para practicar la comunicación de las verdades cristianas. En este ambiente caracterizado por el amor, el aliento y la dirección se pueden hacer «dramatizaciones» en las cuales alguien formule «preguntas difíciles», mientras otro u otros tratan de responder como si fuera una situación real. Después los demás en la peña pueden evaluar tanto las respuestas que se dieron como la forma en la cual se desenvolvió el proceso y el resultado. La evaluación debe tomar en cuenta aspectos como la apariencia, el manejo del material, y el carácter o disposición con que fue comunicado. Se puede hacer una dramatización, algo humorística, donde un cristiano con buenas intenciones, pero no muy «presentable», trata de comunicarse con un incrédulo bien vestido, perfumado y limpio. Después, la clase puede participar en una discusión amigable acerca del papel de la apariencia en la evangelización.

c. La comunicación debe reflejar el carácter cristiano. Usted como facilitador debe modelar algunas de las características cristianas que debemos reflejar cuando hablemos con otros acerca de Jesucristo y la fe cristiana. Por ejemplo, la paciencia, la humildad y el dominio propio deben ser evidentes en nuestras conversaciones. Debemos también estar conscientes de que dependemos de Dios para que nos ayude a hablar con otros de manera eficaz. Sobre todo, debemos comunicar el amor de Dios. A veces nuestra forma de actuar con los no cristianos comunica menos amor que lo que ellos reciben de sus amistades que no son cristianas. Las peñas proveen un contexto amigable, eficaz y sincero para evaluar, practicar y discutir estas cosas.

Cada parte del proceso ya detallado contribuye al que le sigue, de manera que la calidad del proceso de la enseñanza depende del esfuerzo realizado en cada paso. Si la calidad de la lección es alta, esto ayudará a asegurar una excelente experiencia en la reunión, ya que todos los estudiantes vendrán preparados, habiendo hecho buen uso de su tiempo personal. De la misma manera, si la reunión se desenvuelve de manera organizada y creativa, facilitará la excelencia en las expresiones, es decir, las oportunidades que tendremos fuera de las reuniones para compartir las verdades de Dios. Por lo tanto, necesitaremos la ayuda de Dios en todo el proceso a fin de que recibamos el mayor provecho posible del programa.

Instrucciones específicas

Antes de la reunión: *Preparación*
A. Oración: Es la expresión de nuestra dependencia de Dios.
  1. Ore por usted mismo
  2. Ore por los estudiantes
  3. Ore por los que serán alcanzados e impactados por los alumnos

B. Reconocimiento
  1. Reconozca su identidad en Cristo (Romanos 6—8)
  2. Reconozca su responsabilidad como maestro o facilitador (Santiago 3.1-17)
  3. Reconozca su disposición como siervo (Marcos 10.45; 2 Corintios 12.14-21)

C. Preparación
  1. Estudie la porción del alumno sin ver la guía para el facilitador, es decir, como si usted fuese uno de los estudiantes.
    a. Tome nota de los aspectos difíciles, así se anticipará a las preguntas.
    b. Tome nota de las ilustraciones o métodos que le vengan a la mente mientras lee.
    c. Tome nota de los aspectos que le sean difíciles a fin de investigar más usando otros recursos.
  2. Estudie este manual para el facilitador.
  3. Reúna otros materiales, ya sea para ilustraciones, aclaraciones, o para proveer diferentes puntos de vista a los del texto.

Durante la reunión: *Participación*
  Recuerde que el programa FLET sirve no solo para desarrollar a aquellos que están bajo su cuidado como facilitador, sino también para edificar, entrenar y desarrollarlo a usted mismo. La reunión consiste de un aspecto clave en el desarrollo de todos los participantes, debido a las dinámicas de la reunión. En la peña, varias personalidades interactuarán, tanto unas con otras, como también ambas con Dios. Habrá personalidades diferentes en el grupo y, junto con esto, la posibilidad para el conflicto. No le tenga temor a esto. Parte del currículo será el desarrollo del amor cristiano. Tal vez Dios quiera desarrollar en usted la habilidad de resolver conflictos entre hermanos en la fe. De cualquier modo, nuestra norma para solucionar los problemas es la Palabra inerrante de Dios. Su propia madurez, su capacidad e inteligencia iluminadas por las Escrituras y el Espíritu Santo lo ayudarán a mantener un ambiente de armonía. Si es así, se cumplen los

requisitos del curso y, lo más importante, los deseos de Dios. Como facilitador, debe estar consciente de las siguientes consideraciones:

A. El tiempo u horario

1. La reunión debe ser siempre el mismo día, a la misma hora, y en el mismo lugar cada semana, ya que eso evitará confusión. El facilitador siempre debe tratar de llegar con media hora de anticipación para asegurarse de que todo esté preparado para la reunión y para resolver cualquier situación inesperada.
2. El facilitador debe estar consciente de que el enemigo a veces tratará de interrumpir las reuniones o traer confusión. Tenga mucho cuidado con cancelar reuniones o cambiar horarios. Comunique a los participantes en la peña la responsabilidad que tienen unos con otros. Esto no significa que nunca se debe cambiar una reunión bajo ninguna circunstancia. Más bien quiere decir que se tenga cuidado y que no se hagan cambios innecesarios a cuenta de personas que por una u otra razón no pueden llegar a la reunión citada.
3. El facilitador debe completar el curso en las semanas indicadas (o de acuerdo al plan de las otras opciones).

B. El lugar

1. El facilitador debe asegurarse de que el lugar para la reunión esté disponible durante las semanas correspondientes al término del curso. También deberá tener todas las llaves u otros recursos necesarios para utilizar el local.
2. Debe ser un lugar limpio, tranquilo y tener buena ventilación, suficiente luz, temperatura agradable y espacio a fin de poder sacarle provecho y facilitar el proceso educativo.
3. El sitio debe tener el mobiliario adecuado para el aprendizaje: una mesa, sillas cómodas, una pizarra para tiza o marcadores que se puedan borrar. Si no hay mesas, los estudiantes deben sentarse en un círculo a fin de que todos puedan verse y escucharse. El lugar completo debe contribuir a una postura dispuesta para el aprendizaje. El sitio debe motivar al alumno a trabajar, compartir, cooperar y ayudar en el proceso educativo.

C. La interacción entre los participantes

1. Reconocimiento:
   a. Saber el nombre de cada persona.
   b. Conocer los datos personales: estado civil, trabajo, nacionalidad, dirección, teléfono.
   c. Saber algo interesante de ellos: comida favorita, cumpleaños, etc.

2. Respeto para todos:
   a. Se deben establecer reglas para la reunión: Una persona habla a la vez y los demás escuchan.
   b. No burlarse de los que se equivocan ni humillarlos.
   c. Entender, reflexionar o pedir aclaración antes de responder lo que otros dicen.
3. Participación de todos:
   a. El facilitador debe permitir que los alumnos respondan sin interrumpirlos. Debe dar suficiente tiempo para que los estudiantes reflexionen y compartan sus respuestas.
   b. El facilitador debe ayudar a los alumnos a pensar, a hacer preguntas y a responder, en lugar de dar todas las respuestas él mismo.
   c. La participación de todos no significa necesariamente que tienen que hablar en cada sesión (ni que tengan que hablar desde el principio, es decir, desde la primera reunión), más bien quiere decir que antes de llegar a la última lección todos los alumnos deben sentirse cómodos al hablar, participar y responder sin temor a ser ridiculizados.

Después de la reunión: *Evaluación y oración*
A. Evaluación de la reunión y la oración:
   1. ¿Estuvo bien organizada la reunión?
   2. ¿Fue provechosa la reunión?
   3. ¿Hubo buen ambiente durante la reunión?
   4. ¿Qué peticiones específicas ayudarían a mejorar la reunión?

B. Evaluación de los alumnos:
   1. En cuanto a los alumnos extrovertidos y seguros de sí mismos: ¿Se les permitió que participaran sin perjudicar a los más tímidos?
   2. En cuanto a los alumnos tímidos: ¿Se les animó a fin de que participaran más?
   3. En cuanto a los alumnos aburridos o desinteresados:
      ¿Se tomó especial interés en descubrir cómo despertar en ellos la motivación por la clase?

C. Evaluación del facilitador y la oración:
   1. ¿Estuvo bien preparado el facilitador?
   2. ¿Enseñó la clase con buena disposición?
   3. ¿Se preocupó por todos y fue justo con ellos?
   4. ¿Qué peticiones específicas debe hacer al Señor a fin de que la próxima reunión sea aun mejor?

314 Manual para el facilitador

Ayudas adicionales

1. Saludos: Para establecer un ambiente amistoso, caracterizado por el amor fraternal cristiano, debemos saludarnos calurosamente en el Señor. Aunque la reunión consiste de una actividad más bien académica, no debe adolecer del amor cristiano. Por lo tanto, debemos cumplir con el mandato de saludar a otros, como se encuentra en la mayoría de las epístolas del Nuevo Testamento. Por ejemplo, 3 Juan concluye con las palabras: La paz sea contigo. Los amigos te saludan. Saluda tú a los amigos, a cada uno en particular. Saludar provee una manera sencilla, pero importante, de cumplir con los principios de autoridad de la Biblia.

2. Oración: La oración le comunica a Dios que estamos dependiendo de él para iluminar nuestro entendimiento, calmar nuestras ansiedades y protegernos del maligno. El enemigo intentará interrumpir nuestras reuniones por medio de la confusión, la división y los estorbos. Es importante reconocer nuestra posición victoriosa en Cristo y seguir adelante. El amor cristiano y la oración sincera ayudarán a crear el ambiente idóneo para la educación cristiana.

3. Creatividad: El facilitador debe esforzarse por emplear la creatividad que Dios le ha dado tanto para presentar la lección como para mantener el interés durante la clase completa. Su ejemplo animará a los estudiantes a esforzarse en comunicar la verdad de Dios de manera interesante. El Evangelio de Marcos reporta lo siguiente acerca de Juan el Bautista: Porque Herodes temía a Juan, sabiendo que era varón justo y santo, y le guardaba a salvo; y oyéndole, se quedaba muy perplejo, pero le escuchaba de buena gana (Marcos 6.20). Y acerca de Jesús dice: Y gran multitud del pueblo le oía de buena gana (Marcos 12.37b). Notamos que las personas escuchaban «de buena gana». Nosotros debemos esforzarnos para lograr lo mismo con la ayuda de Dios. Se ha dicho que es un pecado aburrir a las personas con la Palabra de Dios. Hemos provisto algunas ideas que se podrán usar tanto para presentar las lecciones como para proveer proyectos adicionales útiles para los estudiantes. Usted puede modificar las ideas o crear las suyas propias. Pídale ayuda a nuestro Padre bondadoso, todopoderoso y creativo a fin de que lo ayude a crear lecciones animadas, gratas e interesantes.

Conclusión

El beneficio de este estudio dependerá de usted y de su esfuerzo, interés y relación con Dios. Si el curso resulta una experiencia grata, educativa y edificadora para los estudiantes, ellos querrán hacer otros cursos y progresar aun más en su vida cristiana. Que así sea con la ayuda de Dios.

Estructura de la reunión

1. Oración e introducción: Comience la reunión con intercesión. Dé la bienvenida a los alumnos y ore para que el Señor calme las ansiedades, abra el entendimiento, y obre en las vidas de los estudiantes y el facilitador. Con anticipación seleccione una de las introducciones sugeridas (véase el Manual para el facilitador), o cree su propia introducción original.

2. Interacción con las **Diez preguntas**: Comparta con los alumnos algunas de las preguntas de la lección junto con las respuestas. No es necesario tratarlas todas. Más bien se pueden considerar aquellas que dieron más dificultad, que fueron de mayor edificación, o que expresan algún concepto con el cual están en desacuerdo. Traten de alcanzar algunas conclusiones (aun si son tentativas).

3. Interacción con la sección **Expresión**: Queremos que los alumnos expresen sus conocimientos tanto en conducta como también en comunicación con otros, ambos creyentes y no creyentes. También esperamos que expresen sus peticiones y pensamientos íntimos a Dios. Asegúrese de permitir que varios estudiantes compartan las respuestas a los desafíos que enfrentaron. Anime a los alumnos a ayudarse mutuamente en mejorar la expresión de dichos desafíos (hacerlos más concisos, creativos, o precisos). También asegúrese de hablar acerca de cualesquiera contactos evangelísticos o de edificación cristiana que haya tenido durante la semana. Deseamos que los alumnos hagan lo correcto, y que no solo hablen de hacerlo. Por último, asegúrese de que uno, o varios, oren por el grupo de estudio, las iglesias o iglesia representada, y las personas con quienes se está teniendo interacción evangelística o de edificación cristiana.

4. Conclusión y oración: Concluya la lección con una nota de ánimo y esperanza como también gratitud por los buenos esfuerzos de los alumnos, y ánimo para aquellos que necesitan ser motivados y alentados. Por fin, pida que alguien ore por la iglesia y su liderazgo, los estudiantes, la comunidad que desean alcanzar. Incluya

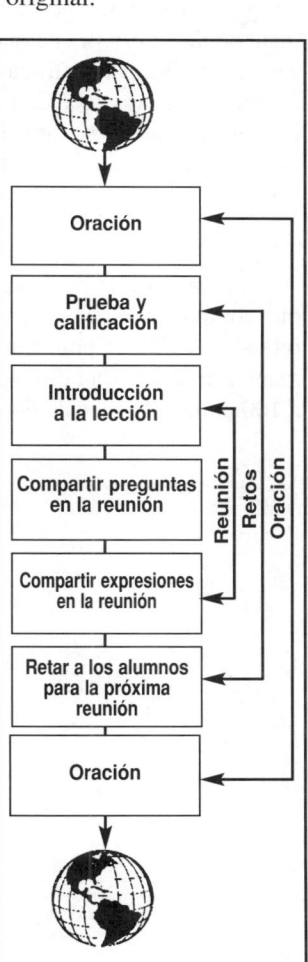

las necesidades específicas mostradas en la reflexión concerniente a la sección Expresión.

[**Nota:** Asegúrese de coleccionar las tareas semanales al principio de la lección. Después de la reunión compruebe que el alumno haya cumplido con las tareas que se piden (3 preguntas, 4 conceptos y 3 principios. Vea las páginas 263-264). El trabajo debe evidenciar reflexión, precisión bíblica, y coherencia. Se otorgarán 10 puntos por cada pregunta, concepto y principio que complete, de manera que el estudiante que cumpla con todo lo que se pide recibirá una calificación de 100. Esta calificación debe registrarse en una copia de la hoja de calificaciones que aparece en la página 351 y enviarse a la sede de FLET junto con el examen final y los requisitos para acreditación de la página 260. El estudiante debe ser informado del puntaje obtenido en esta área.

Calificaciones

Vea la Hoja de calificaciones al final del libro. Allí debe poner la lista de los que componen la peña o grupo de estudio. Cada cuadro pequeño representa una reunión. Allí debe poner la puntuación que el alumno sacó, de acuerdo con la manera en que respondió o en que hizo su trabajo. La mejor calificación equivale a 100 puntos. Menos de 60 equivale al fracaso.

Lección 1

Sugerencias para introducir la lección

1. El Dr. Graham afirma que muchos buscan respuestas a preguntas como las siguientes: ¿Qué es el bautismo del Espíritu Santo? ¿Cuándo tiene lugar? ¿Es posible y necesario hoy en día hablar en lenguas? ¿Existe una experiencia a la que se ha denominado «segunda bendición»? Nombren a un secretario y pida a los alumnos que expresen su opinión acerca de estos asuntos (con base o respaldo para la misma) o preguntas similares a estas. En la séptima clase repasen las notas que tomaron para ver si cambiaron los puntos de vista y cómo.
2. Con referencia a la venida prometida del Espíritu Santo Graham escribe: «¡Hubo una promesa! La venida del Espíritu se basa en la palabra del Señor Jesucristo. Y no le agregó condición alguna. Jesús no dijo que enviaría al Ayudador (o "Consolador") a unos creyentes y no a otros. Tampoco dijo nada de tener que pertenecer a una especial y determinada organización u ocupar más altas posiciones en la jerarquía espiritual que otros. Dijo simplemente: "Si me fuere, os lo enviaré"». Pida a los alumnos que opinen y reflexionen acerca de las siguientes situaciones:
   * ¿Por qué algunos creyentes actúan como si aún tuvieran que esperar la venida del Espíritu Santo? ¿Cómo Dios va a dejar a uno de sus hijos sin su mismísima Presencia en la persona del Espíritu quien le capacita y le da poder para la vida espiritual?
   * ¿Cómo se explican las situaciones en el libro de Los Hechos donde hay personas que claramente son creyentes y que aún no han recibido al Espíritu (en especial a la luz de la enseñanza de Romanos 8.9b «Y si alguno no tiene el Espíritu de Cristo, no es de él»)?
   * ¿Cómo se explican las experiencias diversas atribuidas por algunos ya sea a la venida, la presencia o la obra del Espíritu pero que no corresponden a alguna circunstancia o enseñanza de las Escrituras?
3. Con anticipación investigue algunas de la creencias erróneas respecto a la deidad y/o personalidad del Espíritu Santo. Enumere algunas de las mismas en la pizarra (o provea una fotocopia para cada alumno) y pida que los estudiantes respondan a las falsas enseñanzas con argumentos coherentes y basados en las Escrituras. Después de una buena interacción prosigan con el resto de la lección.
4. Desarrolle su propia idea creativa para comenzar la lección.

Comprobación para las preguntas

1. Las respuestas a esta pregunta variarán de acuerdo con el alumno. Asegúrese de que las respuestas sean concisas, coherentes y que demuestren reflexión de parte del estudiante.

2. Graham menciona dos necesidades: a. la necesidad de perdón; y b. la necesidad de bondad. El estudiante tal vez agregue otras necesidades espirituales tales como la enseñanza, la comunión y el ejercicio de los dones espirituales a favor de otros en el cuerpo de Cristo.

3. Graham afirma que Dios respondió a la necesidad del perdón con el Calvario. Él envió a Ssu único Hijo para morir en la cruz en nuestro lugar y comprar nuestro perdón. Así, el regalo de la salvación se hace realidad para todos los que creen en Jesús basándose en el sacrificio de Jesús a nuestro favor y no por nuestras obras. Sin embargo, como respuesta a la segunda parte, el Dr. Graham explica que «Dios no quiere que nos alleguemos a Cristo por fe, y luego vivamos una vida de derrota, desaliento y disensiones». Por lo tanto, él afirma que Dios respondió a nuestro clamor por la bondad con el Pentecostés. El mismísimo Espíritu Santo nos da poder y capacidad para vivir conforme a la voluntad de Dios. Él es la fuente de nuestro poder para vivir vidas que agradan a Dios.

4. Graham explica que con el poder del Espíritu Santo podemos cambiar nuestra vida matrimonial, las relaciones familiares, otras relaciones, nuestras iglesias y la cristiandad. Asegúrese de que el alumno responda a la última parte de la pregunta de manera coherente y con evidencia de reflexión.

5. Asegúrese de que la respuesta del alumno contenga observaciones acerca del siguiente pasaje (aunque también puede proseguir con la interpretación y la aplicación):

   «Pero ahora voy al que me envió; y ninguno de vosotros me pregunta: ¿A dónde vas? Antes, porque os he dicho estas cosas, tristeza ha llenado vuestro corazón. Pero yo os digo la verdad: Os conviene que yo me vaya; porque si no me fuese, el Consolador no vendría a vosotros; mas si me fuere, os lo enviaré» (Juan 16.5-7).

   Las observaciones incluyen datos como los siguientes:
   • Jesús regresará a Quien le envió (i.e. el Padre).
   • Los discípulos se entristecieron.
   • Jesús explica por qué les conviene a los discípulos que él se vaya.
   • De acuerdo con el texto el Consolador no había sido enviado (dependía de Jesús irse y enviarlo).

   Todas estas son observaciones derivadas del texto indicado.

[**Nota:** Los pasos de estudio inductivo de la Biblia se conocen generalmente como los siguientes: observación, interpretación y aplicación. El primer paso tiene que ver con notar los detalles del texto bíblico. Se hacen preguntas tales como ¿Quién?, ¿Cómo?, ¿Cuándo?, ¿Dónde?, ¿Qué?, ¿Cuánto?, ¿Hasta qué medida? y ¿Por qué?, para mostrar el contenido del texto bíblico. Entonces se discierne el sentido de dicho contenido en su contexto, es decir se interpreta la información que se obtiene en el primer paso. En este paso se usan preguntas interpretativas derivadas de las observaciones (p. ej.: ¿por qué incluye el autor esta información aquí?, ¿por qué la coloca en este orden?, ¿por qué deja fuera otros detalles?). Cuando se discierne la interpretación del pasaje bíblico que estamos estudiando entonces escribimos los principios transferibles que se hallan en el mismo, las enseñanzas aplicables para la vida cristiana. Finalmente, se ponen en práctica estos principios creyendo la verdad de las Escrituras y actuando sobre la base de las mismas con la ayuda del Espíritu Santo. Este proceso de observación, interpretación y aplicación se aproxima a la secuencia que usa un médico con un paciente. En primer lugar, el médico examina u observa al paciente recogiendo los datos que necesita a fin de poder interpretar la condición del mismo. Este representa el paso de observación. En segundo lugar, interpreta los datos y síntomas y así identifica lo que el paciente tiene y necesita. Este es el paso de interpretación. Finalmente prescribe lo que la persona debe hacer para mejorar, lo cual representa el paso de aplicación. Por cierto, estos pasos los usamos a menudo, cruzando la calle, por ejemplo: 1. miramos para ver si viene un automóvil o no (observación); 2. discernimos que está bien cruzar la calle (interpretación); y 3. cruzamos la misma (aplicación).]

6. El alumno puede usar algunas de las observaciones hechas por el Dr. Graham en las páginas 18-19. Debemos notar que la palabra «espíritu» en el idioma griego está en el género *neutro* y Jesús se refiere al Espíritu Santo con ese mismo género en Juan 14.16, por ejemplo. Otras veces se hace referencia al Espíritu con el género masculino (ver, por ejemplo, Juan 14.26).

7. El alumno puede usar algunas de las evidencias dadas por el Dr. Graham en las páginas 18-19. Asegure que incluya por lo menos un texto claro del Antiguo Testamento, como por ejemplo el Salmo 139.7: «¿A dónde me iré de tu Espíritu? ¿Y a dónde huiré de tu presencia?».

8. Las respuestas a esta pregunta variarán de acuerdo con el alumno. Asegúrese de que las respuestas sean concisas, coherentes y que demuestren reflexión de parte del estudiante. No obstante, asegúrese de que el alumno provea observaciones válidas y que las diferencias que señale tengan base en las Escrituras. Como ejemplo de observación, vemos que en el Evangelio de Lucas el Señor Jesús habla de la venida del Espíritu como la «promesa de mi Padre» que él mismo enviaría (24.49a), involucrando así a la Trinidad; comunica que los discípulos deberían permanecer en Jerusalén (24.49b); y explica que la

promesa abarcaría el estar «investidos de poder desde lo alto» (24.49c). Como ejemplo de una diferencia entre la etapa anterior y posterior a Pentecostés, notamos que antes del Pentecostés los discípulos esperaban ser bautizados con el Espíritu Santo (Hechos 1.5); después (y, por supuesto, en el presente para nosotros) ya no hay necesidad de esperar. [**Nota:** Este tema se trata de nuevo en conexión con la lección 3.]

9. El texto sugiere tres etapas con referencia a la obra del Espíritu Santo: a. desde la creación hasta Belén; b. desde Belén hasta Pentecostés; y c. desde Pentecostés hasta el presente. Bajo la primera etapa el Dr. Graham incluye el trabajo del Espíritu Santo con referencia a la creación, su ministerio en capacitar a los jueces para la liberación del pueblo escogido, y el papel del Espíritu Santo con referencia a los reyes ungidos por Dios (en el texto muestra a David y su oración en el Salmo 51, salmo de confesión). Con referencia a la segunda etapa, afirma que el Espíritu Santo se «concentró alrededor de la Persona de Jesucristo» (p. 31). Además, señala el hecho de que el Espíritu Santo ya ayudaba a los discípulos antes del Pentecostés (ver Juan 14.17), aunque su relación con ellos cambiaría a una más cercana e íntima en el futuro; y afirma la obra del Espíritu Santo en la regeneración citando la conversación del Señor Jesucristo con Nicodemo. Finalmente, señala el cambio venidero con referencia a la obra de Espíritu señalando la enseñanza de Juan 7; 16; y Hechos 2. Con referencia a las tres etapas podríamos dividir estas en dos ya que Jesús y los discípulos vivieron bajo la era de la Ley, que fue seguida por la de la Gracia (véase Gálatas 4.4-6).

10. El Dr. Graham enfoca el ministerio del Espíritu Santo en las tres esferas del mundo, la iglesia y el creyente de la siguiente manera:

• Con referencia al mundo: El Espíritu Santo realiza el ministerio descrito por el Señor Jesús en Juan 16.7-10: «Pero yo os digo la verdad: Os conviene que yo me vaya; porque si no me fuese, el Consolador no vendría a vosotros; mas si me fuere, os lo enviaré. Y cuando él venga, convencerá al mundo de pecado, de justicia y de juicio. De pecado, por cuanto no creen en mí; de justicia, por cuanto voy al Padre, y no me veréis más; y de juicio, por cuanto el príncipe de este mundo ha sido ya juzgado». Además explica 2 Tesalonicenses 2.6-8: «Y ahora vosotros sabéis lo que lo detiene, a fin de que a su debido tiempo se manifieste. Porque ya está en acción el misterio de la iniquidad; sólo que hay quien al presente lo detiene, hasta que él a su vez sea quitado de en medio. Y entonces se manifestará aquel inicuo, a quien el Señor matará con el espíritu de su boca, y destruirá con el resplandor de su venida» como referencia al ministerio del Espíritu en detener el crecimiento del pecado del mundo. [**Nota:** Nada en el texto de 2 Tesalonicenses sugiere ni que el Espíritu Santo ni su ministerio será quitado de manera gradual.] El texto también sugiere una tercera función, la obra del Espíritu a través de los creyentes de la iglesia.

• Con referencia a la iglesia: Respecto al Cuerpo de Cristo, el Dr. Graham menciona el papel del Espíritu Santo en la creación de la iglesia por medio de su ministerio de bautizar a los creyentes y así unirlos a la iglesia. Además, explica que el Espíritu Santo mora tanto en la iglesia como totalidad como también en cada creyente individual. Por fin, señala el ministerio del Espíritu Santo en otorgar dones a los cristianos para edificación del cuerpo.

• Con referencia al creyente: El Dr. Graham afirma que el Espíritu Santo ilumina o esclarece la mente del cristiano. [**Nota**: A la luz de 2 Corintios 4.3-4 que habla de la obra del maligno en cegar el entendimiento de los no creyentes, es el Espíritu Santo quien ilumina sus mentes a fin de que comprendan la promesa de vida eterna, esto es que crean en Jesús como Salvador.] También especifica que el Espíritu Santo mora en cada creyente individual como afirma 1 Corintios 6.19: «¿O ignoráis que vuestro cuerpo es templo del Espíritu Santo, el cual está en vosotros, el cual tenéis de Dios, y que no sois vuestros?», y otras diversas maneras en las cuales el Espíritu ministra al creyente (por ejemplo, Hechos 9.31 afirma: «Entonces las iglesias tenían paz por toda Judea, Galilea y Samaria; y eran edificadas, andando en el temor del Señor, y se acrecentaban fortalecidas por el Espíritu Santo»). Asegúrese de que el alumno provea otros ejemplos del ministerio del Espíritu Santo.

Lección 2

Sugerencias para introducir la lección

1. A veces se hace una distinción indebida entre una vida conforme a la doctrina bíblica y la vida llena del Espíritu. Pero, en contra de dicha distinción está el hecho de que el mismísimo Espíritu Santo dirigió a los escritores de la Biblia, de manera que su voluntad se expresa plenamente en la misma. Instruya a los alumnos a leer cada uno de los siguientes pasajes en su contexto a fin de discernir que no hay dicotomía o división entre los deseos del Espíritu y las declaraciones doctrinales de las Escrituras:

   • 2 Samuel 23.1-7 (aquí el Espíritu habla por y en las palabras de David).
   • 2 Corintios 3.1-18 (este pasaje se usa de manera incorrecta para decir que la doctrina y la teología causan estorbo a la vida espiritual, lo cual no afirma).
   • 1 Timoteo 4.1-6 (aquí el Espíritu Santo mismo advierte acerca de la desviación de la sana doctrina). Después de un tiempo provechoso de investigación y reflexión prosigan al próximo paso de la lección.

2. Utilicen los pasos del estudio inductivo de la Biblia (observación, inter-

pretación, aplicación) para estudiar tres pasajes centrales acerca de la inspiración de las Escrituras: 2 Pedro 1.20-21, 2 Timoteo 3.15-16 y Juan 14.25-26. [**Nota**: la palabra traducida como «inspirados» en 2 Pedro 1.21 en la versión Reina Valera 1960 y en la *Biblia de las Américas* representa una palabra griega diferente que aquella traducida como «inspirada» en 2 Timoteo 3.15-16. Propiamente son las Escrituras las que son inspiradas, y no sus escritores. Estos fueron dirigidos por el Espíritu Santo (la Nueva Versión Internacional traduce «impulsados» y la versión *Dios habla hoy* «dirigidos»). La palabra usada en 2 Pedro 1.21 está relacionada con aquella que aparece en Hechos 27.15, traducida por la frase «nos dejamos llevar», de la Reina-Valera 1960.] Asegúrese de que los alumnos mencionen algunos principios para la vida cristiana que se desprenden de estos textos. Después de que todos participen en la discusión pasen al próximo paso de la lección.

3. Comiencen la lección con un estudio de Juan 16.7-10 que habla del ministerio del Espíritu Santo con referencia al mundo. Utilicen los pasos del estudio inductivo de la Biblia. Pida a los alumnos que compartan algunas observaciones acerca del pasaje y la posible interpretación del mismo. Invite a los estudiantes a contarle a los otros acerca de alguna ocasión en la cual han experimentado este ministerio del Espíritu Santo. Después de un tiempo de estudio y ánimo para la evangelización completen el resto de la lección.

4. Desarrolle su propia idea creativa para comenzar la lección.

Comprobación para las preguntas

1. El Dr. Graham cita 2 Pedro 1.21 y afirma que «no sabemos exactamente cómo grabó su mensaje en el ánimo y en la mente de quienes escogió para escribir su Palabra, pero sí sabemos que Dios los dirigió para que escribieran lo que él deseaba». El elemento de «misterio» concierne al hecho de que Dios habló por medio de los hombres sin violar o cancelar sus propias personalidades y proceso de pensamiento, trayendo como resultado las inerrantes Escrituras.

2. La palabra plenaria concierne a la totalidad de las Escrituras. Es importante afirmar la inspiración plenaria porque 1. es lo que las mismas Escrituras afirman (2 Timoteo 3.15-16); 2. algunos afirman que la Biblia es inerrante con referencia a los asuntos de la fe y la práctica pero no en cuestiones científicas, geográficas e históricas. Como muchos han afirmado, ¿cómo podemos confiar en las Escrituras si erran en aquellos asuntos que podemos confirmar empíricamente?; ¿cómo entonces podemos creerla en asuntos espirituales, invisibles y de la vida después de la vida que no podemos observar?; 3. no hacerlo pone en tela de juicio la habilidad de Dios para comunicarnos su mensaje; y 4. hace imposible decidir qué porciones son inspiradas y cuáles no.

3. La inspiración verbal significa que las mismísimas *palabras* de las Escrituras incluyendo el tiempo, género, vocabulario y hasta las mismas letras son inspiradas por Dios, no solo los conceptos. Así, las Escrituras son autoritativas porque tienen a Dios como su fuente y expresan su mensaje para nosotros. Dios es la autoridad final en todo de manera que lo que él dice es autoritativo. La Biblia es la Palabra de Dios, Él posee toda autoridad, por lo tanto las Escrituras son completa y absolutamente autoritativas.

4. El Dr. Graham explica que el Espíritu Santo facilita la comprensión de la verdad espiritual por medio del ministerio de esclarecimiento, o iluminación. [En las Escrituras el Padre y el Hijo también son agentes de revelación. En Mateo 16.17 aprendemos que el Padre le da revelación al apóstol Pedro acerca de la Persona de Jesús, y en Lucas 24.13-49 vemos que el mismo Señor Jesús le revela el significado de las Escrituras a dos discípulos. En el contexto de 1 Corintios 2, la primera aplicación del texto es al ministerio de los apóstoles como agentes autoritativos de la revelación que Dios les había dado, pero también trata de creyentes en contraste con aquellos que no han creído en Jesús. (El pasaje no condena el uso de la mente sino más bien la «sabiduría» terrenal de esta edad que intenta excluir a Dios fuera de sus razonamientos).]

5. El Espíritu Santo dirigió a los autores de las Escrituras de manera que escribieran las precisas palabras y mensaje que él quería comunicar. De esto se desprenden principios tales como los siguientes: a. El Espíritu Santo nunca nos guiará a hacer algo que va en contra de las Escrituras; b. No tenemos que decidir entre obedecer al Espíritu o a la Palabra ya que no hay conflicto entre su voluntad y el mensaje de Dios como aparece en la Biblia (correctamente interpretada); y c. debemos rechazar cualquier mensaje que aboga provenir de Dios y que a la vez contradice su Palabra. Como un ejemplo entre otros, las palabras de Pablo (grabadas por Lucas) nos demuestran algo de esta relación íntima entre el Espíritu Santo y las palabras y escritos de los agentes proféticos de Dios: «Bien habló el Espíritu Santo por medio del profeta Isaías a nuestros padres, diciendo…» (Hechos 28.25b).

6. En ambos casos, una sola «mirada de fe» resulta en salvación de la condenación. Los israelitas en el desierto eran rescatados de la muerte física, mientras que cualquiera que cree en Jesús recibe vida eterna y rescate de la condenación eterna. Leemos en Juan 3.18: «El que en él cree, no es condenado; pero el que no cree, ya ha sido condenado, porque no ha creído en el nombre del unigénito Hijo de Dios».

7. El apóstol Pablo explica en 2 Corintios 4.4 que el «…dios de este siglo cegó el entendimiento de los incrédulos, para que no les resplandezca la luz del evangelio de la gloria de Cristo…». Así el no creyente no puede captar la verdad salvadora por sí mismo. Por cierto, puede entender los datos históricos de la muerte de Jesús como también sus reclamaciones de ser el Mesías

pero no la relevancia de los mismos para su propia vida eterna. El Espíritu Santo facilita que el no creyente capte la verdad de la promesa de Jesús por y para sí mismo: «De cierto, de cierto os digo: El que cree en mí, tiene vida eterna» (Juan 6.47).

8. El trabajo del Espíritu Santo en la regeneración está íntimamente conectado con los ministerios de convencer y proveer iluminación para el no creyente ya que solo los creyentes son regenerados. La regeneración consta de proveer vida nueva a pecadores que antes estaban «muertos en vuestros delitos y pecados» (Efesios 2.1). El texto clásico concerniente a la regeneración se encuentra en Juan 3 en el contexto de la conversación de Jesús con Nicodemo (vea Juan 3). El apóstol Pablo enseña lo siguiente acerca de la regeneración: «Porque nosotros también éramos en otro tiempo insensatos, rebeldes, extraviados, esclavos de concupiscencias y deleites diversos, viviendo en malicia y envidia, aborrecibles, y aborreciéndonos unos a otros. Pero cuando se manifestó la bondad de Dios nuestro Salvador, y su amor para con los hombres, nos salvó, no por obras de justicia que nosotros hubiéramos hecho, sino por su misericordia, por el lavamiento de la regeneración y por la renovación del Espíritu Santo, el cual derramó en nosotros abundantemente por Jesucristo nuestro Salvador, para que justificados por su gracia, viniésemos a ser herederos conforme a la esperanza de la vida eterna (Tito 3.3-7). Entre otras verdades, en este pasaje vemos: a. que la regeneración no es algo merecido que el hombre hace por sí mismo. (En el relato de Juan 3 aprendemos de la soberanía del Espíritu Santo en el nuevo nacimiento.); b. este ministerio del Espíritu Santo no está limitado a algunos creyentes especiales u obedientes en alguna manera particular, sino que él fue derramado abundantemente en todos los que han creído en Jesús; y c. todas estas acciones con el amor misericordioso de Dios como su fuente sirven de base incambiable para el presente comportamiento del creyente y la recompensa futura. Otros textos de las Escrituras hablan del nuevo nacimiento.

9. Con referencia a nuestra certeza de salvación y las dudas que pueden surgir en nuestras vidas el Dr. Graham afirma: «Satanás quisiera que dudáramos de la realidad de nuestra salvación, que en realidad es dudar de la Palabra de Dios» (p. 64).

10. Asegúrese de que el estudiante comprenda que: 1. el propósito del Evangelio según San Juan es que los lectores crean en Jesús (ver Juan 20.30-31); 2. creer en Jesús para vida eterna representa la condición para poseerla (ver Juan 3.16-18; 5.24-25; y 11.25-27); y 3. la certeza de tener vida eterna se basa en la misma promesa de Jesús, de manera que si creemos lo que él nos dice podemos estar seguros de poseerla (de lo contrario le estaríamos llamando mentiroso y a la vez no creyéndole).

Lección 3

Sugerencias para introducir la lección

1. Comience la reunión con la lectura de uno de los textos que tratan del bautismo del Espíritu Santo seguida por una discusión de los puntos de vista acerca del mismo que se señalan a continuación:

Textos:

- Mateo 3.11; Marcos 1.8; Lucas 3.16
- Hechos 1.4-5; 2.1-22; 36-39
- Hechos 8.14-17
- Hechos 10.34-48
- Hechos 19.1-7
- Romanos 8.9b

Puntos de vista:

- El bautismo del Espíritu Santo ocurre como resultado instantáneo de haber creído en Jesús (a pesar de que hubo excepciones en los principios de la iglesia).
- El bautismo del Espíritu Santo ocurre algún tiempo después de haber creído como «segunda bendición» para aquellos que la buscan.
- El bautismo del Espíritu Santo ocurre en parte como consecuencia del bautismo por agua.
- El bautismo del Espíritu Santo ocurre al momento de creer, sin embargo hubo excepciones en la iglesia primitiva*.

Asegúrese de que los alumnos evalúen los puntos de vista a la luz de los pasajes de la Biblia. No tienen que llegar a una conclusión ya que esto es solo una introducción a la lección. Pero la discusión debe realizar algunos de los puntos en los cuales creyentes sinceros difieren y enfocar algunas de las preguntas que deben hacerse, y a las cuales hay que responder, para llegar a un punto de vista bíblico acerca del tema. Después de una interacción avivada y provechosa prosigan al resto de la lección.

*Nota: Tal parece que los judíos palestinos que habían sido expuestos al ministerio de Juan el Bautista y del Señor Jesucristo tenían que identificarse públicamente con Jesús por medio del bautismo para recibir perdón de pecados (en el sentido de comunión con Dios, semejante a la confesión del creyente que aunque ya justificado y perdonado una vez para siempre, recibe perdón en el contexto de compañerismo y armonía con el Señor) y el Espíritu Santo. Estas personas tenían que romper su identificación con la «generación perversa» (Hechos 2.40), que como entidad era culpable de la crucifixión del Señor, por medio de una afirmación pública en bautismo por agua. Tenemos ejemplos de este proceder en el caso, por ejemplo, de la muchedumbre a quien Pedro se dirigió

(Hechos 2). Es muy posible que en Hechos 2.37 algunos creyeron en Jesús después de la afirmación de Pedro: «Sepa, pues, ciertísimamente toda la casa de Israel, que a este Jesús a quien vosotros crucificasteis, Dios le ha hecho Señor y Cristo». Inmediatamente después de esto leemos: «Al oír esto, se compungieron de corazón, y dijeron a Pedro y a los otros apóstoles: Varones hermanos, ¿qué haremos?». El razonamiento es que si estos que preguntaron «¿qué haremos?» no hubieran creído que Jesús era el Mesías (ver Juan 20.30-31), no tendrían razón para hacer la pregunta que hicieron. De manera que la respuesta de Pedro (Hechos 2:38) no tiene que ver con la justificación sino con el establecimiento de comunión con Dios por medio de una identificación pública en el Jesús que antes habían rechazado como Mesías y ahora habían creído en él.

2. Para comenzar la lección pida a varios alumnos voluntarios que lean los siguientes textos que hablan de los sellos y sus usos en los tiempos bíblicos:
 • Génesis 38.18; Génesis 41.42
 • 1 Reyes 21.8
 • Ester 3.10; 8.2, 8
 • Jeremías 32.10
 • Daniel 6.16-17; 12.4, 9
 • Juan 6.27
 • Romanos 4.11
 • Apocalipsis 5.1-7; 7.1-8

Luego lean los pasajes provistos a continuación, y entonces reflexionen acerca de los mismos, de manera de concebir posibles relaciones entre los primeros y los últimos. ¿Qué podemos aprender con referencia al ministerio del Espíritu Santo de quién es el Sello por excelencia y quién nos sella?:
 • «Y el que nos confirma con vosotros en Cristo, y el que nos ungió, es Dios, el cual también nos ha sellado, y nos ha dado las arras del Espíritu en nuestros corazones» (2 Corintios 1.21-22).
 • «En él también vosotros, habiendo oído la palabra de verdad, el evangelio de vuestra salvación, y habiendo creído en él, fuisteis sellados con el Espíritu Santo de la promesa, que es las arras de nuestra herencia hasta la redención de la posesión adquirida, para alabanza de su gloria» (Efesios 1.13-14).
 • «Y no contristéis al Espíritu Santo de Dios, con el cual fuisteis sellados para el día de la redención» (Efesios 4.30).

Asegúrese de que la reflexión sea coherente así como respaldada y guiada por las Escrituras. Después de una interacción saludable, edificadora y estimuladora pasen al próximo paso de la lección.

3. Comience la lección con una discusión acerca del Espíritu Santo como arras y las implicaciones para la experiencia actual del creyente y su futura existencia. Primero, pida que varios voluntarios lean los siguientes textos y después invite a los alumnos a que contribuyan con observaciones acerca de

los mismos. Entonces usen las siguientes preguntas (y otras que surjan y que guarden relación) para estimular la discusión:

• ¿Cuál es el significado de «arras» en contexto de los tiempos bíblicos?

• ¿Cómo afecta esta enseñanza la vida presente del creyente?

• ¿Qué implicaciones tiene la realidad del Espíritu Santo como *arras* para el futuro?

• ¿Qué implicaciones tiene nuestro entendimiento del Espíritu Santo como *arras* para la doctrina de salvación que sostenemos?

Después de una buena y avivada interacción completen los siguientes pasos de la lección.

4. Desarrolle su propia idea creativa para comenzar la lección.

Comprobación de las preguntas

1. El Dr. Graham favorece la posición de que hay un solo bautismo del Espíritu Santo que se recibe al instante que uno cree en Jesús. Afirma que hay «un bautismo pero muchos henchimientos», esto es, hay un solo evento o aconte- cimiento en el cual el Espíritu Santo nos incorpora en el Cuerpo de Cristo y comienza a morar en nosotros, pero puede haber muchas oportunidades en las cuales el Espíritu nos capacita para ocasiones especiales. El Dr. Graham explica que en los Evangelios vemos el bautismo por el Espíritu como un evento futuro tanto antes (ver Mateo 3.11; Marcos 1.7, 8; Lucas 3.16 y Juan 1.33) como después de la resurrección del Señor Jesucristo (ver Hechos 1.4, 5). Entonces señala que Hechos 11.15-17 mira hacia atrás a dicho evento ya acontecido y 1 Corintios 12.13 mira más allá del evento iniciativo del Pentecostés, hacia una realidad para todo creyente en Jesús (*cf.* Romanos 8.9). El Dr. Graham provee una cita de W. Graham Scroggie que da una buena síntesis de esta enseñanza: «En el día de Pentecostés los creyentes, por el bautismo del Espíritu, se constituyeron en el cuerpo de Cristo, y desde entonces todo creyente, en forma individual, y toda alma que acepta a Cristo en simple y sencilla fe, es hecho en ese momento y en ese acto, participante de la bendición del bautismo. No es, por lo tanto, una bendición que el creyente ha de buscar y recibir en fecha subsiguiente a la hora de su conver- sión» (p. 73).

2. Asegúrese de que el estudiante provea observaciones que sean coherentes y reflejen las mismísimas palabras del texto bíblico y no alguna interpretación ajena. El versículo dice así: «Porque por un solo Espíritu fuimos todos bau- tizados en un cuerpo, sean judíos o griegos, sean esclavos o libres; y a todos se nos dio a beber de un mismo Espíritu» (1 Corintios 12.13). De manera que las observaciones deben ser similares a estas:

• El texto compara la singularidad del Espíritu y del cuerpo, esto es, hay un solo Espíritu y un solo cuerpo.

- El cuerpo singular está compuesto de todo tipo de personas.
- A las diversas personas, todas creyentes (lo cual se comprende del contexto más amplio de la carta y de la misma realidad del texto), se les da a beber de un mismo Espíritu sin excluir ni siquiera una.

Además, asegúrese de que el estudiante reflexione con pensamiento coherente y bíblico acerca de la segunda parte de la pregunta. Por ejemplo, el punto de vista que sostiene que el bautismo del Espíritu Santo llega después de creer (más allá de los casos especiales especificados en Hechos) tiene que de alguna manera justificar cómo es que uno puede ser creyente y aun así no ser parte del cuerpo y no tener dones espirituales (que son para servir y edificar al cuerpo). Estas conclusiones se desprenden en que por medio del bautismo del Espíritu somos incorporados a la iglesia.

También no hubiera base para unidad entre dichos creyentes «no bautizados» y aquellos que sí hubieran sido bautizados por el Espíritu. Si se dice que hay más que un bautismo por el Espíritu, dicho punto de vista tendría que explicar la ausencia de dicha enseñanza en Hechos 19, por ejemplo, que solo hace contraste entre el bautismo de Juan y el bautismo en el nombre del Señor Jesús (pero no entre dos bautismos diferentes por el Espíritu).

Si alguien dice que el bautismo por el Espíritu siempre viene como resultado del bautismo en agua, tendría que explicar los acontecimientos en la casa de Cornelio en la cual gentiles que creyeron no fueron bautizados hasta *después* de haber creído en Jesús y así recibido el Espíritu.

De manera que nuestra enseñanza acerca del Espíritu Santo tiene que dar cuentas por los diversos versículos sin introducir ni contradicciones entre los mismos ni enseñanzas ajenas a los mismos textos, libros, o las Escrituras en su totalidad.

3. Asegúrese de que el estudiante responda de manera coherente y que demuestre evidencia de sobria reflexión. Además, cerciórese de que el alumno comprenda que: 1. el ministerio del Espíritu Santo al unir a los que han creído en Jesús como Salvador no se limita a cierta denominación; 2. el hecho de que hay diversidad denominacional no quiere decir que la verdad no importe o que cada una puede tener su «propia verdad»; 3. los creyentes deben preocuparse por la sana doctrina y la aplicación correcta de la misma (véanse, como ejemplo, Hechos 15.1-35; 20.26-31; Gálatas 1.6-10; 2.11-21; y 2 Timoteo 4.1-5); y 4. es posible creer la promesa de Jesús acerca de la vida eterna y así reconocer que es un regalo inmerecido a pesar de pertenecer a una *denominación* o *creencia* que no enseñe con claridad la salvación por gracia. Esto es, hay personas que llegan a creer a pesar de lo que enseña el grupo con quien están afiliados por medio de su propia lectura de la Biblia (el Evangelio según San Juan, por ejemplo), por medio de algún tratado, o por el testimonio de alguien que sabe la verdad. Esto no quiere decir que deben permanecer en o con dicho grupo, sino solo afirma que la salvación viene por creer la ver-

dad a pesar de aquello que nos rodea y que dichos creyentes forman parte de la iglesia universal, o el cuerpo de Cristo, al haber creído en él como Salvador.

4. Las respuestas a partes de esta pregunta variarán de acuerdo con el alumno. Asegúrese de que estas sean concisas, coherentes y que demuestren reflexión bíblica de parte del estudiante. Con referencia al enfoque del texto debemos recordar que el evangelio ya había llegado a Samaria durante el ministerio del Señor Jesucristo (ver Juan 4). De manera que los acontecimientos en el libro de Hechos tratan con la realidad pospentecostal de la creación de la iglesia, el cuerpo de Cristo. Además, el relato deja en claro que los samaritanos habían creído y habían sido bautizados antes de la llegada de Pedro y Juan (ver Hechos 8.12-13), como también a los discípulos antes del día de Pentecostés les faltaba recibir el Espíritu Santo. Esta realidad señala a la pregunta de por qué se detuvo la recepción del Espíritu en el caso de estos samaritanos.

Por otro lado se explica que el otorgamiento del Espíritu Santo fue retenido en el contexto de la enemistad entre los samaritanos y los judíos ya que era importante que no hubiera división entre ellos. El Dr. Graham nos explica desde la perspectiva de Pedro y Juan que pudieran haber visto con sus propios ojos que «Dios recibía aun a los odiados samaritanos que creyeran en Cristo». Pero esta no sería una nueva lección para ellos. Por otro lado, había que evitar el peligro de que se concibieran diferentes iglesias desunidas por el trasfondo étnico (cosa que contradice la mismísima naturaleza de la iglesia como un cuerpo compuesto de judíos y gentiles [ver la epístola a los Efesios]). También, la presencia de Juan y Pedro establecería una conexión no solo con el evento de Pentecostés sino también con el ministerio, mensaje, y misión del Señor Jesucristo. Ya que el Espíritu hubiera llegado sobre estos samaritanos primitivos no había necesidad de que Pedro y Juan llegaran para cada ocasión en la cual algún samaritano creyera en Jesús para vida eterna.

También debemos notar que los samaritanos eran una mezcla de judíos y pueblos gentiles. De manera que en el libro de Hechos vemos un movimiento desde el pueblo judío, a aquellos que retienen algo de trasfondo judío, hasta llegar a los gentiles (con el etíope tenemos un vislumbre del movimiento del evangelio hacia «lo último de la tierra». Ver Hechos 1.8).

5. Las respuestas a partes de esta pregunta variarán de acuerdo con el alumno. Asegúrese de que estas sean concisas, coherentes y que demuestren reflexión bíblica de parte del estudiante. Con referencia al enfoque del texto acerca de la conversión de Saulo, el Dr. Graham explora la posibilidad de que Pablo no fue salvo en el camino a Damasco, sino después (a causa de los acontecimientos en la casa de Ananías). El Dr. Graham correctamente explica que Hechos 9.17 «no enseña ni establece que Pablo hubiera sido bautizado dos veces con el Espíritu» (p. 75). Respecto a la conversión de Pablo, varias líneas de evidencia favorecen que ocurrió en el camino a Damasco:

• Dios ya había estado trabajando en la vida de Pablo antes de su encuentro

330 Manual para el facilitador

con el Señor Jesucristo en el camino a Damasco como es sugerido por las palabras del Salvador: «Dura cosa te es dar coces contra el aguijón» (9.5b).

En esta conexión, se ha sugerido que el haber atestiguado las palabras y muerte de Esteban pudiera haber causado un impacto en la vida de Pablo y servido como una faceta significativa de la *preevangelización* (ver Hechos 6.8—7.60, en especial el versículo 58 del capítulo siete).

- Es difícil pensar que Pablo no quedara convencido de que el Señor Jesucristo fuese el Mesías después de haberse encontrado con él cara a cara (y tomando en cuenta, y en el contexto de, su conocimiento del Antiguo Testamento, del mensaje de los creyentes que había estado persiguiendo, los acontecimientos en la iglesia primitiva, y las maneras en las cuales Dios ya estaba trabajando en su corazón).

- El Nuevo Testamento parece señalar este encuentro como la ocasión en los recuentos de su conversión (ver Hechos 9.10-18, donde el propósito de la visita de Ananías no parece ser testificarle a Pablo; Hechos 9.26-27, donde Bernabé parece conectar la conversión de Pablo con su experiencia en el camino a Damasco; Hechos 22.1-22, donde dicha experiencia desencadena las otras y marca el cambio de dirección desde perseguidor a testigo; Hechos 26.2-29, en el cual las instrucciones del Señor a Pablo concernientes a sus propósitos para él parecen presuponer que ya pertenece al grupo de los convertidos; y Gálatas 1.11-24, que indica que Pablo recibió el evangelio directamente del Señor. Además, aun si Pablo hubiese sido bautizado con el Espíritu Santo después de su conversión, no sería el único caso de este índole en el libro de Los Hechos. Tenemos otros ejemplos en los casos de los mismos discípulos antes de Pentecostés (Hechos 1—2), los samaritanos (Hechos 8), y los discípulos de Juan el Bautista que habían creído en Jesús antes de recibir el Espíritu.

6. Las respuestas a partes de esta pregunta variarán de acuerdo con el alumno. Asegúrese de que estas sean concisas, coherentes y que demuestren reflexión bíblica de parte del estudiante. Con referencia a la cuestión de la conversión de los 12 discípulos encontrados en Éfeso, el texto prefiere la interpretación de que estos no eran salvos afirmando: «Parecían vivir en ignorancia de la existencia del Espíritu Santo y de Jesús»; «Pablo no reconoció su anterior bautismo como base suficiente para llamarlos creyentes» y: «habían perdido todo contacto con las enseñanzas de Juan y de Jesús» (ver la página 75).

Por otro lado, hay buenas razones para considerarlos como creyentes que sencillamente aún no habían recibido el Espíritu Santo (al igual que los discípulos antes de Pentecostés, los samaritanos antes de que llegaran Pedro y Juan, y tal vez el mismo Pablo antes de la visita de Ananías). Consideremos lo siguiente:

- Lucas les llama «discípulos», término que en todo el resto del libro de los Hechos siempre hace referencia a creyentes.

- Antes de que Pablo les hubiera preguntado si habían recibido el Espíritu

Santo él da por sentado que ya habían creído: «Les dijo: ¿Recibisteis el Espíritu Santo cuando creísteis?» (Hechos 19.2a). Esto además presupone que habían tenido más conversación que aquello que el doctor Lucas incluye en su relato escrito.

- Ellos pudieran haber escuchado el mensaje de salvación por medio de Jesús del mismo Juan el Bautista quien era creyente él mismo, y había proclamado: «He aquí el Cordero de Dios, que quita el pecado del mundo» (Juan 1.29b). Además, la respuesta de Pablo que incluye una descripción del ministerio y mensaje de Juan habla acerca de la fe en Jesús: «...diciendo al pueblo que creyesen en aquel que vendría después de él, en Jesús el Cristo» (Hechos 19.4).

- Por un lado, Pablo no les pregunta acerca de creer en Jesús sino acerca de haber recibido al Espíritu Santo (lo cual sería una manera inesperada de testificar acerca de la salvación por fe en Jesús), y por el otro, el hecho de que estas personas no hubieran escuchado acerca del Espíritu Santo no quita que pudieran haber oído acerca de Jesús (aun hoy en día uno puede ser salvo creyendo Juan 3.16, 6.47 y otros textos sin necesariamente escuchar acerca del Espíritu Santo. Por cierto, hay iglesias y creyentes que carecen de buena enseñanza acerca del Espíritu).

- El relato de Lucas no afirma que creyeron sino que «fueron bautizados en el nombre del Señor Jesús» y el Espíritu Santo no les sobrevino hasta que Pablo les hubiera impuesto las manos (Hechos 19.5, 6). De manera que aun si hubieran creído después de haber hablado con Pablo (esto es, si es correcto afirmar que no eran creyentes al principio del relato), en este caso aun hubiera un lapso entre su fe en Jesús y su recepción del Espíritu Santo. Así, clasificarlos como no creyentes no resuelve la cuestión del intervalo entre su fe y la recepción del Espíritu Santo.

- Estos no serían los únicos creyentes en el libro de Los Hechos que aún necesitaban recibir el Espíritu Santo prometido. Esto es, el sencillo hecho de no haber recibido todavía al Espíritu (en el contexto de los principios de la iglesia como está archivado en el libro de Los Hechos) no es suficiente para calificar a alguien como no creyente. Los discípulos sin dudas eran creyentes antes del Día de Pentecostés.

Finalmente, el patrón establecido en la casa de Cornelio de recibir el Espíritu cuando uno cree (Hechos 10.34-48) es vigente para la iglesia después de esos días iniciales de la iglesia como atestiguado por Romanos 8.9b: «Y si alguno no tiene el Espíritu de Cristo, no es de él».

7. El Dr. Graham afirma que el propósito del bautismo del Espíritu Santo es: «incorporar al cuerpo de Cristo al nuevo creyente» (p. 77). Además, hace otras afirmaciones:

- El bautismo con el Espíritu ocurre al mismo tiempo que la regeneración.
- La Escritura no insta a los creyentes a buscar el bautismo del Espíritu.

- Lo que algunos atribuyen al bautismo del Espíritu en realidad se atribuye a su plenitud en la vida de aquellos que ya han sido bautizados con él.
- No hay segunda, tercera, o cuarta bendición sino que el Espíritu vino cuando creímos.

En resumen, el Dr. Graham toma la enseñanza de Romanos 8.9 como definitiva para la iglesia contemporánea.

8. El Dr. Graham describe tres acontecimientos que ocurren en conexión con la fe en Jesús como Salvador: a. Dios nos regenera y nos justifica; b. somos incorporados en el cuerpo de Cristo por medio del bautismo con el Espíritu Santo y c. el Espíritu Santo viene a morar en nosotros. El «cuarto acontecimiento» trata del creyente que ha sido sellado con el Espíritu Santo. El Dr. Graham enfoca la enseñanza en cuanto a la seguridad y a la pertenencia del creyente afirmando que: «¡Somos propiedad de Dios para siempre!» (p. 83).

Asegúrese de que el estudiante estudie los usos de los sellos en los tiempos bíblicos con la ayuda de la información y las gráficas provistas en las páginas 280-281. La respuesta a la última parte de la pregunta variará de acuerdo con el alumno. Asegúrese de que el estudiante responda de manera concisa, coherente y bíblica.

9. El Dr. Graham afirma que la presencia del Espíritu Santo desde nuestra conversión e incorporación al cuerpo de Cristo señala y garantiza la futura realización o culminación de lo que Dios nos ha prometido para nuestro futuro. Explica que: «Es las arras de Dios que nos garantiza nuestra futura herencia» (p. 84). Esto incluye nuestro cuerpo glorificado, la completa ausencia del pecado, y así, una relación más íntima con el Señor Jesucristo. La respuesta a la última parte de la pregunta variará de acuerdo con el alumno. Asegúrese de que el estudiante responda de manera concisa, coherente y bíblica.

10. El texto afirma lo siguiente con referencia al testimonio del Espíritu Santo: a. el Espíritu Santo atestigua acerca del Nuevo Pacto, sus bendiciones, y la eficacia del sacrificio del Señor Jesucristo (Hebreos 10.15); b. la presencia del Espíritu Santo en nuestro corazón atestigua nuestra adopción como hijos, y así nos da el derecho de clamar «¡Abba Padre!» (Romanos 8.15); y c. el Espíritu atestigua a todas las promesas de Dios en las Escrituras las cuales incluyen certeza de salvación (1 Juan 5.11-13).

[**Nota**: El idioma original de Romanos 8.16 en realidad dice que el Espíritu Santo da testimonio *con* nuestro espíritu en lugar de a nuestro espíritu. Con el verbo que quiere decir testificar se utiliza la preposición *sun* que en todos los otros usos en el contexto inmediato significa «con» y no «a». En Romanos 8.17 («…si es que padecemos *juntamente con* él… para que *juntamente con* él seamos glorificados»), por ejemplo, las frases en itálicas representan el uso de la preposición *sun* como prefijo a los verbos padecer y glorificar. Lo mismo ocurre en Romanos 8.15 con el verbo que significa atestiguar (hay otros ejemplos en el contexto que solo se pueden ver en el idioma original). Así, hay un doble testimonio de nuestra adopción conforme al patrón de confirmar todo con dos o tres testigos. En Gálatas 4.6 encontramos el testimonio del Espíritu que clama «¡Abba, Padre!» (la forma verbal traducida «clama» en este texto corresponde al Espíritu), y en Romanos 8.15 los que han creído en Jesús claman: «¡Abba, Padre!» (Romanos 8.15). De manera que el sentido de Romanos 8.16 es que el Espíritu atestigua al Padre *juntamente con* nuestro espíritu.]

Lección 4

Sugerencias para introducir la lección

1. Comience la lección con una discusión de las siguientes preguntas:
   - ¿Cuándo está capacitado el que ha creído en Jesús para vencer el pecado en su vida personal?
   - ¿Cuáles son los recursos y realidades cristianas que Dios ha provisto al creyente para su batalla contra el pecado?
   - ¿Qué papel juega la Iglesia, el cuerpo de Cristo, en la lucha en contra del pecado?
   - ¿Puede Satanás o sus emisarios forzarnos a pecar?

   Asegúrese de que varios estudiantes opinen de manera concisa, relevante y con respaldo bíblico. Después de una buena y saludable interacción prosigan con el resto de la lección.

2. Nombren un secretario para tomar notas y pida a los alumnos que contribuyan con ideas acerca de cómo el cuerpo de Cristo, la iglesia puede ayudarse mutuamente en la batalla en contra del pecado. Explique que aunque la lucha del creyente en contra del mismo es algo intensamente personal, la iglesia puede ayudar al fortalecimiento y la capacitación del individuo a fin de prepararlo para la batalla y mejorar su oportunidad de vencer el pecado. Permita que varios expresen sus ideas mientras que el secretario tome nota. Después el secretario puede hacer una copia para los miembros del grupo de estudio. También se puede entregar una copia al pastor en caso de que desee usar estas ideas para el boletín de la iglesia o para algún otro formato. Después de que varias buenas ideas hayan sido sugeridas pasen al próximo paso de la lección.

3. Comience la lección con una lectura de Romanos 7 y 8 seguida por una discusión de la «vida cristiana normal» a la luz de lo que se ha leído. Varios alumnos deben leer las siguientes porciones a voz alta:
   - Romanos 7.1-6
   - Romanos 7.7-12
   - Romanos 7.13-20

334 Manual para el facilitador

- Romanos 7.21-25
- Romanos 8.1-13

Entonces, pida que los estudiantes respondan a las siguientes preguntas:

¿En qué sentido representa Romanos 7.13-24 la experiencia normal del creyente?

¿En qué sentido representa Romanos 8.1-13 la experiencia normal del creyente?

¿Qué debemos hacer para que la experiencia relatada en Romanos 7.13ss no se convierta en una excusa para pecar?

¿Se necesita alguna fórmula «secreta», mística, o misteriosa para lograr victoria en la vida cristiana, o es algo accesible para todos los que han creído en Jesús para vida eterna?

¿Qué papel juega el Espíritu Santo en nosotros para poder vencer el pecado?

¿En qué sentido tiene el creyente victoria sobre el pecado por el solo hecho de ser creyente? (Ver Romanos 6.)

Después de que varios alumnos hayan participado con sus opiniones completen el resto de la lección.

4. Desarrolle su propia idea creativa para comenzar la lección.

Comprobación de preguntas

1. El texto enfoca la cuestión de una o dos naturalezas dando por sentado que hay dos. Utiliza la ilustración conocida de la lucha entre dos perros, uno malo y uno bueno; el perro que mejor se alimenta vence al otro. Este es un tema difícil en el cual no todos los estudiosos de la Biblia concuerdan. Algunos afirman que el creyente tiene una naturaleza pecaminosa, pero que se le agrega una nueva (además de que el Espíritu Santo viene ahora a morar en el creyente). Otros afirman que el creyente *era* viejo por naturaleza y *ahora* es nuevo de tal manera que la faceta pecaminosa del hombre tiene que ver con su cuerpo no redimido. Sin embargo, el aspecto más profundo de su persona es santo y ningún pecado procede de allí. (Las afirmaciones de Pablo en Romanos 7.22 y las del apóstol Juan en 1 Juan 3.9 se presentan como respaldo para esta idea.) Este punto de vista no afirma que el cuerpo o la materia sea mala en sí (como los gnósticos) sino que allí reside el principio o la ley de pecado de la cual el apóstol Pablo habla en Romanos 7.

[**Nota**: Una parte de la discusión tiene que ver con la definición de la palabra naturaleza. Y otro aspecto tiene que ver con la experiencia del creyente (los deseos, pensamientos y acciones pecaminosas que constituyen una faceta de su vida actual). Recurrir a las Escrituras siempre representa el mejor método. Aunque la palabra «naturaleza» aparece en varios lugares en el Nuevo Testamento (ver Romanos 2.27; 11.21, 24; 1 Corintios 11.14; Santiago 3.7; y 2 Pedro 1.4), su uso más relevante en la presente cuestión se encuentra en la afirmación del apóstol Pablo: «éramos por naturaleza hijos de ira» (Efesios 2.3c). Por otro lado, el apóstol explica que: «nuestro viejo hombre fue crucificado juntamente con él, para que el cuerpo del pecado sea destruido, a fin de que no sirvamos más al pecado» (Romanos 6.6b). También dice que: «...hemos muerto al pecado...» (6.2b) y que: «según el hombre interior, me deleito en la ley de Dios; pero veo otra ley en mis miembros, que se rebela contra la ley de mi mente, y que me lleva cautivo a la ley del pecado que está en mis miembros» (7.22b-23).]

A pesar de lo intrincado de la discusión, podemos afirmar lo siguiente:

• El creyente no es esquizofrénico. Es una sola persona compuesta de diversas facetas (véase Romanos 7.18, 22).

• Hay una ley de pecado que reside en los miembros del creyente. El creyente en su experiencia siente atracción al pecado, algunas veces más fuertes que otras. Otras veces no la siente. No obstante, siempre retiene la capacidad para pecar y ser tentado (véase Romanos 7.21-25).

• El cristiano ha sido liberado del poder autoritativo del pecado en su vida (véase Romanos 6).

• El creyente no le debe ninguna obediencia al pecado (considerado como un antiguo amo), sino más bien tiene plena capacidad para obedecer a Dios a la luz de los cambios que él ha realizado y el poder del Espíritu Santo que mora en él (Romanos 6—8).

Es sumamente importante estudiar la terminología bíblica a fin de discernir la verdad. No obstante, ningún creyente tiene excusa para pecar reclamando el *control* de la «vieja naturaleza», y ninguno puede afirmar la perfección *completa* reclamando que es nueva criatura.

2. En Romanos 7 encontramos una descripción de la lucha entre el creyente, con sus nuevos deseos de hacer la voluntad de Dios, y la atracción al pecado y capacidad para el mismo que retiene en conexión con su humanidad caída. La experiencia aquí detallada representa la experiencia «normal» del creyente en el sentido de que la lucha en contra del pecado no cesará por completo hasta que llegue la muerte o la venida del Señor por su iglesia. No obstante, no representa la experiencia deseable, ni tampoco «normal» en el sentido de que el cristiano ha sido capacitado para la victoria por medio del ministerio del Espíritu Santo y las realidades correspondientes a la justificación y el nuevo nacimiento.

3. Asegúrese de que el estudiante haga observaciones coherentes que representan los datos del texto. Además, la definición de *santificación* que presente debe incluir la idea de separación para los santos propósitos de Dios. Finalmente, con referencia a la última parte de la pregunta, de acuerdo con el Dr. Graham, la santificación puede considerarse en tres aspectos: a. somos santificados en el instante de creer en Jesús como Salvador; b. hay un elemento progresivo en la misma que representa el crecimiento en la vida cristiana; y c. en el futuro experimentaremos la santificación total que se puede

denominar la glorificación. De manera que en el primer uso la santificación es gratuita porque resulta de la fe en Jesús (no como resultado de nuestras obras). Por otro lado, el segundo uso requiere nuestra dependencia en Dios y obediencia en el poder del Espíritu. Finalmente, la tercera es garantizada a todo creyente: «Porque a los que antes conoció, también los predestinó para que fuesen hechos conformes a la imagen de su Hijo, para que él sea el primogénito entre muchos hermanos. Y a los que predestinó, a éstos también llamó; y a los que llamó, a éstos también justificó; y a los que justificó, a éstos también glorificó» (Romanos 8.29-30).

4. Las respuestas a partes de esta pregunta variarán de acuerdo con el alumno. Asegúrese de que estas sean concisas, coherentes y que demuestren reflexión bíblica de parte del estudiante. En particular, el alumno debe reconocer que en algunas instancias la palabra no tiene connotación negativa y en otras sí. De manera que debemos ser cuidadosos en nuestra interpretación y traducción del texto bíblico prestando atención al contexto más amplio de las afirmaciones bíblicas.

5. Para algunas porciones de esta pregunta, las respuestas variarán de acuerdo con el estudiante. No obstante, el Dr. Graham presenta una imagen realista de la batalla en contra de los deseos y atracciones pecaminosas con las cuales el creyente aún tiene que luchar. El texto presenta la victoria en términos de no tratar de vencer al pecado por medio de nuestros propios esfuerzos sino más bien someternos al Espíritu Santo y «obedecer los nuevos principios instaurados por Cristo» (p. 98). Por otro lado, debemos recordar que el Nuevo Testamento nos ordena obedecer a Dios Padre y al Señor Jesucristo. Notemos los siguientes ejemplos:

«Someteos, pues, a Dios; resistid al diablo, y huirá de vosotros» (Santiago 4.7).

«Vosotros sois mis amigos, si hacéis lo que yo os mando» (Juan 15.14).

«Pero a los que están unidos en matrimonio, mando, no yo, sino el Señor: Que la mujer no se separe del marido; y si se separa, quédese sin casar, o reconcíliese con su marido; y que el marido no abandone a su mujer» (1 Corintios 7.10-11).

«¿Por qué me llamáis Señor, Señor y no hacéis lo que yo digo?» (Lucas 6.46).

«Porque ignorando la justicia de Dios, y procurando establecer la suya propia, no se han sujetado a la justicia de Dios; porque el fin de la ley es Cristo, para justicia a todo aquel que cree» (Romanos 10.3-4).

Así, en la Biblia sin dudas encontramos ejemplos de obediencia al Espíritu, pero muchas veces el Espíritu Santo nos capacita para obedecer al Padre y al Hijo. De manera que en resumen, ¡debemos y podemos obedecer a Dios! Además, aunque por cierto no podemos ganar una batalla espiritual a base de nuestros puros esfuerzos humanos, esto no quiere decir que nosotros no tenemos nada que hacer sino sencillamente *someternos*. Hay muchas instrucciones en la Biblia referente a lo que debemos hacer aunque sin lugar a dudas necesitamos la capacitación y el poder provisto por Dios para hacerlo.

6. El texto enumera los siguientes pecados que pertenecen al *primer grupo* de pecados relacionados con la sensualidad (en la faceta potencial pecaminosa): adulterio, fornicación, inmundicia y lascivia. Las otras respuestas variarán de acuerdo con el alumno, pero asegúrese de que escriban por lo menos las tres ideas que se piden (pueden incluir más si así lo desean). [No se pide aquí que el estudiante exponga su vida ante otros sino que se coloque ante Dios y su Palabra para una examinación de su vida en estos aspectos.]

7. El texto incluye los siguientes pecados (el Dr. Graham los coloca bajo un segundo grupo de obras de la carne, no *necesariamente* conectados con el mal uso de la sexualidad): «...idolatría, hechicerías, enemistades, pleitos, celos, iras, contiendas, disensiones, herejías, envidias, homicidios, borracheras, orgías, y cosas semejantes a estas...» (Gálatas 5.20-21a). Igual que arriba, las otras respuestas variarán de acuerdo con el alumno, pero asegúrese de que escriban por lo menos las tres ideas que se piden. [No se pide que el estudiante exponga su vida ante otros sino que se coloque ante Dios y su Palabra para una examinación de su vida en estos aspectos.]

8. Diversas tradiciones interpretan este texto (y otros similares) de las maneras diferentes indicadas. Por cierto, todas no pueden estar correctas (ya que algunos puntos de vista contradicen a otros). Algunos dicen que las personas aquí consideradas son creyentes que perderán su salvación eterna si persisten en estos pecados. Pero esto va en contra de afirmaciones tales como aquellas que aparecen en Juan 5.24-25; 6.47 y Romanos 8.29-30. Otros afirman que estas personas no representan ser creyentes ya que estos jamás pudieran vivir de la forma allí detallada. Pero la respuesta a lo anterior es que ¿por qué se debe amonestar a creyentes acerca de algo que no pueden hacer o que no les puede ocurrir? Además, hay ejemplos de esta clase de pecado tanto en la iglesia primitiva como también en la contemporánea. Por otro lado, no todos los no creyentes hacen todas estas cosas. Algunos viven vidas de alta moralidad. Otros expresan que la amonestación se dirige a creyentes, pero que se les está diciendo que no vivan como los no creyentes que hacen todas esas cosas y que sufrirán la consecuencia indicada. Este argumento parece ser susceptible a la misma crítica de arriba (¿por qué amonestar a creyentes acerca de consecuencias que no pueden ellos mismos experimentar?). Más allá, otros estudiosos manifiestan que este texto representa una advertencia a creyentes acerca de recompensas en el futuro reino de Dios (o en la vida actual), pero que no trata de la condenación eterna en el infierno. En respuesta, aunque sin dudas hay bendición para la obediencia presente, la frase «heredarán el reino de Dios» indica una experiencia futura. La otra versión de este punto de vista dice que «heredar» el reino representa la *recompensa* de tener autoridad en el

mismo (algo más que entrar en el reino lo cual se recibe *gratuitamente* cuando se cree en Jesús). El estudiante no tiene que llegar a una conclusión final. Solo asegúrese de que su respuesta demuestre evidencia de haber reflexionado acerca del texto bíblico con sobriedad.

9. El Dr. Graham explica que la sociedad no puede ser cambiada por la imposición de nuevas leyes, sino a medida que personas que han creído en Jesús y son transformados por Dios obedecen, y así finalmente la cambian.

10. Cuando creímos fuimos liberados del pecado en cuanto a la posición ante Dios por medio de la cocrucifixión con Jesús. Algunos han pensado equivocadamente que el creyente ha sido liberado *subjetivamente* de toda capacidad para pecar y de todos los deseos pecaminosos (cosa que no concuerda ni con las afirmaciones de las Escrituras ni con la experiencia actual del cristiano). Más bien, el apóstol Pablo personifica el pecado como si fuese un viejo amo a quien ahora no le debemos obediencia en lo absoluto porque *morimos* a esa relación para ser unidos a un nuevo Amo (ver Romanos 7.4, por ejemplo). En el contexto de dicha nueva relación podemos y debemos ahora llevar «fruto para Dios» (Romanos 7.4d). Esta nueva realidad fue realizada a nuestro favor por Dios y ocurrió a fin de que tengamos una experiencia de obediencia o vida nueva (que corresponde a la resurrección del Señor que siguió a su crucifixión): «Porque somos sepultados juntamente con él para muerte por el bautismo, a fin de que como Cristo resucitó de los muertos por la gloria del Padre, así también nosotros andemos en vida nueva» (Romanos 6.4). Así somos libres del viejo amo, estamos unidos al Señor Jesús, nuestro nuevo Amo, y capacitados para servir a la justicia y no al pecado: «Pero gracias a Dios, que aunque erais esclavos del pecado, habéis obedecido de corazón a aquella forma de doctrina a la cual fuisteis entregados; y libertados del pecado, vinisteis a ser siervos de la justicia» (Romanos 7.17-18). El apóstol Pablo presenta algunas instrucciones fundamentales que corresponden y se conforman con la enseñanza de Romanos 12.1. Así, debemos: a. *saber* que hemos muerto al pecado (ver Romanos 6.1-10); b. *considerar* o contar con esta realidad (Romanos 6.11); y c. *presentarnos* a Dios en obediencia (Romanos 6.12-14). En este contexto debemos ver que ya poseemos todo lo que necesitamos para obedecer a Dios. Solo nos queda hacerlo en el poder que el Espíritu Santo nos provee.

Lección 5

Sugerencias para introducir la lección

1. Para comenzar la lección pida a varios alumnos voluntarios que lean los textos siguientes de Lucas y Hechos que tratan de ser llenos del, y de la llenura del Espíritu Santo. Entonces instrúyales a hacer algunas observaciones generales tales como: ¿Quiénes son los que experimentan dicha llenura? ¿Cuáles son los resultados de la misma? ¿Es la llenura algo que se ordena o una realidad que ocurre de manera espontánea bajo el control soberano del Espíritu Santo? Asegúrese de que varios alumnos contribuyan de manera coherente y con razonamiento y respaldo escritural. [**Nota:** una de las metas de este ejercicio es ver cómo Lucas enfoca la llenura en los libros de Lucas y Hechos, de manera que los estudiantes deben enfocarse en estos textos para completar este ejercicio. Después de una buena interacción completen el resto de la lección.

   Llenura: Lucas 1.15, 41, 67; Hechos 2.4; 4.8, 31; 9.17; 13.9-11

   Ser llenos: Lucas 4.1; Hechos 6.3, 5; 7.55; 11.24

2. Para comenzar la lección pida a un estudiante voluntario que lea el recuento del Dr. Graham acerca de la visita de Ruth Paxson y lo que comunicó acerca de la condición de algunos en la iglesia y la vida espiritual que aparece en la página 106 del libro. Entonces invite a los estudiantes a opinar acerca de la misma. ¿Refleja el estado de la iglesia contemporánea? ¿Describe una cantidad significativa de los hermanos y hermanas en nuestras congregaciones? ¿Cómo podemos mejorar la situación general? ¿Estamos enseñando que la vida espiritual de obediencia es solo para algunos cristianos «especiales» y no para todos como la experiencia esperada? Después de que varios expresen sus reflexiones, puntos de vista y preguntas prosigan con el resto de la lección.

3. Pida a los estudiantes que lean Efesios 5.18 en su contexto (vv. 15-21). Entonces instruya a los estudiantes que hagan algunas observaciones iniciales acerca del mismo (incluyendo el contexto). A la luz de esto pida a los alumnos que reflexionen y opinen acerca de las siguientes preguntas:

   ¿Es el ser llenado por el Espíritu algo que cae bajo el control del creyente individual directamente, o representa un acto soberano de parte del Espíritu Santo?

   ¿Es la llenura del Espíritu Santo un acto soberano del mismo Espíritu que ocurre en el contexto de obediencia tal como aquella descrita en los versículos 15-21?

   ¿Lo descrito en Efesios 5 es igual a las ocasiones de la llenura del Espíritu Santo en el libro de los Hechos?

Permita que varios opinen y contribuyan y prosigan al próximo paso de la lección.

4. Desarrolle su propia idea creativa para comenzar la lección.

Comprobación de las preguntas

1. Asegúrese de que el estudiante provea observaciones coherentes acerca de los textos bíblicos indicados, y que demuestre que ha reflexionado cuidadosamente sobre los mismos. Con referencia a las otras preguntas, el Dr. Graham afirma: «Dos palabras que usa con frecuencia el Nuevo Testamento suelen confundir y perturbar a los cristianos; esas dos palabras son *lleno* y *llenado*. Hay quienes establecen una clara diferencia entre ambos vocablos. Coincidimos en que puede haber una diferencia entre ellos, pero es solamente una diferencia de matices» (p. 112). En el libro de Los Hechos, Lucas usa los conceptos de ser «llenado» y «lleno» en maneras relacionadas pero distintas (la distinción se puede ver en el uso de las palabras en el idioma original y en el contexto, no siempre en la traducción al castellano). La primera frase tiene que ver con la capacitación otorgada por el Espíritu Santo en ocasiones y con el propósito (en Lucas y Hechos) de la proclamación verbal autoritativa facilitada por él. La segunda frase «llenos de» tiene que ver con el carácter santo de personas que viven en obediencia al Señor en el poder del Espíritu Santo.

2. El Dr. Graham llegó a la conclusión de que muchos hijos de Dios no disfrutan de «la ilimitada riqueza espiritual que se halla a su disposición» (p. 105). Como resultado de su tiempo con Ruth Paxson afirma que: «la vida de muchos refleja las prácticas, las costumbres y normas de este mundo. Cierto es que han sido bautizados con el Espíritu Santo e incorporados al cuerpo de Cristo; y también es cierto que irán al cielo. Pero pierden muchísimo de lo que Dios quiere que tengan en esta vida» (p. 106). Asegúrese de que el estudiante haya leído la Epístola a los Gálatas, escrito los tres principios, y respondido de manera coherente al resto de la pregunta.

3. La posición fundamental del texto se comprende en que el cristiano recibe un solo bautismo con el Espíritu, pero que en contraste puede experimentar muchos *henchimientos*, o sea, ocasiones en las cuales el creyente capta más de las realidades espirituales que disfruta como creyente y/u ocasiones en que el Espíritu Santo lo capacita de manera especial (más allá del poder siempre provisto para la obediencia cristiana) para servicio, ministerio, y adoración. De manera que el creyente no debe buscar alguna *segunda bendición* que lo capacite para la vida cristiana abundante. Ya posee lo que necesita para vivir la vida cristiana y así experimentar múltiples bendiciones durante la misma. (Asimismo, Dios usa su Palabra y a otros creyentes para ayudarnos en nuestro peregrinaje terrenal, pero el creyente ya adquiere una capacitación inmediata para obedecer al Señor y crecer en su relación con él desde el momen-

to en que cree en él para vida eterna.) Asegúrese de que el estudiante responda al resto de la pregunta de manera coherente, concisa y que demuestre interacción con las Escrituras.

4. Con referencia a la relación entre los dones y la madurez espiritual, el Dr. Graham escribe: «Nos parece que la iglesia en Corinto fue una de las más tristes y más trágicas iglesias de la época neotestamentaria. Sus miembros habían sido bautizados con el Espíritu; habían recibido muchos de los dones del Espíritu; por lo tanto, mucho es lo que podría decirse de ellos. Sin embargo, Pablo dijo que eran carnales y no espirituales» (pp. 108-109). Así, no existe una relación automática entre poseer dones y alcanzar madurez espiritual. No obstante, no debemos pensar que la iglesia jamás produjo buenos resultados (ver 2 Corintios 7.2-16).

5. Según el texto el Espíritu Santo vino para glorificar a Cristo conforme a Juan 16.14 (ver también Juan 15.26). Asegúrese de que el estudiante responda a la segunda parte de la pregunta de manera coherente y con evidencia de reflexión sobria y bíblica.

6. El Dr. Graham señala dos áreas para las cuales necesitamos poder del Espíritu: para una vida santa y para el servicio. (Pudiéramos agregar el área de la adoración a la lista.) Entonces afirma que: «...solamente en el poder del Espíritu podemos vivir una vida que glorifique a Dios» (p. 116), lo cual es precisamente lo que debemos hacer de acuerdo con 1 Corintios 10.31: «Si, pues, coméis o bebéis, o hacéis otra cosa, hacedlo todo para la gloria de Dios». Las respuestas al resto de la pregunta variarán de acuerdo con el alumno.

7. El texto propone tres facetas: a. el *entendimiento* o la comprensión de hechos bíblicos acerca de la vida cristiana [el Dr. Graham afirma que debemos saber que: el Espíritu Santo mora en nosotros; Dios nos manda a estar llenos del Espíritu (cf. Efesios 5.18-21) y quiere llenarnos con su Espíritu; el pecado presenta obstáculos para la experiencia de la vida abundante]; b. *sumisión* (que de acuerdo con el texto abarca confesión, arrepentimiento y rendición en obediencia total a Dios); y c. *fe* (caminar o vivir por fe). Debemos notar que las Escrituras no proveen una fórmula mecánica para la vida cristiana. Hay mucho más que el mandato singular «sed llenos del Espíritu» (Efesios 5.18b) que sirve para facilitar la vida victoriosa cristiana. (Por cierto, dicho mandato ocurre en un contexto que nos instruye a cantar salmos y alabar a Dios en nuestros corazones, como aspecto de una enseñanza más amplia del caminar del creyente. Además, no es muy probable que el principio fundamental de la obediencia cristiana se presente en las Escrituras de manera tan breve y sin mayor indicación que lo que esto representa (podemos hacer una comparación con Romanos 6—8, pasaje central sobre la vida cristiana). Sin dudas, la enseñanza de Efesios 5.18b representa una de las facetas de la obediencia cristiana tal como se enfoca en la Epístola a los Efesios. En realidad hay diversos mandamientos e instrucciones para el creyente bajo el Nuevo

Pacto que abarcan amar a Dios y al prójimo con el poder que Dios nos proporciona para ese fin por el ministerio del Padre, Hijo, y Espíritu Santo.

8. El Dr. Graham afirma que este pecado es cometido por no creyentes y que «entraña el total e irrevocable rechazo de Jesucristo» (p. 136). Esto significa que tiene que ver con rechazar la verdad acerca de Jesús, no creer en él para vida eterna. El Dr. Graham advierte del peligro para el no creyente de seguir rechazando la salvación que Dios ofrece y además exhorta a toda clase de obrero cristiano a manejar este tema con «mucho cuidado, prudencia y cautela», y a juzgar cuándo es que alguien ha cometido este pecado (p. 137). También afirma el perdón de Dios, la salvación por fe en Jesús, y la eficacia de su sangre para limpiarnos del pecado. No hay ejemplo en las Escrituras de algún creyente que haya cometido este pecado.

9. El Dr. Graham explica que el creyente puede contristar al Espíritu cuando hacemos cosas que no son consistentes con su naturaleza. No obstante, señala que esta respuesta de parte del Espíritu Santo nos muestra su amor por nosotros y no cambia el hecho de que fuimos sellados por él. Con referencia al pecado de apagar al Espíritu, el texto ofrece dos posibilidades para hacerlo: a. dejando de usar los medios de gracia que tenemos disponibles; y b. por medio de pecados deliberados. En el escenario de 1 Tesalonicenses 5.19 puede que abarque no responder apropiadamente a la profecía, esto es en el contexto de la iglesia primitiva. (Lo cual para nosotros sería la Palabra de Dios en las Escrituras.) Las respuestas al resto de la pregunta variarán de acuerdo con el alumno.

10. El Dr. Graham afirma que: «ningún cristiano *tiene* que pecar» (p. 142) pero que no obstante retiene la capacidad para hacerlo. Esto es, «no ha adquirido la *incapacidad* para pecar» (p. 142).

Lección 6

Sugerencias para introducir la lección

1. Comience la lección con una discusión de la relación entre los dones y la madurez cristiana y las consecuencias que se desprenden de las diferentes posibilidades (dones con madurez; dones sin madurez). Asegúrese de que un estudiante voluntario lea los siguientes textos en conexión con la discusión: 1 Corintios 1.4-17; 3; 5; 6.1-11; 10.1-22; 11.17-34; 15.12.

2. Para comenzar la lección lea los siguientes pasajes que muestran el propósito de los dones, esto es la edificación del cuerpo de Cristo: 1 Corintios 12.7: «Pero a cada uno le es dada la manifestación del Espíritu para provecho»; 14.12: «Así también vosotros; pues que anheláis dones espirituales, procurad abundar en ellos para edificación de la iglesia»; y 14.26c: «Hágase todo para

edificación». Pida a los alumnos que evalúen el uso actual y/o contemporáneo de los dones (o la falta de uso) en la iglesia de hoy en día. Asegúrese de que varios contribuyan y que ofrezcan sugerencias e ideas para devolver o reorientar a la iglesia en el uso correcto de los mismos. Después de una buena participación de parte de los alumnos prosigan al próximo paso de la lección.

3. Comience la lección con la siguiente observación: «Algunos conectan las lenguas con el éxito en la vida cristiana, con una evidencia necesaria de haber sido bautizado con el Espíritu Santo, o como señal ya sea de la salvación misma o de algún "status" especial en el cuerpo de Cristo, la Iglesia». Entonces instruya a los estudiantes a leer los siguientes textos en voz alta, y a hacer algunas observaciones (y comparaciones) a la luz de dichas creencias o enseñanzas. [Además, instrúyales que el propósito del ejercicio es estimular la reflexión a fin de discernir después la enseñanza bíblica en su totalidad.]:

• 1 Corintios 12.7-11: «Pero a cada uno le es dada la manifestación del Espíritu para provecho. Porque a éste es dada por el Espíritu palabra de sabiduría; a otro, palabra de ciencia según el mismo Espíritu; a otro, fe por el mismo Espíritu; y a otro, dones de sanidades por el mismo Espíritu. A otro, el hacer milagros; a otro profecía; a otro, discernimiento de espíritus; a otro, diversos géneros de lenguas; y a otro, interpretación de lenguas. Pero todas estas cosas las hace uno y el mismo Espíritu, repartiendo a cada uno en particular como él quiere».

• 1 Corintios 12.29-30: «¿Son todos apóstoles? ¿son todos profetas? ¿todos maestros? ¿hacen todos milagros? ¿Tienen todos dones de sanidad? ¿hablan todos lenguas? ¿interpretan todos? Procurad, pues, los dones mejores. Mas yo os muestro un camino más excelente». [**Nota**: El idioma griego indica una respuesta de «no» a cada uno de las preguntas presentadas aquí.]

• 1 Corintios 14.18: «Doy gracias a Dios que hablo en lenguas más que todos vosotros; pero en la iglesia prefiero hablar cinco palabras con mi entendimiento, para enseñar también a otros, que diez mil palabras en lengua desconocida».

• 1 Corintios 14.22: «Así que, las lenguas son por señal, no a los creyentes, sino a los incrédulos; pero la profecía, no a los incrédulos, sino a los creyentes».

• 1 Corintios 14.27: «Si habla alguno en lengua extraña, sea esto por dos, o a lo más tres, y por turno; y uno interprete».

Después de una sobria y edificadora evaluación y participación prosigan con el resto de la lección.

4. Desarrolle su propia manera creativa para introducir la lección.

344 Manual para el facilitador

Comprobación de preguntas

1. Las respuestas a esta pregunta variarán de acuerdo con el alumno. Asegúrese de que el estudiante haya leído los pasajes indicados y que sus observaciones sean concisas, coherentes y que demuestren reflexión de parte del estudiante.

2. La palabra *carisma* tiene que ver con algo dado, otorgado y no con el uso contemporáneo de una persona con mucha *personalidad*. De manera que el Espíritu Santo otorga habilidades espirituales y capacidades a personas de diversa clase de personalidad, no solo a personas extrovertidas. Esto corresponde al propósito de los dones, esto es, edificar el cuerpo de Cristo. El Espíritu Santo capacita a cada persona que ha creído en Jesús a fin de ayudar a otros en el cuerpo a madurar y ser cada vez más como el Señor Jesucristo. Los dones del Espíritu no tienen su origen en nosotros mismos sino que provienen del mismo Espíritu Santo. Así, no deben ser causa para gloriarnos por nosotros mismos. Debemos usarlos para promover y contribuir a la madurez y progreso espiritual de otros creyentes conforme al propósito para el cual Dios nos dotó con ellos. El cuerpo de Cristo, al igual que el cuerpo humano está compuesto de diversos miembros todos los cuales tienen su propia función y son necesarios para el buen funcionamiento del mismo. Las respuestas a las últimas preguntas variarán según el alumno.

3. El texto afirma que ambos, los dones y los talentos, provienen de Dios y no hace una distinción clara entre ellos. No obstante, reconoce la naturaleza sobrenatural de los dones. Por otro lado, tal vez se puede decir que los talentos surgen naturalmente en las personas a base de su personalidad única, providencialmente preparada por Dios. Esto es, nada está fuera del plan de Dios incluyendo la diversidad de personas que han nacido y que han de nacer. Así, los talentos provienen del nacimiento natural como Dios determinó en su plan. Pero los dones espirituales tienen conexión con nuestro nacimiento sobrenatural y son recursos espirituales repartidos por el Espíritu a fin de nosotros ayudar a otros creyentes a un nivel que no pudiéramos hacer con solo nuestros talentos humanos. Las respuestas variarán para la última parte de la pregunta.

4. El texto sugiere los siguientes pasos para llegar a un reconocimiento de nuestros dones: a. debemos saber que tenemos por lo menos un don; b. debemos meditar y orar; c. conocer lo que la Biblia enseña acerca de los dones; y d. conocernos a nosotros mismos y a nuestras capacidades. Interesantemente, las Escrituras parecen dar por sentado que las personas reconocen sus dones y no proveen instrucciones acerca de cómo descubrirlos. Por otro lado, sí los enumera y provee instrucción acerca de su propósito y propio uso.

5. Las respuestas a esta pregunta variarán de acuerdo con el alumno. Asegúrese de que el estudiante haya leído los pasajes indicados y que sus observaciones sean concisas, coherentes y que demuestren reflexión de parte del estudiante.

6. Las respuestas a esta pregunta variarán de acuerdo con el alumno. Asegúrese de que el estudiante haya leído los pasajes indicados y que sus observaciones sean concisas, coherentes y que demuestren reflexión de parte del estudiante.

7. El Dr. Graham ofrece tres amonestaciones: a. Explica que es posible que Dios nos haya llamado a servir como pastor, maestro o evangelista; b. nos insta a apoyar a las personas que Dios ha dotado para dirigir la iglesia; y c. debemos dar gracias por aquellos que el Señor ha capacitado y aprender de ellos. Las respuestas a la segunda parte de la pregunta variarán de acuerdo con el alumno. Asegúrese de que las respuestas sean concisas, coherentes y que demuestren reflexión de parte del estudiante.

8. El Dr. Graham señala tres dones en específico como «singulares»: a. dones de sanidades; b. milagros; y c. lenguas. Las respuestas al resto de la pregunta variarán de acuerdo con el alumno.

9. Las respuestas variarán de acuerdo con el alumno. Asegúrese de que las respuestas sean concisas, coherentes y que demuestren reflexión de parte del estudiante. [**Nota**: el hecho de que las lenguas en Hechos no requerían intérprete no provee suficiente razón para distinguirlas de aquellas a las cuales el apóstol Pablo hace referencia en 1 Corintios.]

10. Las respuestas variarán de acuerdo con el alumno. Asegúrese de que las respuestas sean concisas, coherentes y que demuestren reflexión de parte del estudiante.

Lección 7

Sugerencias para introducir la lección

1. Como introducción a la lección pida que alguien lea Gálatas 5.19-23: «Y manifiestas son las obras de la carne, que son: adulterio, fornicación, inmundicia, lascivia, idolatría, hechicerías, enemistades, pleitos, celos, iras, contiendas, disensiones, herejías, envidias, homicidios, borracheras, orgías, y cosas semejantes a estas; acerca de las cuales os amonesto, como ya os lo he dicho antes, que los que practican tales cosas no heredarán el reino de Dios. Mas el fruto del Espíritu es amor, gozo, paz, paciencia, benignidad, bondad, fe, mansedumbre, templanza; contra tales cosas no hay ley». Entonces pida a los alumnos que hagan varias observaciones acerca del texto (p. ej.: acciones mencionadas, disposiciones, contrastes, comparaciones, causas y consecuencias). Además, los alumnos deben hacer algunas preguntas interpretativas que les ayuden a descubrir el significado del texto bíblico (p. ej.: ¿A quiénes se dirige Pablo?, ¿Qué papel juega el Espíritu Santo en la producción del «fruto»?, ¿Cuál es el contexto más amplio de estas afirmaciones?, ¿Qué problema enfrentaban los gálatas y qué relación tiene con la enseñanza de estos versículos?, ¿El «fruto» representa algo más bien individual y personal

o corporal y relacional?). Después de un tiempo estimulador y de buen provecho prosigan al próximo paso de la lección.

2. Antes de que comience la reunión escriba en la pizarra las citas del Dr. Graham que aparecen a continuación, o pídales que las busquen en sus libros de texto:

• «No es accidente que las Escrituras nombren a la tercera Persona de la Trinidad el Espíritu *Santo*. Una de las funciones principales del Espíritu Santo es dar la santidad de Dios a nosotros. Él hace esto al desarrollar en nosotros una personalidad parecida a Cristo —una personalidad con el fruto del Espíritu en evidencia» p. 202.

• «Cada uno de nosotros puede recibir un don con que otros no cuentan, y contrariamente otros creyentes pueden tener dones de los que nosotros carecemos. Pero cuando leemos en la Biblia lo que dice respecto al fruto del Espíritu, hallamos que hay una diferencia básica entre los *dones* del Espíritu y el *fruto* del Espíritu. A diferencia de los dones del Espíritu, *el fruto del Espíritu no es dividido entre los creyentes*. Por el contrario, *todos* los creyentes deben caracterizarse por poseer *todo* el fruto del Espíritu» p. 203.

• «Es en medio de las dificultades y privaciones cuando más especialmente necesitamos el fruto del Espíritu...» p. 202.

Entonces pida que los alumnos opinen acerca de los mismos. Asegúrese de que traten asuntos como los siguientes en su discusión:

• ¿Qué énfasis se le da al fruto del Espíritu en comparación con los dones en la iglesia?

• ¿Es sólo durante los tiempos y/o situaciones difíciles que el fruto del Espíritu sale a relucir o debe caracterizar la totalidad de nuestra experiencia cristiana?

• ¿Cómo podemos tener una iglesia caracterizada por el fruto del Espíritu?

Después de una discusión estimuladora y edificadora completen el resto de la lección.

3. Para comenzar la lección pida a los alumnos que reflexionen y discutan acerca de las siguientes preguntas: ¿Cómo puede saber uno qué don o dones posee? ¿Hay algún directivo bíblico que señala cómo es que se descubren los dones que uno tiene? ¿Es posible servir a Dios de manera significativa en la iglesia aun si no sabemos con precisión cuál es nuestro don? Con respecto a esto, alguien ha sugerido que debemos buscar la madurez cristiana y no los dones en sí. También hay varios mandamientos en el Nuevo Testamento que indican cosas que los creyentes deben hacer en favor de otros que no requieren que conozcan qué don o dones poseen. Asegúrese de que los alumnos traten el tema desde estos puntos de vista (y otros que indiquen). Entonces pasen a completar el resto de la lección.

4. Desarrolle su propia idea creativa para comenzar la lección.

Comprobación de preguntas

1. El Dr. Graham describe el fruto del Espíritu como lo que se espera de los hijos de Dios en cuanto al carácter de ellos. Afirma que cuando expresamos dicho fruto las personas pueden ver en nosotros el carácter del Señor Jesucristo. Las respuestas a esta pregunta variarán de acuerdo con el alumno. Asegúrese de que las respuestas sean concisas, coherentes y que demuestren reflexión de parte del estudiante.

2. Cada creyente tiene por lo menos un don y es responsable de usarlo para la edificación del cuerpo. Esto no quiere decir que no debemos evangelizar si no tenemos dicho don, sino que somos responsables por nuestros propios dones y no por los que no tenemos (o los que otros tienen). Por otro lado, cada creyente debe expresar todo el fruto del Espíritu. Los dones son capacidades espirituales mientras que el fruto tiene que ver con la expresión del carácter cristiano (conforme a la persona del Señor Jesucristo). Las respuestas a la última parte de la pregunta variarán de acuerdo con el alumno.

3. Las respuestas a esta pregunta variarán de acuerdo con el alumno. Asegúrese de que las respuestas sean concisas, coherentes y que demuestren reflexión de parte del estudiante.

4. Las respuestas a esta pregunta variarán de acuerdo con el alumno. Asegúrese de que las respuestas sean concisas, coherentes y que demuestren reflexión de parte del estudiante.

5. El texto sugiere considerar las nueve expresiones del fruto como tres *ramilletes*. De acuerdo con el concepto del mismo el primer ramillete tiene que ver especialmente con nuestra relación con Dios; el segundo con nuestra relación con otros; y el tercero con nuestra relación con nosotros mismos. No obstante, hay otras caracterizaciones posibles. También puede ser que quizás con la excepción de la primera faceta, el amor, no debemos ver alguna agrupación especialmente significativa. En el ejemplo del texto, por ejemplo, es difícil decir que el primer ramillete no pueda clasificarse igual que el segundo.

6. El amor. Las respuestas a esta pregunta variarán de acuerdo con el alumno. Asegúrese de que las respuestas sean concisas, coherentes y que demuestren reflexión de parte del estudiante.

7. Las respuestas a esta pregunta variarán de acuerdo con el alumno. Asegúrese de que las respuestas sean concisas, coherentes y que demuestren reflexión de parte del estudiante.

8. Ídem anterior.

9. Ídem anterior.

10. Ídem anterior.

Lección 8

Sugerencias para introducir la lección

1. Comience la lección con la lectura de Gálatas 5.19-23: «Y manifiestas son las obras de la carne, que son: adulterio, fornicación, inmundicia, lascivia, idolatría, hechicerías, enemistades, pleitos, celos, iras, contiendas, disensiones, herejías, envidias, homicidios, borracheras, orgías, y cosas semejantes a estas; acerca de las cuales os amonesto, como ya os lo he dicho antes, que los que practican tales cosas no heredarán el reino de Dios. Mas el fruto del Espíritu es amor, gozo, paz, paciencia, benignidad, bondad, fe, mansedumbre, templanza; contra tales cosas no hay ley». Pida a los alumnos que identifiquen maneras en las cuales el fruto del Espíritu se puede hacer evidente en sus relaciones personales, familiares, laborales, cívicas, y en la iglesia. Nombren a un secretario para que escriba las ideas provechosas que surjan, y después provea una copia para los estudiantes. Además, instruya a los alumnos a identificar (a sí mismos, no necesariamente de manera pública) evidencia en sus propias vidas de cualesquiera de los aspectos negativos mencionados en el texto, a confesarlos al Señor, y a que hagan el propósito de llevar una vida nueva con la ayuda del Espíritu Santo. Prosigan al próximo paso de la lección después de una buena y edificadora interacción.

2. Instruya a los alumnos a que lean la enumeración del fruto del Espíritu («Mas el fruto del Espíritu es amor, gozo, paz, paciencia, benignidad, bondad, fe, mansedumbre, templanza...») y entonces a que ofrezcan sugerencias específicas acerca de cómo cultivar dichas cualidades en los diversos grupos y edades en la iglesia (párvulos, adolescentes, jóvenes, jóvenes adultos, adultos, ancianos) como también en la congregación como unidad. Nombren a un secretario para que escriba las ideas provechosas que surgieran y después provea una copia para los estudiantes.

3. Escriba la palabra *Avivamiento* en la pizarra, o pida a los alumnos que la escriban en una hoja de papel. Entonces, instruya a los estudiantes a escribir una definición de una sola oración para la misma. Pida a varios voluntarios que lean su definición en voz alta y pida a los que escuchan que comenten acerca de la misma. Finalmente, solicite a los estudiantes que contribuyan con ideas tanto para el avivamiento personal como también el corporal, es decir a nivel de iglesia. Se le puede pedir a uno de los estudiantes que reúna las definiciones y las sugerencias y produzca una copia para todo el grupo. Después de un tiempo bueno de reflexión y participación completen el resto de la lección.

4. Desarrolle su propia idea creativa para comenzar la lección.

Comprobación de preguntas

1. Las respuestas variarán de acuerdo con el alumno. Asegúrese de que las respuestas sean concisas, coherentes y que demuestren reflexión de parte del estudiante.
2. Ídem anterior.
3. Ídem anterior.
4. Ídem anterior.
5. Ídem anterior.
6. A veces las personas confunden la mansedumbre con la debilidad. Asegúrese de que el alumno conozca la diferencia entre las dos. Con referencia al resto de las respuestas, estas variarán de acuerdo con el alumno. Asegúrese de que las respuestas sean concisas, coherentes y que demuestren reflexión de parte del estudiante.
7. Las respuestas variarán de acuerdo con el alumno. Asegúrese de que las respuestas sean concisas, coherentes y que demuestren reflexión de parte del estudiante.
8. Ídem anterior.
9. Ídem anterior.
10. Ídem anterior.

Hoja de Calificaciones

Nombre	Calificaciones								Nota final
	Peña 1	2	3	4	5	6	7	8	

TU ~~Guerra~~
TU Guerra es la paz.